피할 수 있는 전쟁

피할 수
있는
전쟁

케빈 러드 지음 · 김아영 옮김

국제 정상급 정치인이
직접 경험하고 분석한
미중 패권 경쟁

케빈 러드 지음 · 김아영 옮김

피할 수 있는

THE
AVOIDABLE
WAR

전쟁

Kevin Rudd

글항아리

나의 어린 세 손주 조지핀, 매키, 스칼릿과
세상의 모든 소중한 손주들에게 이 책을 바친다.
이들이 앞으로 가난과 공포, 전쟁 속에서 살게 될지,
아니면 번영과 자유, 평화 속에서 살게 될지는
현재의 우리 세대가 고심하여 내리는 결정에 달려 있다.

차
례

이 책의 영문판이 출간된 지 어언 1년이 지났다. 아이디어를 처음 구상하고 초고를 작성한 때가 2020~2021년이니, 꽤 오랜 시간이 흐른 셈이다. 그동안 세상에는 많은 변화가 있었다.

하지만 집필 이후에 벌어진 일들은 이 책에서 주장하는 핵심 내용을 다시 한번 강조하는 것에 지나지 않는다. 우리는 지금 지정학적으로 대단히 위험한 시기에 접어들고 있다. 미중 관계를 관리할 대안을 조속히 마련하지 못한다면 양국 관계의 불안정성이 모두를 위기와 갈등, 전쟁에 빠뜨릴 것이다. 특히 최근에 일어난 몇 가지 사건이 이러한 추세를 가속화하고 있기에, 새로운 사고와 행동 방침은 더욱 시급해졌다.

러시아의 우크라이나 침공

가장 분명하고도 중대한 사건일 것이다. 이 책이 출간되기 불과 몇 주 전에 전쟁이 발발했으며, 전 세계는 그야말로 충격에 휩싸였다. 모두 불가능하다고 여겼던 국가 간 전면적인 침공이 현실이 되어버렸기 때문이다. 수십 년에 걸친 세계화에도 불구하고 군사력에 전적으로 의존하여 목표를 달성하고자 하는 나라가 여전히 존재한다는 사실이 이 사건을 계기로 드러났다.

전쟁 및 분쟁 기간 중에 러시아를 지원한 중국의 행태는 자유주의적 규칙기반질서의 미래에 대한 실질적인 도전을 드러내는 것이기도 했다. 9장에서 설명하겠지만, 시진핑과 푸틴은 개인적으로 매우 친밀한 사이다(실제로 시진핑은 푸틴을 "가장 친한 친구"라고 표현한 적이 있다). 이는 두 강대국이 공통의 관심사를 가지고 있는 데서 비롯되었다. 바로 자국의 민족주의적 이익과 가치에 적대적인, 미국 주도하의 세계 질서라는 족쇄를 벗어던지는 것이다. 그들은 자국의 이익과 가치에 부합하는 새로운 세계 질서를 원한다. 우크라이나 전쟁은 세계를 강대국 간의 경쟁과 대결로 몰아가는 구조적 역학을 일깨워주었다. 우크라이나 전역에서 벌어진 파괴와 죽음, 수백만 명의 난민이 고국을 등지고 떠나는 모습은 지정학적 문제를 넘어 전쟁이 얼마나 비극적인지를 여실히 보여준다. 우리는 또한 전쟁의 경제적 여파와 인도주의적 위기(특히 세계 식량 및 에너지 안보에 대한 위협)가 어떻게 전 세계를 뒤흔들 수 있는지도 목격했다. 노골적인 정치적 야망으로 전쟁의 인적 비용을 대수롭지 않게 여기는, 낭만적 혹은 민족주의적 전쟁관을 지닌 이들은 전쟁의 비인간적인 실상 앞에 경각심을 느껴야 한다.

따라서 이제는 지정학적 긴장이 전 세계에 미치는 위험성을 냉철하게 검토해봐야 한다. 가장 심각한 위험은 타이완을 둘러싼 미중 간의 전쟁 가능성이다. 더 이상 상상 속의 일이 아니라는 것을 인정해야 한다.

만약 타이완해협이나 남중국해 혹은 동중국해에서 무력 충돌이 시작된다면, 분명 우크라이나에서 벌어지고 있는 것보다 몇 배나 더 파괴적인 전쟁이 발발할 것이다. 이 전쟁은 육지와 해상, 우주로까지 광범위하게 확대될 수 있다. 전 세계의 다른 많은 국가가 참전할 가능성도 높다. 타이완은 막대한 인명 피해를 입을 것이다. 타이완을 둘러싼 갈등은 미중 모두에게 재앙이 될 것이며, 두 나라의 미래와 차후 국제적 역할에 있어서도 예상치 못한 결과를 초래할 것이다.

미중 관계의 새로운 국면

2022~2023년 들어 미중 관계는 계속 악화되고 있다. 사실 양측 모두 1972년 이후로 최악의 상황이라고 말하곤 한다. 아울러 공식 석상에서 쓰이는 양국의 대립적 언어는 그 수위가 계속 높아지고 있다. 시진핑 주석은 2023년 3월 양회兩會 연설에서 "미국을 필두로 서방 국가들은 중국을 전방위적으로 봉쇄, 포위 및 억압하고 있으며, 이는 국가의 발전에 전례 없이 심각한 제동을 거는 것이다"라고 선언했다. 그리고 "중국은 점점 더 크고 극심한 위험과 도전에 직면할 것"이라며 당원들에게 "투쟁할 용기를 가질 것"을 촉구했다. 그는 내부적으로 오래전부터 미국이 중국을 봉쇄하고 있다고 설파해왔지만, 이렇게 공개적으로 주장한 것은 이번이 처음이다. 시진핑은 이제 미국과의 "30년간의 투쟁"이 다가오리라 믿으며 여기서 승리하는 데 집중하고 있다. 2023년 시진핑은 많은 당원에게 위기가 닥칠 수 있음을 암시하며 처음으로 "극단적 시나리오"에 대해 언급하기 시작했다.

그러나 양측은 모두 준비가 되어 있지 않은 상황이다. 지금 섣불리 전쟁을 하고 싶어하지 않는다는 게 진실에 가깝다. 실제로 시진핑은 타이완에서 무력 충돌 없이 승리를 거두는 방향을 선호할 것이다. 그러나 현재 상황에서는 우연한 사고가 통제 불능의 위기나 분쟁 또는 전쟁으로 확대될 위험이 크다. 양국은 우선 관계를 안정시키고 관계를 관리해나갈 방법을 모색해야 할 것이다. 바이든 대통령은 2022년 11월 자카르타에서 시진핑 주석과의 정상회담을 앞두고 "관계의 기반을 다지고 경쟁을 제한하는 규칙을 확립"하기 위해서는 "가드레일"이 필요함을 언급했다. 양국은 이를 어느 정도 인정하는 분위기였다. 중국은 적어도 한동안 이런 담론을 잠정적으로 수용하는 모습을 보였으며, 시진핑은 자신의 입장에서 미중 관계의 "안전망" 구축에 대해 언급했다. 이렇게 양국이 공유한 인식은 2023년 2월 앤서니 블링컨 미 국무장관이 베이징을 방문하여 "관계에 가드레일을 설치"하고 "갈등으로 치닫지 않도록 관계를 책임감 있게 관리"하는 방법을 논의하기로 하면서 더욱 확고해져갔다.

그러나 이런 몇 안 되는 기회조차도 여러 사건으로 타격을 입었다. 2023년 2월 블링컨의 방문을 며칠 앞두고 중국의 정찰용 풍선이 미국 본토를 가로질러 날아가다가 미 전투기에 격추된 것이다. 이후 블링컨의 방문은 곧바로 "무기한 연기"되고 말았다.

방문은 결국 6월에 재개되었지만 이 글을 쓰는 시점에도 여전히 한정적인 결과만을 얻었다. 무엇보다도 중요한 것은 군사 통신 라인이 재개되지 않았다는 점이다. 한편, 중국이 우크라이나 전쟁에서 러시아에 무기와 군수품을 지원하는 방안을 검토하고 있다는 보고서가 나오면서 중국에 대한 바이든 행정부의 입장은 더욱 강경해졌다.

미국은 또한 일본, 네덜란드와 함께 대중對中 반도체 기술 수출에 더욱 광범위한 규제를 가하기 시작했다. 이에 시진핑은 미국이 중국을 전면 봉쇄하고 압박하려 한다는 생각을 더욱 키우게 되었다. 지난 3월 중국의 신임 외교부장 친강은 "미국이 브레이크를 밟지 않고 계속 잘못된 길로 속도를 낸다면 아무리 가드레일이 있어도 탈선을 막을 수 없으며, 반드시 갈등과 대립이 있을 것"이라 경고했다. 중국의 입장이 강경해졌음을 시사한 것이다. 이후 행방이 묘연했던 친강은 7월에 석연치 않은 이유로 외교부장에서 해임되었지만, 지정학적으로 미국에 대한 중국의 강경한 입장은 변함이 없다.

시진핑의 이념적 세계관이 미치는 영향

한편, 중국의 내부적 변화는 미중 관계의 미래를 주도하는 강경한 국내 흐름을 계속 촉진하고 있다. 여기서 가장 중요한 것은 2022년 10월 시진핑이 중국공산당 제20차 당대회에서 정치적 주요 야망을 실현했다는 점이다. 향후 5년간 시진핑의 우선순위와 그의 종신 지도자 임명 여부는 이 책의 15장 전체를 할애해야 했을 만큼 매우 중요한 사안이다.

당대회에서 특히 주목할 만한 점이 몇 가지 있다. 첫째, 예상했던 대로 시진핑은 3연임에 성공하며 2연임 제한이라는 관례를 깨고 최소 2032년까지 통치할 길을 열었다. 둘째, 예상된 것이지만 시진핑은 강력한 정치적 행보를 보이며 여러 규범을 무시한 채 당내에 남은 파벌 경쟁자들을 완전히 쓸어버린 후, 자기 파벌에 충성하는 사람들을 모든 요직에 임명했다. 후진타오 주석이 "몸이 아프다"는 이유로 회의 도중 굴욕적으로 끌려 나오며 인민대회당에서 불명예스럽게 퇴장하는 광경은 전 세계에 텔레비전으로 생중계되었다. 의도적이든 아니든 간에 시진핑이 열어젖힌 새로운 현실이 상징적으로 드러난 것이다. 정치적으로 우위를 점한 시진핑은 이제 중국 체제 안에서 무소불위의 권력을 휘두르고 있다. 그는 당분간 어디에도 가지 않고 그 자리를 지킬 것이다. 그리고 정치적 부하들은 그를 두려워하게 되었다.

또한 당의 이념적, 전략적 방향에 시진핑이 미치는 영향력이 한층 강화되었다. 제20차 당대회와 시진핑이 발표한 "업무 보고"의 어조와 내용은 지난 40년보다 더욱 이념적이다. 이 보고서는 "20세기를 위한 현대 마르크스주의의 새로운 장"을 개발하는 데 있어 지난 10년 동안 달성한 위대한 이념적 진전을 다룬다. "마르크스주의"라는 단어는 최신 업무 보고서에서 무려 26차례나 등장했다. 이미 중국이 이념화된 시점이었던 2017년 보고서에서 언급된 횟수의 두 배다. 시진핑은 "사회주의의 세계관과 방법론을 모두 파악"하고 위대한 시대적 도전을 이해하는 데 변증법적이고 역사적인 유물론의 분석 도구를 적용하라고 당에 명했다. 이러한 이념적 렌즈는 "당원이 하는 일의 모든 면을 개선하기 위해" 적용되어야 하며, 이를 통해 "모든 인류의 문명을 위한 새로운 표준"을 발전시켜야 한다. 또한 마르크스-레닌주의는 가치 기준과 목표, 그리고 가장 중요하게는 분석 방법론의 근본적인 이념 틀로 여겨져야 한다. 강력한 국가 건설이라는 시진핑의 민족주의적 최우선 목표는 마르크스-레닌주의 정통으로의 회귀와도 맞물려 있다. "강력한 국가"라는 용어는 2017년에 20회 정도 언급되었지만, 2022년에는 32회나 언급되었다. 즉, 마르크스-레닌주의와 민족주의가 또다시 힘을 얻은 것이다.

국가주의로의 귀환: 중국 경제 정책의 변화

한편 중국의 여러 경제적 문제(6장에서 다룰 것이다)는 점점 더 악화되고 있다. 부동산시장이 서서히 침체되고, 부채가 증가하고, 인구 위기가 심각해지는 중이다. 무엇보다 시진핑이 국가를 위한다는 명분하에 민간 부문을 이념적으로 공격하면서 국가에 대한 기업가와 투자자들의 신뢰가 흔들리고 있다는 점이 가장 중요하다. 계속되는 국가 중심주의는 제20차 당대회 보고서에도 잘 반영되어 있다. 이는 1982년 제14차 당대회 보고서에서 덩샤오핑이 개혁개방 의제를 발표한 이후 중국공산당이 경제성장 중심주의에서 상당히 벗어나고 있다는 사실을 입증했다. 당시 보고서에서는 "경제"가 195번 언급되었는데, 2022년 보고서에서는 60번에 그쳤다. 이제 새롭게 눈여겨봐야 할 단어는 "안보"다. 1992년 제14차 당대회에서 "국가안보"는 단 한 번만 등장했지만, 2022년 제18차 당대회에서는 네 번 사용되었고, 시진핑의 첫 당대회인 2017년 제19차 당대회에서는 그 횟수가 18번으로 늘어났다. 현재 제20차 당대회 보고서에서는 27번 언급되었다.

　당대회 보고서에서 당의 경제 정책은 전반적으로 국가적 감독과 계획, 통제라는 규율하에 시장 원리를 승인하는 기조를 계속 유지했다. 보고서는 "자원을 사용하는 데 있어 시장의 결정적인 역할을 최대한 활용해야 한다"는 이전 당론을 언급하면서도 "국가가 더 나은 역할을 수행해야 한다"는 언급을 병행함으로써 그 강도를 조절하고 있다. 국유기업과 민간 부문 취급에 대한 보고서에서도 "공공경제를 공고히" 하는 동시에 "비공공경제를 장려"하라고 당에 지시한 것을 보면 동일한 종류의 병행론이 눈에 띈다. 이 보고서는 이제 과학과 기술에 대한 "국가적 자립"이 필요하다고 이야기한다. 알리바바나 텐센트처럼 괄목할 만한 성공을 거둔 민간 부문의 기술 플랫폼에 전적으로 의존하기보다는, 새로운 기술 발전을 위해 자원을 "전략적"으로 배분하자는 것이다. 또한 시장 경쟁에서 발생하는 기회에 따라 인재를 할당하지 말고 인적 자본을 전략적으로 배치하도록 지시한다. 그리고 미래의 국가안보 문제에 대비하여 "중국 자체 산업 공급망의 보안과 복원력을 높이라"는 요청이 이를 강화한다. 이 모든 것은 시진핑이 당대회 보고서에서 외부에 대한 "높은 수준의 개방"을 받아들인 것과 양립하며, 오랫동안 중국 성장의 중심 격으로 거의 검증 없이 무조건적으로 수용되었던 "개혁개방"에 대해서는 확연히 대조적인 태도다. 시장경제를 지지하는 뜻을 일부 담고 있긴 하지만, 보고서가 가장 중시하는 이념적 내러티브는 "중국식 현대화"다. 서방과 신자유주의 세계화 및 시장 중심주의를 직접적으로 비판하는 것이자 시진핑이 소위 미래를 위한 "세계화의 올바른 방향"을 수용하고 있음을 반영하는 것이기도 하다. 이러한 모든 경제 정책 변화에서 마르크스주의 좌파로의 이동은 뚜렷해지고 있다.

요약하자면, 시진핑은 덩샤오핑의 35년 성장 모델이라는 근본적인 이념 노선을 따르면서도 그것을 의식적으로 변화시켰다. 그는 2017년 제19차 당대회 보고서에서 "주요 모순"에 대한 당의 정의를 공식적으로 조정함으로써 이러한 작업을 본격화했다. 1982년 덩샤오핑이 "주요 모순"을 정의한 바에 따르면, 경제를 성장시키고 불평등에 대한 우려를 해소하기 위해 생산 요소를 더 잘 활용하는 것이 모순을 해결하는 길이었다. 2017년에 들어서면서 주요 모순에 대한 정의는 "개혁개방" 시기의 잔재인 "불균형"에 초점을 맞추기 시작했다. 이후 시진핑은 "신개발 개념"을 추가로 내놓았는데, 국유 기업의 활성화, 대규모 국가 산업 정책의 재부상, 민간 부문(특히 기술, 부동산, 사교육 산업)에 대한 새로운 규제, 소득 재분배라는 골치 아픈 문제를 다룬 "공동 번영 의제"가 핵심 요소를 이룬다. 이는 국제 경제 정책에 접근하는 더욱 검증된 새 방식과도 일치하며, 미국의 체계적 디커플링 전략에 대응해 시진핑이 고안한 "쌍순환 경제", 자급자족, 글로벌 공급망 재확보라는 광범위한 원칙에 기반을 두고 있다. 당연하게도 2022년 10월 제20차 당대회 보고서에는 시진핑이 국가주의적 발전 모델에서 벗어나 다시 시장과 민간 부문을 중시하거나 개방적인 국제 경제에 참여할 것이라고 여길 만한 증거가 없었다. 비록 2023년 중반까지 경제성장률이 지속적으로 하락함으로써 민간 부문과 시장의 역할에 대한 근본적인 정책적 재검토가 시작되었지만 말이다. 체제 이데올로기의 전환으로 잃어버린 5년 이후 민간 부문이 활력을 되살릴 준비가 되어 있는지는 두고 봐야 할 것이다.

외교 및 안보 정책에 있어 민족주의 우파로의 전환

제20차 당대회 보고서는 외교 및 안보 정책에 있어서도 과거에 신성시되던 여러 묘책을 없애버렸다. 2013~2014년 시진핑은 덩샤오핑의 신중한 "도광양회" 접근법을 버리고 "성취를 위해 노력하는" 새로운 전략을 채택했다. 시진핑은 이에 따라 중국의 이익과 가치관에 맞게 지역 및 세계 정세를 바꾸려는 의지를 보였다. 가장 최근의 당대회 보고서에서도 시진핑은 이러한 접근법에 더욱 집중했으며, 경제가 아닌 국가 안보가 향후 중국의 중심이 되어야 한다는 점을 시사했다.

그러나 안보를 중시하는 기조는 2022년 12월 갑작스러운 유턴 조치 때문에 다소 완화되었다. 엄격한 팬데믹 억제 조치를 끝내고, 저하된 성장률을 끌어올리고자 경제를 재개방하는 방향으로 전환한 것이다. 중국에게 2022년은 경제적으로 아주 끔찍한 해였다. 1978년 개혁개방이 시작된 이래 두 번째로 낮은(아마도 가장 최악인) 연간 성장률을 기록했으며, 공식 GDP 성장률은 3퍼센트대로 하락했다.

현실은 그보다 훨씬 더 심각했을 것이다. 하지만 그렇다고 해서 안보를 우선시하는 시진핑의 민족주의적이고 이념적인 관점이 장기적으로 완전히 바뀌었을 것이라고 가정해서는 안 된다. 제20차 당대회 보고서에서 가장 뚜렷한 변화를 확인할 수 있는 부분은 바로 급속하게 전개되는 외부 환경을 분석해 공식화한 대목이기 때문이다. 1990년대의 당대회 보고서에서는 "평화와 발전"을 시대의 큰 흐름으로 언급해왔다. 실제로 덩샤오핑과 후계자들은 온건한 외부 환경이 중국으로 하여금 경제 발전이라는 주요 과제에만 집중할 수 있게 해주는 전략적 토대라고 생각했다. 이러한 공식은 2002년 이후 당대회 보고서에서도 보완되었는데, 미국이 중동에서 여러 차례 전쟁의 미궁으로 빠져드는 데 비해 중국은 전쟁의 큰 위험을 겪을 일 없이 오로지 국력 강화에 온전히 집중할 "전략적 기회의 시기를 경험하고 있다"라는 문구에서 이를 알 수 있다.

수십 년 동안 "개혁개방"과 함께해온 이 두 가지 공식을 제20차 당대회 보고서에서는 더 이상 볼 수 없게 되었다. 그 분석적, 정책적 함의는 분명하다. 당은 더 이상 전쟁의 가능성을 배제할 수 없다. 그 결과, 안보 의제는 이제 지난 40년 동안 경제 의제가 차지했던 우선순위를 능가하는 수준으로까지 올라섰을 수 있다. 이러한 결론은 급속도로 악화되는 외부 환경을 분석하는 데 새로운 공식이 추가되면서 더욱 강화된다. 시진핑은 이제 "평상시에도 위험과 폭풍에 대비"해야 하는 "심각하고 복잡한 국제 상황"을 시사하며, 이를 통해 "투쟁의 정신"을 고수할 것을 당에 다시 한번 촉구하고 있다. 무엇보다도 시진핑은 "강력한 중국"을 건설하는 데 있어 앞으로의 5년이 "매우 중요한" 시기라고 언급하고 있다.

실제로 당대회 보고서는 이제 경제가 아닌 "국가안보"를 "국가 부흥의 토대"로 제시한다. 시진핑은 또한 보고서를 통해 자신이 이전에 주장했던 이념적 안보, 정치적 안보, 경제적 안보, 전략적 안보를 통합하는 "총체적 안보 의제"의 필요성에 더욱 힘을 실었다. 그런 다음, 보고서는 당내 절차의 전반에 걸쳐 "포괄적 안보" 개념을 적용하도록 지시한다. 대외적으로 이번 보고서에서 나타나는 새로운 표현은 시진핑이 중국 체제를 향해 보내는 신호다. 국제 환경에 대한 인식 문제에 있어 새 시대에는 국가적 안보 태세가 필수 요소라는 것이다. 이러한 변화들을 종합해보면, 시진핑 체제 이전과 비교했을 때 중국의 이념, 정치, 경제, 외교 및 안보 정책 방향에 근본적인 변화가 있음을 알 수 있다.

따라서 처음 이 책을 구상할 때 시진핑의 이념적, 정치적 세계관을 여러 장에 걸쳐 광범위하게 다루기로 결정한 것은 적절했다고 생각한다. 이러한 분석은 미래의 미중 관계는 물론 정책 문제와도 무관하지 않으며, 우리가 어떻게 여기까지 왔고 현재 어디로 향하고 있는지를 이해하는 데 매우 중요하다. "시진핑의 중국"은 현실이다. 있는 그대로 다루어야 한다. 결코 저절로 사라지지 않을 문제이기 때문이다.

안정화, 가드레일, 전쟁 억지

미국과 태평양 동맹국들이 충분히 피할 수 있는 전쟁을 정말로 피하기 위해서는 관계를 안정화할 방법을 찾아야 한다. 시간 끌기 전략으로는 절대 이 문제를 해결할 수 없다. 어쩌다 비몽사몽간에 전쟁으로 치닫지 않으려면 관계를 안정시킬 실질적인 가드레일이 시급히 필요하다. 결코 불가능한 일이 아니다. 냉전 기간에도 미국과 소련은 전쟁과 확전을 방지하는 "행동 규칙rules of the road"에 합의하고 이를 확립할 수 있었다. 미국은 중국과의 관계에 있어서도 이러한 방식이 적용되길 바라지만, 중국은 미국과의 "전략적 경쟁"이 존재한다는 사실을 공개적으로 인정하는 것조차 꺼리고 있다. 중국은 그렇게 합의하게 되면 전략적 우위나 패권을 원하지 않는 것처럼 보여 이미지가 훼손된다고 여기는 것 같다.

　가드레일을 통해 미중 관계를 안정화시키는 것도 한 방법이다. 그러나 장기적으로는, 중국이 점점 더 강해지는 상황에서 타이완에 대해 일방적인 군사 행동을 취하지 못하도록 억지하는 것도 마찬가지로 중요하다. 억지 전략은 시진핑의 전반적인 리스크 계산법을 바꿔낼 군사적, 경제적, 외교적 정책 메커니즘을 담은 복잡한 방정식이다. 전략의 목표는 명확하다. 중국의 중앙군사위원회로 하여금 현재는 물론 미래에도 타이완에 대한 직접적인 군사 행동은 실패할 위험이 크다는 결론을 내리게 만드는 것이다. 실제로 이것이 전쟁 억지력에서 핵심을 차지하며, 그 외의 것은 부수적이다.

전략적 가드레일과 실질적인 전쟁 억지력의 구조는 현실에서 과연 어떤 형태일 수 있을까? 이 책에서 그에 대한 답을 찾을 수 있을 것이다. 물론 내가 제안하는 해결책에 모든 이가 만족할 수는 없다. "관리된 전략적 경쟁"을 유지해나가고, 미중 관계에 가드레일을 설치하고, 전쟁 억지력을 강화해야 한다는 제안에 혹여 비판의 목소리가 있다면, 나의 대답은 간단하다. 더 나은 대안을 내놓으라! 시간이 얼마 없으니 말이다.

나는 오랫동안 미국과 중국에서 공부하고 생활하면서 두 나라 모두를 깊이 존경하게 되었다. 두 나라 간의 전쟁은 끔찍한 재앙이 될 것이다. 또한, 최근 우크라이나가 파괴되는 참상을 지켜보면서 나는 영어판 서문에 서술했듯이 반세기 전 어린 시절을 다시 떠올리지 않을 수 없었다. 당시 나는 제2차 세계대전에 참전했던 아버지와 함께 작은 시골 마을의 퍼레이드에 참여하곤 했는데, 제1차 세계대전에 참전했던 훨씬 더 연로하신 분들도 행렬에 속해 있었다. 세계는 이미 한번 몽유병자처럼 대전쟁의 학살 속으로 빠져들었고 2000만 명이 목숨을 잃었다. 다시 정신을 차린 지금, 마찬가지로 끔찍한 규모의 또 다른 세계 전쟁으로 빠져든다면 더 이상 변명의 여지가 없을 것이다.

2023년 9월

케빈 러드

전쟁의
위험에 대하여

이런 책을 쓸 필요가 없는 상황이면 좋겠다.

어린 시절, 나는 시골 마을의 연례행사였던 앤잭 데이*의 퍼레이드가 열리는 날이면 제2차 세계대전에 참전했던 아버지를 따라 행진에 참여하곤 했다. 같이 행진하던 사람들 중에는 절뚝이며 걷는 70대 노인이 된 제1차 세계대전 참전 용사들도 있었다. 아버지는 내게 그들 중 한 분은 여전히 전쟁 후유증으로 고통받고 있다고 얘기해주셨다.

제1차 세계대전은 결코 피할 수 없는 전쟁이 아니었다. 1914년 7월과 8월, 정치 및 군사 지도자들의 오인과 오판으로 발발한 전쟁은 대량 학살로 이어졌다. 잘못된 판단은 미국인 11만7000명과 호주인 6만 명을 포함해 약 4000만 명에 이르는 사람들의 목숨을 앗아갔다. 전쟁의 패자

---

* ANZAC Day. 호주의 현충일.

를 어떻게 응징할 것인가에 대한 승자들의 결정은 다음 세계대전을 부르는 도화선이 되었고, 약 8500만 명(세계 인구의 3퍼센트가량)이 목숨을 잃는 끔찍한 재앙을 낳았다.

지난 세기에 일어난 집단 살상을 떠올리면, 그러한 세계적 대학살이 또다시 발생하는 것을 막기 위해 가능한 한 모든 노력을 기울이게 된다. 세계는 이렇게 해서라도 반드시 평화를 유지해야 하며, 선조들이 계몽 시대부터 수 세기에 걸쳐 싸워 얻어낸 국가와 개인의 자유를 지켜내야 한다. 우리는 1938년 뮌헨협정에서 히틀러에게 주데텐란트 지역을 넘겨주고는 런던으로 돌아와 "영광스러운 평화"를 가져왔다며 국민에게 "이제 집으로 돌아가 편히 주무십시오"라고 말한 네빌 체임벌린의 대실패를 항상 기억해야 한다. 당시에 드러난 불편한 진실은, 무사안일한 태도로는 결코 평화가 유지될 수 없다는 사실이었다.

그래서 우리는 미국과 중국 사이에서 펼쳐지는 위기에 주목하게 된다. 2020년대는 두 나라 사이 세력 균형의 변화에 있어 결정적인 10년이 될 것으로 보인다. 양국 전략가 모두가 알고 있다. 미중뿐만 아니라 다른 국가의 정책 결정권자들에게도 2020년대는 그야말로 아슬아슬한 줄타기를 하는 10년이 될 것이다. 외교관이나 정치인들이 공개 석상에서 뭐라고 말하든 간에 물밑에서 이렇게까지 긴장이 고조되거나 경쟁이 치열했던 적은 없다. 두 강대국이 소위 관리된 전략적 경쟁을 통해 자국의 핵심 이익을 저버리지 않으면서도 공존할 방안을 찾는다면 세계 정세는 조금 더 나아질 것이다. 하지만 그러한 공생 관계를 이루지 못한다면, 세계의 미래를 상상할 수 없는 방식으로 바꾸어버릴 전쟁의 위험이 도사리고 있다.

중국과 미국을 공부한 학생

나는 호주국립대학에 입학한 열여덟 살 때부터 중국에 관해 공부하기 시작했으며, 그곳에서 표준 중국어와 중국 고전 및 현대사를 전공했다. 그 후로 베이징, 상하이, 홍콩, 타이베이에 살면서 여러 외교 직책을 수행했고, 중국 전역에서 수많은 친구를 사귀었다. 호주의 총리로서 국빈 방문한 것을 포함해 지난 40년간 중국과 타이완을 수없이 오갔으며, 시진핑은 물론 중국 고위 지도자들과 여러 차례 사적으로 만나기도 했다. 나는 중국의 놀라운 고전 문명과 마오쩌둥 시대 이후의 경제적 성과에 대해 늘 감탄하곤 한다.

반면 1958년 대약진운동 기간에 중국 인민 3000만 명을 기아로 사망토록 한 마오쩌둥의 국가적 약탈에 대해서는 맹렬히 비판해왔다. 또한 마오쩌둥은 문화대혁명을 일으켜 스탈린식 공개 재판을 통해 정적을 제거하고 수백만 명을 죽음으로 몰아넣었을 뿐만 아니라 나라의 귀중한 문화유산을 무참히 파괴했다. 나는 학사 졸업 논문 「웨이징성 사건을 중심으로 살펴본 중국 내 인권」을 작성하면서 고전 시대와 공산주의 시대를 아우르는 슬프고도 안타까운 중국의 인권 역사를 되짚어보게 되었다. 수년에 걸쳐 관련 자료를 수도 없이 들여다보면서 차마 조용히 덮어버릴 수 없었다. 1989년 5월 말, 톈안먼 광장에 모여든 수천 명의 청년도 잊을 수 없다. 당시 나는 6월 4일 탱크가 광장으로 들이닥치기 직전까지 일주일 내내 광장의 인파 속에서 그들과 함께 걸으며 이야기를 나눴다. 그런 경험을 했던 나로서는 20여 년 뒤 호주 총리로서 베이징을 다시 방문하게 되었을 때 중국의 인권 문제를 거론하지 않을 수 없었다. 방문 첫날, 베이징대학에서 중국어로 진행한 공개 강의에서 나는 중국 고전에서 최고의 우정을 가리키는 말인 '쟁우諍友'는 잘못을 솔직히 짚어주는 친구를 뜻한다고 얘기하며, 그러한 관점 안에서 티베트 인권 유린 문제를 지적했다. 그러자 중국 외교부가 펄쩍 뛰었고, 늘 방관자적 태도를 취해온 호주 정재계 인사들 그리고 원래 이런 일에 호들갑 떠는 게 본업인 언론이 다 같이 날뛰었다. 그들은 입에 담기에도 민망하다며 "어떻게 우리를 초청한 중국의 심기를 건드릴 수 있느냐?"고 따져 물었다. 내 대답은 간단했다. 티베트 인권 탄압을 외면하는 것은 이 인민공화국과의 관계에서 벌어지는 복잡한 현실을 외면하는 것이다.

나는 미국에서도 수년째 살고 있다. 미국 역사에 관심이 많고 미국의 놀라운 혁신 문화도 진심으로 존경한다. 나는 중국과 미국이 서로 어떻게 다른지 아주 잘 알고 있다. 하지만 두 나라는 그러한 차이점 못지않게 위대한 문화적 공통점도 있다. 가족애가 끈끈하고, 자녀 교육을 중시하며, 열정과 근면에 바탕을 둔 활기찬 기업가 문화를 지녔다. 하지만 미중 관계를 이해하는 데 있어 그 어떤 접근법도 지적, 문화적 편견에서 완전히 자유로울 수는 없다. 중국의 역사와 사상을 전공한 나조차 결국 서양의 철학과 종교, 문화적 전통을 기반으로 하는 뻔뻔한 서양인일 수밖에 없기 때문이다. 내가 총리와 외무장관을 역임한 호주는 100년 넘도록 미국의 동맹국이었으며, 제2차 세계대전의 잿더미 속에서 미국이 구축한 자유주의적 국제 질서를 적극적으로 지지해오고 있다. 그러나 동맹을 맺었다고 해서 반드시 모든 외교와 안보 정책까지 따라야 한다고 생각한 적은 없다. 이는 내가 속한 호주 노동당이 미국의 압박에도 불구하고 베트남 전쟁과 이라크 침공을 반대했다는 사실로 증명할 수 있다. 나는 미국의 국내 정치와 통제되지 않는 선거

자금, 선거구 확정 시스템의 부패, 유권자 억압의 정치라는 고질적인 문제들에 대해서는 부정적으로 보고 있다. 또한 미국 사회 전반에 걸쳐 심해지고 있는 경제적 불평등과 그것이 부채질하는 극단적 포퓰리즘의 유행에 대해서도 매우 우려한다.

미중 관계에 대한 나의 비판에는 유감스럽게도 두 나라의 정치에서 점점 두드러지는 배타적 애국주의에 대한 개인적 혐오가 담겨 있기도 하다. 그러한 대외 강경주의는 누군가에게 정서적 만족을 주기도 하며, 한편으로는 정치적 도구로 사용되어 대중의 광범위한 지지를 이끌어낼 수도 있다. 그러나 선동가들은 정작 그것이 어떠한 이익도 가져다주지 못한다는 점에 대해서는 관심이 없다. 무엇보다 국제 관계에서 내셔널리즘*이 얼마나 위험한지는 역사가 말해주고 있다.

상호 불신의 역사

현재의 미중 관계는 오랫동안 서로 복잡하게 얽히며 경쟁해온 역사적 결과다. 이러한 복잡성은 지난 150년 동안 양측이 서로를 탓하면서 더 심해졌다. 상호 몰이해와 깊은 의심이 되풀이되었으며, 때로는 과장된 희망과 기대가 생기다가도 근본적으로 다른 정치적, 전략적 필요에 직면하면 모든 것이 물거품이 되어버리곤 했다.

현대의 미중 관계를 가장 좁은 의미로 해석하자면, 경제적 이익 추구를 위해 맺어진 관계라 할 수 있다. 이들은 한때 공동의 적에 대항하

---

* nationalism. 중화사상을 기반으로 하는 중국과 관련해서는 민족주의로, 애국주의적 성격이 강한 미국과 관련해서는 내셔널리즘으로 옮겼다.

며 전략적 공동주권의식condominium으로 똘똘 뭉치기도 했는데, 처음에
는 그 대상이 소련이었다가 9·11 이후부터는 범위가 대폭 축소되어 이
슬람 무장 세력으로 한정되었다. 최근 들어서는 세계 금융 안정과 기
후변화에 대한 우려가 둘의 관계를 지탱하는 또 하나의 축이 되었다.
한편 인권 문제는 양국 관계에서 항상 마찰을 일으키는 지점으로 남아
있다. 지난 반세기 동안 쏟은 외교적 노력에도 인권 문제의 심각성은
잠깐 부각되었다가 잠잠해지기를 반복할 뿐이었다. 1980년대에는 중
국공산당CCP이 다양한 형태의 정치적 자유화를 표방하며 미국에 이따
금 추파를 던지기도 했지만, 결과는 기껏해야 서로의 정치 체제를 마지
못해 받아들이는 정도에 그치고 말았다. 현대 양국 관계의 역사를 통틀
어 보면 이러한 다양한 기둥(경제 협력, 지정학적 전략, 다자 외교)을 기
반으로 하고 있을 때 상대적으로 더욱 돈독한 관계를 맺을 수 있었다.
그러나 최근 10년 동안 각 기둥에 하나씩 금이 가기 시작했고, 2020년
대에 이르러서는 각각의 협상 효용이 사실상 소진되면서 관계를 지탱
해온 기둥들이 무너져 내리고 말았다.

  고학력 엘리트를 포함한 대부분의 미국인은 중국의 국내 정치와 정
책 결정 과정의 본질을 이해하는 데 상당한 어려움을 느낀다. 두 나라
간의 언어적, 문화적, 철학적 차이를 감안한다면 당연히 그럴 수 있다.
이러한 난관 때문에 중국에 대한 미국인의 인식은 아주 기초적인 수준
에 머무르게 된다. 즉, 중국은 어떤 곳이며 어떤 국가로 변해가고 있는
지, 이것이 미국의 이익과 가치, 향후 글로벌 리더십에 어떤 의미가 있
는지에 대해 미국인들은 엄청나게 혼란스러워하고 있다. 그리 놀라운
일이 아니다. 미국인으로서는 전통적인 미국적 기준 너머에 있는 사람
들의 문화와 정치 체제까지 받아들여야 하는 것이다. 다르다넬스해협

을 건너 아시아에 들어서면, 그곳이 근동이든 중동이든 극동이든 간에, 미국인이 유럽에서 느끼던 비교적 친숙한 문화적 렌즈는 금세 힘을 잃는다. 집단적 문화유산을 이어받은 오래된 이질적 문명을 이해하기란 쉽지 않다. 특히나 중국의 고유한 문화 규범과 표의문자, 고대 윤리 개념과 현대 공산주의 리더십 등은 미국인들에게 그리 친숙하지 않다. 오늘날 미국이 글로벌 리더십의 새로운 경쟁 상대로 떠오른 중국에 대해 아주 큰 불안과 불신을 느끼는 까닭은 바로 여기에 있다.

이렇게 뼛속 깊이 팽배한 불신은 하룻밤에 생긴 게 아니다. 오랜 세월 축적된 정치적, 전략적 인식에 힘입어 자라왔다. 양측 정부의 머릿속에는 상대방의 외교 정책이 더 이상 믿을 게 못 되며, 전략적 사실의 세계에서 탈구된 외교적 허구라는 믿음이 뿌리 깊이 박혀 있다. 미국은 중국이 표방하는 "화평굴기和平崛起"를 더 이상 믿지 않는다. 특히 미 국가안보기관은 중국공산당이 적수들을 속이기 위해서라면 거짓말도 주저하지 않는다고 여긴다. 그러한 기만적 언어는 강한 군사력으로 주변과 세계에 영향력을 뻗치려는 중국이 정치적으로 우둔한 자들을 무장 해제시키기 위해 구사하는 외교적 계략에 지나지 않는다는 것이다. 그들은 중국의 공격성을 드러내는 증거로 남중국해에서의 간척 사업, 인도양 연안의 해군 기지 건설, 미국 정부에 대한 사이버 공격을 지목하기도 한다.

양측은 서로에게 잘못이 있다고 주장한다. 미국이 중국의 부상을 "억제"하는 것에 관심이 없다고 해도 중국은 곧이곧대로 믿지 않을 것이다. 중국은 불신의 증거로 1972년, 1979년, 1982년에 세 차례 이루어진 미중 공동성명을 든다. 당시 미국은 타이완에 대한 무기 수출을 줄이겠다고 약속했지만 실제 판매량은 오히려 증가했다. 이 때문에 중국 정부는 오늘날의 미중 무역 전쟁을, 자국 경제를 무력화하기 위한 미국 동맹국들의 협공으로 간주하고 있다. 또한 미국의 반反화웨이 캠페인에 대해서는 중국 기술 발전에 대한 방해 공작이라 여기고 있으며, 남중국해에서 미 동맹국들의 항해의 자유를 주장하는 것은 중국 영해에 대한 적대적이고도 공격적인 간섭이라고 생각한다. 이런 깊은 불신 속에서 전략적 대화가 오가는 것에는 한계가 있어 보인다. 그렇기에 "전략적 신뢰를 재건"해야 한다는 엄숙한 논평은 두 정부로부터 조롱과 비웃음을 살 뿐이다. 최근에 만난 미군의 고위 사령관은 "중국을 대하는 데 있어 전략적 신뢰를 기대하는 것은 중국을 매우 과대평가하는 것"이라고 말했다. 하지만 상대편인 인민해방군PLA 또한 미국을 신뢰하기는 어렵다는 입장이다.

투키디데스의 함정

과거 중국이 미국에 대한 군사적 행위에 주저했던 이유가 자신들이 너무나 열세에 있다고 믿어서였다면, 이제는 인민해방군의 급속한 현대화로 인해 그러한 망설임마저 사라지고 있다. 하버드대학의 그레이엄 앨리슨(나의 절친한 친구)은 미중 세력 균형의 불안정한 변화를 설명하는 데 있어 "투키디데스의 함정"이라는 새로운 개념을 제시했다. 고대 역사가 투키디데스는 『펠로폰네소스 전쟁사』에서 "전쟁을 불가피하게 만든 것은 아테네의 부상이 스파르타에 심어준 공포"였다고 주장했는데, 이러한 투키디데스의 함정에 대해 앨리슨은 "떠오르는 세력이 지배 세력을 위협할 때 발생하는 자연스럽고 불가피한 혼란"이라고 설명한다.

세력 교체의 위협은 관계에 구조적 스트레스를 유발하여 폭력적인 충돌을 불러온다. 여러 역사적 사례에 기반한 앨리슨의 모델에 따르면, 그렇게 될 경우 전쟁이 일어날 가능성은 더 커진다. 앨리슨의 논리는 강대국 사이에서도 전쟁으로 치달을 수 있는 티핑포인트(한계점)가 실제로 감지되고 있음을 암시한다. 정책 결정권자들이 더 늦기 전에 위기를 미연에 방지하거나 적절히 대응할 방법을 찾아야 한다는 뜻이다.

현 단계에서는 미중 관계로 인해 국제 정세가 일종의 냉전 2.0 시대로 돌입했다고 여기기 쉬운데, 상대편을 자극하는 위험한 생각이다. 사이버 공간에서 그러한 갈등의 초기 단계가 나타날 수 있다. 해커들이 파이프라인과 전력망 그리고 항공교통관제 시스템에 이르기까지 상대방의 기반 시설을 무력화함으로써 치명적인 결과를 초래할 가능성이 있다. 여기서 아찔한 사실은 사이버 표적에 대한 공격을 선전포고로 받아들일 수 있는지 판단할 기준이나 전쟁 중 민간인 보호를 위해 금지할 행위에 대해 아직까지 명확한 국제적 합의는커녕 양자 간 합의조차 이루어지지 않았다는 것이다. 또한 재래식 군사 분쟁이 발생할 가능성도 무시할 수 없다. 미국은 아시아 동맹국들을 보호해주기로 약속했으며, 중국의 야심은 이러한 동맹에 맞서는 것이다. 타이완부터 남중국해의 필리핀이나 동중국해의 일본에 이르기까지, 중국이 미 방위 조약의 한계를 시험하는 일은 점차 빈번해지고 있다.

중국이 군을 현대화하고 군사력을 증강하는 주된 목표는 타이완에서의 유사시 사태 대비다. 하지만 중국의 군사 및 정보 역량 강화는 미국에겐 인도태평양 지역에서 자신들이 누려온 군사적 우위에 대대적인 도전장을 내미는 것이다. 미국이 가장 우려하는 것은 중국 해군의 급속한 확장과 현대화, 잠수함 능력의 신장뿐만 아니라 중국이 역사상 최초로 연안 해역을 넘어 원양에까지 무력을 투사할 수 있는 대형 함대를 개발했다는 사실이다. 중국은 이를 통해 인도양 전역으로 접근 범위를 확장할 수 있게 되었다. 여기에는 동남아, 남아시아, 동아프리카, 홍해의 지부티까지 걸쳐 있는 친중 국가 및 파트너들이 제공한 일련의 가용 항구들이 발판 역할을 했다. 게다가 러시아와의 육·해군 협력도 더욱 광범위해졌는데, 최근에는 러시아 극동 지역과 지중해, 발트해 연안에서 육·해상 연합 훈련을 실시하기도 했다. 이러한 움직임을 감지한 미 군사 전략가들은 중국이 타이완 해협을 넘어서는 원대한 야망을 가지고 있다고 판단했다. 특히 중국 과학기술이 우주 산업과 사이버 공간, 인공 지능 분야에서 두각을 나타내자 미국 정치인들은 중국의 확장 욕망을 더욱 확신했다. 그뿐만 아니라 중국 정보기관들이 미 컴퓨터 시스템에 침투해서는 민감한 국방 계획과 인사 기록은 물론, 정교한 군사 기술까지 빼내는 데 성공한 것으로 알려지면서 중국에 대한 미국의 우려는 한층 고조된 상황이다.

이처럼 오늘날의 미중 관계에는 투키디데스의 함정이 이미 곳곳에 산재해 있다.

시진핑의 등장

객관적인 세력 균형의 변화는 전략적 방정식에 영향을 주는 한 요소다. 최근 몇 년 사이 중국에선 당당하고 적극적이며 공격적이기까지 한 리더십이 새롭게 떠오르고 있다. 마오쩌둥 이후 개혁개방이 추진된 수십 년 동안, 즉 1980년대부터 시진핑이 주석으로 선출된 2012년까지 베이징은 개혁개방 정책을 주도한 덩샤오핑이 대외 관계 지침으로 남긴 격언 "힘을 숨기고 때를 기다리며 절대로 앞장서지 마라(도광양회 韜光養晦)"를 따르는 분위기였다. 하지만 시진핑은 그 격언을 망각해버렸다. 갈수록 더 강력해지고 있는 중국은 지난 35년간 리더들이 조심스레 만들어놓은 겸손과 자제의 가면을 벗어버리고 있다. 2021년 당 지도부 모임에서 시진핑이 "시간과 모멘텀은 우리 편"이라고 말한 순간, 이전의 회피용 도구는 더 이상 필요치 않게 되었다.

중국공산당이 수십 년에 걸쳐 수립한 이념적 틀이 중국의 모든 정책 수립에 있어 근간이 되고 있는 와중에, 마오쩌둥 이후로 이처럼 강력한 리더가 등장한 것은 처음이다. 시진핑은 중국 정치 체제의 정점에 서 있으며, 그의 영향력은 당과 국가의 모든 계층에 깊숙이 침투해 있다. 그가 권력을 획득하기 위해 사용한 방법은 정치적으로 매우 치밀했으며 동시에 무자비했다. 한 예로, 그가 당 전체를 대상으로 벌인 반부패 캠페인은 거의 산업적 수준에 달하는 부패를 "청산"하는 데 도움이 되었다. 하지만 그는 이것을 이용해 자신의 권위를 위협할지도 모를 정치적 라이벌과 반대자들을 모조리 당에서 제명하고 종신형에 처하는 등 "숙청"하기도 했다.

덩샤오핑을 무려 두 번이나 『타임』지 올해의 인물로 선정하며 이상적인 리더로 여기던 미국인들은 중국이 사회주의 계획경제에서 자유시장경제로 전환함에 따라 언젠가는 자신들처럼 자유민주주의 사회로 변모할 것이라고 기대했다. 하지만 중국의 새로운 리더십은 그 출발부터가 매우 과격해 보인다. 시진핑이란 인물은 중국을 더욱 개방적이고 포용적인 나라로 포장하거나 자유민주주의 국가로 변모해가는 것처럼 보이기 위해 특별히 애쓰지도 않는다는 것이 미국의 평가다. 시진핑은 또한 시장 지향성이 낮은 국영 기업을 민간 기업보다 우선시하는 권위주의적 자본주의 모델을 채택하며 당의 기업 통제를 대대적으로 강화하고 있다. 중국이 국제 질서를 재편하려는 의지를 드러냄에 따라, 미국은 시진핑이 점점 더 반미적인 방식으로 중국 민족주의의 불길을 부채질하고 있으며 서태평양에서의 전략적 상황과 영토 현황을 변화시켜 중국의 영향력을 동반구 전역으로 확장하려 한다고 보고 있다.

미국은 또한 시진핑이 국제 사회에서 중국의 정치·외교적 영향력을 극대화하기 위해 중국으로 몰려든 외국 자본을 활용하여 자신의 정치 모델을 다른 개발도상국에 수출하고 있다고 본다. 시진핑의 궁극적인 목표는 중국의 이익과 가치에 부합하는 국제 체제를 수립하는 것이다. 마침내 미국은, 지난 수십 년간 자신들이 내놓은 분석 결과와는 사뭇 다르게, 중국의 세계관이 이렇게 변화한 것은 경제적, 군사적, 기술적으로 한층 강력해진 중국이 미국과의 충돌을 자초했기 때문이라고 판단했다. 이로써 미국은 전략적 논리에 따라 중국의 이익을 수용할지, 아니면 적극적으로 무산시킬 방법을 강구할지, 가능한 한 그들을 굴복시키는 게 좋을지를 선택해야 한다.

물론 중국 전략가들의 시각은 근본적으로 다른 세계관을 토대로 한다. 시진핑의 관점에서는 중국의 정치·경제 체제엔 아무런 문제가 없으며, 다른 개발도상국들이 그것을 모방할 수 있도록 제안할 뿐, 결코 "강요"하는 것은 아니다. 그는 오히려 코로나19 팬데믹, 포퓰리즘 보호주의, 증대되는 반세계화적 모멘텀과 같은 핵심 문제를 다루면서 드러난 서구 민주주의의 크나큰 실패를 지적한다. 또한 군 현대화는 중국이 오랫동안 주장해온 타이완의 영유권을 확보하기 위한 것이라고 주장하며, 해외 직접투자를 국익을 위해 이용한 것에 대해서는 일말의 사과도 하지 않고 있다. 시진핑은 새로 얻은 강대국의 위치를 이용해 국제 시스템과 그것을 뒷받침하는 다자간 기구의 규칙을 다시 쓴 것에 대해서도 사과하지 않을뿐더러, 이는 엄밀히 말해 제2차 세계대전 후 서방 강대국들이 자행해왔던 일이라고 주장했다.

시진핑이 집권한 중국의 또 다른 목표는 2035년까지 1인당 GDP를 "다른 중진국들 수준으로" 끌어올리는 것이다. 중국의 경제학자들은 그 기준을 2만 달러에서 3만 달러 사이 혹은 한국과 비슷한 수준으로 보고 있는데, 이를 위해서는 중국의 경제 규모가 현재보다 두세 배는 더 커져야 한다. 2018년 당대회에서는 1982년 중화인민공화국헌법에서 명시한 5년제 국가주석직 2연임 초과 금지 조항이 삭제되면서 논란이 일었는데, 이로써 시진핑이 집권을 연장할 가능성은 더 커졌다. 덩샤오핑이 제정한 헌법은 정치 캠페인으로 많은 이에게 고통과 죽음을 안겨준 마오쩌둥과 같은 절대 통치자의 부상을 막기 위한 것이었다. 그동안 중국 정치권에서는 주석의 두 번째 임기가 후반부에 접어들면 권력을 이어받을 후계자를 지명하곤 했다. 하지만 이제 그런 일은 없다. 중국 공산당 중앙군사위원회 주석과 당 총서기를 겸하고 있는 시진핑은 주석직의 두 번째 임기가 만료되는 2022년에는 일흔에 가까운 나이가 되며, 2035년 말에는 82세가 된다. 가족 모두가 장수하는 것을 보면(아버지는 향년 88세, 어머니는 2021년에 91세), 그가 어떠한 정치적 형태로든 2020년대와 2030년대에 중국 최고 지도자로 있을 것이라 가정하는 편이 현명하다. 따라서 중국이 마침내 세계 최대의 경제 강국이 되는 그날은 아마도 시진핑의 재임 기간에 찾아올 것이다(사실 이것도 미국이 100년 이상 세계 경제를 호령하고 난 이후의 일이다). 이러한 세력 균형의 변화와 더불어 시진핑은 앞으로 남은 15년 동안 점점 더 커지는 자신의 세계적 야망을 추구할 용기를 얻을 것이며, 지금 그에게 있어 타이완에 대한 주권을 되찾는 것만큼 중대한 사안은 없다.

따라서 이 책은 시진핑이 가진 야망의 핵심 우선순위를 규정하는 데 상당 부분을 할애했으며, 이는 앞으로 수십 년 동안 중국의 여러 정책 결정을 이해하는 주요 통로가 될 것이다. 그 우선순위를 설명하려면 가장 중요한 핵심 원(중국 본토 내부)에서부터 시작하여 점점 밖으로 확장되는 열 개의 동심원에 빗대는 것이 가장 정확할 것 같다. 이러한 다층적인 탐구 방법을 책의 구조에 녹여보았다. 나는 이를 통해 독자들에게 중난하이의 집무실 책상에 앉은 시진핑이 바깥세상을 어떻게 바라보고 있는지를 알려주고자 한다. 앞서 언급한 바와 같이, 서구의 시각에서 중국의 정치사상을 이해하기는 쉽지 않다. 그렇기 때문에 나는 시진핑의 세계관을 이해하는 데 집중했으며, 이는 전쟁의 가능성을 가늠하고 그것을 피할 방법을 찾는 연구에 필수적이다.

시진핑이 보는 미국

중국 지도자의 관점에서 시진핑의 국내외적 야망을 근본적으로 뒤흔들 수 있는 국가는 오직 하나, 바로 미국이다. 물론 "중화민족의 위대한 부흥"을 외치는 시진핑의 중국몽 실현을 방해하는 요인들은 국내의 정치적, 경제적 상황 속에도 많긴 하다. 그리고 중국의 통제를 벗어나 있는 외부 세력 중 러시아나 일본, 인도와 같은 강대국들도 중국의 부상을 힘겹게 만들거나 방해할 수 있다. 그렇긴 하지만, 오로지 미국만이 중국을 제지하기에 충분한 전략적, 경제적 힘을 갖추고 있다. 중국공산당의 전략적 사고에서 항상 미국이 핵심 타깃에 놓이는 이유는 바로 여기에 있다. 이 전략적 사고는 중국의 "대전략"이라 부를 수 있는 것들을 포함한다. 중국의 취약점이라 여겨지는 개별 영역들, 즉 군사, 외교 정책, 경제, 무역, 투자, 기술, 자본 흐름, 외환 노출, 국제 개발 원조, 인권 및 민주주의에 대한 국제 사회의 평판, 법치주의 또한 여기에 해당되며 타이완 문제도 빠질 수 없다.

시진핑은 미국에 관해 초짜가 아니다. 정치 초년 시절인 1980년대에 미국을 처음 방문한 그는 당시 아이오와의 한 시골집에서 홈스테이를 했다. 20여 년이 지나 중국의 부주석이 됐을 때는 미국 부통령 조 바이든의 초청으로 미국의 여러 도시와 주를 일주일간 돌아보기도 했다. 2010년에 그는 외동딸을 하버드대학으로 유학 보냈으며, 베이징과 지방 도시에서 정치 경력을 쌓는 동안에는 미국 대표단을 정기적으로 초청했다. 그러나 딸의 영어 실력은 출중한 반면 정작 자신은 영어를 읽거나 말하지 못하는데, 이는 그가 중국어로 번역된 공문서를 통해 미국을 이해해왔다는 뜻이다. 문제는 그러한 번역이 항상 정확한 것은 아니며 미묘한 표현이나 뉘앙스를 제대로 살리지 못하는 경우도 있다는 것이다. 게다가 중국의 외교 정책 관료와 정보기관이 발행하는 공식 브리핑 자료에서 미국을 바라보는 전통적인 시각은 그리 곱지 않다. 여기에는 중국 관료들이 시진핑에게서 느끼는 두려움과 그의 입맛에 맞는 분석을 내놓음으로써 정치적 입지를 유지하려는 욕구가 뒤엉켜 있다. 하지만 시진핑이 미국에서 직접 얻은 경험은 조 바이든을 비롯해 미국의 여타 리더가 중국에서 겪은 경험에 비할 바가 아니다. 여태껏 미국의 그 어떤 지도자도 중국어를 말하거나 읽은 적이 없으며, 모두가 비슷한 방식으로 중간 매체에 의존해왔다. 베이징어를 구사하는 나는 호주의 외무장관과 총리로 재임할 당시, 상대 외무장관 및 다른 중국 관료들과 그들의 언어로 직접 소통할 수 있어서 다행이었다. 앞으로도 더 많은 서구의 정치 리더가 그렇게 할 필요가 있다.

여러 이유로 미국의 대다수 전략기관은 중국의 평화적 부상이나 발전 따위에 기대를 걸지 않는다. 대신 중국이 전략 방향을 바꾸지 않는다면 어떠한 형태로든 중국과의 무력 충돌이나 대립은 불가피하다는 게 그들의 견해다. 하지만 시진핑 집권하에서는 사실 어떠한 변화도 불가능해 보인다. 따라서 대립을 피할 수 있느냐는 더 이상 논의의 대상이 아니다. 미국은 오히려 그러한 일이 언제 어떠한 상황에서 발생하느냐에 초점을 맞추고 있다. 이는 중국 입장에서도 마찬가지다.

관리된 전략적 경쟁

따라서 두 나라의 우방들은 금세기의 국제 관계에서 무엇이 가장 큰 난제인지 철저히 따져보아야 할 도덕적이고도 실질적인 의무가 있다. 즉, 미중 간의 패권 구도가 변화하고 있음을 자각하고 지난 75년간 누린 평화와 번영을 앞으로 어떻게 유지할 것인지 고민해야 한다는 말이다. 만약 투키디데스의 논리가 그대로 적용되도록 내버려둔다면 결국엔 위기나 갈등 또는 전쟁을 초래할 것이다. 그러한 최악의 상황으로 치닫기를 원하는 게 아니라면, 1945년 이후 더욱 폭넓게 국제 관계 시스템의 안정성을 뒷받침해온 규칙기반질서rule-based order의 무결성을 유지하는 동시에 강대국 간의 평화를 유지하는 데 도움이 될 수 있는 잠재적인 전략적 우회로나 최소한의 가드레일 정도는 찾아놓아야 한다.

이를 위해 "무엇을 할 것인가?"라는 레닌의 질문을 빌려와보자. 첫 단계로, 양측은 그동안 만들어진 국가 인식의 프리즘을 통해 상대방이 자신의 행동을 어떻게 받아들이는지를 염두에 두어야 한다. 즉, 한쪽이 특정 행동을 취할 때 다른 한쪽의 의사 결정 과정에서는 어떠한 버튼에 불이 들어오는지 고려해야 한다. 현재는 양측 모두 이에 서툴며 오랫동안 미중 관계를 특징지어온 거울이미지* 현상에 상호 확증적 몰이해가 결합되어 나타나고 있다. 향후 평화 관계를 구축하기 위해 공동의 전략적 시나리오를 개발할 가능성도 생각한다면 최소한 각자의 전략적 언어와 행동, 외교적 신호가 양측의 정치 문화와 시스템에 따라 고위 관료들에게 어떻게 해석될지 염두에 두어야 한다. 양측이 경쟁 관계에 있다 하더라도 이는 안정적인 전략적 틀 안에서 서로의 이익과 가치, 인식을 두고 겨루는 데 도움이 될 것이다.

그러나 새로운 상호 전략적 리터러시를 개발하는 것은 시작에 불과하다. 그다음 단계에서는 서로 밀접히 연관된 세 가지 과제를 달성할 공동의 기반을 구축하려는 노력이 반드시 뒤따라야 한다.

1. 군사적 긴장을 고조시킬 가능성이 높은 레드라인(국제 사회가 타이완 문제를 거론하는 것 등)을 다루는 원칙과 절차에 관해 합의할 것.
2. 본격적인 경쟁의 장이 될 수 있는 비군사적 안보 정책(외교, 경제, 기술 등)과 이데올로기 영역을 서로 명확하게 이해할 것.
3. 지속적인 협력(기후변화 등)을 공인하고 장려할 수 있는 영역을 규정할 것.

* 적대국의 행위가 상대국에게 대칭적인 반작용을 일으키며 대립이 격화되는 양상을 이르는 국제정치학 용어.

물론 어느 하나도 일방적으로 추진될 수는 없다. 양측의 최고 리더가 임명한 고위 협상가들이 주도해야 하며, 그들은 개별 항목에 대해서뿐만 아니라 관계 전체에 대해서도 막중한 책임이 있다. 미국의 경우, 정부의 모든 기관 사이를 조정해야 한다는 임무를 고려할 때, 국가안보고문이 적합할 수 있다. 중국의 경우는 중앙위원회 외교부장이나 중앙군사위원회 부위원장, 혹은 두 직책에 공동 위임할 수 있겠다. 이들은 또한 관리된 전략적 경쟁의 핵심 원칙을 중심으로 협상하고 합의한 공동 전략 틀을 운영할 책임도 맡게 된다. 합의에 이르는 것만큼이나 중요한 것은 바로 세부 사항과 그 집행이다. 결코 신뢰를 기반으로 만들어지는 것이 아니기 때문이다. 그 틀은 각 국가가 이미 구축해놓은 정교한 국가 검증 시스템 아래서만 전적으로 작동할 것이다. 다시 말해, 이러한 합의의 무결성은 로널드 레이건이 소련과의 관계에서 주장했던 유명한 말, "신뢰하되, 검증하라" 중에서 "검증"에만 의존하는 것이다.

이러한 유형의 공동 전략의 틀이 그 자체로 위기나 갈등, 전쟁을 막지는 못한다. 하지만 적절히 협상하고 효과적으로 이행하여 실질적인 전쟁 억지력을 높인다면, 최악의 상황이 발생할 가능성은 줄일 수 있다. 물론 이러한 전략 원칙에 대한 명백한 위반 행위로 상대편 자산을 겨냥하는 은밀한 공격까지는 막을 수 없을 것이다. 사실 이러한 전략적 틀은 그러한 일방적 공격이 향후 누구에게도 이익이 되지 않는다는 사실을 전제로 한다. 해상이나 공중, 또는 사이버 공간에서 우발적 사고가 발생할 경우, 이 공동의 전략적 틀이 사태의 긴장을 완화하는 데 도움이 될 수 있다. 만일 레드라인에 대한 부수적 합의 중 하나라도 위반(사이버 공격 등)한다면, 긴장이 더 고조되기 전 양측 대표가 즉각적으로 해명에 나설 것이다.

나는 관리된 경쟁에 따라 합의된 공동의 규칙이 미중 간의 오랜 패권 경쟁을 막을 수 있으리라고는 절대 생각하지 않는다. 두 나라는 여전히 국가 자산과 국정 운영 기술을 총동원해 상대방을 견제하는 데 안간힘을 쓰고 있다. 그러나 쿠바 미사일 위기로 아찔한 경험을 한 미국과 소련은 결국 상호 전멸을 촉발하지 않으면서도 위태로운 관계를 관리하는 틀에 합의했다. 지금의 미국과 중국은 미소 냉전 때에 비해 덜 어려운 지정학적 상황에 있으므로 충분히 합의를 도출할 수 있을 것이다. 관리된 전략적 경쟁이라는 희망은 바로 여기서 비롯된다.

　세계가 점점 양극화되고 있는 분위기 속에서, 아시아 등 여타 지역은 전략적 경쟁에 대한 열기가 가라앉고 미국과 중국 사이에서 어느 편에 설지 고민하지 않아도 되는 미래를 반길 것이다. 이들은 크고 작은 각 국가가 영토 보전과 정치적 주권, 국가 번영의 길을 당당히 추구할 수 있는 국제 질서에 기반한 세계를 선호할 것이다. 또한 개별 국가가 단독으로 해결할 수 없는 세계적 과제들을 국제 시스템이 앞장서 처리해줌으로써 체제의 안정성을 뒷받침해주기를 바랄 것이다. 과연 세계가 그러한 방향으로 나아갈 수 있을지는 미중 사이에 앞으로 무슨 일이 일어날지에 달려 있다.

내셔널리즘의 위험

더 이상 낭비할 시간이 없다. 양국 정치에서 극단적 애국주의자들이 조금씩 입지를 넓히고 있다. 대결주의적 의제를 가진 자칭 현실주의자들이 국가안보 정책에 영향을 미치려 하고 있다. 다자주의자는 말할 것도 없고, 자유주의적 국제주의를 표방하는 이들은 나약한 사람으로 치부되기 일쑤다. 미국은 미중 간의 전략적 상호 관여가 전략으로서의 유용성을 상실했다는 것을 트럼프 행정부에 와서야 40년 만에 비로소 공식적으로 인정했다. 그 결과 우리는 미처 새로운 규칙이 만들어지기도 전에 미지의 시대로 접어들게 되었다. 중국이 내린 결론도 비슷하다. 더 늦기 전에 새로운 질서를 만들어야 할 때가 온 것이다.

이 책은 'OK 목장의 결투' 같은 최후의 총격전에서 상대방을 이기는 법에 대해 조언하려는 것이 아니다. 공개적으로든 사적으로든 이미 많은 사람이 디커플링*은 물론 상상도 못할 만큼 아찔한 비탈길에 기꺼이 발을 들여놓고 있다. 따라서 이 책의 목적은 두 나라가 미래를 향해 같은 길로 나아갈 수 있도록 공동의 로드맵을 제공하는 것이다. 이 로드맵에는 희망이나 설교가 아닌 외교적 협상의 지속 가능한 원칙, 정보를 통한 검증, 효율적인 전쟁 억지력, 상호 존중에 입각한 포괄적이고 현실주의적인 구조가 포함되어야 한다.

그래서 특별히 학술적으로 쓰지 않았다. 별다른 주석도 참고문헌 목록도 없다. 제노포비아, 내셔널리즘, 정치적 기회주의처럼 씁쓸할 정도로 친숙한 이슈들로 대중의 관심을 끄는 포퓰리즘적 논쟁을 하려는 것도 아니다. 나는 미국과 중국의 수많은 현명한 독자가 이 책에서 다루고 있는 복잡한 문제들에 대해서 지나치게 단순한 결론을 얻으려 하지 않았으면 좋겠다. 이 책은 내가 분석한 양국 관계의 현황, 현재 상황을 점점 더 대립적인 방향으로 몰고 가는 요인들, 더 늦기 전에 해야 할 일들을 담고 있다.

* 탈동조화decoupling. 한 나라의 경제가 특정 국가 혹은 세계 전체의 경기 흐름과 독립적으로 움직이는 현상.

불가피한 전쟁은 없다. 만약 있다고 믿는다면 리더십의 중요성을 부정하는 것이며, 돌이킬 수 없는 역사의 깊은 소용돌이에 스스로를 가두는 것이다. 앞서 언급했듯이, 앨리슨은 "아테네의 부상과 그것이 스파르타에 심어준 공포가 전쟁을 피할 수 없게 만들었다"라는 투키디데스의 설명을 인용했다. 그러나 고전 그리스어 원문을 분석한 앨리슨은 "불가피한inevitable"이 아닌 "그럴 수 있는probable"에 더 가까운 표현일 거라고 결론 내렸다. 게다가 그는 지난 500년 동안 신흥 강대국과 기존 강대국 사이에서 벌어진 16건의 교전을 분석하여, 그중 4분의 1이 실제 전쟁으로 이어지지 않았다는 사실을 발견했다. 즉, 고전 문헌과 비교적 최근의 사례를 모두 종합해보면, 그러한 상황에서 전쟁은 물론 일어날 수 있지만, 그렇다고 해서 **전쟁이 불가피한 것은 절대** 아니다. 역사는 길잡이가 되어야지 주인이 되어서는 안 된다.

어쩌면 전쟁의 북소리를 막지 못할 수 있다. 리더들이 전쟁을 선택할 수도 있다. 그러나 '불가피한' 상황에서의 선택은 아닐 것이다. 이 책이 주장하는 바는 이렇다. 전쟁을 피할 최선의 방법은 미국과 중국이 상대방의 전략적 사고를 더 잘 이해하고, 라이벌 관계를 지속하더라도 상호 억지력을 통해 경쟁적으로 공존할 방안을 구상해나가는 것밖에 없다는 것이다. 정치 지도자들은 치명적 무력 충돌에 의지하기보다는 국가 간의 치열한 경쟁을 주재해야 한다. 2020년대 10년간 평화가 유지된다면 정치적 상황은 결국 변화할 것이며, 더 광범위한 전 지구적 도전에 직면하여 전략적 사고도 진화해나갈 수 있다. 그렇게 되면 지도자들은 글로벌 문제들을 해결하는 데 있어 갈등보다는 협력을 우선시하는 사고방식(중국어로 시웨이思維[사유])에 관심을 갖게 될 것이다. 하지만 그러기 위해서는 우선 서로를 무너뜨리지 않고 이번 10년을 무사히 보내야 한다. 전쟁이 일어난다면 세상은 결코 이전과 같은 모습으로 돌아갈 수 없다. 전쟁은 가장 파괴적이면서 예상치 못한 방식으로 모든 것을 바꾸어놓는다. 그렇기에 긴장의 끈을 놓지 않고 갈등을 해결하기 위한 방책들을 창의적으로 강구해야 한다. 우리가 책임져야 할 대상은 비단 미래 세대뿐만이 아니다. 아버지와 같은 참전 용사들을 향해 "다시는 전쟁이 일어나지 않도록 하겠다"라고 맹세한 우리는 과거 세대에게도 빚을 지고 있다.

1장

미중 관계의 역사

오래전부터 중국의 지도자들은 상대편인 미국이 대수롭지 않게 여길 만큼 조금씩 미국을 알아가는 일에 매진해왔다. 1921년 창당 이래 중국 공산당이 계속해서 그러한 노력을 기울인 이유는, 가공할 위력을 가진 나라와 그 영향력을 얼마나 잘 파악하고 있는지에 당의 궁극적 생존과 성공 여부가 달려 있다고 믿어왔기 때문이다. 그런 강력한 나라들 중 최고봉은 바로 미국이다. 이러한 중국과는 대조적으로, 미국의 정치 엘리트 대다수는 불과 얼마 전까지만 해도 중국의 국제 정책을 좌우하는 내부 요인을 파악하는 일이 그다지 시급하지 않다고 여겨왔다. 일부가 미국의 국익을 위해 중국을 아는 것이 **중요**하다고 생각했을지는 모르지만, 그것을 **생존의 문제**는커녕 **필수적인** 일이라고 여기는 사람은 거의 없었다. 더구나 미국의 지정학적 공간은 매우 광범위하다. 따라서 여태껏 문제가 있더라도 그리 심각해 보이지는 않았던 미중 관계는 그렇게 수십 년간 미국의 대외 정책 우선순위에서 뒤로 밀려나 있었다. 처음에는 소련이 미국의 관심사였고, 그 이후에는 중동 분쟁이었다.

하지만 뒤늦게나마 상황이 바뀌어가는 것 같다. 최근에는 선거철이 되면 누가 중국에 대해 가장 강경한 목소리를 낼 수 있는지를 두고 경합이 벌어지곤 하는데, 이 과정에서 무분별한 공약들의 패닉과 국내의 정치적 기회주의가 마구 뒤섞여 나타나고 있다. 시간에 따라 변화하는 미중 간 정치적, 경제적, 전략적 상황을 노련하게 분석하고, 이를 기초로 더 합리적인 접근법에 대한 정책적 지향성을 이끌어내며 정치적 공간을 확보해야 하지만, 제한적인 수준에 그치고 있다. 실제로 미국의 전략기관은 이전과는 달리 중국을 파트너가 아닌 경쟁자로 보고 있으며, 대부분의 엘리트는 중국을 적수로 여기고 있다. 2012년 시진핑 집권 이후 불과 몇 년 만에 생겨난 입장 변화다. 반면 공산당 치하의 중국은 오랫동안 미국을 향해 현실주의적 태도를 보여왔다. 특히 마르크스-레닌주의가 당과 국가의 근간을 이루고 있기에 미국과의 전략적, 경제적 협력에 한계가 있음을 항상 인식해오고 있었다.

독립 전쟁 직후, 미국에서 막 공화당이 출범하던 시기에 중국은 지구상에서 가장 크고 부유하며 인구가 많은 국가로서 전성기를 누리고 있었다. 청나라(1644~1911)는 중국이 기원전 221년에 처음 통일된 이래로 가장 크게 영토를 확장했다. 건륭제(1735~1796) 시절, 중국 경제는 나라의 부에서 대외 무역이 차지하는 부분이 상대적으로 작았음에도 세계 GDP의 40퍼센트를 차지하기도 했다.

실크로드 무역이 절정에 달했던 시기를 포함하여 한나라(기원전 206~기원후 220), 당나라(618~907), 송나라(960~1279), 몽골의 원나라 (1279~1368), 초기 명나라(1368~1644) 등 그보다 앞선 시대에도 중국은 다른 나라들과 정치·경제적으로 밀접하게 교류했다. 당시 번창했던 중국의 상업 해상로는 중국 상인들을 중앙아시아와 중동, 유럽의 상인들과 연결해주곤 했다. 하지만 역사학자들은 국제 무역이 그렇게 활발했음에도 당시의 무역 수지가 중국 전체 GDP의 25퍼센트 정도밖에 되지 않았던 것으로 추정한다.

주기적으로 발생한 정치·군사적 침략의 역사를 보면, 중국은 오랜 세월 모든 "오랑캐"에 대해 의심의 눈초리를 보내곤 했다. 중국에는 강력한 유교적 규범과 관습, 절차를 이용해 외부 침략자들을 아예 중국화해버리는 문화가 있는데, 중국인들은 이러한 능력에 오랫동안 자부심을 가져왔다. 몽골의 원나라와 만주의 청나라 등 외국 정복자들 입장에서는 드넓은 국가를 다스려야 하는 데다, 자신들의 민족적 관습과 유교 국가의 관습 사이에서 타협점을 찾으려면 어쩔 수 없이 중국의 관습과 규범을 먼저 받아들일 수밖에 없었다. 그럼에도, 한족이 아닌 변방의 침략자가 세운 왕조가 여러 차례 중국을 지배했다는 사실은 중국 지도자들로 하여금 해외의 잠재적 위협에 더 촉각을 곤두세우도록 만들었다.

중국은 또한 1000년이 넘도록 바깥세상을 참조하지 않고 자체적인 철학적, 종교적 전통들(유교, 도교, 법치주의)을 발전시켜나갔다. 이러한 사상은 모두 기원전 150년경 한나라 때 만들어진 것인데, 인도로부터 불교가 전해지기 전의 일이다. 이후 1000년 동안 이어진 중국의 역대 왕조들은 불교를 완전히 동화시키려는 시도와 제거하려는 시도를 거듭했다. 그들은 마침내 불교의 중국화라는 차선책을 사용해 외국에서 전해진 새로운 가르침을 유교적 정치 질서에 반영했다. 이슬람교는 당나라(약 7세기 중반) 때 실크로드를 통해 전해졌지만, 그 영향력은 중국 서쪽 변방의 소수 민족과 여타 일부 지역에만 국한되었으며 대다수의 한족에게는 침투하지 못했다. 7세기에 네스토리우스 종파에 의해 처음 알려진 기독교는 17세기에 예수회를 통해 다시 전해졌다가 19세기에 들어온 개신교 선교사들에 의해 본격적으로 전파되었다. 하지만 청나라가 쇠퇴할 때까지 중화 제국에서 별다른 발자취를 남기지는 못했다.

민족주의 사학이라는 틀로 본다면 중국은 꽤 성공했다고 여겨질 만한 자급자족적이고 자기 참조적인 정치, 경제, 철학, 문화, 종교 체제를 갖추고 있었다. 반면 변방의 외국인들은 차가운 의심의 눈초리를 받아야 했다. 중국인의 시각에서 그들은 문화적으로 열등한, 그저 가끔씩 쳐들어오는 침략자에 불과했으며, 현실적으로 따져봐도 국가를 유지하는 데 있어 그다지 필요한 존재가 아니었다. 당시의 미국인은 물론 영국인이나 다른 서양인들에게서도 찾아볼 수 없었던 이러한 사상은 19세기 중반까지 중국인들의 집단적 사고 체계에서 상당히 큰 비중을 차지하고 있었다.

아편 전쟁

그러나 중국의 이러한 고립 상태는 제1차 아편 전쟁(1839~1842) 이후 완전히 바뀌어버렸다. 당시 영국은 청나라에 국제 무역항을 개방하라고 강요하며 일련의 불평등 조약(치외법권의 원칙에 따라 중국에 있는 외국인에게 중국 법으로부터의 면책권을 부여하는 것을 포함)을 체결하고, 외국인 선교사들을 받아들이도록 서서히 압박했다. 미국은 유럽 사촌들이 중국의 문호 개방을 강요하는 데 사용한 식민 지배 방식을 공식적으로는 못마땅하게 여겼을지 모르나, 곧이어 그들 역시 상업 진출과 기독교 전도를 위해 중국에 대한 접근권을 요구했다. 당시에는 미국의 사업가라고 해서 다른 나라의 사업가보다 특별히 우위에 있지 않았다. 보스턴의 상인들은 오스만 제국으로부터 들여온 아편을 가지고 태평양을 건너 중국의 새로운 조약항을 드나들었다.

19세기에는 미국의 대중對中 무역과 투자가 지속적으로 증가했다. 그러나 중국과의 무역은 미국과 일본 간 경제 협력 가치의 절반 정도에 불과했다. 중국과 일본을 합친다 하더라도 미국의 전체 무역과 투자에서 차지하는 비중은 유럽보다 훨씬 작았다. 미국이 해외에서 벌어들이는 경제적 수입 대부분은 유럽과의 무역이 차지했던 것이다. 반면, 그 후로 100년 동안 미국의 개신교 선교사들은 중국에서 기독교의 주류로 자리 잡았다. 그들은 인간의 영혼을 구원한다는 주요 사명을 넘어, 청나라 말기와 중화민국 초기(1911년 청나라를 무너뜨린 신해혁명 이후)에 서양식 근대 병원과 전문학교, 대학교의 설립을 이끌기도 했다. 전문직에 종사하는 수만 명의 중국 청년이 중국에 있는 미국 자선 단체에서 교육과 훈련을 받았으며, 미국의 공립대학에서 공부하는 이들도 점차 늘어났다. 미국은 비교적 순식간에 일본을 제치고 중국 유학생들이 가장 선호하는 목적지가 되었다.

스스로 반反식민주의자라고 여기는 미국인들(적어도 그들 생각엔)은 유럽인들과는 다른 방식으로 중국에 접근해왔다. 미국 정부는 중국에서 나날이 심해지고 있는 서구 식민주의의 약탈에 대해 반대의 목소리를 내는 한편, 미국의 외교 사절단은 그러한 정치적 순결 때문에 미국의 이익이 희생되어서는 안 된다며 중국 내에서 자국민을 동등하게 대우해줄 것을 끊임없이 주장했다. 1900년에 의화단 운동(청나라 정부의 암

묵적 지원하에 외국 공사관을 습격한 폭력적인 반외국인 및 반기독교 운동)
이 발생하자, 실제로 미국은 베이징 주재 외국 공사관들을 포위한 세
력의 진압을 돕기 위해 군대를 파견했다. 그들은 다른 7개 제국의 군대
와 연합하여 베이징을 무자비하게 점령했으며, 당시 청 조정에서 거둬
들이던 연간 세입의 6배에 달하는 막대한 금전적 손해 배상을 청구했
다. 배상금은 이후 40년 동안 은으로 지급되었다.

그러나 배상금 판결 소식을 들은 미국인 선교사들이 들고일어나 반
대하자, 미국 정부는 나중에 미국으로 오는 중국인 유학생을 위한 장학
금 기금이라는 명목으로 자신들의 몫 중 상당 부분을 중국 정부에 되
돌려주었다. 그러나 이것이 중국에서 벌인 미국의 반*식민지적 행위에
대한 중국인의 인식을 근본적으로 개선하지는 못했으며, 다른 제국주
의 열강들에 비해 미국을 더 호의적인 나라로 여기게 만들지도 못했다.

곧이어 미국의 세기라 불리는 시대가 다가왔고, 미국이 영국을 대신
해서 중국을 대하는 서방의 주요 교섭 국가가 되면서 미중 관계의 역
학에도 변화가 생겼다. 중국의 신생 공화정은 국내 정세가 불안했던
데다 지역 군벌로부터 끊임없이 위협당하고 있었기에, 내부 통합을 위
해서는 미국을 포함한 4대 강국과 어쩔 수 없이 거래해야만 했다. 당시
러시아 제국은 일련의 불평등 조약을 통해 100만 제곱킬로미터 이상
의 청나라 영토를 사실상 합병했다. 청일전쟁(1894~1895) 이후 일본
제국은 중국의 조공국이었던 한국(1910년에 일본에 합병되었다)과 타이
완에 대한 사실상의 지배권을 장악했으며, 프랑스는 중국 남부의 속국
인 안남(베트남)을 장악했다. 이렇게 다른 열강들이 식민지 영토 분할
에 혈안이 되었던 것과는 대조적으로, 미국은 공식적으로 "중국 제국
의 통합"을 지지하는 입장을 고수했다. 하지만 그러면서도 미국은 문

호 개방 정책을 선포하여 자국 상인과 투자자, 선교사들이 다른 제국주의 열강들에 의해 밀려나는 것을 허용치 않았다.

그럼에도 청나라 말기의 개혁 세력과 초기 공화주의 혁명가들은 당시의 국내외 상황을 고려했을 때 중국이 외세의 추가 영토 침탈에 저항하고 국가 정치 제도를 개혁하는 데 있어 미국이 도움의 손길을 건네길 바랐다. 하지만 미국의 전략가들은 더 고고한 정치적 원칙과 그들의 상업적 본능 사이에서 고심을 거듭했다. 존 듀이 같은 미국의 자유주의 지식인들은 신생 중화민국의 새로운 입법 및 집행 기관을 구성하는 데 가이드를 제공하기도 했다. 그러한 선의의 민간 개입에도 불구하고, 신흥 국가인 중국의 요청에 대한 미국의 공식적 반응은 우유부단함과 무관심에서 노골적인 적대감에 이르기까지 다양했다. 미국의 대중 정책에는 인종 문제 또한 얽혀 있었다. 1882년 미 의회에서 통과되고 1902년에 영구화된 '중국인 배척법'(배화법, Chinese Exclusion Act)은 중국인들을 "백인 남성들의 근로 조건에 대한 위협"으로 간주하며 중국인의 미국 이민을 사실상 금지하는 명백한 인종차별적 법안이었다. 이 법이 공개되자 노골적으로 중국 이민자를 타깃 삼는 다른 연방 및 주 정부의 조치가 뒤따랐다. 결국 중국인 배척법과 미국에서 벌어진 반∝중국 폭력 사태는 1905년 중국 전역에서 미국 상품 불매운동을 일으킨 방아쇠가 되었다.

1917년, 마침내 제1차 세계대전에 참전하게 된 미국 정부는 중국의 신생 공화정부 또한 독일에 맞서 싸울 것을 종용했다. 그렇게 서부 전선으로 보내진 수백만 명의 중국 노동자는 참호를 파고 야전 병원을 건설했으며, 탄약을 나르다가 동맹국들의 인력난 때문에 프랑스 공장에서 일하기도 했다. 그들 중 수천 명은 전쟁에서 목숨을 잃었다. 이 모든 조치는 전쟁에서 이기기만 한다면 산둥성의 독일 점령지를 되찾을 수 있을 것이라는 중국 정부의 기대에서 비롯되었다.

독일의 패배 후 열린 파리강화회의에서, 미국 대통령 우드로 윌슨은 모든 민족의 자기결정권을 포함하는 전후 국제 질서의 14개 평화 원칙을 발표했다. 그 덕분에 윌슨은 중국인들로부터 중국의 영웅으로 칭송받게 되었으며, 당시의 중국 애국주의자들은 칭다오를 포함해 자신들을 이등 시민 취급하던 독일 점령지들을 되찾을 수 있을 거라 믿었다. 1921년에 중국공산당을 창당하고 초대 총서기가 된 베이징대학 문학원장 천두슈는 윌슨을 가리켜 "세상에서 가장 좋은 사람"이라고까지 불렀다. 또한 당시의 중국 대학생들은 윌슨의 14개조를 모두 암송할 수 있었다고 한다. 그러나 베르사유조약을 체결한 "빅 3"(미국의 윌슨 대통령, 영국의 데이비드 로이드 조지 총리, 프랑스의 조르주 클레망소 총리)는 중국이 요구한 불평등 조약 폐지, 관세 자주권 회복, 독일이 점령한 산둥성 반환을 모두 거부했다. 미국의 배신은 당시의 중국에 환멸과 분노, 저항의 물결을 불러일으켰다. 게다가 윌슨이 산둥성의 일부 영토를 일본에 양도하기로 하면서 중국의 모욕감은 극에 달했다. 윌슨의 결정은 만약 미국이 일본과 거리를 두면 일본 정부가 자신의 소중한 작품인 국제연맹에 가입하지 않을 수도 있다는 우려에서 비롯된 것이었다. (일본은 전쟁에서 연합국 편에 서서 싸웠고, 이를 내세워 독일이 갖고 있던 권리들을 선점했다.)

파리에서 조약이 체결되자마자 중국에서는 대대적인 반대 시위가 일어났고, 중국의 국내 정치는 급진적으로 흘러가기 시작했다. 중국의 신흥 정치 계급에 의해 국가의 구세주로 칭송받던 미국은 줏대 없는 위선자로 불리며 그 지위가 하루아침에 나락으로 떨어졌다. 중국에 대한 윌슨의 약속에서 용기를 얻었던 수많은 중국 청년 중 한 명이었던 마오쩌둥(1893~1976)은 이후에 미국과 다른 서구 열강들을 가리켜 "자결권으로 장난질하는 도적 떼"라고 일컬었다. 만약 베르사유에서 윌슨이 일본과 맞섰더라면 중국의 20세기 역사는 상당히 달라졌을지 모른다.

중국공산당의 창당

베르사유조약의 가장 큰 정치적 수혜자는 모스크바에서 새롭게 출범한 볼셰비키 정부였다. 당시 레닌은 평화 회의에 참석하거나 조약에 서명하는 것을 거부했으며, 새 소련 정부 또한 중국 내에서 러시아가 치외법권의 지위를 가지는 것을 일방적으로 거부하면서 중국의 모든 신흥 정당으로부터 환호를 받았다. 중국의 학생들은 파리의 회의 결과에 항의하며 거리로 나섰는데, 이것이 바로 중국공산당 창당과 마찬가지로 중국 정치의 지적 분수령이 된 5·4운동이다. 마오쩌둥, 천두슈와 더불어 중국공산당의 초기 당원이었던 리다자오는 제1차 세계대전이 우드로 윌슨이 아닌, 레닌과 트로츠키, 마르크스에 의한 승리였다고 논평했다. 1921년 7월, 상하이에서 열린 창당식에는 크렘린의 코민테른 위원도 두 명 참석했다.

그러나 코민테른의 소련 대표자들은 1922년까지도 국민당과 중국공산당 모두를 재정적, 군사적으로 지원했다. 당시 국민당이 세운 신생 공화국은 위기에 처해 있었다. 군벌은 국가를 개인적 군사 영토로 분할하고 있었으며, 소련은 국민당이 관할하는 지역의 정부 구성에 공산주의자들을 포함시킬 것을 요구하고 있었다. 소련은 또한 국민당과 공산당 군대를 모두 훈련시킬 수 있는 사관학교 설립을 도움으로써 두 군대가 함께 군벌을 물리치고 국가를 재통합할 수 있도록 했다.

중화민국의 초대(임시) 대총통 쑨원은 1921년 워런 하딩 대통령에게 "일생에 가장 중요한 시기"를 맞은 중국의 신생 공화국을 도와줄 것을 요청했지만 결국 받아들여지지 않았다. 오히려 미국 정부는 1920년대에 베이징을 지배했던 군벌 사령관들을 외교적으로 인정해주는 모습을 보였다. 미국의 민주주의를 중국의 정치적 미래상으로 여기며 지지해왔던 쑨원은 이제 소련 외에는 기댈 곳이 없다는 사실을 깨달았다. 그는 전략적 지원을 얻기 위해 대리인 장제스가 이끄는 4인의 군사위원회를 모스크바로 파견했다. 이로써 중국의 국내외 정책 방향에 입김을 불어넣으려는 소련과 미국의 100년에 걸친 정치적 갈등이 시작되었다.

베르사유조약이 맺어진 이후부터 1949년에 인민공화국 수립이 선포되기까지 30년 동안, 중국의 미래는 일본, 미국, 소련이라는 세 열강에 의해 결정되었다. 1931년부터 1937년까지 벌어진 일본의 중국 침략은 장제스의 국민당 정부가 중국 경제를 현대화하고, 기본적인 사회 개혁을 실시하거나, 자유민주주의 제도로 전환하는 것을 사실상 불가능하게 만들었다. 반면 소련은 국민당과 공산당 모두와 밀접한 정치적, 군사작전적 관계를 키워나가고 있었다. 그렇게 내전이 진행되는 동안에도 계속되던 소련의 지원은 장제스의 공산주의자 축출을 눈앞에 둔 1927년을 기점으로 완전히 중단되었다. 따라서 당시의 국민당 정부에 있어 미국은 한 손으로 일본에 대항하면서 다른 한 손으로는 소련이 지원하는 중국공산당에 대항할 수 있는, 유일한 전략적 평형추와 같은 존재였다.

그러나 미국은 다시 한번 믿을 수 없는 동맹임을 증명했다. 1931년 일본이 중국 동북부 만주를 침략하자, 그제야 미국은 자국의 "민간 사절단"이 신생 중국 공군의 훈련을 돕도록 했다. 그 와중에도 허버트 후버 대통령은 자국민에게 "만주의 일본은 미국의 열망이나 가치를 침해하지 않았다"라고 말했다. 심지어 1937년 일본의 전면적인 중국 침공 이후에도 중화민국에 대한 미국의 원조는 클레어 셔놀트(과거 장제스의 고문이었던, 은퇴한 미 육군 항공대 장교)가 이끄는 '플라잉 타이거즈'*와 같이 비공식적인 형태를 취했다. 그러나 그러한 미국의 지원은 일본의 침략과 계속되는 군벌의 약탈, 그리고 공산주의자들의 잦은 반란이라는 복합적인 문제를 다뤄야 하는 장제스의 군사적, 재정적 필요를 채우기엔 역부족이었다.

결국 일본과의 전면전을 우려한 루스벨트 행정부는 중국을 향해 동정을 표하면서도 장제스 정부에 대한 공식적인 군사 지원에 대해서는 머뭇거렸다. 실제로 미국이 1941년 전쟁에 가담하기 전까지, 중국에 대한 모든 해외 원조의 80퍼센트는 소련에서 나온 것이었다. 진주만 공습 이후에도 루스벨트는 중국을 부차적인 작전 지역으로 여기며 유럽 우선 정책을 추구했고, 이에 따라 중국에서의 대규모 미군 주둔은 보장할 수 없게 되었다. 국민당 정부는 14년 동안 일본과 전쟁을 치르며 무려 300만 명 이상의 병력과 1100만 명의 민간인을 잃었다. 그렇게 중국 전역에서 치러진 소모전으로 상당수의 일본군이 아시아에 주둔하게 되었고, 이에 따라 미국은 중국에 대한 대규모 군사 배치를 거부했다. 대신 미국은 서태평양의 섬들을 가로지르는 해양 작전인 징검다리 전략에 집중했는데, 이는 1945년에 핵무기로 히로시마와 나가사키를 파

---

* 중일전쟁 당시 일본을 견제하고 중화민국 편에서 싸우기 위해 미국인 자원자들이 중화민국 공군 소속으로 창설한 항공 용병 부대.

괴하며 일본과의 전쟁을 종결짓기 직전까지 계속되었다.

미국은 전쟁 이후로도 계속 국민당을 모호한 태도로 대했다. 트루먼 행정부는 마오쩌둥을 중심으로 다시 세력을 확장한 공산주의자들로부터 장제스를 지키기 위해 개입해야 할지, 한다면 어느 정도까지 해야 할 것인지를 놓고 실질적인 해결책을 찾지 못하고 있었다. 한때 미국은 전쟁 후 불어닥친 극심한 인플레이션과 만성적으로 불안정한 통화량 때문에 현금이 부족했던 국민당 정부에 막대한 융자금을 제공하기도 했다. 그러나 트루먼은 일본과의 전쟁이 끝나자마자 장제스에 대한 모든 군사적 지원을 종료한다고 발표했다. 한편 소련은 국민당과의 마지막 전투를 준비하기 위해 마오쩌둥의 군대를 재무장시켜 비밀리에 만주에 배치하고 있었다.

미국의 전후 외교는 1945년에서 1947년(조지 마셜 장군이 해리 트루먼 대통령에 의해 중국에 중재자로 파견되었던 시기)까지 시행된 마셜 플랜을 골자로 했다. 이들은 장제스에 의해 통합된 중국군을 기반으로 하는 통일 민주 정부인 국민당 세력과 공산당 세력을 화해시키려는 어리석은 노력에 초점을 맞추었다. 1946년 여름에 발발한 전면적인 국공내전은 미국의 그러한 정책이 얼마나 순진한 것이었는지를 분명히 드러냈다. 이때 소련의 지원을 받고 무장한 공산군은 전력을 다해 남하하기 시작했다. 국민당을 향한 미국의 군사적, 재정적 원조가 다시 시작되긴 했지만, 전쟁의 결과를 바꾸기에는 역부족이었다. 그리고 국민당이 가망 없을 정도로 부패한 상태라고 판단한 워싱턴의 국무부와 트루먼 행정부 관계자들은 공산당의 승리가 미국의 이익에 반드시 재앙이 되는 것은 아닐 거라 생각했다. 한편 공산당의 옌안 거점에서 조심스레 진행된 인터뷰에서 마오쩌둥은 반신반의하는 표정의 미국 기자들을 향해 메시지를 분명히 전달했다. 자신은 소련의 대리인이 아니고, 공산주의 정권은 정치적으로 민주적이고 경제적으로는 실용적일 것이며, 미국과의 지속적인 무역 교류와 그들의 투자를 환영할 것이라고 밝혔다. 당시 그 자리에는 1937년 베스트셀러『중국의 붉은 별』을 쓴 기자 에드거 스노도 있었는데, 그의 책은 혁명가들에 대한 미국의 목소리를 높이는 데 큰 영향을 미쳤다. 그리하여 미국의 정책은 두 가지 선택의 기로에 놓였다. 하나는 장제스에게 충분히 헌신하되 공산당을 누르고 승리할 만큼의 실질적인 지원은 하지 않는 것이었으며, 다른 하나는 상징적으로라도 소련을 유일한 동맹이라 여기는 마오쩌둥 및 공산주의자들과 계속해서 적대 관계를 유지하는 것이었다.

여기서 불편한 진실은 그동안 마오쩌둥이 미국을 다른 제국주의 열강들과 별반 다르지 않다고 여겨왔다는 사실이다. 그가 1923년 초에 남긴 글에 따르면, 중국인들은 "미국에 대한 미신적 믿음"이 있으며 미국인들은 "미국이 실제로는 가장 망나니"인 것을 모르는 "순진한 족속들"일 뿐이다. 마오쩌둥의 논리에는 거침이 없었다. 미국은 불평등 조약을 철폐하는 데 실패했고, 자국민을 위해 치외법권을 주장했으며, 영토를 넓히려는 일본의 야심에 제대로 맞서지 못했다고 비난했다. 하지만 그가 마르크스주의적 이데올로기에 훨씬 더 치명적인 위협이 된다고 보는 것은 따로 있었다. 바로 미국의 정치적 이상에 잠재된 영향력과 중국 내부의 여론이었다. 미국의 선교사 1세대와 2세대는 수백만 명의 중국인 개종자(유럽인들보다 훨씬 많은)를 끌어들였으며, 가난한 이들을 돕기 위해 전국에 수백 개의 자선기관을 설립했다. 또한 난징의 국민당 행정부에서 일하는 미국 유학생 출신의 유능하고 청렴한 참모들이 대중으로부터 칭찬과 존경을 받기도 했다. 비록 중국의 국가적 열망에 대한 미국의 공식적 지지는 모호했음에도, 중국의 정치 엘리트들 사이에서 미국 자본주의 모델의 인기는 그칠 줄 몰랐다. 이러한 분위기는 미국 대학에서 유학을 마치고 돌아온 상당수의 학생들에 의해 고조되었으며, 당시 많은 사람은 중국을 현대 자유 국가로 변화시키자는 생각에 한껏 고무되어 있었다.

마오쩌둥은 이러한 현상들이 중국공산당의 이데올로기적 정당성을 약화시킨다고 판단했다. 1937년에 그는 미국의 "자유주의는 혁명 집단에 극도로 해롭다. (…) 매우 나쁜 경향이다"라고 말했다. 그리하여 중국공산당은 서구 민주주의 국가 중 유일하게 미국을 당의 이데올로기적 이익에 반하는 적대적인 국가로 치부했다. 또한 자신들의 정치적 권력을 확보하고 유지하려는 노력에 대해 미국이 끊임없이 딴지를 걸어온다고 여겼다. 공산당 초창기부터 형성된 이러한 시각은 현재까지 이어져오고 있다.

미국과 인민공화국

공산당이 승리한 1949년 이후 25년은 미중 관계에 있어 가장 험악한 시기였다. 미국은 장제스 무리가 타이완으로 도피하자 그와 국민당에 대한 모든 의구심을 뒤로한 채 장제스를 지원하기 시작했으며, 타이완 섬을 아예 "본토 수복"을 위한 정치적, 군사적 기지로 만들기로 결심했다. 그 후로 10년 동안 미국 정치권에서는 냉전과 매카시즘에 대한 논쟁이 일었으며 "누가 중국을 잃어버렸나"라는 주제를 놓고 공화당과 민주당 간의 치열한 당파 싸움이 계속되었다. 한편 중국에서는 대약진운동과 문화대혁명, 마오쩌둥의 연속혁명론 등의 격변이 일고 있었다. 이로 인해 수백만 명이 사망하고 사회적 균열이 발생하면서 중국 경제는 거의 붕괴 직전까지 다다랐다.

장제스가 타이완에 중화민국을 세운 것은 마오쩌둥에 대한 직접적인 모욕이었다. 그러나 전쟁으로 폐허가 된 나라를 재건하고 완전히 새로운 형태의 정부를 수립해야 하는 상당한 도전에 직면한 마오쩌둥은 미국과 전면전을 벌이는 위험을 감수하고 싶지 않았다. 그래서 북한의 지도자 김일성이 남한에 주둔한 미국을 몰아내고자 도움을 요청했을 때도 그는 조건적으로만 동의를 내비쳤다. 만약 미국이 38선을 넘는다면 북한을 지원할 것이라고 말이다. 실제로 그런 일이 발생한 후 약속대로 수십만 명의 인민군을 파병하긴 했지만, 그조차 인민해방군의 이름으로 보낸 것은 아니었다. 북한에 파병된 그들은 "자원병"으로 불렸기에 신생 인민공화국은 공식적으로 미국에 전쟁을 선포할 필요가 없었다.

중국 군대가 한국에서 미국과 싸우는 동안 중국의 선전기관은 "세 가지 질병을 치료하기 위해 미국을 증오하자"라는 캠페인을 펼쳤다. 여기서 말하는 세 가지 질병이란 공미恐美병(미국을 두려워하는 병), 숭미崇美병(미국을 찬양하는 병), 미미媚美병(미국에 아첨하는 병)이다. 1949년에는 미국 유학파 지식인들의 사회적 평판을 실추시키는 데 이 캠페인이 활용되기도 했다. 중국공산당은 당대의 지식인들에게 그들 이데올로기의 이단성을 실토하게 만드는 동시에 당에 대한 충성심을 새롭게 공언할 것을 요구했다.

이러한 악마화는 비단 중국만의 소행이 아니었다. 한국전쟁에서 병력 손실이 늘어난 데다 수천 명의 미군 포로가 잔혹한 대우를 받고 있음이 드러나자, 마침내 미국도 상대를 악마화하는 데 열을 올리게 되었다. 게다가 매카시즘은 "황색 위험"과 "적색 위험", 그리고 동아시아 전체를 중국이 지배하게 될 것이라는 도미노 이론으로 위기감을 증폭시켰다. 미국이 호주와 뉴질랜드(1951), 일본(1952), 남한(1953), 타이완(1954), 필리핀(1951), 태국(1962), 남베트남(1956)은 물론이고, (북대서양조약기구NATO의 노선에 따른) 1954년의 마닐라협정(혹은 동남아시아조약기구SEATO)까지 아우르는 전후 동맹 구조를 결성한 것도 바로 이 시기다. 이러한 양극화 현상은 드와이트 아이젠하워 대통령이 중국을 핵으로 말살하겠다고 거듭 위협하던 시기에 마침 타이완해협에서 여러 차례 위기가 발생하면서 더 심해졌다. 1960년대까지 미중 관계는 그 여운이 오늘날까지 남아 있을 정도로 깊고도 끔찍한 개인적, 사회적 기억을 만들어내며 최악으로 치닫고 있었다.

두 국가 사이에 흐르던 전략적인 적대감은 1971년 리처드 닉슨과 헨리 키신저가 중국을 향해 "개방"을 선언하면서 종지부를 찍었다. 이는 "핑퐁 외교"*를 주선한 저우언라이의 협조와 마오쩌둥의 긍정적인 반응이 뒷받침되었기에 가능했다. 중국의 이러한 급격한 노선 변경은 1956년 니키타 흐루쇼프가 사망한 지도자 스탈린을 비난한 뒤로 10여 년간 중국과 소련의 관계가 급속도로 악화한 데에 기인한다. 평소 스탈린을 "현시대의 가장 위대한 천재"라고 여기던 마오쩌둥은 그러한 소련의 소식에 격노했다. 무엇보다 그는 스탈린의 독재 권력 남용과 우상화에 대한 흐루쇼프의 비판이 자신에 대한 잠재적 위협이라고 간주했다. 특히 중국 동지들이 소련의 선례를 따르려는 유혹에 빠질 수 있다

* 미국과 중국은 1971년 나고야 세계탁구선수권대회를 이용해 대대적인 관계 개선을 꾀했는데, 이를 '핑퐁 외교'라 칭한다.

고 생각했기 때문이다. 심지어 쿠바 미사일 위기로 미소 간의 긴장이 최고조에 달했을 때에도, 중소 관계는 국경 지대에서 심각한 군사 충돌의 위기로까지 치달으며 급속히 악화되고 있었다. 미국의 학생들이 경보에 따라 대피하는 훈련을 하는 동안 베이징과 그 일대 주민들은 드넓은 방공호 네트워크를 파는 작업에 동원되었다. 이는 중국이 미국뿐만 아니라 소련에 대해서도 방어 수단을 갖추기 위해 자체 원폭 실험 경쟁에 뛰어들었기 때문이다. 한편 1960년 소련의 경제 원조가 중단되고 기술 고문이 철수하면서 중국의 산업과 경제는 점점 더 절망적인 상황에 놓였다.

따라서 미국을 향한 개방은 대약진운동과 문화혁명(1966~1976)으로 붕괴된 중국 경제를 살리고 국내 정치를 발전시키기 위한 선택이자, 소련의 위협에 대처하는 전략적 개방이기도 했다. 하지만 1970년대에 미중 관계가 정상화되었다고 해서 공산당이 미국의 자유주의나 서구 민주주의의 미덕을 재평가했다는 뜻은 아니다. 그러한 이념들은 여전히 중국공산당의 정통성에 반하는 저주로 남았다. 다만 중국은 절박한 재정 및 경제 상황, 소련의 경제 지원 및 기술 고문 철수, 국경을 따라 격화되고 있는 군사적 충돌, 소련군의 대규모 배치 등의 문제를 해결하기 위해 실용적 노선을 택한 것뿐이다.

마찬가지로 미국 또한 실용적인 노선에 눈뜨기 시작했다. 1960년대에 국내에서 소련과의 "미사일 격차"를 따라잡아야 한다는 논쟁이 인데다 군비 통제 조약을 맺기로 한 레오니트 브레즈네프의 소련이 애매한 태도를 보이자, 미국은 중국에 대한 정치적 개방이 전략적 이익의 범위를 크게 확장할 기회가 될 것이라고 판단했다. 베트남에서의 국면은 이 과정을 가속화했다. 닉슨과 키신저는 자신들이 한국에서 해낸 것처럼, 중국이 잠재적 동맹국으로서 남북 베트남 분쟁을 영구적으로 "동결"시킬 수 있을 거라 보았다. 이에 따라 닉슨은 "명예로운 평화"를 이루면서 인기 없는 전쟁에서 미군을 철수시킬 수 있었다. 한편 1979년 중국은 미국과의 관계를 전면적으로 정상화했을 때 베트남과 관련해서 얻을 수 있는 이점이 무엇인지를 따져보게 되었다. 1978년 소련의 지원을 받는 베트남 정권이 중국의 지원을 받는 캄보디아 폴 포트 정권을 무자비하게 제거하면서 발생한 중국-베트남 국경 전쟁이 그 계기였다.

국교 정상화

1972년 상하이 코뮈니케 협상 이후 7년 만인 1979년에 미중 수교가 이루어졌다. 그 과정에서 주요 걸림돌은 타이완이었으며, 실제로 수교 이후에도 타이완 문제는 계속되었다. 미국은 중국이 타이완과의 통일을 시도하면서 무력이라는 강압적인 방법을 동원하면 안 된다고 주장했지만, 이는 받아들여지지 않았다. 그 와중에 미국은 타이완에 대한 군사적 지원을 공약하는 '타이완관계법'을 통과시켰는데, 중국과의 외교 정상화라는 다 된 밥에 재를 뿌리는 것이나 마찬가지였다. 하지만 타이완 문제와는 별도로, 중국은 소련과 베트남의 병력 배치에 대한 미국의 군사 정보를 꾸준히 제공받고 미국과 그 동맹국으로부터 군사 장비를 구입할 수 있게 되었다. 또한, 마침내 "최혜국 지위"를 부여받음으로써 전 세계 우방 및 동맹국들과 동등하게 미국과 무역 관계를 맺을 수 있게 되는 등 핵심 전략 목표를 달성했다. 이로써 중국의 경제 현대화를 향한 수십 년에 걸친 행진이 시작되었다. 그 과정에서 미국의 기술과 시장, 자본에 대한 접근은 필수적이었다. '중국 카드'의 활용은 소련과의 협상에서 미국에 유리하게 작용하기도 했다. 미중 수교 소식에 다급해진 소련은 그동안 미뤄왔던 미국과의 전략적 군비 통제 협상 카드를 바로 꺼내들었다.

미중 관계가 25년 동안의 전략적 적대 관계에서 전략적 화해 기조로 진입한 것은 그 자체로 매우 주목할 만한 성과라 할 수 있지만, 이를 통해 서로가 얻고자 했던 것은 아예 처음부터 달랐다. 중국공산당은 미국과의 새로운 관계를 일시적인 합의로 간주했다. 그 기한은 더 이상 소련이 안보에 위협을 주지 못할 때까지, 그리고 중국 스스로 경제와 군사력을 구축할 수 있을 때까지였다. 반면 미국은 중국의 대미 개방이 미국의 새로운 수출 및 투자처가 될 거대한 시장을 열어줄 거라 보았으며, 중국의 시장경제 체제로의 진화가 결국 더 개방적이고 자유로운 사회를 만드는 토대가 되리라 기대하며 원대한 포부를 키워가고 있었다. 현재의 미중 관계 위기는 이렇게 여러 측면에서 서로 다른 것을 기대한 데서 비롯되었다. 중국은 처음부터 미중 관계를 안보와 경제 강화의 수단으로, 즉 **거래적 관계**로 인식했다. 반면 미국에게 미중 관계는 부분적으로나마 공산주의 중국의 근본 성격을 변화시킨다는 깊은 목적을 가진 **변혁적 관계**였다.

덩샤오핑과 경제 개혁, 그리고 톈안먼으로 가는 길

미중 관계를 정상화하기 시작한 것은 마오쩌둥일지 모르지만, 1979년에 관계가 실제로 정상화되었을 때 중국공산당은 덩샤오핑의 휘하에 있었다. "개혁과 대외 개방"이 본격적으로 시작된 시대였다. 사실 덩샤오핑은 마오쩌둥의 충실한 부관으로서 1958년 반ㅉ우파투쟁에서 성향이 의심되는 자본가와 당 비판자들을 잔인하게 숙청한 바 있었다. 오죽하면 마오쩌둥이 그에게 "너무 많이 죽이면 민심을 잃고 노동력도 부족해질 것이다"라며 과도한 열정을 가라앉히라고 경고할 정도였다. 하지만 대약진운동으로 인한 기근이 3년이나 계속되자 덩샤오핑은 소규모 시장을 재도입하고 농부들에게 자급자족을 위해 식량을 재배할 권리를 허용했는데, 이는 나중에 문화대혁명에서 그가 자본주의적 노상강도 혐의로 기소당하는 빌미가 되었다. 마오쩌둥이 사망한 후 중국의 최고 지도자로 부상한 덩샤오핑은 훨씬 더 광범위한 시장 기반 개혁을 다시 시도하며 중국 경제에 눈부신 변화를 일으켰다. 반면 정치적 자유주의에 대해서만큼은 어떠한 노력도 기울이지 않았다. 1979년부터 1980년 사이에 '민주주의의 벽' 운동이 일어나자 그 주동자들을 잡아다 장기간 투옥하는 등 시위를 진압하는 데 거리낌이 없었다. 이는 그로부터 10년 후인 1989년 6월, 톈안먼 광장에서 그가 수십만 명의 시위자를 폭력 진압하기 위해 얼마나 무시무시한 힘을 발휘할 것인지를 예상케 했다.

덩샤오핑은 중국의 현대화를 이데올로기적 혹은 정치적 변혁이 아닌, 과거 제국 시대부터 이어져온 다양한 민족 자강 운동의 전통에 따른 실용적인 경제적 움직임으로 보았다. 그는 대약진운동과 문화대혁명 기간 마오쩌둥이 불러온 정치적, 경제적 혼란에 반대했지만, 근본적인 민주적 개혁에는 관심을 갖지 않았다. 또한 미국을 정치 개혁의 원천으로 보지는 않았더라도 최소한 대외 무역, 투자, 기술, 직업 훈련, 현대 금융 및 경제 관리 기술의 원천으로는 인정했다. 그는 정통 마르크스주의자는 아니었지만 지독한 골수 레닌주의자였다. 예상했던 대로,

그는 미국의 경제적 개입이나 소련에 대한 전략적 공조를 끌어내기 위해 당의 정치적 권력을 양도하지는 않기로 했다. 1979년 개혁개방운동을 시작했을 때도 그는 처음부터 4대 기본 원칙을 고수했으며, 중국은 영원히 "프롤레타리아 독재를 지지"하고 "공산당이 리더십"을 발휘할 것이라고 선언했다. 덩샤오핑의 말을 빌리자면 중국이 "창문을 활짝 열어 신선한 공기를 마시는 것"도 중요하지만, 당의 책임은 "날아 들어오는 파리와 곤충을 계속 쫓아내는 것"이었다. 이는 중국공산당이 서구의 자유민주주의 사상과 그들의 이상 및 제도의 유입에 대해 항상 경계심을 늦추지 않을 것임을 의미했다.

닉슨 이후 대부분의 미 행정부가 중국과의 관계를 다룰 때 중국공산당처럼 잔인할 정도로 실용적인 관점을 취하지 않은 것은 그들이 순진해서가 아니다. 실제로 미국은 공산당이 원하는 게 무엇이든 시장 개혁이 생활 수준을 높이면 중산층이 급격하게 성장해 결국 정치적 목소리를 낼 것이라 기대했는데, 이는 오랫동안 주장되어온 개발 이론과도 대체로 일치한다. 그 이론에 따르면, 중국의 민주화는 미국이 이끄는 자유주의 국제 질서의 전반적인 구조를 묵인하고 수용하다가 나중에 가서는 점차 적극적으로 동참하게 될 것이었다. 이러한 추론에는 국제 질서를 뒷받침하는 공통의 가치가 대체로 유지된다면 100년 전 미국이 영국을 능가한 것처럼 언젠가 중국이 전체 경제력 면에서 미국을 능가하게 되더라도 다시 평화로운 전환이 이루어지리라는 견해가 자리 잡고 있었다.

양자 간 무역 및 투자 관계는 중국이 미국의 첨단 컴퓨터 시스템과 항공기, 자동차 등을 수입하면서 급속도로 성장했다. 세계의 공장이 되기 위한 중국의 경제적 변화는 광대한 미국 시장과의 접촉 및 외국인 직접투자^{FDI}에 의해 촉진되었다. 미중 군사 협력은 소련의 점령에 맞서 아프가니스탄의 무자헤딘을 함께 무장시킨 1980년대에 절정에 이르렀다. 또한 소련의 병력 배치를 공동으로 감시하기 위해 소련 국경 근처에 합동 감청소를 설립하기도 했다. 실제로 중국으로 흘러드는 미국의 군사 장비와 정보의 양은 실질적인 전략 동맹 관계의 작전상 특성을 고려해 꾸준히 증가했다.

그러나 국교 수립 후 10년 동안 미중 관계의 저변에 깔려 있던 긴장들이 표면으로 드러났다. 이 시기의 정치적 관계가 여전히 험난했던 이유는 대미 개방이 중국의 학생과 지식인, 정책 엘리트에게 영향을 미치면서 공산당이 난처해졌기 때문이다. 다양한 이단 사상에 노출된 대중은 예술, 문학, 영화를 포함하여 마르크스-레닌주의의 통설과 일당 통치의 여러 양상에 문제를 제기했다. 그리하여 1983년, 덩샤오핑은 "영적 오염에 대한 캠페인"을 시행하기에 이른다. 그로부터 4년 뒤에는 개혁주의를 이끌었던 총서기 후야오방을 숙청한 후 "부르주아 자유화"에 반대하는 또 다른 캠페인을 시작했으며, 이는 1989년 톈안먼 시위대를 진압하는 군대가 출동하기 직전에 후야오방의 후임자인 자오쯔양을 제거하면서 막을 내렸다. 나는 베이징 주재 호주 대사관에서 근무하던 시절에 후야오방과 자오쯔양을 여러 번 만났다. 후야오방은 비록 중국공산주의청년당을 통해 정계에 진출했지만, 1980년대 중국 개혁주의 실험의 황금기에는 자유주의 개혁가로 앞장서 활동했다. 당시 덩샤오핑은 당 중앙에 남아 있던 강력한 보수 집단에 맞서며 거의 10년 동안 그를 지원하고 보호해주었다. 덩샤오핑과 마찬가지로 후야오방의 키는 겨우 150센티미터 남짓밖에 안 되었다. 알아듣기 힘든 후난성 방언을 쓰던 그는 꽤 흥미진진한 인물이었으며 국제적으로도 왕성하게 활동하는 정치계 마당발이었다. 그가 첫 호주 방문길에 나서기 전 호주 대사관으로 그를 초청하여 접대했는데, 그날 대사관은 당의 고위 지도부가 점심을 먹다가 독살당하는 것을 막기 위한 공식 시식단으로 가득 찼다.

여러 번의 만남을 통해 내가 관찰한 자오쯔양은 후야오방과 마찬가지로 매우 인간적이었지만, 중국 관료들을 중앙에 배석시키는 등 좀더 전통적인 정치인에 가까웠으며, 우리와 같은 외국의 이방인들을 다루는 데도 후야오방보다 더 능숙한 모습을 보여주었다. 그러나 두 사람 모두 덩샤오핑의 입맛에 맞지 않게 개혁주의를 너무 많이 밀어붙인 나머지 결국 몰락하고 말았다. 덩샤오핑은 자신을 향해 언제라도 비판의 목소리를 낼 수 있는 중앙 지도부 내의 여론을 여전히 염두에 두어야 했던 것이다. 실제로 톈안먼 사태는 잠시나마 모든 것이 가능해 보이던 중국 개혁의 첫 단계가 끝나감을 의미했다.

미국의 역대 행정부는 톈안먼 사태가 일어나기 전까지 덩샤오핑의 정치와 중국공산당의 레닌주의적 성격에 대해 대체로 모르는 척하려 했다. 심지어 1989년 이후에도 미국의 제재는 가능한 범위 내에서 일시적으로 행해질 뿐이었다. 대신 미국이 중시한 것은 전략적, 경제적 관계를 유지함으로써 소련 견제용으로 중국을 활용하는 것과 급성장하는 중국 시장에 대한 미국 기업의 끝없는 낙관적 전망이었다.

중소 국경 분쟁의 해결

그러나 1980년대에 들어서 미중 관계를 떠받치는 핵심 기둥 중 하나가 흔들리기 시작했다. 1985년에 고르바초프가 등장한 것이다. 1989년, 중국과 소련은 지난 300년간 계속된 분쟁과 갈등, 전쟁을 끝내는 중소 국경에 대한 최종 합의에 서명했다. 곧이어 1991년에 소련이 붕괴하면서 중국을 둘러싼 전략적 지형이 근본적으로 바뀌었다. 미국의 그 어떤 군사적 공격도 없이 공산주의 내부의 문제로 소련이 자멸하자, 중국공산당은 정치적으로나 이데올로기적으로나 잔뜩 겁을 먹었다. 다른 한편 소련이 붕괴함으로써 중국의 국가안보를 오래 위협했던 문제 하나가 효과적으로 제거될 수 있었다. 여기서 중요한 것은, 1970년대 초 미중 관계의 발전을 뒷받침하던 주요 전략적 근거 중 하나가 소련 붕괴로 인해 사라지면서 상호 경제적 이익 추구 외에는 그 자리를 대체할 만한 공통의 관심사가 거의 남지 않았다는 점이다.

사실 중국과 러시아의 관계 회복을 위한 움직임은 그 몇 년 전부터 있었다. 중국공산당 지도부가 군을 현대화하는 과정에서 미국에 과도하게 의존하게 되는 것을 우려하면서였다. 미국은 중국이 이란, 파키스탄, 북한을 상대로 핵미사일 기술을 수출하는 것에 제재를 가했는데, 이는 수출을 확대해 부족한 현금을 충당하려 했던 인민해방군의 분노를 샀다. 게다가 1991년 이후로 중국과 러시아 간의 긴장이 완화되면서 러시아는 이웃 나라인 중국에 첨단 무기 공급을 재개할 의사를 내비쳤으며, 이에 따라 일감 부족에 허덕이던 러시아 군수 공장들은 신규 생산 주문을 받게 되었다.

이에 반해 미중 간의 전략적 관계는 파산 지경에 이르렀다. 그 첫 번째로, 1996년 타이완 최초의 대통령 직선제 선거에서 독립 성향이 강한 후보의 당선을 저지하기 위해 중국이 타이완 주변 해역에 미사일을 발사하면서 위기가 발생했다. 이는 클린턴 행정부가 타이완에 대한 미국의 정치적, 군사적 지원을 증명하는 뜻으로 2개의 항공모함 전단을 타이완해협에 파견하는 계기가 되었다. 그 후, 발칸전쟁이 한창이던 1999년에 미국의 유도 미사일 다섯 발이 베오그라드 주재 중국 대사관을 타격하는 바람에 중국 기자 3명이 숨지는 사건이 발생했다. 미국은 사고였다고 주장했지만, 분노한 중국 지도부와 대중은 미국의 해명을 받아들이지 않았으며 오늘날까지도 고의적인 공격이었다고 굳게 믿고 있다. 그렇게 양국의 전략적 관계는 1990년대 말 급격히 나빠지기 시작했다.

한편 러시아 경제가 미국 자본주의에 대한 "콜드 터키"* 실험을 단행하다가 위기를 맞으면서 러시아와 미국의 관계는 점점 헝클어지고 있었다. 옛 연방에서 독립한 여러 공화국이 잇따라 NATO에 가입을 신청하자 수십 년 동안 러시아 영토로 여겨지던 지역이 분할되었고, 그에 따라 러시아의 전략적 이익 또한 줄어들었다. 오랫동안 이 지역을 지정학적 영향력 아래 두었던 러시아는 1990년대에 NATO가 발칸반도에 군사 개입을 하자 우려하던 상황이 현실이 되었음을 확인했다.

이후 점진적으로 진행된 전략적 재편은 시간이 지남에 따라 미중 관계의 향후 궤적에 큰 영향을 미쳤다. 장쩌민과 후진타오가 이끌었던 중국공산당은 시진핑 시대를 맞이하면서 가장 중대한 결론을 내리게 되었다. 그들은 중국이 이제 미국보다는 러시아와 더 공통점이 많다고 판단했다. 비록 중국의 예비 엘리트들이 수많은 미국 대학에서 교육받고 있고, 미국의 투자와 무역이 중국의 경제 전망에 여전히 중요한 부분을 차지하고 있긴 하지만 말이다.

* cold turkey. 몸에 해로운 것을 단번에 끊는 행위.

톈안먼 사태에서 WTO 가입까지

톈안먼 사태 이후로 미국 대중의 우려가 커지고 있었음에도, 조지 H. W. 부시 정부와 빌 클린턴 정부는 미국의 대중 무역 증가와 투자를 촉진하기 위해 인권 문제를 잠시 뒤로 제쳐두었다. 톈안먼 사태가 보여준 명백한 증거에도 불구하고, 두 행정부는 중국의 경제 개혁과 발전, 번영이 정치적 개혁으로 이어질 것이라 주장하며 자신들의 방침을 노골적으로 정당화했다. 거대한 중국 시장에서 미국의 입지가 강화되는 것을 사상 초유의 기회로 본 기업들은 정부의 이러한 입장을 지지했으며, 톈안먼 사태 이후로 삐거덕거리던 미중 관계를 다시 안정화하는 데 필요한 정치적, 경제적 밑천을 제공하기도 했다.

톈안먼 사태가 발생한 지 3년 후, 덩샤오핑은 1989년 당권에 대한 "부르주아적 자유주의"의 위협에 대처하기 위해 모인 자리에서 정치적 강경파들이 시장 기반 경제 개혁을 저지하려 한다며 우려를 표했다. 그러자 강경파들은 그에게 당의 표어가 **사회주의**인지 **자본주의**인지 확실히 하라고 요구했다. 당시 87세였던 덩샤오핑은 그에 대한 답으로 중국 역사가들이 남부 순행(한때 황제가 중국 남쪽을 시찰하던 것을 가리키던 용어)이라고 부르는 여행길에 올랐다. 개혁의 도가니인 경제특구와 상하이 등의 도시들을 둘러본 그는 당이 인민의 복지를 챙기는 한 사회주의라고 명명하겠다고 천명했다. 덩샤오핑은 그러나 더 **빠른** 경제 개혁개방과 발전을 지지하지 않는 지도자들이 권력을 유지해서는 안 되며, 바로 그러한 이유로 다수의 보수주의자가 중앙 지도부에서 축출된 것이라고 설명했다. 이에 따라 장쩌민 총서기와 주룽지 총리는 이른바 사회주의 시장경제를 확장하기 위한 야심찬 새 프로그램에 돌입했으며, 중국의 기업가들은 회사를 설립해 해외로 진출하라는 당의 지시를 받았다. 당은 또한 정치적 실용주의의 극치를 보여주기 위해, 기업가 정신과 자본주의적 사업을 통해 부를 쌓은 사람들에게 공산당에 입당할 것을 권하기도 했다.

한동안 나는 중국과 호주에서 장쩌민과 주룽지 모두를 만났다. 장쩌민은 내가 아직 외교부 관리로 있을 때(당시에 나는 호주로 돌아와 있었다) 호주를 처음으로 방문했다. 당시 그는 상하이에서 당 제1서기를 맡고 있었다(1987~1989). 자오쯔양이 톈안먼 사태로 숙청된 이후 이어받은 자리였다. 장쩌민은 세계에 관한 통찰력과 영어 실력을 뽐내며 허풍 떨기를 좋아했다. 한번은 그의 요청으로 시드니 오페라하우스에 데려간 적이 있었는데, 갑자기 그가 관객이 없는 텅 빈 무대에서 노래를 부를 수 있냐고 물었던 기억이 난다. 그러자 곁에 있던 호주와 중국 수행원들이 의례적인 박수를 보냈다. 무엇보다도 그는 후계자인 후진타오나 시진핑 총서기로서는 상상도 할 수 없을 방식으로 재미를 안겨주었다.

예전의 자오쯔양처럼 좀더 보수적인 스타일의 옷을 입었던 주룽지는 중국의 명문 칭화대 경제경영대학 초대 학장으로, 확실히 어조가 교수님스러웠다. 1989년 5월, 나는 당시 상하이 시장이었던 그를 처음 만났다. 그곳에서 민주화 학생 봉기를 관리해야 한다는 정치적 위기를 맞은 그는 베이징에서와 같은 유혈 사태만은 피하고자 했다. 주룽지는 창백하고 핼쑥했지만 흔들리지 않았다. 그는 여전히 우리 대표단과 만나기로 한 약속을 지키겠다고 고집했는데, 특히 우리가 푸둥 개발 지구의 공식 출범식을 위해 그곳에 갔기 때문이다. 참고로 푸둥 개발 지구는 와이탄을 마주 보고 흐르는 황푸강에 있던, 늪에 불과한 곳이었다.

그는 나를 평화 호텔의 창가로 데려가더니 강 건너편의 황무지를 가리키며 저곳이 곧 맨해튼의 스카이라인과 맞먹게 될 것이라고 말했다. 나는 그가 과장하고 있다고 생각했지만, 결국 그의 말이 맞았다. 그로부터 3년 뒤, 중국의 부총리가 되어 내 고향 브리즈번을 방문한 주룽지는 그때 내게 했던 말을 상기시켰다(당시 나는 퀸즐랜드주 총리의 비서실장이었다). 그는 경제 부흥에 고무되었고 상하이는 이미 호황에 접어들고 있었다.

한 세대 동안 유의미한 정치 개혁이 이루어지다가 톈안먼 사태를 기점으로 끝났음에도, 중국의 경제 개혁 프로젝트는 여전히 격렬한 나날 속에 있었다. 이러한 신호를 감지한 클린턴 정부는 중국과 오랜 협상을 벌이기 시작했다. 그리하여 2001년에는 중국이 마침내 세계무역기구 WTO에 가입했고, 이에 수출시장이 크게 확대되자 중국 제조업은 더 폭발적으로 성장하게 되었다. 한편 중국 국유 기업과 민간 기업들이 국내외 거래소에 상장됨에 따라 미국과 유럽의 금융기관들은 중국 기업이 빠르게 성장하는 데 필요한 자본을 제공받을 수 있도록 글로벌 자본시장을 중국에 개방하기 시작했다. 이러한 두 가지 발전은 중국의 경제 성장을 가속화하고 빈곤을 줄였으며, 평균적인 중국 가정의 생활 수준을 높였다(1995년 약 600달러였던 중국의 1인당 GDP는 2005년에 1750달러로 거의 3배 증가했다). 1989년의 암울했던 사건들과 그 이전의 문화대혁명으로 추락했던 당의 경제적 신뢰도는 이러한 성과들 덕분에 대중적 합법성을 얻으며 회복될 수 있었다.

중국이 WTO에 가입하고 세계시장에 대한 유례없는 접근권을 획득하자 고정환율제라는 위안화의 큰 이점이 이와 맞물려, 미국을 비롯한 많은 선진국이 중국으로 공장을 이전하는 결과를 낳았다. 중국은 그 뒤로 15년간 세계 최고의 제조 강국으로 자리 잡았으며, 세계 최대의 무역 국가이자 세계에서 두 번째로 큰 FDI 시장이 되었다. 하지만 이에 따라 미국의 제조 산업이 쇠퇴의 길을 걸으면서 세계화와 특히 중국에 대한 포퓰리스트들의 분노를 불러일으키는 계기가 되었다.

이러한 엄청난 경제 변혁 과정에서 중국은 지역화된 "마을 민주주의"에 대한 소극적인 실험을 제외하고는 그 어떤 근본적인 정치적 자유화에도 관심을 보이지 않았다. 중국의 관점에서는 서구식 민주주의에 대한 요구를 과도하게 불러일으키지 않고도 중산층과 시장경제를 충분히 키워나갈 수 있는 것으로 판명되었다. 그러나 장쩌민은 1989년과 같은 일이 반복되지 않도록 1990년대 초 대대적인 애국 교육 캠페인을 벌였다. 이는 정치적 정통성을 재확인하고 서구식 교육을 받은 차세대 전문가들에게 서구적 가치관이 초래할 이데올로기적 위험성에 대해 경고하는 것이었다. 이 캠페인은 장장 한 세기의 식민 지배 기간에 일본과 서구, 특히 미국으로부터 받은 "국가적 굴욕"을 절대 잊어선 안 된다고 상기시켰다. 장쩌민의 강령은 또한 1980년대에 "정신적 오염"과 "부르주아적 자유화"에 반대했던 캠페인이 중단된 사실을 지목하면서, 국내에서 중국 현대사를 언급할 때 신중을 기하지 않으면 중국도 "국제 적대 세력의 평화적 발전이라는 음모"의 희생양이 될 수 있다고 경고하기도 했다. 실제로 미국의 정치 지도자들이 중국의 경제 발전과 정치 개혁의 연관성을 강조할수록, 중국의 정치 지도자들은 이를 증거로 삼아 정반대의 방향으로 밀고 나갔다.

1994년 클린턴 정부는 중국을 최혜국(미국에서 가장 낮은 관세가 부여됨을 의미)으로 대우하는 것에 대한 연례 의회 투표에서 중국의 인권 문제를 명시적으로 분리했다. 그로부터 몇 년 후 제네바에서 열린 UN

인권위원회에서 클린턴은 중국의 인권 실태를 비판하는 결의안을 통과시키기 위해 기울이던 노력도 모두 포기해버렸다. 그 대가로 중국은 시민들에게 언론, 종교, 집회, 선거의 자유와 정당한 절차적 자유를 보장하는 시민의 정치적 권리에 관한 국제 규약에 서명하기로 합의했다. 그러나 중국은 그 뒤로 조약의 비준을 거부했고, 그 결과 미국은 어떤 조치도 취하지 못하게 되는 상황에 봉착하고 말았다. 중국이 국제 협약의 원칙에 무관심하다는 것은 2009년 "08헌장"을 내놓은 민주화 운동가(이후의 노벨평화상 수상자 류샤오보 포함)들을 체포한 사건으로 더 확실히 드러났다. 그 헌장은 1968년 프라하의 봄을 일으킨 체코 반체제 인사들을 본보기로 삼아 작성된 선언문이었다.

조지 W. 부시, 9·11, 이라크

초창기의 조지 W. 부시 행정부는 미중 관계의 미래를 근본적으로 재고하겠다고 약속했다. 신임 대통령은 중국이 아시아에서 미국과 동맹국의 이익에 중대한 위협이 되고 있다고 규정했다. 그러나 중국에 대한 전략을 강화하겠다는 부시의 다짐은 그의 행정부 출범 9개월 만에 발생한 두 사건 때문에 난관에 부딪힌다. 2001년 4월, 약 7킬로미터 상공을 비행하던 중국 전투기가 미 공군 EP3 정찰기의 3미터 이내로 접근하는 바람에 공중에서 충돌하는 일이 벌어졌다. 추락한 중국 전투기에 타고 있던 조종사는 사망했고, 정찰기에 타고 있던 승무원들은 남중국해 근처 하이난섬의 중국 공군 기지에 비상 착륙했다. 두 항공기 모두 국제 공역에 있었지만, 중국은 스스로를 미국으로부터 공격당한 희생자로 규정하면서 미국의 첩보 비행 사건을 자신들에게 유리한 쪽으로 최대한 활용했다. 정찰기의 승무원을 석방하는 대가로 장쩌민은 중국 조종사가 사망한 것과 미 항공기가 구두 허가 없이 중국 영공에 불시착한 것에 대해 모두 "매우 유감"이라고 표현한 두 통의 소위 사과 편지를 받아냈다. 한편 중국은 손상된 항공기에서 미군의 기술과 기밀 자료들을 빼내기도 했다.

두 번째 난관이자 훨씬 더 중요한 국면은 2001년 9월 11일 뉴욕과 워싱턴에서 벌어진 테러 공격이었는데, 이는 미국 역사상 가장 오랜 기간의 대규모 군사작전으로 이어졌다. 미국과 동맹국의 아프가니스탄 침공 및 점령은 중국과 러시아의 비호 아래 UN안전보장이사회 결의안의 지지를 받았다. 그러나 부시 대통령이 "테러와의 전쟁"을 확장하여 2003년 이라크에 무차별 공격을 가하자 중국은 지지 입장을 철회했다. 더욱이 중국은 미국이 전쟁을 위해 치른 정치적, 군사적, 재정적 대가를 자신들의 전략 및 외교 정책을 펼치는 데 매우 요긴하게 사용했다. 그들은 미국의 세계적 명성을 훼손하고 전략적 자신감을 약화시켰으며, 미국 내 여론과 동맹국들을 분열시켰다. 여기서 주목할 점은 부시가 재임 기간 내내 중동 문제에 몰두하자 중국은 그때껏 보지 못했던 방식으로 지역 및 글로벌 전략의 역량을 기르고 있었다는 것이다.

그로부터 한참 후 총리가 된 나는 부시 대통령과 함께 그가 중국을 다룬 방식에 대해 이야기를 나눴다. 그는 중국과 관계를 이어나가는 게 쉽지는 않았지만, 알카에다 소탕 작전에 필요한 연합 전선을 구축하는 데 있어 중국이 도움이 되었다고 말했다. 우리는 아시아태평양경제협력체APEC 정상회의가 열리던 시드니에서 처음 만났다. 당시 나는 2007년 호주 총선에서 부시와 절친한 보수파 총리 존 하워드와 격렬히 맞서고 있었기에 부시는 나를 그다지 온정적이거나 우호적으로 대하지 않았다. 하워드는 이라크 전쟁에서 부시를 지지했지만 나는 처음부터 그 전쟁에 반대했다. 나는 부시에게 환영 선물로 중국의 정치와 외교 정책에 관한 책 몇 권을 건넸는데, 그나마 그것을 매개로 중국의 부상에 대한 대화의 물꼬를 틀 수 있었다.

나는 이듬해 총리 자격으로 워싱턴을 방문해(이후 베이징으로 가는 해외 순방 일정이었다) 중국과의 관계에서 위태로운 시기를 무사히 넘긴 것에 대해 축하 인사를 건넨 후 남은 대부분의 시간을 중국에 할애했다. 당시 타이완 총통이었던 천수이볜은 타이완의 독립을 공개적으로 주장하고 다녔다. 중국과의 전쟁을 촉발할 수 있는 위험한 발언이었다. 부시는 그에게 계속해서 불장난을 한다면 전쟁이 나더라도 제82공수사단이 타이완을 반드시 구조하러 오지는 않을 것이라고 경고하며 미국의 정책을 조정했다. 이에 천수이볜은 즉각 정신을 차렸고, 부시 대통령은 국가안보보좌관 스티븐 해들리 덕택에 복잡한 타이완 문제를 잘 처리해낼 수 있었다.

미국의 대통령과 부통령, 국무부와 국방부, 무역부 수장들이 다 함께 모여 중국에 대해 논의하기 시작한 것은 바로 그때부터이며, 이러한 활동은 오바마와 바이든 정부까지 다년간 이어지고 있다(단, 트럼프 때는 예외였다). 나는 비록 뉴욕아시아소사이어티 정책연구소의 회장을 맡고 있긴 하지만, 트럼프 행정부의 혼돈 속에서도 차분히 이성적 목소리를 내던 미국무역대표부USTR 대표 로버트 라이트하이저와 전문가 대 전문가로서 친밀하면서도 서로 존중하는 관계를 맺을 수 있었다.

글로벌 금융 위기

2008~2009년에 불어닥친 글로벌 금융 위기와 뒤이은 경기 침체는 중국의 전략적 사고에 유난히 더 큰 영향을 주었다. 사실 그동안 중국 지도부는 미국의 군사력, 경제력, 기술력을 대단히 우러러보고 있었다. 그러나 2008년 위기 때 엄청난 규모로 경제가 붕괴한 원인이 바로 미국 금융 시스템의 구조적 취약성이었던 것으로 드러나자, 중국은 미국의 시스템이 마냥 최고가 아님을 깨닫기 시작했다. 다른 국가도 아닌 세계 최강의 미국에서 그러한 위기가 발생하고 더 악화되었다는 사실도 놀랍지만, 미국이 단독으로 내놓을 수 없는 수준의 대대적인 경제 해결책을 전 세계가 필요로 한 것도 사상 처음 있는 일이었다. 그에 반해 세계 무대에서 중국은 G20의 일원으로서 위기에 처한 세계 경제를 회복시킬 성장 동력으로 여겨지고 있었다. 2008년 첫 G20 정상급 회의에서 후진타오 국가주석을 포함해 다른 여러 정상을 만나본 나는 세계 경제의 중심축이 얼마나 크게 이동하는 중인지를 실감할 수 있었다. 중국은 마침내 엄청난 경제력과 경제 규모, 그리고 그것을 창출해낸 개혁 프로그램의 성공을 인정받으면서 세계 정세의 핵심 자리에 서게 되었다. 그러나 미국에서 교육받고 미국식 모델을 본국에 적용하고자 했던 중국의 금융 및 경제 전문 관료들은 미국의 경제 위기를 지켜본 다른 보수파 관료들로부터 비판의 목소리를 들었다. 당시 왕치산 부총리는 미 재무장관 행크 폴슨에게 이렇게 말했다. "여태껏 당신들을 보고 배웠는데…… 당신네 시스템을 좀 보시오, 행크. 이제 뭘 더 배울 수 있을지 모르겠소."

중국은 이미 10년 전인 1997년에 일련의 통화 및 신용 위기로 아시아 전역의 경제를 황폐화시켰던 아시아 금융 위기를 겪으며 이러한 변화에 대비해왔다. 동아시아 및 동남아시아 개발도상국들에 대한 이른바 워싱턴컨센서스*에 따라 국제통화기금IMF이 채택한 자유방임주의, 자유시장, 반反국가적 접근법의 영향을 받은 것이다(인도네시아의 경우 수하르토 정권의 붕괴를 촉발했다). 1998년 중국은 치앙마이 이니셔티브CMIM를 제안했는데, 이는 동남아시아국가연합ASEAN의 10개 회원국과 중국, 일본, 한국 간에 체결된 양자 통화 지원 협정의 네트워크다. CMIM은 협정국 간 통화와 자본계정을 안정시키는 데 필요한 전제 조건으로, 미국 주도하의 IMF가 요구하는 가혹한 예산 긴축 조치를 피하는 데 요긴할 것이었다. 이 무렵 중국은 미국을 배제한 "ASEAN+3"(한국, 일본 포함) 그룹을 성공적으로 결성하면서 지역 외교 정책 구상에도 더욱 적극적으로 나서게 되었다.

그러나 이러한 행보를 보인다 해서 중국이 UN이나 세계은행과 같은 브레턴우즈 기구**에 기반한 미국 주도하의 기존 세계 질서를 즉각 포기한다는 의미는 아니다. 오히려 그 반대라 할 수 있다. 사실 중국은 제2차 세계대전 이후 정착한 이 오랜 제도에서 다른 국가보다 더 적극적인 역할을 수행해왔다. 그 예로, UN안전보장이사회에서 거부권을 가진 5개 상임이사국 중 하나인 중국은 이미 특권적인 지위를 누리고 있었기에 기존 질서를 서둘러 포기할 필요가 없었다. 다른 한편 중국은 호시탐탐 기회를 엿보며 그러한 틀 바깥에 있는 이웃 지역에서 중국 중심의 질서를 조용히 구축해나갔다.

* 라틴아메리카 개발도상국에 대한 미국식 자본주의 국가 발전 모델.
** 국제 통화 제도 협정에 따라 구축된 국제 통화 체제.

세계 규칙기반질서 안에서 향후 중국이 수행할 역할에 대한 문제는 2005년 로버트 졸릭 미 국무부 차관의 연설에서 제기되었다. 그는 중국을 향해 기존의 국제 질서에서 "책임 있는 이해관계자"가 될 것인지, 아니면 미국과 주요 동맹국들에 의해 유지되는 국제 체제에 그저 무임 승차만 할 것인지를 확실히 하라고 요구했다. 그의 연설은 중국 강경파들의 노여움을 샀지만, 중국이 직면한 현실적 선택지를 개념적으로 명확하게 규정했다는 점에서 전 세계의 주목을 받았다.

졸릭이 제기한 문제에 대한 중국공산당의 작전상 답변은 취사선택적이었다. 사실상 중국은 기존 질서에서 자기들이 원하는 만큼은 적극적인 이해관계자가 되겠지만, 기회가 생긴다면 더 중국 친화적인 새로운 질서를 구축할 것이라고 답했다. 이러한 야망은 치앙마이 이니셔티브의 지속뿐만 아니라 이후 수십 년에 걸쳐 중국이 수립한 다양한 다자간 제도 및 이니셔티브에도 반영된다. 새로운 지역 개발 은행과 더불어, 그들의 가장 거창한 프로젝트인 2013년의 일대일로一帶一路 이니셔티브도 이에 해당된다.

중국의 국제적 자신감이 점점 커져가는 이 기나긴 발전 과정에서 가장 큰 변곡점은 바로 2008년 베이징 올림픽이었다. 베이징 올림픽의 화려한 개막식은 인민공화국이 글로벌 무대에 데뷔했음을 전 세계와 중국 내부를 향해 선언하는 것으로 여겨졌다. 올림픽을 개최하기 위해 중국 정부가 투입한 430억 달러는 세계를 상대로 긍정적인 이미지를 투사하기 위해 쏟아붓는 막대한 투자금의 일부분에 지나지 않았다. 중국은 자국 선수들이 세계 무대에서 빛을 발할 수 있도록 수십 년에 걸쳐 준비했으며, 그 결과 메달 100개(그중 48개는 금메달)라는 올림픽 출전 이래 최다 메달 획득 기록을 세울 수 있었다. 이는 상승세를 느끼는 중국의 자신감이 더욱 커지고 있음을 보여준다. 당시 나는 조지 W. 부시와 함께 전 세계 지도자들의 틈에 껴 개막식에 참석했다. 중국을 공부한 학자로서 나는 마오쩌둥이나 공산당, 인민공화국의 어떤 요소도 가미되지 않고 순수 중국 전통 문명과 문화로 이루어진 시각적 향연이 얼마나 매력적인지를 그때 알게 되었다. 중국은 현재의 공산주의 지도부가 문명의 연속성 차원에서 이전의 83개 왕조를 잇는 또 하나의 왕조라는 인상을 심어주고 싶었던 것이다. 하지만 그러한 서사 안에는 레닌주의 우상 파괴자였던 마오쩌둥이 중국 물질문화의 상징과 그 실체를 파괴하기 위해 안간힘을 썼으며 기원전 3세기 진시황 이후로는 그런 만행을 찾아볼 수 없었다는 사실이 교묘하게 빠져 있었다. 그럼에도 이 행사는 당과 국가 이미지 제고를 위한 홍보에서 엄청난 성공을 거두었다. 나는 이튿날 모든 방문 국가 및 정부 수반이 모인 대회장에서 원자바오 총리 옆에 앉아 점심을 먹으며 그와 많은 이야기를 나누었다. 중국은 성대하게 팡파르를 울리면서 공식적으로 세계 무대에 진출했으며, 이 모든 것은 철저히 계획된 것이었다.

오바마, G2, 새로운 유형의 강대국 관계

2008년에 출범한 오바마 행정부를 반긴 것은 점점 더 자신감을 키워가던 중국이었다. 과거의 레이건이나 H. W. 부시, 클린턴, W. 부시와는 다르게, 오바마는 선거 기간 중국에 맞서는 거친 화법을 사용하지 않는 전략을 택했다. 이는 그의 신중하고도 이성적인 기질에서 연유한 것이기도 하지만, 그보다는 과거에 선거에서 이긴 대통령 후보들이 당선 이후에 어떠한 일에 맞닥뜨렸는지를 그의 외교 정책팀이 너무나 잘 알고 있었기 때문이다. 과거 당선자들은 전임자가 중국에 고개를 숙였다며 공격했다가, 당선 후 미중 관계에 냉기가 감돌자 자기도 마찬가지로 실수를 인정하고 대중 앞에서 중국과의 대화 재개를 정당화해야만 한다는 사실을 깨닫곤 했다. 2008년 선거에서 오바마가 좀더 온건한 언어를 사용한 이유는, 글로벌 금융 위기를 겪고 있던 당시의 상황을 고려했을 때 경제 정책이야말로 대통령 선거에서 관건이 될 것이며, 성장을 통한 세계 경제 회복에 있어 중국 경제가 그 핵심 동력이라고 판단했기 때문이다. 그는 외교 정책 논쟁이 꼭 필요한 자리에서도 미국이 중동의 수렁에 빠졌다고 지적할 뿐이었다. 그렇게 오바마는 2008년 선거에서 중국을 거의 건드리지 않았다.

대통령에 당선된 오바마는 미국이 마주한 여러 문제를 중국과 함께 풀어나가고자 했다. 예를 들어 북한과 이란의 핵 개발, 국제 금융시장 안정을 위한 G20 협력, 세계 경제의 성장세 회복, 기후변화에 대한 다자간 조치 등이 그것이다. 오바마의 대중국 고위 보좌관인 제프리 베이더는 중국과 협력하기 위해 정부가 지켜야 할 세 가지 원칙을 세우고자 했다. 첫째, 미국은 중국을 불가피한 적으로 규정해서는 안 되며(그는 중국이 실제로 적이 될 수 있음을 인정하긴 했지만), 중요한 글로벌 과제를 해결하는 데 있어 미국의 잠재적인 파트너로 인정해야 한다. 둘째, 중국의 부상은 안보, 경제 및 기후에 관한 기존 국제 질서의 규칙과 규범, 제도를 준수한다는 조건하에 존중되어야 한다. 마지막으로 중국의 부상은 미국의 우방과 동맹국의 안보나 주권, 나아가 아시아태평양 지역의 안정을 위협해서는 안 된다.

타이완과 티베트의 인권 문제에 있어서는 예상대로 마찰이 생겼음에도 불구하고 오바마 정부 초기 몇 년간은 미중 관계가 대체로 순조롭게 풀려나갔으며, 아울러 오바마가 우선시하는 핵심 정책들도 합리적으로 추진되고 있었다. 오바마는 후진타오가 이란에 대한 다자간 행동에 동참하도록 설득하기도 했다. 하지만 북한 문제에 있어서는 중국의 협력을 그다지 성공적으로 끌어내지 못했다. 2009년 우라늄 농축 프로그램 공개 선언, 한국 해군 초계함 침몰, 연평도에 대한 치명적인 포격 등 북한의 일련의 도발 행위에도 불구하고 중국은 북한을 통제하려는 노력을 거의 하지 않았다. 중국은 또한 글로벌 금융 위기 이후 금융 시장과 세계 경제를 안정시키는 데 필요한 모든 재정과 통화, 규제 조치를 시행하는 데 있어 미국 및 그 동맹국들과 긴밀히 협력했지만, 인위적으로 낮춘 환율을 조정하라는 미국의 압력에는 여전히 굴하지 않았다.

이 기간 양국의 관계에는 호혜적인 면도 있었다. 즉, 미국은 공산당이 지배하는 중국의 정치적 합법성을 인정할 준비가 되어 있었다. 이는 절대 사소한 일이 아니다. 그동안 미국과 국제 사회는 무력을 통해 권력을 유지하는 혁명 정당의 근본적인 정당성에 대해 의구심을 표해왔기에, 이는 중국 지도자들에게 있어 매우 중요한 문제였다. 그러한 승인은 중국 국내 정세에서도 마찬가지로 중요한 의미를 지닌다. 모든 정치 권력을 장악한 중국공산당 홀로 현대의 국가 시스템을 오롯이 운영하고 있는 것에 대해 중국 시민들은 점점 더 큰 목소리로 문제를 제기하고 있기 때문이다. 국가적 업적을 국제적으로 인정받고 그에 따른 정치 체제의 고유한 정당성을 얻는 것은 오랫동안 중국 당-국가의 최고 관심사였다.

한편 전략적 관계의 새 지평을 열기 위한 노력의 일환으로 오바마 정부는 후진타오에게 조지 W. 부시 행정부 시절 전략경제대화SED를 통해 맺은 기존의 양자 관계를 더 강화해나가자고 제안했다. 이로써 1년에 두 차례 회의가 열리게 되었고, 현안의 범위도 미 국무장관과 재무장관 그리고 중국 측 인사가 주도하는 전략 및 경제 안건으로 대폭 확대되었다. 또한 최초로 양측의 군 고위 대표단이 공식적인 정치 안보 의제를 논의하면서 상당한 약진을 보여주었다. 비록 여전히 행동보다는 말이 앞서긴 했지만, 양국은 가장 첨예하게 대립하는 이슈를 포함해 관계의 모든 현안을 총망라하는 포괄적인 파트너십을 구축해나갔다.

이러한 변화를 지켜본 미국의 정책 분석가들 사이에서는 세계의 양대 경제 산맥인 두 나라가 "G2" 관계로 발전해가는 것이 바람직하다는 여론이 일었다. 사실 이러한 생각은 2004~2005년도에 처음 불거져 나왔다. 실제로 2006년 미 재무장관 폴슨은 SED를 "G2와 다름없는" 것으로 여긴다고 말한 적이 있다. 2008년 대선 당시 오바마 캠프의 참모였던 전 국가안보보좌관 즈비그뉴 브레진스키는 여기에 한술 더 떠서, 2009년 1월 미중 수교 30주년 기념사에서 "G2"가 미중 관계와 미국 외교 정책의 초석을 위한 개념적 틀이 되어야 한다고 촉구했다. 이어서 그것이 "공동의 미래를 만들어가는 데 가장 특별한 잠재력을 지닌 두 나라가 마땅히 해야 할 임무"라고 역설하자, 로버트 졸릭 세계은행 총재는 "강력한 G2가 없다면 G20은 실망할 것"이라며 맞장구쳤다. 돌이켜보면, 중국과의 관계를 증진하고자 근본적으로 새롭고 건설적인 전략적 틀을 요구했다는 사실이 가히 놀랍다.

그러나 중국의 외교 정책 엘리트들은 그러한 개념에 부정적이었다. 자신들이 오랫동안 옹호해왔던 글로벌 거버넌스의 다극 체제와는 양립할 수 없는 개념이라고 우려했던 것이다. 더욱이 중국의 리더들은, 중국의 위상이 아직은 미국보다 한 수 아래라는 현실은 차치하더라도, 미국과 나란히 세계를 운영하게 되면 자신들의 외교 정책의 유연성이 줄어든다는 측면에서 대가가 너무 클 것이라 생각했다. 국내의 복잡한 정치적, 이데올로기적 문제들이 얽혀 있었기 때문이다. 미국이 간청하고 있다는 사실을 중국이 눈치챘는지는 모르겠지만, 중국공산당은 미국 대비 종합 국력(중국 내부 전략 심의의 핵심 분석 용어)을 꾸준히 향상시키기 위해서는 경제를 계속해서 발전시키고 군대를 현대화하되, 국제 사회에 관여할 때는 선택적인 태도를 유지하는 편이 훨씬 낫다고 판단했다. 게다가 이 무렵 많은 중국의 정책 분석가는 미국의 경제 및 군사력이 쇠퇴해가고 있다는 주장을 받아들이고 있었다. 따라서 중국에게 무엇보다 필요했던 것은 바로 지속적인 전략적 인내였다. 이러한 관점은 결국 어떻게 하면 국력을 기를 수 있는지(즉, 드러나지 않게), 언제 어떤 상황에서 중국의 힘이 적극 발휘되어야 하는지(즉, 승리가 보장될 만큼 충분히 강력할 때만)에 대한 중국 고전 사상의 심오한 가르침과도 일치한다.

그러나 후진타오 집권 마지막 해인 2012년, 중국은 "새로운 유형의 강대국 관계"라 일컫는 "G2" 스타일의 세계 질서에 대한 비전을 제시했다. 여기서 중국은 일부러 애매모호한 표현을 사용했는데, 미국과의 새로운 세력 경쟁과 갈등이 불가피해질 때에 대비해 완전한 준비를 하고 필요하다면 미국을 제압할 수 있을 때까지 시간을 벌려는 의도였다. 이러한 입장은 향후 중국과 미국의 군사적 충돌 가능성을 완전히 배제했다. 만일 이 제안이 진지하게 받아들여졌다면 미국이 군사 강국의 지위를 유지하는 동안 중국은 향후 수십 년간 전략적 입지를 근본적으로 강화해나갈 수 있었을 것이다. 중국은 "새로운 유형의 강대국 관계"가 사실상 모든 "강대국"과의 관계에도 적용될 수 있다고 주장했지만, 어떤 국가가 그러한 강대국의 범주에 포함되는지에 대해서는 특정 국가(특히 러시아)의 심기를 건드리지 않기 위해 직접적인 언급을 피했다. 하지만 그들의 메시지는 분명했다. 중국과 미국은 명백히 동등한 위치에서 공존한다는 것이다.

중국 외교관들은 미국이 이러한 새로운 관계의 틀을 수락하도록 하기 위해 무척 애썼다. 하지만 미중 "공동 관리"에 대해 미국은 헨리 키신저가 언급한 대로 미적지근함과 모호함, 그리고 완전히 적대적인 수준에 이르기까지 다양한 반응을 보였다. 2009년 12월 코펜하겐 기후정상회의에서 중국의 양보 없는 태도를 본 오바마는 중국이 글로벌 거버넌스 문제를 다루는 데 있어 미국과 얼마나 협력할 준비가 되었는지 의구심을 품게 되었다. 당시 오바마 행정부는 미중 간의 독점적인 협상 때문에 우선순위에서 밀려날 것을 걱정하는 유럽과 아시아 동맹국들뿐만 아니라, 공화당의 비판자들과 국내 여론의 반응까지 염두에 두고 있었다.

그렇더라도 후진타오 정권 후반과 시진핑 정권 초기를 모두 경험한 오바마 정부가 두 나라의 근본적으로 다른 세계관 사이에서 새로운 차원의 전략적 융합으로 나아갈 길을 발견할 수 있었는지는 여전히 의문이다. 양측은 전략적 융합은 고사하고 마치 귀를 막고 대화하는 것처럼 보였다. 그러나 대화의 성사 여부와는 상관없이, 남중국해 일대에서 새로운 긴장이 일기 시작하자 그러한 합의에 도달할 수 있는 정치적 창구는 이내 닫혀버리고 말았다.

오바마의 회귀 정책

2010년, 안보 분석가들은 남중국해에서 미 해군 정찰선과 항공기 이동에 대한 중국 측의 대응이 이전보다 더 단호하며, 때로는 더 공격적임을 감지했다. 중국은 허가 없이 200해리 배타적경제수역(국가가 자원에 대한 권리는 가지지만 선박이나 항공기의 통행을 방해할 권리는 없는, 국제법이 규정한 주권 영토 주변 수역) 내에 있는 자국 공해에서 외국 해군 함정이 활동하는 것을 더 이상 용납하지 않겠다고 했다. 중국의 이러한 조치는 UN해양법협약UNCLOS에 위배되는 것으로, 이 협약은 본래 중국이 서명하고 1996년에 비준한(미국은 비준하지 않은) 것이었다.

　오랫동안 중국은 소위 남해구단선(1947년 국민당이 처음 발표한 것으로, 남중국해에 9개의 선을 그어 중국의 영해를 표시한 것)을 기반으로 남중국해 전체에 대한 소유권을 주장해왔다. 이곳은 국제 운송의 약 3분의 1이 통과하는 주요 수로로, 현재 필리핀이나 베트남 등 다른 나라가 통제하고 있는 해역도 여기에 포함된다. 미국은 중국이 공해를 사실상 자기네 호수로 만들려 하고 있다고 보았다. 또한 ASEAN은 영유권 분쟁 해역을 이용하려는 회원국들의 어선과 중국 해군 선박이 조우할 때 무력 행사가 빈번해지고 있다고 보고했다. 중국의 외교 담당 국무위원은 중국이 이제 남중국해를 국가의 "핵심 이익" 중 하나로 보고 있다며 미국인은 조심하는 게 좋을 거라는 말을 남기기도 했다.

　이러한 국면과 더불어 중국의 대미 논평에서도 공식적, 비공식적인 어조가 모두 변화하기 시작했다. 중국 언론들 사이에서는 글로벌 강대국인 미국의 쇠퇴를 강조하는 기사가 빈번하게 등장했다. 그들은 미국의 경제 붕괴가 글로벌 금융 위기를 자초했으며 장장 10년에 걸친 중동 지역에서의 군사 개입에 대한 정치적, 경제적, 외교적 대가라고 꼬집었다. 중국 내부의 외교 정책 논쟁에서도 미국 쇠퇴론이 대세로 자리 잡으면서 민족주의자들은 미국 세기의 종말을 예언했고, 일부는 중국의 시대가 도래했다고 주장하기도 했다. 2010년 6월, 중국의 외교부장은 ASEAN 지역 포럼에서 힐러리 클린턴 미 국무장관의 연설을 듣고 격분했다. 이후 그는 ASEAN 국가들더러 외부 세력이 조직한 반反중 카르텔에 가담하지 말라고 경고하며 "중국은 대국이고 그 외 국가들은 소국이라는 사실"을 상기시켰다.

이듬해 오바마 정부는 "아시아로의 회귀pivot to Asia"라고 불리는 아시아 중심 전략과 더불어 세 가지 주요 원칙을 발표했다. 첫째, 유럽과 중동에 있는 일부 병력을 이동시켜 미국의 해군, 공군 및 해양 자산의 대부분을 태평양 전장으로 배치하는 것이다. 이는 인민해방군 병력의 급속한 현대화와 더불어 "근해" 안팎에서 미군을 상대로 공중 및 해상 거부를 내세우는 중국의 새로운 군사 정책에 직접적으로 대응하려는 의도다. 둘째, 일본, 한국, 호주, 싱가포르, 베트남, 인도와의 군사 동맹 및 전략적 파트너십 강화다. 셋째, 이러한 전략의 군사적 범위는 환태평양경제동반자협정TPP이라고 불리는 새로운 주요 범지역적 자유무역 이니셔티브에 의해 강화될 것이다. 이 이니셔티브는 12개국의 아시아태평양 경제를 연결하는 것을 목표로 했지만, 중국은 배제했다. 세계 총무역의 3분의 1 이상이 TPP 경제권에서 이루어지는 만큼, 중국의 지도부들은 이 전략이 TPP 시장에서 중국을 압박하고 향후 중국이 글로벌 공급망 개발에 참여하지 못하도록 방해하기 위한 것임을 알게 되었다. 그들은 이것이 인도태평양 지역에서 급부상하고 있는 시장에 의존적인 자국의 경제적 이익은 물론이거니와, 미래의 번영과 권력에 대한 근본적인 위협이라고 판단했다.

이러한 미국의 회귀 전략과 TPP, 그리고 이들에 대한 중국의 공식적인 적대감은 다시 한번 미중 관계에 변화를 가져왔다. 미국은 글로벌 거버넌스가 직면한 공통의 문제(경제 관리에서 기후변화에 이르기까지)를 다루는 데에 중국 지도부를 계속해서 끌어들였지만, 지역적인 수준에서 서로 간의 경계선을 긋는 데 그쳤다. 힐러리 클린턴은 그 어떤 전임자들보다 아시아에서 가장 많은 시간을 보내며 미국이 아시아를 중국에 내줄 생각이 없다는 메시지를 전했다.

그러나 중국의 보복은 비단 미국에만 국한된 것이 아니었다. 동중국해의 분쟁 지역에 있는 열도(일본명 센카쿠, 중국명 댜오위다오)를 "국유화"하기로 한 일본의 결정은 그 뒤로 7년간 중국과 일본의 관계를 완전히 얼어붙게 만들었다. 호주 역시 항구 도시 다윈에 배치되는 미 해병대의 규모와 순환 빈도를 늘리기로 결정함에 따라 중국의 지속적인 정치적, 외교적 공세를 불러일으켰다. 그 와중에 싱가포르는 자국 항구를 미국 헬리콥터 모함의 모항으로 사용하도록 허용하며 중국과의 관계를 크게 악화시켰는데, 이는 2018년 리셴룽 총리가 중국 지도부와 화해 협상을 추진할 때까지 계속되었다.

미국이 침체된 경제를 감당하느라 정신을 딴 데 쏟은 틈을 타 활개를 치던 중국은 2012년이 지나면서 더 이상 마음대로 행동할 수 없게 되었다. 대신 중국의 분석가들은 미국과 여러 지역에 걸쳐 중국에 대한 정치적 태도와 전략적 태세가 우려스러울 정도로 강화되고 있음을 확인했다. 자신감 있고, 자기 확신이 강하며, 본능적으로 단호한 기질을 가진 시진핑이 당시의 중국 지도부를 장악할 수 있었던 것은 이런 맥락에서다. 그는 또한 미국과 중국의 전략적 관계를 영원히 바꿔놓기도 했다.

이 장의 목적은 현재의 미중 관계가 오랜 기간에 걸쳐 복잡하게 얽히며 경쟁적으로 대치되어온 역사적 산물임을 분명히 하는 것이다. 이런 아슬아슬한 힘겨루기의 역사는 오늘날의 양국 관계에도 만연해 있다. 하지만 그보다 더 심각한 것은, 그러한 과정을 겪으면서 각국의 정치 엘리트들 머릿속에 상대를 향한 헛된 기대와 근본적인 적대감 같은 부정적 인식이 뿌리 깊이 박히게 되었다는 사실이다.

그 중심에는 미국을 자신들의 세계관에 적대적인 존재로 바라보는 중국공산당의 시각이 자리하고 있다. 1920년대 이래로 중국공산당은 두 세계관 사이에 흐르는 근본적인 이념 갈등을 비난했다. 두 세계관이란, 자유자본주의 및 이를 뒷받침하기 위해 미국이 구축한 국제 질서(인권선언 포함)와 이에 대항하는 마르크스-레닌주의다. (국내 반혁명분자와 투쟁하거나 해외 제국주의자(일명 미국)에 대항하기 위한) 정치권력을 획득하고 유지하는 데 거리낌 없이 무력을 사용하는 혁명적 사회주의 사상인 마르크스-레닌주의는 1921년 중국공산당 창당 이래 반복적으로 주창되었다. 따라서 이 갈등은 중국공산당의 정치적, 이데올로기적 선택의 문제가 아니다. 초기 중국 공화국에 미친 존 듀이의 영향에서부터 톈안먼 사태, 그리고 시진핑 체제의 개신교 탄압에 이르기까지, 미국의 이상적 가치에 대한 중국의 적대감은 미국의 자유 개념이 중국공산당의 정치적 합법성을 끊임없이 위협하고 있다는 생각에서 비롯된 것이다. 특히 중국공산당이 지난 40년 동안 서구 자본주의 모델을 성공적으로 도입해 빈사 상태에 빠져 있던 중국 경제에 활력을 불어넣고, 이에 따라 중국인의 소득이 크게 증가하면서 적대감은 더 커졌다. 그들은 1989년 격동의 사건을 제외하고는 역사상 그 어느 때보다 오늘날의 "부르주아적 자유주의"를 더 큰 위협으로 보고 있다. 이것이 바로 이데올로기가 미중 갈등의 핵심으로 남아 있는 이유다.

이데올로기가 이러한 갈등의 주요인이라면, 또 다른 요인으로 인종을 들 수 있다. 인종 문제는 그동안 중국을 깔보던 서구의 정치적, 문화적 우월주의에 대한 중국인들의 반발(중국공산당의 전 계급으로 확장)과 종족민족주의가 합쳐져 더 복잡하다. 이는 전후의 식민지 국가들에서 흔히 볼 수 있는 현상이긴 하지만, 중국의 경우는 자신들이 이제 그에 대해 뭔가를 할 수 있는 위치에 있다고 생각하는 것 같다. 그러므로 시진핑이 주장하는 "동양의 부상과 서양의 쇠퇴"라는 역사적 필연성은 그저 마르크스주의 역사유물론의 진부한 주장이나 자유자본주의 모델에 내재된 자기파괴주의를 내세운 것이 아니다. 그는 중국의 문화, 인종, 민족주의에 대한 훨씬 더 근본적인 주장을 펼치고 있는데, 이는 중국공산당에 속하지 않은 13억 중국인을 대단히 잘 통합하고 있기도 하다. 중국인들은 그들의 정치가 어떻든 간에 중국이 세계 질서의 중심으로 돌아온 것에 대해 집단적 자부심을 느끼고 있으며, 그것이 오랜 문명과 심오한 문화, 그리고 광활한 영토에 걸맞다고 여기고 있다.

내가 시진핑의 세계관을 "마르크스주의적 민족주의"라고 묘사한 이유는, 그가 당을 상대로 호소할 때는 여전히 이데올로기적이지만(이데올로기가 레닌주의 규율의 중추이기 때문만은 아니라) 인민에게 호소할 때는 지독히 민족주의적이기 때문이다. 따라서 시진핑의 사상은 그가 주장하는 것처럼 마르크스-레닌주의의 가장 심오한 계율을 이론적으로 새롭게 수정한 것이 아니다. 오히려 목표 집단을 대상으로 시험한 일련의 교훈과 공리, 일화를 한데 모아 감정적으로 호소하는, 능숙하게 구성된 지침서에 가깝다. 그것은 단순화된 이데올로기와 구체화된 민족주의가 결합된 사상으로, 둘은 각각 대중의 정신과 마음에 호소한다. 특히 구체화된 민족주의의 목표는 전통 사회의 사람들이 품고 있던 집단적 의식을 현재의 정치로 끌어내는 것이다. 그런 의미에서 구체화된 민족주의는 반세기 전의 마오쩌둥 사상보다 훨씬 더 강한 국가적 동원력이 될 수 있다.

이데올로기와 내셔널리즘은 개별 국가와 세계 정치에서 오랫동안 강력한 힘을 발휘해왔다. 그러나 경제와 국민의 기본 생활 수준도 이에 못지않게 중요하며, 이는 미중 관계에서도 오랫동안 다뤄온 주제다. 이와 관련해서는 4장과 6장에서 더 깊이 있게 살펴보도록 하겠다. 그러나 여기서는 이데올로기, 내셔널리즘, 경제적 번영이 중국공산당의 정치적 합법성을 뒷받침하기 위해 서로 경쟁하거나 어쩌면 보완해가면서 창조적으로 상호작용한다는 점을 이해할 필요가 있다. 역사적으로 공산당은 중국과 그 외 개발도상국들을 경제적으로 착취하는 서구 국가들을 경멸해왔다. 그러나 집권 정당으로서 그들은, 경제 발전보다 계급투쟁을 우선시했던 마오쩌둥과 이념가들의 국가사회주의가 문화대혁명이 끝날 무렵에는 중국을 가난하고 부실한 상태에 빠뜨리고 말았다는 사실을 알게 되었다. 결국, 자국 경제를 구제할 방책을 얻고자 했던 덩샤오핑은 국내 경제를 자본주의 모델로 전환하고 해외의 자유자본주의 질서를 따라야 했다. 하지만 이러한 신념은 2008년 글로벌 금융 위기와 2015년 중국의 금융 위기 이후 크게 시들해졌으며, 그 후 서구 개발 모델에 대한 사회적 믿음도 상당히 무너지고 말았다. 그러나 수정된 형태의 국가자본주의로 복귀하려는 시진핑이 계속해서 성공을 거둘 것인지, 아니면 사람들이 말하는 "국가의 복귀"와 시진핑의 "신발전이념" 하의 새로운 "중국공산당 주식회사"의 출현이 실제로는 경제성장을 가로막고 앞으로의 생활 수준 향상을 저해할 것인지는 의문이다. 중국의 개발 모델은 비교적 최근에 변경되었기에 지금 단계에서는 아직 확실히 알 수 없다. 다만 지난 세기 동안 중국 내부에서는 중국공산당이 정치적 합법성을 얻으려면 마르크스-레닌주의, 민족주의, 경제적 번영이라는 세 기둥에 근거해야 한다는 주장이 지배적이었는데, 그중에서도 경제적 번영은 여태껏 가장 달성하기 어려우면서도 잘못되기 쉬운 영역이었다.

이처럼 복잡한 미중 관계 속에서 양국의 정치 엘리트들이 상대를 바라보는 시각에 이 세 주제가 어떻게 암묵적으로 깊이 스며들고 있는지, 그리고 그렇게 형성된 인식이 오늘날 양국의 외교 정책과 행동에 어떠한 영향을 주고 있는지 살펴볼 필요가 있다.

2 장

불신의 문제

시진핑의 중국과 트럼프 이후 미국의 특징을 자세히 살펴보기 전에 이념적, 문화적 차이에서 비롯된 양측의 고착된 사고를 먼저 깊이 들여다보아야 한다. 사실 이를 이해하기란 쉽지 않다. 앞서 언급한 바와 같이, 두 나라 관계의 변천사를 다룬 글을 찾아보기 힘들기 때문에 더욱 그렇다. 심지어 중국공산당은 현재 진행되고 있는 공적 활동에 대한 비밀 유지를 국가 전략 중 하나로 생각하기 때문에 해석은 더욱 난관에 부딪힌다. 따라서 중국이 생각하는 것은 바로 "이것이다"라고 결론짓거나 공식 문서를 결정적 증거로 내밀며 미국의 의중은 "이것이다"라고 단정하는 것은 실제로 불가능할지도 모르겠다. 그럼에도 어려운 양국 관계의 저변에 깔린 극명한 관점 차이를 알아보는 것은 그 자체로 충분히 가치가 있다.

중국 정부의 관점

일반적으로 미국인들은 미국이 중국을 대하는 데 있어 민주주의와 자유무역, 국제적 규칙기반질서의 무결성을 수호하는 높은 이상을 따랐다고 생각한다. 그러나 중국인들의 생각은 다르다. 미국의 전략은 그저 자국의 핵심 이익을 추구하는 것일 뿐, 그 이상은 아니라는 것이다. 중국이 보기에는 그렇게 숭고한 척하는 것이 오히려 정치적 위선이며, 현재 미국의 전략은 중국의 국가적 열망을 존중하기는커녕 거의 인식조차 하지 못하고 있다. 이러한 견해는 아편의 시대부터 애플의 시대에 이르기까지, 지난 150년간 중국의 광대한 내수시장에 진출하기 위해 상업적으로 노력해온 미국을 지켜본 데서 나온 것이다. 중국은 이를 미국의 국가안보 전략의 역사와 연결 지어 바라본다. 실제로 미국은 제1차 세계대전 후 일본을 달래기 위해 중국의 영토를 마음대로 건네주었으며, 그러고 나서는 일본 제국군을 수렁에 빠뜨리고자 태평양전쟁 내내 일본의 중국 점령이 장기화되도록 방치했다. 또한 냉전 시기에는 소련을 봉쇄하기 위한 목적으로 중국이 소련에 대항하도록 만드는 전략을 쓰기도 했다. 중국은 그러한 정책과 국정 운영 기술이 이익을 위해 애쓰는 일반적인 모습이라고 보며, 그것이 마치 대단히 도덕적인 접근 방식인 양 구는 태도에 대해서는 거부감을 드러낸다. 중국이 보기에 더 어처구니없는 것은 미국의 정책이 중국에게 관대했다는 주장이다. 가령 미국은 자신들이 2001년 중국의 WTO 가입을 도왔던 것을 두고 규칙기반질서의 미래와 중국의 발전을 위한 도덕적 투자였다고 여길지도 모른다. 하지만 중국 정부는 이를 철저히 실리적 측면에서 해석한다. 즉, 미국과 여타 서방 국가들은 그저 수익성 있는 중국 시장에 더 쉽게 접근하길 원했을 뿐이며, 중국의 정치 체제에서 자유민주주의적 "진화"를 이끌어내는 것은 부차적인 희망이었다고 말이다.

역대 미 행정부는 공산당 통치 체제를 무너뜨리는 데는 관심이 없다고 항변해왔지만(적어도 트럼프 정부 때까지는), 중국의 당 지도자들은 그 말을 단 한 번도 곧이곧대로 믿은 적이 없다. "변화하는 중국"이라든가 미중 정책의 도덕적 목적 등 워싱턴에서 흘러나오는 그럴듯한 말들은 오히려 중국의 의심만 키울 뿐이다. 중국공산당은 자신들의 정치적 합법성을 장기적으로 위협하는 요소에 대해서도 이미 잘 알고 있다. 여기에는 대약진운동과 문화대혁명, 톈안먼 사태 등 당이 스스로 만들어낸 파괴적인 유산도 있는 한편, 중산층의 정치적 기대치가 높아지고 자신감에 찬 민간 부문이 당의 권위에 도전하면서 견고했던 국가자본주의 모델이 흔들리는 것에 대한 우려, 마르크스-레닌주의를 대체할 영적 대안으로서 눈부시게 성장하는 불교와 기독교 등 사회경제적 요인도 있다. 특히 중국의 개신교는 2010년 2200만 명이던 교인이 2020년에는 최소 3800만 명으로 증가하며 성황을 누리고 있다. 시진핑의 교회 탄압이 시작된 2017년 이후로 국가에 등록되지 않은 지하 교인 2200만 명과 공식적인 예배에 전혀 참석하지 않는 교인을 뺀 수치다. 만약 이들까지 모두 합한다면 현재 중국의 개신교 신자는 1억 명 이상일 것으로 학자들은 추정한다.

중국공산당은 미국이 여러 방법으로 이 문제를 악화시키고 있다고 생각한다. 그 증거로 중국은 미국이 정치기관과 정부의 책임에 대한 중국 중산층의 기대를 부추기고, 전국에 퍼져 있는 미국 NGO 활동을 통해 성가신 시민 사회 운동의 성장을 돕고 있으며, 2004~2005년 우크라이나에서 일어난 것과 같은 색깔혁명을 재현하고자 홍콩의 "소란" 뒤에서 외국의 "검은 손" 역할을 한 것을 제시하고 있다. 또한 기독교 단체가 중국으로 불법 성경을 반입하도록 돕고, 파룬궁 같은 중국의 이단 조직을 지원해주면서 미국 선교활동의 오랜 전통을 이어간 사례도 있다. 대체로 중국공산당은 특히 청년과 민간 기업들 사이에 만연해 있는 미국의 문화, 교육, 기술 및 기타 소프트파워의 비정형적이고도 파괴적인 힘을 뼈저리게 인식하고 있다.

인종 문제에 대한 중국인의 인식에는 마찬가지로 오랫동안 강력하게 지속된 나름의 합당한 사연이 있다. 공개적으로 논의된 적은 거의 없지만 중국의 사적인 정치 담론에서는 인종 문제가 상당히 많이 거론되며, 그 영향력은 공산당의 선전 캠페인을 넘어설 정도다. 이는 한 세기 동안 지속된 유럽과 일본의 식민 지배에 의해 형성되었다가, 1949년 이후에 태어난 세대를 상대로 당이 전개한 "국가적 굴욕" 내러티브에 의해 지속되고 증폭되었다. 그 결과 지금의 중국공산당이 스스로와 미국을 바라보는 데 있어서 중국의 인종적, 문화적, 국가적 자존심에 대한 예민함이 지대한 영향을 미치게 되었다.

중국을 이해하고자 하는 미국인들은 이러한 사실을 거의 무시해왔다. 1920년대를 살았던 청년 중에 상하이의 국제 조계 지역에 세워진 것으로 알려진 "개나 중국인 출입 금지"라는 표지판을 한 번도 보지 않고 학창 시절을 보낸 사람은 없었다. 그 표지판(영화 「분노의 주먹」에서 리샤오룽李小龍이 날아 차기로 부숴버린)의 출처는 불분명하지만, 당시 상하이 일대의 조차지에서 만연했던 인종차별주의적 태도만큼은 적나라하게 드러난다. 미국의 반중 감정의 역사에 대해 전혀 모르고 자란 중국인은 거의 없다. 또한 그들은 미국에서 반이민법(중국인 노동자가 너무 많이 유입되면 결국 미국 "백인 문명"에 위협이 될 것이라는 미국인의 우려로 인한)이 시행되기 전부터 중국인 노동자들이 일상에서 빈번히 학대에 시달리면서도 대륙 횡단 열차를 건설하는 고된 일을 해냈다는 사실을 절대 잊지 못할 것이다. 중국 언론은 오늘날 미국에서 벌어지고 있는 아시아계 미국인과 중국인에 대한 폭력(코로나19 팬데믹 발생 이후 급증한 공격과 괴롭힘을 포함)을 대중에게 대대적으로 보도하면서 미국은 인종적 편견이 있는 나라라는 인상을 더 강력하게 심어주고 있다.

반면 중국은 한족 중심주의를 반성하는 데는 현저하게 무능력한 모습을 보인다. 여기에는 인종적 편견에 대한 역사적 성향과, 대부분의 비非한족은 인종적으로 열등하거나 후진적이기에 중국화가 필요하다는 시각이 담겨 있다. 그러나 여기서는 인종 문제에 있어 누가 더 도덕적인지를 논하려는 것이 아니다. 미국이 중국의 부상을 좌절시키기 위해 만든 봉쇄 정책을 중국은 인종이라는 프리즘을 통해 바라보며, 이를 동양 문명이 "백인" 서양 문명을 대체하는 것을 막으려는 서구의 필사적인 저항쯤으로 여긴다는 점을 알아야 한다. 중국의 시각에서 미국이란 나라는 참을 수 없을 정도로 거만하고, 잘난 체하며, 중국 등 상대편 지도자들을 미국과 동등하게 대우하기는커녕 적절한 국가적 존경심으로 대할 능력도 없는 나라다.

1949년 이후의 중국에서 국가적 위엄은 무엇보다 가장 중요한 문제다. 중국 문화와 업적에 대한 공식적인 존중에 관한 것이든 소규모 개인 간의 상호작용에 관한 것이든 상관없다. 초기 유교 학자들은 공직에서 근본이 되는 예의의 중요성, 즉 적절한 의례와 의식에 대해 설파했다. 현대의 중국 지도자들은 미국의 많은 정부 관리가 몰라서든 일부러든 기본적인 상호 존중의 의례들을 상습적으로 짓밟고 있다고 느낀다. 정작 미국인들은 자신들의 접근법이 무례하기보다는 실용적이고, 격의 없으며, 심지어 친근하다고까지 여기지만, 중국인들은 반사적으로 정반대 반응을 보인다. 미국은 또한 다른 이들이 미국의 "체면"을 세워주기를 바라면서도, 정작 자신들이 중국을 대할 때는 그러한 기본 예의를 거부하는 패턴을 보인다.

중국공산당은 또한 "언덕 위의 도시"(원래는 미국 청교도의 특징적 개념)를 자처하는 "미국 예외주의"의 도덕적 관점 때문에 미국의 외교가 다른 나라의 내정에 간섭할 수밖에 없다고 확신했다. 중국은 이것을 1978년 이후의 중국 외교 정책과 비교하는데, 자신들은 과거 이념적 이유로 다른 나라 정부의 전복을 도우려 했던 마오쩌둥식 외교를 포기하고 이제는 현지의 정치 상황에 따라 탄생한 정부(독재 정권이든 민주주의 정권이든, 혹은 우방이든 적국이든 상관없이)와 자연스럽게 협력해가고 있다는 것이다. 중국의 핵심 이익과 관련된 일이 방해받지 않는 한 그 유연성은 유지된다. 중국의 이러한 접근 방식은 미국의 '**선택적** 개입'(마찬가지로 비민주적인 국가지만 이라크, 시리아, 리비아와 같은 나라들에는 민주주의 원칙이라는 이름으로 개입하고, 때마침 미국의 전략적 동맹이 된 사우디아라비아 같은 비민주적인 국가들에는 개입하지 않는)과는 대조적이다.

중국은 또한 만약 자신들이 최근 역사에서 다른 강대국들의 전통에 따라 심각한 수정주의나 보복주의, 혹은 제국주의적 힘을 마구 행사했다면 세계가 어떤 모습이 되었을지 상상해보라며 격앙된 어조로 묻는다. 한때 이러한 강대국들은 머나먼 땅의 식민지 제국을 획득하는 게 자연스럽고도, 정상적이며, 도덕적인 일이라 여겼다. 전후 서구의 "문명화된" 국가들은 이제 과거의 식민주의 및 신식민주의적 추잡함과 상관없어진 지 오래라고 주장해도, 중국은 이런 주장을 상대조차 하지 않는다. 중국은 대다수 서구 열강이 축적한 부는 이전에 식민지에서 착취한 것이며, 탈식민 후에도 식민지 후계 국가들에 대한 보상이 제대로 이루어지지 않았다고 지적한다. 또한 자신들은 결코 전통적인 식민지 강국이 아니었다고 주장하는 미국에 대해서는 먼로 독트린이라는 길고도 파란만장한 역사를 지적하며 서반구가 미국만의 독점적인 패권 지역이 될 거라고 생각하는 뻔뻔한 국가적 이기심을 꼬집는다. 먼로 독트린은 미국의 영향권 밖에 있는 다른 모든 국가를 폭력적으로 배제하는 자만심이라는 것이다. 실제로 미국은 라틴아메리카 전역에서 전략적, 정치적 입맛에 맞는 정부를 구성하기 위해 여러 차례 무장 개입을 시도하거나 주변 민주주의 국가들을 업신여기는 처사를 보이기도 했다. 미국이 위선을 뉘우치고 있는지는 모르겠지만, 중국의 학자들은 미국이 라틴아메리카에서 패권을 쥐고 있는 것처럼 "동반구"(즉, 동아시아 전반)에서 중국이 그와 유사한 '권리'를 행사하려는 것을 왜 이제 와서 불법으로 간주하는지 되묻곤(수사적 표현이 아닌, 말 그대로) 한다.

중국공산당은 미국이 중국의 국내 정치와 사회에 오랫동안 개입해 온 것에 대해서도 지적하고 있다. 그들은 장장 2세기 동안 중국의 "영혼"을 개종시키며 중국 고유의 철학과 종교적 유산을 파괴하려 들던 미국 선교사들의 사례와 더불어, 당이 "중국 특색의 사회주의"와 그에 따른 혼합 경제 모델을 선언했음에도 불구하고 미국은 중국 경제를 완전한 자본주의로 만들고자 끊임없이 애쓰고 있다고 지적한다. 당은 또한 톈안먼 사태 이후 소위 화평연변和平演變 혹은 평화적 전환이라고 하는 미국의 노골적인 의제도 파악했다며, 이것이 중국의 정치 체제를 약화시킨 뒤 결국엔 미국식 민주주의로 그 자리를 대체하려는 정치 공작이라고 보았다. 따라서 중국공산당은 미국 주도하의 국제 질서에 중국이 도전하지 않고 순순히 동참하기를 바라는 미국을 향해 강한 거부감을 가질 수밖에 없다.

중국은 미국의 군사력과 경제력이 얼마나 막강한지 잘 알고 있으며 실제로 이러한 인식은 중국의 불만을 더욱 고조시키고 있다. 중국공산당은 미국이 국익을 위해서라면 중요하다는 판단이 들 때마다 그 힘을 꺼내 쓸 것이라고 생각하고 있으며, 지난 100여 년간 중국의 지도자들은 그 힘이 중국을 향해 쓰일 수도 있다고 우려해왔다. 한편 인민해방군은 미군의 모든 부대가 갖춘 능력을 제도적으로 깊이 존중하고 있다. 여기에는 미군의 대단히 포괄적인 역량에 대한 것뿐만 아니라 여러 복잡한 상황 혹은 먼 작전 지역에서 국가 간 전쟁을 치르고 승리하는 역량에 대한 것도 포함된다. 비록 반군과의 전쟁에서 "모든 것을 정복하는"군대라는 이미지가 실추되었음에도, 미군을 향한 중국의 관례적 존경심만은 여전하다. 한편 중국의 지도자들은 현대 중국군의 공중전과 해상전 경험이 보잘것없다는 것을 잘 알고 있다. 또한 미국이 군사 동맹과 파트너십, 그리고 기타 양자 협정의 글로벌 네트워크를 통해 지정학적 영향력을 행사하려는 것을 목격했지만, 중국에게는 아직까지 이에 겨룰 만한 대안이 없는 상태다.

수십 년 동안 중국공산당은 미국과 중국의 "종합 국력"에 대한 평가를 중시해왔다. 이는 정치, 군사, 외교, 경제, 금융, 기술, 에너지 및 자원 접근성을 포함해 권력과 관련된 모든 분야를 통합하고 측정하기 위한 방법론이며, 최근에는 문화 소프트파워 부문이 새롭게 추가되었다. 미국과 중국의 객관적 능력을 측정하는 이러한 공식 분석에는 두 나라가 속한 국제 환경의 변화에 대한 더욱 유동적인 평가도 동반된다.

이 모든 것은 국제 환경을 분석하는 데 있어 당연한 것처럼 들린다. 비록 현대 미국에 대한 중국의 이해가 완벽하진 않을 수 있지만, 실제로 무엇이 중국을 움직이는지에 대한 오늘날 미국 정치 엘리트들의 형편없는 이해 수준에 비한다면, 중국은 훨씬 더 체계적이고 정교하게 상대를 파악해가고 있다. 중국의 전략가들은 영어로 진행되는 미국의 정책 토론을 철저하게 모니터링할 뿐만 아니라(반대로 미국의 엘리트들은 중국 쪽을 모니터링하지 않는다), 그들의 전략적 환경을 이해하기 위해 일관된 분석 틀을 사용하기도 한다. 마르크스-레닌주의 변증법적 분석에 따라, 중국의 지도자들은 정치, 경제, 사회, 기술 및 국제 관계 전반에 걸쳐 명제와 반ᴿ명제, 추세와 역추세, 행동과 반응을 식별하도록 훈련받았다. 이는 결국 역사적 변화 동력의 변증법적 종합에 대한 더욱 심도 있는 판단을 기반으로 한다. 이러한 중국의 공식적인 평가 방식은 당과 정부 부처, 공식 싱크탱크들이 수많은 노력을 쏟아부은 결과다. 충실한 마르크스주의자인 중국의 지도부는 여러 해에 걸쳐 진지하게 도출한 그들의 결론이 마르크스주의적 공식에 따라 "과학적이면서 객관적으로도 사실"인 장기적 동향을 드러내는 것으로 간주한다. 따라서 일단 도출된 결론은 오랫동안 전략과 정책의 가이드 역할을 하기 때문에 변경하기가 어려워진다. 실제로 이것은 상반된 세계관(심지어 중국 내에서조차)을 다뤄야 할 때 중국의 분석적 유연성을 떨어뜨릴 수 있는데, 이러한 경향 탓에 중국공산당의 정치 분석 시스템은 "주관적이고 부정확하다"라고 치부되기도 한다. 그 결과, 당의 통념과 직접적으로 상충하는 관점을 가진 외국인들은 종종 "잘못된 견해"를 반성하고 "올바른" 역사관을 형성하도록 요청받는다. 당으로서는 분석에 결함이 있을 가능성을 인정하기란 매우 어려운 일이다.

중국은 이렇게 엄격하게 훈련된 방법론적 접근을 통해 미국과의 세력 균형, 즉 "힘의 상관관계"가 중국 쪽으로 서서히 기울고 있으며 이에 따라 중국은 더 큰 기동력을 발휘할 수 있는 "전략적 기회의 시기"를 맞이하고 있다고 생각한다. 그러나 최근까지도 중국의 정책 담당자들은 미국의 강한 군사력과 경제력을 고려했을 때 중국은 여전히 매우 신중해야 하며 더 큰 전략적 인내심을 가지고 나아가야 한다고 판단했다. 이러한 상대적 국력에 대한 끊임없는 계산법은 중국의 국익을 어느 선까지 얼마나 빨리 밀어붙일지에 대한 중국 내부 논쟁에 영향을 미쳐왔다.

미국의 관점

퓨 리서치센터가 실시한 여론 조사에 따르면, 2021년 6월 기준으로 미국인의 76퍼센트가 중국에 대해 부정적인 시각을 가지고 있다. 이러한 분노의 대부분은 중국 정부를 향한 것으로, 15퍼센트만이 시진핑이 "세계 문제와 관련해 옳은 일을 할 것"이라 확신한다고 답했다. 그렇다고 해서 중국에 대한 미국인들의 기본 인식이 전적으로 부정적인 것만은 결코 아니다. 대부분의 미국인은 그 유구한 역사와 문화 등 중국 문명에 대해 긍정적인 시각을 가지고 있으며, 오늘날 500만 명 이상의 중국계 미국인에 의해 전파되어 대중화한 훌륭한 중국 요리도 빼놓을 수 없다. 미국은 중국인들의 이민 물결을 오랫동안 경험해왔다. 비록 노골적인 인종차별의 시기도 있긴 했지만, 미국의 거대한 용광로 사회에서 중요한 부분을 차지하고 있는 중국계 미국인은 대체로 근면하며 기업가적인 성향을 갖춘 시민이라는 것이 현재의 일반적인 시각이다. 이와 동시에 미국 사회에는 공산주의 통치하에 살았거나 여전히 살고 있는 중국인들에 대한 동정심과 존경심도 널리 퍼져 있다.

이렇게 중국에 대해 긍정적인 유대감을 갖고 있는 많은 미국인은 중국의 "자수성가" 서사에 감탄을 금치 못하고 있다. 자수성가 서사는 새로 개방된 시장에서 제공하는 기회를 최대한 활용한 중국인의 근면성과 중국이 도입한 자본주의 정책의 합작품으로 여겨진다. 미국은 또한 오늘날의 중국이 복제, 위조, 값싼 모조품의 원산지일 뿐만 아니라 기술 혁신의 강국이라는 사실 또한 알게 되었다. 한편 미국의 중국 감시책과 재계는 마오쩌둥 이후 중국 지도부가 보여준 정치적 결단력과 정책적 실용주의, 그리고 경제 현대화를 추진하는 과정에서 보여준 위기 대처 능력에 대해 마지못해서나마 존경을 표하고 있다. 이처럼 미국은 기본적으로 과거부터 현재에 이르기까지 중국이 이룬 국가적 성취에 대해 상당한 관심을 보여왔으며, 이는 여타 국가나 문화를 대할 때와는 사뭇 다른 태도다.

그러나 중국 국민의 일반적이며 자연스러운 인간적 욕구가 아닌, 중국공산당이 실제로 원하는 것을 미국인들이 이해하기란 여간 힘든 일이 아니다. 당 지도자들이 공개석상에서 선언하는 목표 이면에 숨은 뜻을 해독하는 일은 중국 정치 체제의 의도적인 불투명성으로 인해 더욱 난관에 봉착한다. 실제로 이 체제는 궁극적으로 정치적 결정을 내리는 요인을 포함해 중국 지도부 프로세스의 핵심을 외국의 시선으로부터 최대한 멀리 두기 위해 설계되었다. 이는 당이 반드시 통일된 목표를 제시해야 하기 때문이기도 하지만, 당의 내부 프로세스가 생각한 것보다 훨씬 더 엉망진창임이 드러났을 때 중국 국민이 당을 취약하고 혼란스러운 존재로 여기게 될 것이라는 우려 때문이기도 하다. 또한 이것은 어떤 주제라도 반드시 비밀을 유지하려고 애쓰는 레닌주의 정당의 오랜 성향이기도 하다. 하지만 이러한 태도 때문에 중국 당국은 국제 사회에 국가적 의도를 설명하는 데 있어 스스로를 최악의 적으로 만들어 버렸고, 그 결과 다른 국가들은 중국이 세계에서 어떤 일을 하고 있는 지에 대한 진정한 가이드가 될 중국 정부의 공식 성명을 신뢰하지 않게 되었다. 대신 중국의 전략적 야망에 대해 확실한 결론을 도출할 수 있는 유일하게 신뢰할 만한 방법은 중국의 행보를 관찰하고 미 정보기관이 내놓은 보고서에 근거하여 판단하는 것이라고 여겨진다. 중국에 대한 이러한 깊은 회의주의는 미국 관리들 사이에서 전해 내려온 오랜 견해에 의해 더욱 확고해졌다. 중국이라는 레닌주의 국가는 투명하지 않을 뿐만 아니라, 정치적 필요에 따라 (최근 당 역사의 중요한 측면에 대해 중국 정부가 자국민에게 거짓말하는 것과 마찬가지로) 외국인에게 서슴없이 거짓말을 하는 것에 대해 일말의 양심의 가책도 느끼지 않는다는 것이다.

결국 미국은 중국공산당의 말을 믿지 않는 것이 상책이라고 결론 내렸다. 대신 자신들이 보유한 단편적 정보들을 최대한 잘 연결해서 중국의 실제 전략적 의도를 예측하는 쪽을 택했다. 즉, 본래 미국의 성향대로 최악의 상황을 가정하고 그에 따라 대비한다는 뜻이다. 미국의 외교 정책이 오랜 현실주의 전통을 따른 결과다. 그러나 중국의 선언적 입장을 완전히 무시해버린다면 오히려 역효과를 낳을 수도 있다. 중국의 관영 매체는 중국의 정치적 의사 결정에 대해 명확한 그림을 제공하지는 않지만, 당이 사용하는 개념적 틀과 정치적, 정책적 입장의 변화가 어느 부분에서 일고 있는지를 파악하는 데는 도움이 될 수 있다. 결국 중국공산당 지도부는 9500만 명의 당원과 더 넓게는 국가 전체를 대상으로 메시지를 전달해야 하는데, 당의 기밀문서만 가지고서는 목적을 제대로 달성할 수 없을 것이다. 중국 매체를 읽는 것은 때로는 자막 없이 음소거된 한 편의 영화를 보는 것 같다. 무슨 일이 일어나고 있는지 대략적으로는 알고 있지만, 완벽하지는 않더라도 스토리를 더 잘 이해하려면 다른 정보들이 추가로 필요하기 때문이다. 중국의 정치 체제에서도 공적 내러티브는 결국 내부 현실과 겹쳐서 보아야 한다. 이렇게 대중과 소통해야 한다는 당의 필요 덕분에 외부 관찰자들은 중국의 전략적 인식과 의도, 능력을 더 잘 이해할 수 있게 된다. 당의 이러한 소통 방식은 중국의 방대한 전문 저널에 의해 뒷받침되고 있다. 중국의 전문 엘리트들이 변화하는 상황에 뒤처지지 않도록 하려는 것이다. 그러한 저널을 주의 깊게 읽다보면 이 또한 당의 내부 정책 토론에 대한 통찰을 제공한다는 사실을 알 수 있다. 따라서 미국의 정책 담당자들이 그러한 관영 매체를 통째로 무시해버린다면 근거 없는 음모론을 구축하느라 반쪽짜리 통찰을 주고받을 위험이 있다. 그럼에도 공식 문헌에 실린 발언 중 그대로 믿어야 할 것과 중국의 전략적 행동 중 해석을 곁들여야 할 것 사이에서 균형을 찾는 일은 매번 어렵다. 당연한 말이지만, 그러려면 풍부한 조직적 경험을 바탕으로 당의 노선이 언제 바뀌었고 그 이유가 무엇인지 잘 아는 사람들의 특별한 전문성이 필요하다.

  미국의 정·재계 엘리트들은 비교적 최근까지도 중국 측이 조직적으로 기만하고 있다고 느끼지는 않았다. 그런 인식은 후진타오 집권 말기에 시작되어 2012년 시진핑이 집권한 이후 심해졌다. 그 예로 2012년 중국 선박이 남중국해에서 필리핀이 통제하는 지역인 스카버러 암초 주변에 모여든 사건을 들 수 있다. 그들은 마치 통제권을 장악하려는 것처럼 필리핀 해군과 위험하게 대치했으며, 결국 오바마 정부 관리들이 나서서 양측 모두 철수할 것을 중재할 때까지 상황은 계속되었다.

그 결과 필리핀 함정은 마침내 철수했지만, 중국은 그대로 있었다. 이에 경악한 미국 관리들이 이 사건을 계기로 교훈을 얻은 반면, 중국의 행동은 더 대담해졌다. 2014년까지 남중국해를 "실질적으로 점유"하는 캠페인을 추진한 중국은 준설선을 동원해 암초와 작은 섬에 모래를 쏟아부어 여러 개의 인공 섬을 만들었다. 그중 일부는 군용 활주로와 격납고, 보급 창고가 들어설 만큼 규모가 엄청났다. 2015년 정상회담에서 오바마 대통령 옆에 나란히 선 시진핑은 이 섬들이 절대 군사화되지 않을 것이라고 약속했다. 미국 관료들은 그저 "기상학과 해양학 연구를 지원하기 위해" 섬을 매립했다는 중국의 공개적인 항변을 비웃으며 의심을 품었다. 결국 무장한 인민해방군 수비대와 매립된 섬에 배치된 군용기 사진을 미국 정찰기가 공개하면서 시진핑이 했던 주장은 온데간데없이 사라져버렸다.

속았다는 느낌이 크나큰 배신감으로 이어지는 데는 찰나의 시간이면 충분하다. 속임수는 개인 간의 관계에서뿐만 아니라 국가 간의 관계에서도 신뢰를 깨뜨리기 때문이다. 실제로 미국은 바로 이 지점에서 미중 관계가 빠르게 악화되고 있다고 보았다. 현재 미국의 관점에서 보면 중국은 장기적인 전략적 의도와 관련해 수십 년간 미국을 속여왔을 뿐만 아니라, 2001년 WTO에 가입하면서 국제 사회와 체결한 계약의 명시적 내용과 암묵적 정신까지도 제대로 지키지 않는 상태다. 게다가 미국이 중국의 무역 기구 가입을 지원한 것은 1979년 국교 수립 이후로 미 행정부가 내린 가장 중요한 결정이었으며, 그 결과 중국은 가입 10년 만에 세계 최대의 무역국이자 세계 2위의 경제 대국으로 부상하는 등 경제성장을 가속화할 수 있었다. 그러나 중국은 미국과 여타 서방 국가들에게 약속한 것과는 다르게 자국 시장을 완전히 개방하지 않았다.

미국과 그 동맹국들이 보기에 중국은 계속해서 자국 산업을 보호하고 (WTO 규정에 반함), 수출에 보조금을 지급하며, 통화를 조작하고, 지식 재산권을 훔쳐 경제 및 군사 발전을 가속화하고 있다. 게다가 중국은 미래 첨단 기술 산업에서 국제 경쟁자를 모조리 추월하기 위해 국가의 모든 자원을 대담하게 투입했다. 즉, 중국은 WTO 가입 조건에 따라 경쟁 중립성 원칙에 기반한 시장경제를 맞이하는 것에는 관심이 없었다. 대신 미국과 서방국에 대한 무언의 경제 전쟁에서 승리하기 위해 권위주의적 자본주의 모델의 모든 권한을 계속 휘두르려 했다. 설상가상으로 미국은 중국이 대미 무역에서 계속 막대한 흑자를 기록하며 미국 산업의 많은 부분을 통째로 앗아갔다고 생각한다.

중국의 "메이드 인 차이나 2025$^{MIC\ 2025}$" 전략을 둘러싼 논란도 미국의 시각에서는 동일한 문제의 또 다른 양상일 뿐이다. 미국의 재계는 무역 및 투자 정책에 대한 중국의 접근법이 점점 더 민족주의적이고, 중상주의적이며, 보호주의적으로 변한다고 느끼고 있다. 미국의 수출업자들은 또한 중국의 광범위한 비관세 장벽에 대해 불만을 토로했다. 수입 제품에 적용하는 복잡하고도 임의적인 의료 안전 규정 같은 것들 때문에 미국의 상품과 서비스가 성장세에 있는 중국 내수시장에서 경쟁력을 가지기가 어렵게 된 것이다. MIC 2025는 2030년까지 모든 주요 글로벌 첨단 기술 시장을 장악하겠다는 의지를 선언하며 부문별로 언제까지 얼마만큼의 시장 점유율을 달성할지 구체적인 계획까지 발표했다.

그 자체로 야심차 보이는 계획이지만, 반드시 공격적인 것만은 아니다. 중국 이외의 다른 많은 국가도 자국의 장기적인 산업 정책 목표를 제시하곤 한다. 그러나 미국과 유럽은 중국이 전략을 실행한다는 명목으로 공공 연구기관에 전례 없는 국가 자금을 대거 투입하면서 그 선을 넘기 시작했다고 보았다. 중국은 외국 정부를 대상으로 경쟁의 중립성을 보장했지만, "위에는 정책이 있지만 아래에는 그 대응책이 있다上有政策, 下有對策"라는 중국의 속임수에 관한 격언은 여전히 유효한 것처럼 보였다. 미국의 수출업자와 투자자들 사이에서 고조되고 있는 여론은 중국이 어떠한 국제 경제 협약에 가입했든 간에 그것은 정치적 연막에 불과하며, 그 이면에서 뿌리 깊은 민족주의와 보호주의 성향이 계속해서 발동하고 있다고 본다.

한편, 여러 분야에 대한 해외의 투자를 금지해둔 규정은 중국 경제에서 가장 수익성이 높은 분야에 접근하려는 미국 투자자들의 발목을 잡았다. 실제로 투자가 허용된 분야는 외국 기업이 중국 소비자에게 쉽게 접근할 수 있는 분야보다는 제3국 시장으로 제품을 재수출하는 분야인 경우가 많았다. 중국은 전 세계 첨단 기술 기업들을 사들이기 위해 유럽과 미국 전역에서 중국 국유 기업에 무제한적인 공적 자금을 지원한 반면, 중국 시장에 진출하려는 외국 기업에게는 중국 기업과 합작투자를 하게 하고 그 지분도 절반을 넘길 수 없도록 제한했다.

게다가 미국 투자자들은 일단 투자를 유치한 다음 중국 정부와 당이 기존 규칙들을 일방적으로 변경해버리는 꼼수에 불만을 토로했다. 그들은 또한 비즈니스를 하는 데 있어 부정부패를 "정상적인" 대가로 자연스럽게 치러야 했다. 부정부패는 시진핑이 집권하기 전에 더 활개를 치곤 했다. 미국은 해외부패방지법에 따라 자국 기업에 엄격한 재무 보고와 규정 준수를 요구하고 있기에 이 문제는 미국 기업에게 매우 중요한 이슈다. 마지막으로, 중국은 상업 분쟁을 해결할 공정한 법적 시스템을 갖추고 있지 않기에 외국 기업이 중국 법원에서 승소할 확률은 거의 0에 가깝다. 이에 따라 중국에 진출한 외국 기업은 현지 비즈니스 파트너의 착취 관행과 중국 정부가 휘두르는 다양한 제재를 고스란히 감내해야 했다. 이러한 문제는 미국 기업들이 중국에서 비즈니스를 계속하려면 중국 측 합작 투자 파트너에게 기술을 이전해야 한다는 강요를 받으면서 더 악화되었다. 이에 따라 미국은 중국이 마침내 미래의 글로벌 기술시장을 지배하기 위해 포괄적인 국가 주도 전략에 착수했다고 판단했다. 중국은 여전히 가난한 개발도상국이라 자처하며 경제 경쟁의 국제적 기준에 적응하려면 더 많은 시간이 필요하다고 항변하고 있지만, 국제 사회는 갈수록 이를 냉소적으로 바라보고 있다.

확실히 중국은 내수시장 개방과 수출 보조금과 관련된 WTO 가입 조건을 준수할 생각이 없어 보인다. 수십 년간의 험난했던 미중 관계 속에서도 꾸준히 중국의 지지층으로 머물러 있던 미국 기업의 상당수는 그로 인해 중국 시장에 대한 열정을 잃어버리고 말았다. 미국의 대중도 중국이 미국을 희생시키면서 자국의 기업과 수출업자들에게 유리한 상황을 만들어주고 있다는 사실을 누구보다 중국이 스스로 아주 잘 알 거라 보고 있다. 기만과 배신은 원초적인 감정이다. 일단 한번 느끼면 분노가 일면서 가해자를 처벌하며, 또다시 속지 않기 위해 이전과는 근본적으로 다른 행동을 취하겠다고 다짐하게 된다. 이 경우 가해자는 바로 중국이다. 미국이 중국으로부터 느낀 배신감은 2016년 미국 대선에서 중국에 공세를 펼치는 트럼프 캠페인이 성공적으로 부상한 발판이 되었다. 그 뒤로 트럼프 행정부는 2018년부터 미중 무역 전쟁에 대한 후속 조치를 단행했다.

그레이엄 앨리슨의 분석에 따르면, 제1차 세계대전 이후 영국과 미국 사이에서 글로벌 리더십의 평화적인 전환이 가능했던 이유는 비단 전쟁으로 인해 영국 경제가 몰락했기 때문만은 아니었다. 그보다 더 중요한 것은, 비록 영국이 속으로는 글로벌 리더 역할을 포기하고 싶지 않았을지 모르나, 설사 포기한다 하더라도 그것이 파국으로 가는 길은 아니라고 판단했다는 것이다. 영국이 보기에 미국은 정상적인 세계관과 국가적 야망을 가졌으며 자신들과 비슷한(완전히 동일하지는 않지만) 가치를 추구하는 친숙한 강대국이었다. 따라서 미국이 세계의 주도권을 잡더라도 영국의 국익과 우려를 수용할 것이라는 믿음이 있었다. 하지만 미국과 시진핑의 중국 사이에는 이러한 논리가 그대로 적용되지 않는다. 두 나라의 세계관과 의사소통 방식의 차이, 그리고 상호 신뢰의 간극은 그러한 타협에 이르기엔 너무나 크다.

공동의 전략적 내러티브를 개발하는 데 있어 인식이 중요한 이유

그렇다면 중국과 미국의 인식 틀을 평가하는 과정은 미래의 불필요한 전쟁을 막을 방법을 찾는 데 어떤 의미가 있는 것인가? 냉철한 전략적 분석을 위해서는 다른 국가의 역량과 의도의 핵심을 철저히 파악해야 한다고 생각할 때도 있다. 그러나 그것들이 계속 불투명하게 보인다면, 한쪽의 역량과 의도가 **다른 한쪽에 어떻게 인식되는지**에 대한 문제도 간과할 수 없다. 역대 미중 정상회담에서 서로에 대한 전략적 불신의 근원에 대해 논했던 경우는 극히 드물다. 사실 오바마와 시진핑의 만남 초기에 몇 번의 예외가 있긴 했다. 당시 두 지도자는 서로의 세계관을 이해하려고 노력하면서 양국 관계를 한동안 깔끔한 백지상태로 초기화한 적도 있다. 그보다 훨씬 전에는 닉슨과 키신저, 마오쩌둥과 저우언라이 총리가 비공식적으로 교류하기도 했다. 하지만 이러한 교류 초반에 보였던 전략적 현실주의는 그 후로는 거의 찾아볼 수 없게 되었다. 아마 관계가 진전될수록 상대에게 근본적인 질문을 제기하기가 무척 껄끄러웠기 때문일 것이다. 혹시 논란의 여지가 있거나 너무 공격적인 사안으로 비칠까봐 질문하기 어려웠을 수도 있고, 그게 아니라면 전통적인 의전을 치르는 데만 해도 상당한 중압감을 받은 양측의 외교 실무자들이 질문을 아예 저지했을 수도 있다. 이유가 무엇이든 간에, 이렇게 깊이 뿌리박힌 인식은 이제 그들 사이의 "건널 수 없는" 강이 되어버린 것 같다.

하지만 부정확하다거나 암묵적이라는 이유만으로 여러 인식 틀 자체를 무시하는 것은 전략적 현실의 상당 부분을 의도적으로 무시하는 것이나 다름없다. 중국의 한 고위 군 관계자는 내게 이렇게 말했다. "어떠한 국가도 다른 국가를 대할 때 자신을 완전히 투명하게 드러내지는 않는다. 특히 전략적 경쟁이 전개되는 상황에서라면 말이다." 일리 있는 말이다. 그러나 양측의 뿌리 깊은 인식을 이해하는 것은 미중 외교의 정상적인 채널에서 다 채우지 못하는 공백을 메우는 데 도움이 될 수 있다. 지속적인 전략적 대화와 투명한 방법으로 얻은 객관적인 증거 제시의 과정을 거친다면, 뼛속 깊이 굳어진 인식과 오해는 시간이 지나면서 사라질 수 있다. 그러나 전략적 신뢰가 완전히 무너진 상황이라면 허심탄회한 정치적 교류는 더 이상 가능하지 않을 것이다.

그렇다면 이 상황을 개선하기 위해 무엇을 할 수 있을까? 먼저, 적어도 정책 담당자들만큼은 이데올로기적 편견이나 망상을 버리고 서로의 수뇌부에 만연한 "인식 환경"을 이해하기 위해 진정성 있게 노력해야 한다. 눈에 보이는 현실을 두고 사실과 다르다고 가장하는 것은 더 이상 누구에게도 통하지 않는다. 그러기에는 양쪽 모두에게 가용한 정보가 너무 많이 쌓여 있다. 둘째로, 최대한 명료하게 의사소통하려면 양측은 공적 언어에 각별히 신경 써야 하며, 이를 위해서는 자신의 말이 상대방에게 어떻게 인식될지에 대한 이해가 필요하다. 대중과의 소통이라 하면 보통 국내 청중을 대상으로 하지만, 미중 양국은 자신들의 메시지가 상대편 나라에서 어떻게 읽힐지 항상 의식하면서 그 수위를 조절해야 한다. 셋째로, 각자의 작전 전략에는 양측의 "인식 환경"(세계를 보는 방식)에 대한 세밀한 분석이 포함되어야 한다. 마지막으로, 이렇게 서로를 이해하려는 노력은 양국이 고위급 정치적, 외교적, 군사적 소통 채널을 통해 합의한 전략적 공동 규범의 핵심에 있어야 한다. 이러한 것들을 실행에 옮기기란 말처럼 그리 쉽지 않다. 그러나 현재 양국 관계를 보면 이는 반드시 해야 하는 일이다. 미국과 중국은 1970년대와 1980년대 미국과 소련 사이에 흐르던 전략적 솔직함을 배워야 한다. 당시에는 서로의 취약성을 인식함으로써 각자의 핵심 우선순위와 한계선에 대해 허심탄회하게 소통할 수 있었다.

중국의 인식을 더 잘 이해하려면 우선적으로 필요한 게 몇 가지 있다. 현재로서는 중국의 최고 지도자인 시진핑의 관점을 이해하는 것보다 더 중요한 일은 없을 것이다. 그러므로 다음 장에서는 시진핑의 핵심 우선순위를 알아보기 위해, 간파하기 힘들 때가 있는 중국공산당의 슬로건과 개념, 언어의 혼합체를 살펴볼 것이다. 여러 해에 걸쳐 긁어모은 자료를 토대로 내가 확정한 그의 열 가지 우선순위를 가장 잘 나타낼 수 있는 것은 열 개의 동심원이다. 가장 중요한 것부터 시작해 외부로 확장해나가는 개념이다. 이러한 순위 목록과 이를 뒷받침하는 개념을 중국인 동료와 친구들에게 보여주었을 때, 선뜻 인정하기에는 몹시 불편한 내용이지만 "비교적 객관적"이긴 하다는 평이 많았다. 중국의 체제가 지닌 가혹함과 무작위성을 다루는 책으로서 이 정도면 대단한 극찬이 아닐 수 없다. 이제 시진핑이 바라보는 세계로 들어가보자.

3장

열 개의 동심원

시진핑의 세계관 이해하기..

중국의 대미 장기 전략과 미국이 이에 얼마나 유리하게 대응할 수 있는지를 이해하려면 중국공산당의 세계관이라는 더 넓은 틀 안에서 미국이 어디에 속하는지 이해해야 한다. 당 내부적으로도 전례 없는 권력을 쥔 시진핑이 당과 국가의 미래를 전망하는 데 있어 중국공산당에 지대한 영향을 미치긴 했지만, 과거로부터 내려온 사고방식도 많이 존재한다. 만약 그가 당장 내일 중국의 최고 지도자 자리에서 물러난다 해도, 이 장에서 설명하는 것 중 많은 부분은 그대로 유지될 것이다. 시진핑이 추진한 일의 대부분은 오랜 당 전략의 우선순위와 실행 계획을 강화하고 가속화한 것뿐이다. 반면 시진핑이 불러온 중국 세계관의 변화는 당이 기반한 마르크스-레닌주의에 활력을 불어넣고, 중국 민족주의를 강화하고, 중국의 국가적 야망을 명확하게 그려낸 데 있다.

　나는 시진핑의 세계관이 열 개의 동심원으로 구성되어 있다고 본다.

이 동심원들은 가장 핵심적인 부분인 시진핑의 당내 위치에서 시작해 국내의 정치적 우선순위로 옮겨가서는, 시진핑의 국제적 포부로 확장해 나가는 순서로 되어 있다. 이러한 구조에서 각 계층은 다른 하위 계층을 토대로 만들어졌는데, 매슬로의 욕구 단계와 정치 심리 및 행동과의 연관성에 대해 알고 있는 사람들은 이것을 시진핑이 설정한 공산당의 우선순위에 그러한 틀을 적용한 것으로 이해할 수 있을 것이다. 이를 요약하면 다음과 같다.

1. 시진핑과 당의 중심성, 그리고 험난한 권력 유지 과정

권력 유지를 최우선 목표로 삼는 것은 중국공산당의 핵심이다. 이는 서구 정당의 세계관과는 근본적으로 다르지만, 이 지독한 레닌주의적 현실을 결코 잊어서는 안 된다. 시진핑 집권하에서 권력 유지의 가능성은 핵심 관심사로서 당과 국가의 다른 모든 관심사를 좌지우지한다. 그런 맥락에서 그는 자신의 입지를 확보하기로 결심했으며, 덩샤오핑보다는 우월하되 마오쩌둥과는 적어도 동급의 위치에서 국가와 당 역사에 길이 남을 유산이 되기로 결정했다.

2. 국가 통합 유지 및 확보

시진핑의 두 번째 핵심 관심사는 조국의 통일과 영토 보전이다. 티베트, 신장, 내몽골, 홍콩에 대해 확고한 통치권을 유지하는 것은 중국공산당에게 있어 절대 양보할 수 없는 부분이다. 그중에서 더 핵심적인 것은 당 정치의 성배와도 같은 타이완의 "반환"이다. 1949년 마오쩌둥의 혁명과 중화인민공화국 수립 이후 유일하게 미완으로 남겨진 임무를 완수한다는 의미가 있기 때문이다. 역사적으로도 중국은 제국을 단결시킨 황제에게는 언제나 너그러웠지만, 제국을 무너뜨리는 황제는 용서치 않았다. 따라서 이러한 내부 안보 문제는 늘 정치적 합법성을 의식하는 당의 머릿속에서 중심을 차지할 것이다.

3. 중국 경제의 성장

지속적인 경제 번영은 당과 국민 간에 맺은 비공식적인 사회 계약의 핵심이다. 만약 성장이 급속도로 둔화된다면 이 계약은 심각한 압박을 받을 것이다. 그렇기 때문에 당은 국민의 생활 수준과 고용 및 사회 안정성을 유지하려면 탄탄한 경제성장이 뒷받침되어야 한다고 오랫동안 단호하게 주장해왔다. 이는 경제적 불평등이 심해지고 있는 것을 점점 더 우려하는 이유이기도 하다. 시진핑은 또한 모든 국력이 궁극적으로 경제력에서 나오며, 마오쩌둥의 말대로 단순히 "총구에서 나오는 것"이 아니라는 점을 잘 알고 있다. 그리고 스스로를 방어하고 세계 무대에서 역할을 확고히 할 중국의 능력도 국력에 포함될 것이다. 한편 시진핑은 중국이 국제 경제와 달리 기반 글로벌 금융 시스템, 외국의 제조 및 기술에 영구적이고 구조적으로 의존하지 않으면서도 이러한 권력을 구축해나가고자 한다.

4. 환경적 지속 가능성

물, 토양, 대기 오염 및 식품 안전과 관련된 여러 문제도 중국의 골칫거리가 되고 있다. 지난 40년 동안 이루어진 중국의 급속한 경제 발전은 환경을 부차적인 문제로 치부하는 비극을 초래했다. 하지만 이제 환경적 지속 가능성은 중국의 경제적, 정치적 미래와 복잡하게 얽힌 중대한 문제가 되었다. 중국의 대중은 당과 맺은 사회적 계약 사항 중

하나로 안정적인 일자리뿐만 아니라 깨끗한 환경까지 요구하고 있다. 더군다나 당은 세계 기후위기와 환경 파괴가 중국의 경제 발전과 국제적 이미지, 그리고 궁극적으로는 국가안보의 미래를 위협한다는 사실을 깨달았다.

5. 군 현대화

시진핑은 군사력과 기술력이 당의 안보에 중요할 뿐만 아니라 주변 지역과 전 세계를 상대로 권력을 행사할 수 있게 하는 핵심 역량이라 보고 있다. 또한 스스로를 군인이자 위대한 전략가로 여기는 시진핑 은 집권 후 마주한 군 내부의 부정부패와 미약한 "승전" 능력에 경악을 금치 못했다. 마침내 그는 인민해방군의 지도부와 제도적 구조, 역량에 큰 변화를 일으켰다. 그리고 대규모 지상군으로서 국내 안보와 대륙의 국경 방어에 주력하던 인민해방군을 그 어떤 선도적인 경쟁자와도 겨룰 수 있고 중국 해안 너머로 전력을 투사할 수 있는 기술적으로 진보된 전투 집단으로 탈바꿈시켰다.

6. 주변국 관리

이웃 국가는 중국의 전략적 역사에서 특별한 위치에 있다. 열네 개의 이웃 국가로 둘러싸인 중국은 러시아와 더불어 세계에서 가장 많은 나라와 국경을 접하고 있다. 역사적으로 국경을 접하고 있는 나라는 중국의 국가안보를 위협하는 주요 세력이었으며, 외세는 끊임없이 중국을 침략했다. 이러한 기억은 국가안보 유지에 관한 중국의 전략적 사고가 상당히 방어에 치우칠 수밖에 없도록 만들었다. 그러나 중국의 역사학은 순전히 방어만 한다고 해서 언제나 성공하는 것은 아니라고 가르친다. 이러한 이유로 현대 중국의 전략적 사고는 정치 및 경제 외교를 우선시하는 접근법을 모색하면서도 모든 이웃 국가와 가능한 한 긍정적이고, 원만하며, 중국에 순종적인 관계를 이루는 것을 목표로 한다.

7. 동아시아와 서태평양에서 중국의 해양 주변부 확보

중국은 대륙의 국경 주변부를 문제가 많은 지역쯤으로 여기지만, 해양 주변부에 대해서는 매우 적대적인 곳이라고 여긴다. 중국은 이곳을 한국에서부터 일본, 타이완, 필리핀, 호주에 이르는 미 동맹국들이 전략적으로 동맹을 맺은 지역이라고 인식하고 있다. 이에 대한 중국의 전략적 대응책은 명확하다. 바로 미국의 동맹을 분열시키는 것이다. 중국은 선언문에서도 이 동맹이 냉전의 유물이라는 말을 되풀이했다. 반면, 앞서 언급한 바와 같이, 시진핑은 육군을 감축하는 대신 미사일과 기타 비대칭 무기를 장착한 해군과 공군의 전력을 계속해서 증강하며 중국의 군사력 변화를 주도해왔다. 중국의 전반적인 정치 및 군사 전략은 분명하다. 미군 사령관과 정책 담당자들로 하여금 타이완 방어를 포함하여 이 지역에서의 중국군과의 무력 충돌에 대해 승리를 자신할 수 없게 만듦으로써 미국이 싸우지 않는 쪽을 택하도록 하는 것이다. 시진핑의 목표는 총 한 발 쏘지 않고 동중국해와 남중국해, 타이완에서 중국의 영토 주장을 확고히 하는 것이며, 궁극적으로는 미국을 대체해 아시아태평양에서 군사 강국이 되는 것이다.

8. 중국의 대륙 서부 주변부 확보

중국은 또한 서유럽, 중동, 아프리카에까지 이르는 광활한 유라시아 대륙에서 전략적, 경제적 영향력을 확고히 하고자 한다. 이는 광활한 대륙의 측면을 가로지르는 그들의 정치, 경제, 군사 외교 정책에서 확인할 수 있는데, 특히 유라시아 전역(및 주변)을 가로지르는 중국의 일대일로 이니셔티브에서 가장 극명하게 드러난다. 인접한 이웃 국가에서와 마찬가지로, 중국은 동쪽의 해양 지역보다는 중국의 이익에 더 우호적이고 미국으로부터 전략적 영향을 덜 받는 이 광대한 지역을 포섭해 유리한 전략적 환경을 확보하고 싶어한다.

9. 개발도상국에서 중국의 영향력 확대

중국공산당은 주변국뿐만 아니라 개발도상국과의 관계 구축에도 상당한 노력을 기울이고 있는데, 여기에는 오랜 역사적 뿌리가 있다. 한 예로 마오쩌둥과 저우언라이는 아프리카의 비동맹운동NAM(강대국과 동맹을 맺지 않은 개발도상국의 냉전 조직)을 지원하기도 했다. 많은 개발도상국은 경제 면에서 미국보다는 중국과의 관계가 훨씬 더 중요해지는 것을 경험했다. 지난 20년간 중국이 아프리카, 아시아, 라틴아메리카에서 공공 및 민간 부문에 대규모 투자를 하고 이들 국가와 무역을 해온 결과다. 중국은 원자재와 기타 자원 확보에 열을 올리면서도, 개발도상국의 요구를 들어주며 매우 긴밀한 관계를 구축해나가는 뛰어난 적응력을 보이고 있다. 그 결과 중국은 UN이나 여타 국제기구에서 지지가 필요할 때 개발도상국 전역을 대상으로 전례 없는 정치적, 외교적 영향력을 발휘하고 있다.

10. 세계 규칙기반질서의 재편

마지막으로, 중국은 국제 질서를 지배하는 제도적 규칙과 규범을 재구성하는 것을 목표로 한다. 미국과 가장 가까운 동맹국들은 제2차 세계대전의 승전국으로서 전후 자유주의에 기반한 국제 질서의 기본 구조를 구축했으며, 그 후로도 핵심이 되는 제도들을 줄곧 지배해왔다. 중국공산당은 그러한 과정에서 자신들이 포함된 적은 한 번도 없었다고 늘 주장해왔다. 이제 세계가 큰 변화와 도전의 시기에 처해 있다고 보는 중국은 자신들의 경제, 외교, 군사력이 성장함에 따라 미국의 리더십에 도전해 질서 자체의 본질을 바꿀 때가 왔다고 생각한다. 중국은 세 가지 접근법을 통해 이를 실행해왔다. 바로 중국의 이익과 가치에 반하는 기존의 국제 규범과 절차를 변경하는 데 있어 개발도상국의 지지를 이끌어내고, 점점 더 많은 국제기구의 고위 지도부에 중국인이나 친중국 인사를 임명하고, 전후에 성립한 UN과 브레턴우즈 체제 밖에서 새로운 다자 기구의 네트워크를 자체적으로 구축하는 것이다. 시진핑은 중국공산당이 선택한 미래의 국제 질서가 궁극적으로 어떤 모습일지에 대해 구체적으로 설명하지는 않았지만, 중국은 미국이 주도하는 현재의 자유주의 국제 질서를 그대로 답습할 의도가 없음을 분명히 밝혔다. 오히려 중국은 자국의 정치적, 이념적, 경제적 이익에 훨씬 더 도움이 되는 질서를 추구할 것이다.

이 열 가지 핵심 우선순위에 관해 일목요연하게 정리된 자료를 중국의 전략 문헌에서 찾아볼 수는 없을 것이다. 하지만 중국의 체제는 그보다 더 불투명하다. 내가 이렇게 열 가지 핵심 우선순위를 뽑은 이유는 오랜 세월 동안 수많은 중국인과 주고받은 대화 및 그 밖의 여러 방법으로 수집한 기타 정보들을 토대로 시진핑의 주요 목표를 도출하기 위해서다. 나는 1986년에 시진핑을 처음 만났다. 당시 그는 타이완 맞은편 동남쪽 해안에 있는 신생 경제특구(중국 내 네 곳 중 한 곳) 샤먼의 부시장이었고, 나는 호주 총리 밥 호크의 샤먼 방문을 준비하는 대사관 직원이었다. 그 뒤로 2010년에 후진타오의 후계자로 지명된 시진핑이 중국의 부주석 자리에 올랐을 때, 나는 총리로서 그를 호주로 초청했다. 당시 시진핑과 나는 여섯 차례에 걸쳐 총 열 시간 동안 대화를 나누었다(여기에는 캔버라 총리 관저에서 호주 대사와 함께 모닥불에 둘러앉아 세 시간 가까이 대화를 나눈 것도 포함된다). 대담은 거의 중국어로만 진행되었으며 오고 간 주제는 매우 광범위했다. 우리는 그가 2013년에 당 총서기 겸 주석의 자리에 오른 이후에도 여전히 전화 통화를 주고받았으며, 2013년 말에 총리에서 퇴임한 나는 미국 싱크탱크(아시아소사이어티 정책연구소)의 소장 자격으로 베이징에서 열리는 여러 소그룹 회의에 시진핑과 함께 참석하기도 했다. 외국인이나 현지인을 대할 때 메모를 거의 사용하지 않는 점이 특징인 시진핑은 박식하고도 매력적인 대화 상대였다. 그는 연설문을 낭독하는 일이 거의 없으며, 마오쩌둥이나 덩샤오핑처럼 자기 생각을 직접적이고도 단호하게 말한다. 또한 확고한 모습을 보이면서도 탁자를 치는 등 위압적으로 행동하지는 않는다. 중요한 것은, 시진핑을 포함해 중국의 여타 최고위 관리들과 공식적으로나 비공식적으로나 오랜 시간 교류하다보니 그들이 세계를 어떻게 바라보는지에 대해 더욱 구체적으로 알 수 있었다는 점이다.

다음 장들은 수십 년 동안의 대화와 관찰, 독서에서 얻은 결론이다. 모든 것을 포괄하지는 않겠지만, 시진핑의 중국이 국내외 상황을 관찰하고 이에 대응할 때 사용하는 전략적 프리즘을 대체로 합리적으로 표현하고 있다고 생각한다. 앞으로 보겠지만 미국은 그러한 모든 일에 관련이 있으며, 어떤 경우에는 결정적인 영향을 미치기도 한다.

정권 유지

첫 번째 원··

4 장

시진핑의 최우선 순위는 공산당이 영구적으로 집권하고 자신이 공산당의 최고 지도자로 남는 것이다. 바로 이 점이 중국의 국내 정치와 국제 정책의 모든 것을 구성하는 중심 원칙임을 이해하는 것이 중요하다. 1949년 무장 혁명을 통해 정권을 쟁취하기까지 28년의 길고도 험한 피비린내 나는 반란 운동을 벌인 공산당이기에, 시진핑은 당이 그 권력을 누구에게도 내주지 않으리라 생각한다. 이와 관련해서 1991년 소련 공산당이 무너지며 소련이라는 체제 자체가 붕괴한 것은 그를 끊임없이 괴롭히는 악몽이다. 그는 그런 일이 중국에서는 절대 일어나지 않게 할 것이라고 다짐했다.

사실 시진핑이 부상하기 전부터 중국의 정치 패턴은 이미 전환점을 맞고 있었다. 덩샤오핑 시대 이후, 다원주의적 정치 체제를 염두에 두고 장기적으로 중국공산당을 일종의 사회민주주의 정당으로 전환할 여지에 대한 많은 당내 논쟁이 있었고, 당 지도자들은 소련이 붕괴하면서 무슨 일이 일어났는지를 유념하고 있었다. 그들은 또한 동유럽과 중부 유럽 전역에서 전개된 많은 정치적 변혁도 목격했다. 소련이 붕괴한 이유를 파악하기 위한 연구팀이 꾸려졌으며, 이러한 격동의 사건을 통해 배울 점이 무엇인지에 대한 내부 토론이 여러 해에 걸쳐 진행되었다. 2001년, 나는 중국의 지인들로부터 당이 정치 체제의 변화는 없는 것으로 결단 내렸다는 소식을 들었다. 즉, 일당제 국가를 유지하기로 한 것이다. 비록 마오쩌둥의 시대보다는 덜 권위적인 국가일 수 있지만, 레닌주의 정당이 자리를 계속 꿰차게 되었다. 당 지도부는 이것이 장기적인 생존을 위해 꼭 필요하다고 판단했다. 그들은 또한 중국이 공산당이라는 강력한 중앙 지도부 없이는 결코 세계적인 강대국이 될 수 없으며, 그러한 리더십이 없다면 과거에 나라를 좀먹던 당파 싸움의 장으로 되돌아가버릴 것이라 생각했다.

이러한 내부 토론은 시진핑이 총서기로 임명되기 10년 전에 이미 종결되었다. 따라서 시진핑의 부상을 두고, 장기적으로 당의 민주적 변환을 지지하는 세력에 대해 새로운 형태의 권위주의가 승리한 것이라며 단순하게 해석해서는 안 된다. 오히려 그의 등장은 중국의 새로운 지도부가 현재 확고히 하려는 특정 형태의 권위주의적 자본주의를 모색하는 좁은 의미의 당내 논쟁으로 여겨져야 한다.

지난 수십 년간 덩샤오핑의 지도하에 당의 역할은 이념적 감독의 형태로 더욱 좁혀졌으며, 정책 결정권자의 실질적 권한은 점차 정부 관료 조직으로 이전되었다. (대부분의 정치인이 당과 정부의 직책을 동시에 맡고 있지만, 공식적으로 중국 정치는 정부와 정당이 분리된 이중 트랙으로 나뉜다.) 한편 정부는 국가가 소유하고 있던 경제력의 대부분을 급성장하는 중국의 민간 부문에 이양했으며, 전통적인 국영 기업은 갈수록 국가의 자산이 아닌 재정적 부담으로 여겨졌다. 하지만 시진핑은 이 모든 것을 뒤집어버렸다. 그는 당이 국가의 가장 중요한 정책 결정 과정에서 배제된다면 국정과의 관련성을 잃을 것이고, 그렇게 시간이 지나면 당의 존재 이유가 아예 사라져버릴 것이라고 생각했다. 그런 일이 일어나는 것을 가만히 지켜만 보고 있을 수 없었던 시진핑은 단호하게 개입하여 추세를 역전시키기로 마음먹었다. 그리하여 시진핑 집권하의 당은 정치와 경제 정책 입안 과정의 중심으로 복귀했다.

시진핑 "신권위주의"의 또 다른 특징은 실용주의 정책보다 정치 이데올로기의 역할이 새롭게 부각되었다는 점이다. 지난 40년간 중국공산당은 세계(중국 국민 포함)를 향해 중국의 통치 이데올로기가 "중국 특색 사회주의"라고 공표했다. 하지만 수십 년의 시간이 지나면서 중국 경제의 현실은 사회주의적 성격보다 중국 특색이 훨씬 더 강조된 모습을 띠게 되었다. 실제로 **중국 특색**이라는 말은 훌륭한 옛 자본주의에 대한 대중적인 완곡어법이 되었다. 그러나 시진핑과 그 당원들은 두터운 중산층을 만들어낼 만큼 1인당 소득이 높아지면 정치적 자유화에 대한 요구가 빠르게 강해지리라 예측한 국제 정치 이론을 잘 알고 있었다. 그들은 평균 소득의 증가라는 국가 발전 목표와 정치적 자유화 요구의 촉발이라는 결과적 위험 사이에 존재하는 깊은 "모순"(마르크스주의 변증법적 용어)에 대해 뼈저리게 실감하고 있었다. 이러한 딜레마에 대한 시진핑의 대응책은 중국인의 일생 전반에 걸쳐 마르크스-레닌주의 이데올로기를 열성적으로 재천명하는 것이었다.

마르크스-레닌주의 이데올로기 외에 당이 국내에서 정치적 합법성을 주장하는 데 중추가 된 것은 민족주의다. 1989년 톈안먼 사태 직후

부상한 민족주의는 2009년 베이징 올림픽 이후에 가속화되었다. 시진핑은 현대 중국공산당의 이미지와 자랑스러운 고대 중국 문명의 국가적 신화를 완벽하게 융합한 정교한 선전 장치를 이용하여 민족주의 육성을 더욱 강력한 우선순위로 삼았다.

이 과정에서 유교가 되살아났다. 한때 중국공산당은 유교가 반동적이고 반공산주의적이라고 일축해버렸다가 중국의 정치 철학이 가진 독특성을 내세우기 위해 다시 유교를 강조하기 시작했다. 당의 공식 노선에 따르면, 유교로 대표되는 온건한 계층적 통치가 오랫동안 지속되어왔다는 점에서 중국은 다른 나라들과 구별된다. 시진핑이 펼치는 정치적 내러티브는 간단하다. 왕조 역사를 통틀어 보면 중국의 역사적 위대함은 언제나 강하고, 권위주의적이며, 위계적인 유교 정부에서 나왔다는 것이다. 따라서 중국의 역사적 위대함은 결코 서구의 자유민주주의나 중국식으로 변형된 민주주의의 결과물이 아니다. 나아가 미래 중국의 국가적 위대함은 유교나 공산주의 국가의 위계적 전통에서 비롯된 고유의 정치적 유산을 지속적으로 발전시킴으로써 나타날 것이다.

시진핑은 당 역사에서 자신이 마오쩌둥과는 동등하며 덩샤오핑보다는 높은 위치에 있기를 원한다. 2017년 제19차 당대회에서 그는 마오쩌둥의 사상과 중국 특색 사회주의에 관한 덩샤오핑의 이론, 그리고 중국공산당의 마르크스-레닌주의로 구성된 당의 3대 기본 교리에 본인의 사상을 추가하는 데 성공했다. 이와는 대조적으로, 시진핑 바로 앞의 전임자인 후진타오와 장쩌민이 당의 건설이나 경제 발전(시진핑 사상으로 대표되는 통합 사상 체계와는 거리가 멀다)에 있어 지도자 개인으로서 지적으로 기여한 바는 시진핑보다 덜했던 것으로 평가된다. 연설과 글, 성찰로 구성된 시진핑 사상은 계속 진화해가는 문헌이며, 정치, 군사,

경제, 환경 및 국제 전략 등 국가 운영의 전 영역을 다루고자 한다. 핵심은 이러한 주제 영역에 대한 시진핑의 개인적 성찰(과거, 현재, 미래)이 이제 선험적 정당 이데올로기의 지위를 갖는다는 것이다. 따라서 중국의 체제는 그의 말을 진지하게 받아들일 필요가 있으며, 외부에서 중국을 분석하는 사람도 마찬가지다.

시진핑 사상은 당과 국가에 대한 그의 비전을 정의하는 새로운 문구를 확산시키고 있는데, 중국몽이 바로 이 비전의 초석이다. 여기에는 두 가지 목표가 있다. 하나는 당 창건 100주년이 되는 해까지 중국을 "적당히 부유한 사회"(중국의 1인당 소득 목표치를 2010년의 두 배인 1만 달러로 잡았다)로 만드는 것이다. 이 목표는 2021년에 대대적인 팡파르를 울리며 달성되었다. 다음 목표는 2049년 중화인민공화국 건국 100주년까지 완전한 선진 경제를 이루어 평균 소득 수준을 미국만큼 끌어올리는 것이다. 이를 달성하는 것은 시진핑이 말한 "중화민족의 위대한 부흥"을 이루는 것이며, 외세에 의한 굴욕의 세기가 오기 전 한때 "5000년의 유구한 역사"를 지녔던 중국이 세계 정세의 중심으로서 위치를 회복하는 일이기도 하다. 시진핑은 이 위대한 부흥을 "군사적으로, 경제적으로, 정치적으로, 외교적으로, 그리고 기술적으로 강한 중국", "평등, 공평, 도덕 및 문화 발전"의 원칙에 기초한 "문명화된 중국", 사회적, 민족적 조화에 기반을 둔 "조화로운 중국", 환경적 지속 가능성을 핵심으로 하는 "아름다운 중국"으로 가는 길이라고 규정했다.

그러나 시진핑이 주장하는 중국몽의 핵심은 여전히 경제 분야다. 중국이 앞으로 수십 년간 높은 수준의 경제성장을 지속하지 못한다면 국력은 약해지고 생활 수준이 떨어지며 실업률은 높아질 것이다. 이는 결국 국민이 당의 합법성에 의문을 제기하게 만들어 당에 심각한 위기를 초래할 수 있다. 그러나 경제를 계속 성장시키려면 시장 기반의 지속적인 개혁이 필요한데, 그렇게 되면 시진핑의 경제적 목표가 당 통제를 극대화하려는 그의 정치적 목표와 정면으로 충돌하게 된다. 확실히 류허 부총리, 왕양 정치국 상무위원, 왕치산 부주석 등 중국 경제개혁 팀의 핵심 간부들은 시장 개혁의 필요성을 통감하고 있다. 그들은 중국의 쓰라린 역사적 경험을 통해 가만히 있으면 사실상 뒤처진다는 것을 배웠다. 또한 지난 30년간 중국 경제에서 양질의 일자리를 창출한 유일한 원천은 바로 민간 부문(공영 기업SOE이 아닌)이었으며, 이 부분이 시진핑의 중국에서는 점점 더 이데올로기적인 논쟁거리가 되고 있다는 사실도 잘 알고 있었다.

중국의 민간 부문은 많은 변화를 겪고 있다. 첫째, 민간 기업 내에서 당비서의 역할이 강화되었다. 둘째, 중국에서 가장 성공한 민간 기업들의 지분을 국가가 인수하여 이들 기업의 미래 방향에 대한 정치적 영향력을 확보해야 하는지에 대한 논쟁이 벌어지고 있다. 셋째, 중국의 기업가들 사이에서는 민간 기업이 당-국가의 권위에 도전할 만한 권력을 가지지 못하도록 당이 비공식적으로 기업의 성장 한계선을 그을지도 모른다는 우려가 커져가고 있다. 미국 기업과 달리 이처럼 정치적 줄타기를 해야 하는 상황은 중국 민간 기업의 성공을 훨씬 더 불안정하게 만든다. 그 예로 시진핑의 반부패 캠페인과 기타 규정 준수 위반 때문에 저명한 중국 민간 기업 다수가 실질적인 정치적 어려움에 부딪혔다. 실제로 안방보험그룹의 경우 회장 겸 CEO가 구속 및 투옥된 뒤 국가가 일시적으로 회사 자산에 대한 "통제권을 장악"했으며, 왕치산과 절친한 부동산 재벌 런즈창도 잇따라 투옥되었다.

2020년 9월, 시진핑 주석이 "민간 경제의 연합 전선 강화"에 대한

"엄중한 지시"를 내리면서 당은 민간 기업에 대한 확실한 통제권을 강하게 밀어붙였다. 목적은 뚜렷했다. 당과 국가의 "목표와 사명에 민간 기업인들의 지혜를 더 잘 집중시켜" 그들이 "중요한 순간에 믿음직스럽고, 유용하게 사용될 수 있도록" 한다는 것이었다. 이는 또한 "민간 경제에 대한 당의 리더십을 실현"하기 위해 "민간 기업에서의 당 건설을 강화"할 것을 노골적으로 요구했다. 급기야 2020년 11월에는 중국에서 가장 유명한 기업가인 마윈과 그의 회사 알리바바그룹과 앤트그룹에 대한 단속이 시작되면서 모든 것이 정점으로 치달았다. 중국 금융 규제 당국의 낙후성에 대한 마윈의 거침없는 논평에 격분한 것으로 알려진 시진핑은 2020년 11월, 중국 주식시장에서 350억 달러 규모의 초대형 기업공개IPO를 하기로 한 앤트그룹의 계획을 개인적 지시로 막판에 무산시키기도 했다. 마윈은 사실상 대중의 시야에서 사라졌고(약 1년 뒤에 스페인 여행에서 다시 나타날 때까지), 규제 당국은 중국의 기술 및 금융 대기업에 대한 대대적인 반독점 규제 단속을 시작하기에 앞서(자세한 내용은 6장에서 다룬다) 마윈의 사업 제국을 해체하고자 해당 기업에 강도 높은 구조 조정을 강요했다.

시진핑의 경제 고문들은 중국의 생산성과 혁신, 고용의 미래는 민간 기업이 장기적으로 지속 가능한 성장에 필요한 투자를 결정할 만큼 중국 경제에 충분한 확신이 있는지에 달려 있다고 본다. 그러나 정치국 상무위원인 리전수와 왕후닝을 포함한 시진핑의 최측근 정치 고문들은 다른 모든 사항보다 정치적, 이데올로기적 내부 통제를 선호하는 시진핑의 타고난 본능을 부추기고 있다. 만약 당 통제가 강화되어 기업들이 자본 투자를 포기하거나 민간 자본이 상당량(전례 없이 엄청난 규모로) 해외로 도피하고, 이에 국가가 자본을 훨씬 더 엄격히 통제하게 된다면, 중국의 장기적인 경제성장에 실질적인 위험을 초래할 수 있다. 이미 GDP 대비 중국의 공공부채 비율이 어마어마하다는 점을 고려할 때, 흔들리는 민간 부문에서 발생하는 미래의 경제성장 격차를 정부 부양책으로 계속 끌어올리기에는 한계가 있어 보인다. 게다가 경제성장과 민간 부문의 사업 조성, 그리고 고용이 휘청이면 그 자체로 시진핑의 정치 전략이 그토록 피하고 싶어하는 바로 그 사회적, 정치적 불안이 야기될 수 있다.

따라서 시진핑이 직면한 정치적 핵심 과제는, 기업이 정부를 불신하게 되었을 때 그가 간절히 바라는 중국몽을 위해 경제팀과 운명을 같이하고 정치 통제권을 일부 상실할 각오가 되었는지의 여부다. 이것은 민간 부문에 대한 당의 통제를 강화하려는 그의 본능에 반하는 것이지만, 미국 및 그 동맹국과의 지속적인 무역 및 기술 분쟁이라는 외부의 압력으로 인해 시진핑은 한층 더 쉬운 결정을 내렸을 수도 있다. 그러나 지금까지의 증거는 정반대 방향을 가리킨다. 중국의 정치적 미래와 그들이 향후 세계에 미칠 영향력은 궁극적으로 이 핵심 결정에 달려 있다.

이러한 맥락에서 보면, 미국이 가장 강력하게 지지하는 서구의 자유민주주의적 가치 체계가 시진핑에게는 왜 그렇게 혐오스럽게 보이는지 이해하기가 더 쉬워진다. 정치적 자유와 종교적 자유, 강력하고 혁신적인 경제, 막강한 군사력을 동시에 구현하는 미국은 중국공산당의 이념가들에게 근본적으로 골치 아픈 존재다. 왜냐하면 이는 국가의 지도와 이데올로기적 통제가 국가의 위대함과 개인의 번영 모두에 필수적인 전제 조건이라고 주장하는 자신들의 권위주의-자본주의 모델에 맞서는 강력한 반박 사례가 되기 때문이다.

중국공산당 지도부의 대부분이 그러하듯, 시진핑은 오랫동안 보편적 인권, 민주주의 및 법치에 대한 미국의 지지를 당의 이익에 대한 근본적인 도전으로 여겨왔다. 의심의 여지 없이 중국의 토착 민주화 운동은 위구르 운동가, 파룬궁 신봉자, 티베트 운동가, 타이완 독립 운동과 함께 중국의 체제를 위협하는 "다섯 개의 독" 중 하나로 비난받아왔으며, 실제로 중국공산당은 이 모든 것이 미국의 지원을 받고 있다고 주장한다.

따라서 당은 앞으로도 계속해서 인권, 선거 민주주의, 독립된 법체계 등을 적대시할 것이다. 그러한 개념들이 중국 당-국가의 합법성에 대한 국내외 인식의 근간을 뒤흔들기 때문이다. 이는 또한 중국 정치 체제의 도덕적 기반에 감히 도전하는 외국 정부에 대한 적대감이라고도 할 수 있다. 이런 면에서 미국은 계속 중국에게 가장 강력한 눈엣가시 같은 존재로 남을 것이다. 중국은 체제의 합법성에 초점을 맞춘 미국의 외교가 전 세계와 중국 내부에서 "중국이라는 브랜드"의 위신을 훼손할 수 있음을 여전히 깊이 염두에 두고 있다. 비록 트럼프 대통령 재임 기간에 미국의 인권 옹호 입장이 잠시 엇나가긴 했지만, 중국은 공산당의 존재론적 정치 문제에 대해 입 다물고 있으라고 압력을 가해도 미국이 절대 굴복할 리 없다고 생각한다.

따라서 시진핑이 2013년 임기 첫 6개월 동안 중국 교육 시스템의 "부르주아적 자유화"를 대대적으로 탄압한 것은 어찌 보면 당연한 수순이다. 그는 어떤 형태의 학문적 토론이나 논쟁에서도 다뤄서는 안 될 일곱 가지의 민감한 주제를 규정했다. "보편적 가치, 언론의 자유, 시민권, 시민 사회, 공산당의 역사적 오류, 정실 자본주의, 사법 독립"이 그것이다. 이어서 2017년에는 외국에서 기부금을 받는 모든 NGO의 운영에 대해 새로운 보안상 규제를 두는 새로운 외국 NGO 법이 제정되었다. 이 법은 산업 보건 및 안전과 관련한 문제에서 이주 노동자 자녀의 교육에 이르기까지, 이 모든 것을 홍보하는 단체들과 수십 년에 걸쳐 발전해온 적극적인 시민 사회를 단 한 번의 펜 놀림으로 모두 짓밟아놓았다. 게다가 최근에는 국제 교과서 및 커리큘럼의 사용뿐만 아니라 사교육과 외국인 교사 채용까지 금지했다.

이러한 조치들은 중국공산당 통치를 종식시킬지도 모를 "색깔 혁명"의 잠재적인 힘에 대한 시진핑의 오랜 우려에서 비롯되었다. 시진핑이 집권하기 직전 아랍의 봄이 중동 전역의 정부를 무너뜨렸을 뿐만 아니라 동유럽과 중부 유럽에서도 비슷한 혁명이 일어났다는 점을 떠올려보면, 이는 그리 놀라운 일이 아니다. 급기야 시진핑은 블라디미르 푸틴 러시아 대통령과 이 불안에 대해 상의하기에 이른다. 그러고 나서 둘은 미국이 이러한 내부 혁명의 주동자라고 결론지었으며, 미국의 오랜 인권 옹호를 넘어 권위주의적 정치 체제를 훼손하기 위한 미국의 비밀 정보 작전이 그러한 반란을 일으킨다고 보았다.

심지어 중국 당국의 더 큰 우려는 중국에서 번창하고 있는 종교적 믿음이 당권의 미래에 도전할지도 모른다는 것이다. 시진핑은 2016년 전국종교업무회의 연설에서 중국에 자리 잡은 외국 종교(주로 이슬람교와 기독교이며, 각각 중국공산당에 그들만의 뚜렷한 위험성을 드러낸다)의 중국화를 위한 새로운 정책을 발표했다. 외국 종교들이 중국의 문화적, 정치적 규범에 완전히 순응하도록 강요하려는 것이다. 그 뒤를 이어 2018년에는 종교 업무에 관한 새로운 규정이 만들어지고 당 통일전선공작부 산하의 모든 종교 정책이 통합되었다. 특히 인민공화국 초기에 설립되고 공인된 애국 교회의 틀 밖에서 활동하는 개신교의 폭발적인 성장을 통제하기 위한 것이었다. 중국 국민에게 국내 종교 관행에 대한 외국의 조작 위험성을 경고하는 것이 당의 목적이었다. 당은 외국 종교의 폭발적 성장이 중국의 당-국가 체제를 약화시키고 부상을 방해하기 위해 고안되었다고 믿었다. 이후 전국의 무허가 교회가 철거되고 교회 지도자들이 체포되는 사건이 국내외 언론에 대대적으로 보도되었다.

또한 당은 중국 고유의 종교, 철학, 역사, 문화를 활용해 당의 이념적 주장을 강화하고 정치적 합법성을 지속하기 위해 애쓰고 있다. 그리고 인권, 선거 민주주의, 독립적인 법체계 같은 개념들이 중국의 전통 가치와 동떨어진 것이라고 주장하며, 국민과 통치자를 한데 묶는 상호 의무적인 유교 제도처럼 한층 더 수용적인 중국적 대안을 모색해왔다. 시진핑은 이러한 접근법을 통해 당의 국내 정치적 합법성을 어떤 식으로든 훼손하려는 해외의 이데올로기적, 신학적 도전을 불법화하기도 했다. 물론 마르크스주의와 레닌주의도 수입품이라는 불편한 진실을 무시하는 처사이지만, 그에 대한 시진핑의 대답은 사회주의에 중국 특색을 입혀 마르크스주의 자체를 신성화할 뿐이라는 것이다. 어쨌든 그의 전반적인 정치적 메시지는 분명하다. 민주적 통치, 시민의 자유, 종교적 믿음에 대한 서구의 관념은 당이 이념적으로 받아들일 수 없을 뿐만 아니라 중국인의 정체성과도 어울리지 않는다는 것이다.

과거 중국의 통치자들과는 달리, 권위주의적인 국가를 유지하고자 하는 시진핑은 정치적 통제를 위해 역사상 그 어떤 중국 황제도 상상할 수 없었던 방대하고 새로운 기술적 도구를 활용한다. 유교의 핵심 교훈이 "네 위치를 알라"였다면, 중국공산당은 모든 사람의 위치 또한 항상 알고자 했다. AI의 얼굴, 홍채, 음성 및 보행 인식 기능을 갖춘 방대한 CCTV 카메라 네트워크, 휴대폰 위치 추적 데이터를 이용한 개인 이

동의 지리적 공간 모니터링, 모든 금융 거래를 모니터링하는 거의 일반화된 현금 없는 지불 시스템(미래에 계획된 바와 같이, 정부가 완전히 통제하는 디지털 통화 포함)이 그러한 예다. 또한 가장 최근에 선보인 "사회적 신용 시스템"은 온라인 매체에서의 말과 행동에 따라 그들의 정치적 신뢰도를 영구적으로 모니터링하고 보상하거나 처벌한다. 이와 같은 기술은 전례 없는 권력을 가진 감시 및 경찰국가를 만들고 있다. 디지털 기술은 국가가 일반 국민의 거의 모든 행동을 추적할 수 있게 해줄 뿐만 아니라, 당 지도부가 전국에 흩어져 있는 간부들의 정치적 순응도를 면밀히 감시할 수 있게 해준다.

중국의 역대 통치자들은 방대한 인구와 험난한 지형, 지역 엘리트 세력을 다스려야 하는 거의 불가능한 과제에 시달려왔다. "산은 높고 황제는 멀리 있다天高皇帝遠"라는 12세기 속담은 바로 그러한 어려움을 나타낸다. 하지만 지금의 공산당은 이러한 새로운 디지털 기술 덕분에 이전보다 몇 걸음 더 앞으로 나아갈 수 있을 것이다. 과거 헌신적인 레닌주의 정당에서는 절대적인 정치적 통제란 달성할 수 없는 꿈으로만 여겨졌다. 그러나 이제 시진핑과 중국공산당은 역사상 처음으로 그 꿈을 자신들의 손으로 이룰 수 있으리라 보고 있다.

5 장

두 번째 원··

국가 통합

많은 미국인은 타이완 문제가 중국공산당의 정치적 우선순위에서 얼마나 중요한 위치에 있으며 시진핑 지도부가 그 중요성을 얼마나 강화하고 있는지, 혹은 중국이 미국과의 관계를 바라보는 데 있어서 그 문제가 얼마나 크게 작용하는지에 대해 제대로 인식하지 못하고 있다. 지난 몇 년간 미중 관계의 미래를 논하는 미국의 공공 정책 토론에서 타이완 문제는 종종 주변부로 밀려나곤 했다. 하지만 중국으로 가면 그 문제는 정반대 위치에 놓인다. 타이완이 호놀룰루에 있는 미 인도태평양 사령부의 주요 담당 지역인 것은 사실이지만, 미군 내부의 전략적 인식과 백악관 및 미 의회가 미중 관계라는 큰 틀 안에서 타이완을 바라보는 방식은 서로 일치하지 않을 때가 많았다. 그러나 갈수록 타이완 해협에서의 긴장이 고조됨에 따라 이제 미국 정부의 시각에도 변화가 일고 있다.

타이완을 둘러싼 중국과 미국 간의 긴장은 1949년에 시작되어,

1972년과 1982년 사이 체결된 세 차례의 공동성명으로 인해 미중 외교의 토대가 마련되었음에도 불구하고 지금까지 계속되어왔다. 중국은 필요하다고 판단될 경우 무력을 행사해 타이완을 통합해버릴 수 있다는 입장을 고수해왔다. 미국은 타이완이 중국의 일부임을 인정하면서도, 국가 통합이라는 목표를 달성하기 위해 무력을 사용한다는 중국의 권리에 대해서는 항상 거부감을 드러내왔다. 세계 그 어떤 나라에도 1979년에 제정된 미국의 타이완관계법TRA처럼 특별한 법은 없다. 이 법안은 타이완의 정치, 경제 및 안보 이익을 보호하기 위해 미국 대통령이 앞으로 지켜야 할 법적 의무를 규정했다. 미국은 중국의 무력 도발을 저지하는 데 필요한 방위 물자를 타이완에 정기적으로 보급하며, 이렇게까지 하는 나라는 미국밖에 없다. 또한 만에 하나 중국이 군사 행동에 돌입할 경우, 비록 의도적으로 모호하게 표현하긴 했지만, 미국처럼 자국 군대로 타이완을 방어하겠다고 약속한 나라는 그 어디에도 없다. TRA는 "보이콧과 금수조치 등 평화적 수단이 아닌 다른 방법으로 타이완의 미래를 결정하려 한다면, 이는 서태평양 지역의 평화와 안보에 대한 위협이자 미국에 심각한 우려를 안기는 행위로 간주할 것"이라고 명시하고 있다. 이 법안에서 해당 지역을 이처럼 광범위하게 언급한 것은 향후 발생할지 모를 타이완에 대한 미국의 군사 행동에 동맹국의 더 많은 참여를 유도하기 위한 것으로 해석되기도 한다. 따라서 중국의 눈에 미국이라는 존재는 조국 통일이라는 "신성한 역사적 사명"을 완수하는 데 있어 가장 큰 걸림돌이다.

그러나 타이완 문제에는 중국과 미국 이외의 요인들도 얽혀 있어, 이 지역의 역학 구도는 더욱 불안정해지고 있다. 다른 요인이라는 것은 바로 25년 전 민주화를 이룬 이후 달라지고 있는 타이완 정부와 국민의 태도다. 1949년 장제스를 시작으로 그의 아들인 장징궈가 1987년에 연이어 집권한 타이완의 군사 독재 정부는 하나의 중국 정책을 언제나 단호히 지지했으며, 단지 중국의 합법적인 정부가 베이징에 있는지 타이베이에 있는지에 대해서만 의견이 달랐을 뿐이다. 그러나 타이완 독립 운동이 부상하고 독립을 지지하는 민주진보당ᴰᴾᴾ 후보들이 타이완 총통 선거에서 연이어 승리하면서 중국과의 관계는 틀어져버렸다.

1990년대 말에 타이완해협 위기를 겪은 시진핑의 전임자들은 노선을 바꿔, 장기적으로 타이완 경제를 중국에 종속시킨 후 최종적으로 정치적인 흡수를 단행하려 했다. 타이완의 본토 투자를 유도하는 등 두 경제를 점차 하나로 통합해나감으로써 타이완을 흡수하려는 중국의 장기 전략은 실제로 중국에 어느 정도 긍정적인 영향을 미치기도 했다. 일반적으로 국민당ᴷᴹᵀ으로 대표되는 타이완 재계에서는 중국과의 긴밀한 관계가 타이완의 근본적인 이익을 위해 매우 중요하다고 주장하는 지지층이 상당하다. 그렇다 하더라도, 중국 입장에서는 이러한 점진주의적 접근 방식이 너무 느려 보인다.

이러한 점진적인 경제 흡수 전략은 2019년 중국 정부의 지원을 받은 홍콩 정부가 "일국양제一國兩制"의 틀 안에 있던 홍콩의 법적 자치권을 축소하는 '범죄인 인도법' 초안을 도입하면서 상당한 차질을 빚었다. 수백만 명의 시위대가 거리로 나왔지만, 그들은 대부분의 시위를 범죄로 규정한 가혹한 홍콩 국가보안법과 홍콩 경찰에 의해 진압당하고 말았다. "일국양제" 모델하의 통일이 타이완 내부에서 정치적 지지를 이끌어낸 적도 있지만, 홍콩의 위기 발생으로 그 지지는 순식간에 사라졌다. 상황이 이렇게 되자 타이완의 친중파 국민당 지도자들조차 "일국양제"를 공개적으로 부인할 수밖에 없었다. 홍콩 탄압은 점점 더 권위주의적인 행보를 보이는 중국이 더 이상 국내 정치와 정책에 대한 반대를 용납하지 않을 것임을 입증하는 계기가 되었다. 이에 따라 중국은 타이완과 협상을 통해 정치적 합의를 끌어내는 데 있어 점점 더 신뢰를 잃게 되었다. 실제로 타이완 국민은 이제 정치 엘리트와 중국 사이에서 이루어지는 어떠한 종류의 "정치적 거래"에도 굴복하지 않을 것 같다. 이렇게 되면 중국으로서는 정치적, 경제적, 군사적 강압이 유일한 카드라고 결론지을 확률이 높다.

시진핑은 이미 점진적인 접근이 실패했다고 결론 내린 것 같다. 그가 보기에 이러한 접근법은 친독립 성향의 민주진보당이 타이완 내부적으로 민족주의 지지층(특히 젊은 세대 사이에서)을 육성할 시간만 벌어주었을 뿐이다. 점진주의는 또한 타이완 정부로 하여금 정치적 통합 문제를 영구적으로 미루는 동시에 경제적 통합의 범위도 제한하도록 만들었다. 2016년에 처음으로 총통에 당선된 민주진보당의 차이잉원이 하나의 중국이라는 표준 자체를 받아들이길 거부하자, 시진핑은 공식적인 대화 채널을 모두 차단해버렸다. 설상가상으로, 홍콩의 민주화 시위를 지지하며 타이완은 "일국양제" 체제를 받아들일 수 없다고 주장하던 차이잉원이 2020년 재선에서 압도적으로 승리하자 시진핑의 심기는 더욱 불편해졌다. 그는 만약 다른 조치들이 실패한다면 중국은 통일을 위해 무력 등의 여타 필요한 수단을 총동원할 준비가 되어 있다고 공표했으며, 타이완의 독립은 "타이완에 심각한 재앙을 가져올 뿐"이라고 경고했다.

시진핑은 또한 미국을 향해 중국은 타이완 문제에 있어 "외국의 간섭을 용납하지 않을 것"이라며 추가적인 경고 사인을 보냈다. 뒤 장에서 다시 다루겠지만, 그는 타이완해협에서 전쟁이 발발하면 반드시 승리한다는 분명한 목표를 가지고 인민해방군의 군 현대화와 확장 프로그램에 박차를 가해왔다. 인민해방군은 그 어느 때보다 많은 함정과 항공기를 타이완 해안 근처의 훈련과 작전에 배치했다. 보도에 따르면 처음으로 중국군이 정기적으로 타이완 주위를 시찰하면서 해상 봉쇄를 시뮬레이션하기 시작했다고 한다. 또한 중국은 국제 사회에서 몇 남지 않은 타이완의 외교 파트너들마저 타이완을 버리고 중국과 국교를 맺도록 압박하고 있으며, 그러한 외교적 공세를 통해 타이완의 "국제적 정치 공간"을 더욱더 줄여나가고자 한다.

게다가 시진핑은 차이잉원의 정치적 취약점인 타이완 경제를 타깃으로 그 숨통을 조이기 시작했다. 일례로 중국은 타이완의 경제성장이 주춤하던 시기에 섬을 방문하는 본토 관광객의 수를 대폭 줄여버렸다. 그 밖에도 중국이 타이완 선거에 사이버 간섭을 시도하고, 언론을 통해 조직적으로 허위 정보를 퍼뜨리며 타이완 언론을 매수하고 있다는 비난이(타이완 정부와 독립 관측통 모두에 의해) 늘고 있다.

여기서 핵심이 되는 질문은 이러한 새로운 접근 방식이 통일을 위한 새로운 내부 정치 일정상 어느 정도 단계에 해당하는지다. 2021년 중국 공산당 창당 100주년에 이어 몇십 년 뒤에 있을 또 하나의 중요한 공식 기념일인 2049년 인민공화국 건국 100주년은 중국의 정치 일정에서 굉장히 큰 의미가 있다. 시진핑이 장기 집권을 계획했는지 어땠는지는 모르지만, 2022년에 69세가 된 그에게 타이완을 따뜻한 조국의 품으로 되돌리는 꿈을 이룰 시간은 이제 얼마 남지 않았다. 타이완을 하나로 묶어 마침내 국가 통합을 이루는 중국공산당 지도자가 되는 것은 자신이 마오쩌둥에 필적할 만한 존재임을 당과 국가에 확인시키는 것이다. 또한 내부 비판을 잠재우고 자신의 정치적 합법성을 영구화하는 업적이 될 것이다. 이러한 논리대로라면, 시진핑은 정치적 생명이 다하기 전에 타이완을 확보하고 싶어할 것 같다. 그는 타이완에 관해서는 조급한 사람이다.

시간표는 시진핑이 80대 초반이 되는 2030년대 중반으로 설정되어 있다. 만약 분석대로 타이완해협에서 중국의 군사적 우위가 더 강화된다면, 중국의 타이완 정책의 궤도는 2020년대 내내 더욱 강경해질 가능성이 있다. (군 현대화 완수 시점 목표를 2035년에서 2027년까지로 앞당긴 것은 2020년 말에 있었던 시진핑의 명령 때문인 것으로 추정된다.) 설사 타이완에서 정치적으로 한층 더 중국에 수용적인 국민당 행정부가 들어선다 하더라도 상황은 변하지 않을 것으로 보인다.

타이완과의 "통일"이 공산당의 정치적 성배로 남아 있다면 티베트, 신장, 내몽골 역시 중국의 국가안보 이익의 핵심에 속하는 것으로 보인다. 각 지역은 중국 안팎의 안보 요소들이 합류하는 지점이다. 한때 내부 불안이 끊이지 않았던 티베트는 엄격한 보안 조치와 감시 기술, 한족의 대거 이주와 티베트인 간에 시행된 문화 동화 정책이 뒤섞이며 오늘날 대체로 "화합"을 이루게 되었다. 이러한 정책은 중국의 또 다른 "문제" 지역인 신장에서도 똑같이 적용되고 있다. 공산당은 내부적으로 민족 단결에 대해 상당히 우려하고 있으며, 정부는 티베트에 여전히 경계의 눈빛을 보내고 있다. 티베트는 또한 중국과 인도의 전략적 관계에서 중심축 역할을 하고 있다. 인도가 망명한 달라이 라마를 오랫동안 수용해오고 있는 데다 히말라야 국경을 두고 중국과 분쟁 중이기 때문이다.

한편, 내몽골은 수십 년 전에 중국과 러시아가 공동 국경을 합의했음에도 지속되는 양국 간 전략적 불안의 원인이 되고 있다. 두 강대국은 거대한 몽골 지역(중국의 내몽골 자치 구역과 몽골 독립 국가 포함)에서의 영향력을 놓고 수 세기 동안 경쟁해왔다. 막대한 경제력과 인구를 가진 중국이지만 국경 지역에 거주하는 몽골 민족의 정치적 특색에 대한 우려는 갈수록 커지고 있다. 이러한 이유로 중국은 분리주의의 위협이 강해지는 것을 억제하고자 내몽골 전역에 중국어와 중국 문화 프로그램을 도입하는 새로운 정책을 시행했다.

그러나 최근 몇 년 사이 국제 사회의 관심이 집중되며 중국 정부에 가장 극심한 안보 편집증을 불러일으킨 곳은 바로 신장新疆 위구르 자치구다. 중국어로는 말 그대로 "새로운 국경"을 뜻하는 신장은 중앙아시아, 남아시아 및 중동의 적대적인 이슬람 세계와 연결된 중국의 서쪽 관문이다. 이 지역이 위험한 국경으로 받아들여지는 것은 오랫동안 중국으로부터의 독립을 외쳐온 신장 내 자생적 이슬람 분리주의 운동의 위협 때문이다. 그들은 신장(시진핑이 해당 지역에 머물렀을 때 포함)뿐 아니라 중국 내 다른 지역에서도 한족을 대상으로 테러를 자행하며 시진핑과 중국공산당의 분노를 샀다.

2009년 신장에서 한족 이주민과 위구르족 간에 폭동이 발생하자, 중국 정부는 불안을 방지하기 위해 장춘셴을 신장 당서기로 임명하여 경제 발전 전략에 착수했다. 그러나 폭동은 당내 논쟁을 촉발했으며, 더욱이 2011년에는 중국의 대테러 전문가인 후롄허가 더욱 응집력 있고 통일된 "국가 인종"을 형성하기 위한 "2세대 민족 정책"을 요구하기도 했다. 하지만 중국은 예전에 소련의 모델을 채택하여 55개의 민족(소수 민족)을 한족과 동등하게 공식 인정했고, 민족 고유의 언어와 관습을 전수할 자유와 제한적인 자치권을 부여한 터였다. 중국의 많은 학자는 이러한 정책을 바꾼다면 분노와 폭력, 혼란이 고조될 것이라고 경고했다.

그러나 한 위구르 테러리스트가 베이징 톈안먼 광장을 향해 차량을 돌진시키는 바람에 군중 두 명이 사망하자, 시진핑은 2013년 12월 정치국 회의에서 중국은 신장에 대한 새로운 전략 계획을 수립할 것이라고 선언했다. 여기에는 "지역 전략의 중대한 변경"이 포함될 것이며, 그에 따라 당은 사회 불안의 근본 원인으로 여겨지는 것(분열주의, 극단주의, 테러리즘이라는 세 가지 "악의 세력")에 철퇴를 가할 것이라고 했다. 그러자 2014년 3월, 신장과 관련 있는 테러리스트들이 쿤밍 기차역에서 칼부림을 벌여 31명이 사망하고 140명 이상이 부상을 입는 참사가 발생했다. "중국의 9·11"로 불린 이 사건에 격노한 시진핑은 "무자비한" "독재 정치기관"을 이용해 "테러와 침투, 분리주의에 대한 전면적인 투쟁"을 촉구했다.

곧이어 마을 단위의 감시팀은 "반테러 인민 전쟁"을 시작하라는 명령을 받고 각 관할 구역의 각 가정을 방문해 테러를 일으킬 만한 급진적 요소를 파악한 다음 "교육적 변환" 작업을 시작하라는 지시를 받았다. 그들은 신장 자치구 주민의 최대 30퍼센트가 극단주의 사상에 감염되었다고 결론짓고는 당이 "집중적이고 강력한 저인망식 교육 사업"이라고 표현한 일을 시급히 행할 것을 요구했다. 2016년에는 온건파인 장춘셴 당서기가 티베트 안보 전문가이자 강경파인 천취안궈로 교체되었다. 천취안궈는 신장의 중심지 우루무치에 수백 미터마다 검문소를 설치하고 경찰과 준군사 부대를 배치하는 등 티베트에서 시행했던 "격자망화 사회 관리" 정책을 재빠르게 도입했다. 또한 수천 개의 "간이 경찰서"를 설립하고 얼굴 인식 소프트웨어와 같은 고급 디지털 도구를 투입해 현지 위구르 주민을 감시했다. 또한 신장 사회의 "핵심 집단"을 관리하고자 2017년까지 "집중 교육 전환 센터"를 운영하라는 지침을 내렸다.

　이러한 정책에 대해 서구의 언론인과 연구원, 학자들은 신장에서 최대 100만 명의 위구르족이 비자발적인 구금과 "세뇌"를 당하고 있다고 보도했다. 또한 2020년 여름에는 위구르 여성에 대한 강제 낙태와 비자발적 불임 수술 등 대규모 "인구 통제" 조치가 시행되고 있다는 보도가 나오기도 했다. 이러한 보도를 근거로 미국은 마침내 2021년 1월 세계 최초로 신장에서 일어나고 있는 일을 "대량 학살" 및 "반인륜적 범죄"로 규정했다. 곧이어 취임한 바이든 대통령은 이전 정부의 선언을 지지한다고 밝혔다. 그러자 캐나다, 영국, 네덜란드를 포함한 다른 국가들도 연달아 지지에 동참했으며, 신장에서 생산된 상품과 2022년 베이징 동계 올림픽에 대한 보이콧을 촉구하는 국제적인 운동이 확산되었다.

　그리하여 신장 위구르 자치구는 중국 내부의 문제만이 아닌 국제적 쟁점 사안이 되어버렸다. 2014년 시진핑은 "중국 고유의 민족 문제 해결 방식대로 꿋꿋이 가겠다"라고 다짐한 적이 있는데, 그 결의는 아직 누그러질 기미가 보이지 않는다. 2020년 그는 당의 신장 정책이 "장기적으로 유지해야 하는 완전한" 성공이라고 선언했다.

　종합해보면, 중국에 있어서 티베트, 내몽골, 신장, 홍콩, 타이완 문제는 오랫동안 국가 통합을 향한 주요 과제였다. 오늘날에 와서 달라진 점은 시진핑이 최근의 어떤 중국 지도자보다 훨씬 더 강경한 노선을 채택했다는 것이다. 시진핑은 전임자들과는 달리 국제 사회의 반응에 그다지 신경 쓰지 않는다. 그는 "완전한 안보"라는 국가안보 의무가 어떤 외교 정책이나 정권에 대한 평판 관리보다 더 중요한 일이라고 믿는다. 게다가 전 세계 국가들이 이제는 중국 경제에 너무 많이 의존하고 있으므로 중국의 조치에 대한 국제 정치의 반응도 주로 피상적이고, 상징적이며, 일시적일 것이라 여기고 있다. 중국 지도부는 중국이 비록 1989년 톈안먼 사태로 국제 사회에서 정치적, 경제적 제재를 받긴 했지만, 그마저 일단 돈이 굴러 들어가자 얼마나 순식간에 사라져 버렸는지를 생생히 기억하고 있다. 따라서 그들은 2019~2020년 홍콩의 자유 탄압에 대한 국제 사회의 반응도 이전과 마찬가지로 금세 잠잠해질 것이라고 판단했다. 중국의 관점으로 볼 때, 그들은 대체로 옳았다.

6장

세 번째 원 : 경제적 번영

시진핑의 세 번째 우선순위는 경제적 번영이다. 그는 정치적 안정을 이루려면 경제 번영이 필수적이라고 생각하고 있다. 중국공산당의 임무는 빈곤을 퇴치하고 국민 생활 수준을 선진국 수준으로 높이는 것이며, 그에 따라 늘어나는 정부 세입으로 교육과 건강, 노인 요양 분야에서 늘어나고 있는 사회 복지 비용을 감당하는 것이다. 중국공산당은 또한 중국을 과학기술 강국으로 만들려는 야망을 품고 있으며, 군 현대화를 추진하는 데도 나날이 엄청난 비용을 투입하고 있다. 따라서 이러한 핵심 목표들을 달성하려면 연간 5~6퍼센트 정도의 경제성장이 장기적으로 지속되어야 한다.

국민의 생활 수준을 높이고 삶의 질을 개선하는 것은 마오쩌둥 이후 중국공산당의 정치적 합법성을 구축하기 위해 시진핑이 들인 노력 중 가장 핵심이 되는 부분이다. 이는 당과 국민 간의 암묵적인 사회 계약으로, 대중은 민생이 조금씩 개선되는 한 당의 권위주의적 정치 체제를 계속 용인할 것이다. 시진핑은 경제학자도 아닐뿐더러 시장경제의 작동 원리에 대해 의외로 잘 알지 못하는 것처럼 보이지만(그는 이데올로기나 안보, 국제 관계라는 전통적인 정치 영역을 훨씬 더 수월하게 느낀다), 지속적인 번영과 장기 집권의 상관관계에 대해서는 잘 파악하고 있다. 실제로 그를 비난하는 사람들은 경제 실패에 대한 대중의 분노가 그를 무너뜨릴 요인이 될 거라 여겨왔다. 중국 내부 정치에서 반복되는 패턴 중 하나는, 당 엘리트들이 보기에 충분히 막을 수 있었던 재앙이 터지면 항상 권력을 쥔 자가 책임을 져야 한다는 것이다. 문화대혁명 이후로 경기 침체를 경험한 적이 없는 중국이기에, 경제 불황이라는 재앙은 권력자의 책임을 물을 만한 적절한 사례가 될 것이다. 주로 중소기업들이 직격탄을 맞는 성장률 급락 같은 작은 실패에도 결국 당의 지도부는 정치적 대가를 치러야 한다. 경제가 여전히 당과 시진핑의 미래를 좌우할 정치적 아킬레스건으로 보이는 것은 이러한 이유에서다.

시진핑은 중국의 경제를 꾸려나가는 데 있어 다섯 가지 주요 현안을 두고 고심을 거듭하고 있다. 이 현안들은 서로 관련되어 있지만 일부는 상충하기도 한다. (1) 일자리를 창출하고 생활 수준을 향상하기 위해 경제성장을 유지한다. (2) 새로운 세대의 기업가들에게 당의 정치적 통제권을 양도하지 않으면서도 국가와 시장 사이 최적의 내부 균형을 유지한다. (3) 한층 더 고른 성장을 위해 경제적 불평등을 줄인다. (4) 오늘날 당면한 현실인 기후변화에 대처하기 위해 중국의 기존 경제 개발 모델에 탄소 배출 제한을 새로이 도입한다. (5) 미국이 무역, 투자, 기술 분야에 투사하고 있는 외부 경제 압력을 관리한다.

시진핑의 진화하는 경제 전략의 첫 세 단계

시진핑 시대의 중국 경제는 이러한 다양한 도전과 기회를 다루는 과정에서 이미 세 번의 전환기를 맞았으며, 가히 혁명적일 수 있는 네 번째 단계로 들어서고 있다. 2013년에서 2015년까지 시행된 그 첫 단계는 당이 "개혁 심화에 관한 결정"이라고 알려진 것을 채택하면서 시작되었다. 중국의 기존 경제 모델은 수출을 위한 노동 집약적인 저임금 제조업, 기반 시설에 대한 국가의 대규모 투자, 국유 기업이 맡은 역할의 중요성, 그리고 환경에 미치는 영향에 대한 관심 부족이 특징이었다. 2013년 시진핑이 집권한 후 당은 격렬한 내부 논쟁 끝에 처음으로 경제 분야에서 시장의 힘이 "결정적인 역할"을 하도록 맡겨놓을 것이라고 공표했다. 빠르게 성장하는 민간 부문, 특히 서비스, 금융, 기술 부문을 경제성장의 새로운 엔진으로 만들고자 했던 것이다. 그러나 시진핑은 경제에 대한 궁극적인 소유권은 국가에 있으며 급성장하는 민간 부문에 절대 양도되지 않을 것이라 강조했고, 이에 따라 국유 기업은 특정 핵심 산업에서 계속 중요한 역할을 수행하게 되었다. 마지막으로, 이 모든 것은 환경적 지속 가능성이라는 새로운 원칙에 의해 조절될 것이다. 2013년 "개혁 심화에 관한 결정"에는 60개의 구체적인 개혁 의제(무려 "60개의 결정")에 대한 세부 청사진이 포함되었다. 이는 후진타오 총서기와 원자바오 총리 시절의 10년 동안 낭비한 경제 개혁의 시간을 만회하려는 것이자 중진국의 함정에 빠진 중국공산당의 오랜 두려움에서 벗어나기 위한 몸부림이기도 했다.

하지만 2015년 중국에 금융 위기가 닥치면서 모든 것이 달라졌다. 시진핑은 이 사태를 계기로 정치 및 경제 정책을 두 번째로 전환했다. 그해 여름, 중국 당국은 묻지마 투자자들과 과도한 유동성으로 과열된 주식시장의 거품을 관리하는 데 어려움을 겪고 있었다. 기업과 개인이 금융기관으로부터 많은 돈을 빌려서는 불확실한 자산군(영원히 호황일 것이라 추측하며)에 투자하는 마진 대출 관행이 확산되면서 중국 주식시장은 순식간에 재앙을 맞았다. 자산의 거품이 꺼지자, 정부는 국가 차원에서 주 정부와 민간기관들에게 주식에 막대한 돈을 쏟아부어 시장을 안정시키라고 즉각 지시했다. 하지만 정부의 급진적 개입에 대해 투자자들은 이제 손을 떼야 할 때라는 신호로 해석했고, 그 결과 시장은 훨씬 더 큰 손실을 입었다. 상하이종합지수(중국의 다우존스 산업평균지수)는 2015년 7월 3주도 안 되는 기간에 32퍼센트 폭락했다. 2015년에만 해도 10조 달러였던 최고 시가총액이 2018년 9월에는 5조7000억 달러가 되었다. 시장은 마침내 2016년 초 훨씬 더 낮은 가격으로 안정화되었지만, 이미 막대한 피해가 발생한 뒤였으며 2020년이 돼서야 겨우 회복될 수 있었다. 시진핑에게 있어 이 사태는 재정 관리 이상의 문제로, 거의 정치적 실패나 다름없었다. 수천만 명의 평범한 시민이 저축액을 잃었고 당과 정부를 비난했다. 그 결과 무분별한 자본 확충에 대한 시진핑의 회의감은 더 커졌으며, 금융 분야뿐만 아니라 더 광범위한 시장에서 개혁을 단행하는 것에 대한 그의 정치적 욕구 또한 사그라들었다.

그렇게 개혁이 사실상 중단되면서 2013년의 경제 청사진은 사실상 무용지물이 되어버렸다. 2015~2016년에는 자본 도피를 방지하기 위해 엄격한 자본 통제가 시행되었다. 하지만 이에 따라 중국 민간 기업은 해외로 사업을 확장하는 것이 훨씬 어려워졌으며, 대부분의 경우 기존의 해외 영업을 유지하는 것조차 버거워졌다. 한편, 중국의 GDP 대비 부채 비율에 대한 우려도 급증했다. 규제의 사각지대에 있는 그림자 금융 부문과 지방 정부의 부채가 증가했기 때문이다. 또한 디레버리징 캠페인의 일환으로 그림자 대출 기관에 대한 강력한 규제와 단속이 이어지면서 중국 민간 기업의 숨통이 조여들었고, 국유 은행을 통한 신용 자원 할당은 민간 부문을 희생시키는 대신 국유 기업에 유리하게 적용되었다. 2016년까지 민간 기업이 전체 경제성장의 중요한 원동력(사실상 거의 유일한)이었다는 사실에도 불구하고 발생한 결과다. 금융 긴축의 결과로 많은 부실 기업을 국가가 부분적으로 또는 통째로 매수했는데, 이는 중국의 새로운 혼합 경제 모델로 알려지게 되었다. 그러나 매수되지 못한 그 밖의 기업들은 그저 파산의 길로 접어들 수밖에 없었다.

진화해가는 시진핑의 경제 정책의 세 번째 단계는 2018년 후반에 등장했다. 그해 당은 성장이 급격히 둔화하고 있음을 감지했다. 당시 미국과 무역 전쟁을 벌이고 있었기 때문이기도 했지만, 민간 부문에 대한 신뢰 하락과 고정 자본에 대한 투자 감소에 따른 것이기도 했다. 여기에는 치명적일 만큼 잔인한 결과를 가져온 2015년 이후의 디레버리징 캠페인이 한 가지 원인이 되었다. 또한 주요 민간 기업의 성장 허용 여부에 대한 당의 모호한 입장, 민간 기업 경영에서 당 서기의 지위 상승, 예측하기 힘든 중국의 법률 제도 등도 그 원인이라 할 수 있다. 이러한 모든 조치와 당의 대대적인 반부패 캠페인은 종종 관료뿐만 아니라 기업의 경영진까지 표적으로 삼기도 했는데, 이로 인해 중국 기업가들 사이에서는 개인적 삶과 재정적 미래에 대한 불안감이 점점 더 증폭되었다.

민간 부문의 신뢰가 이렇게 흔들리는 것에 위기감을 느낀 당은 2018년

11월부터 다층적인 정책을 펼쳐나가기 시작했다. 먼저 시진핑은 다시 한 번 "제도적 경제 개혁"의 필요성을 언급하며 부분적으로라도 2013년 청사진으로 회귀할 것을 제안했다. 이듬해 시진핑과 그의 주요 경제 정책 담당관 류허 부총리는 주요 민간 기업의 고위급 회의를 소집해서는 중국의 미래에 있어 민간 부문이 지니는 중심성을 재차 강조했다. 류허는 연설에서 "민간 부문이 신규 고용 증가의 90퍼센트, 도시 개발의 80퍼센트, 기술 혁신의 70퍼센트, 국가 조세의 50퍼센트를 담당했다" 는 것을 상기시켰다. 이에 따라 당 관리와 중국의 막강한 국유 기업들은 강력하고도 탄력적이며 경쟁력 있는 민간 부문 없이는 중국이 필요한 속도로 성장할 수 없음을 알게 되었다. 그런 다음, 류허와 이강 중앙은행 총재는 중국의 은행, 보험, 주식, 부채 및 신용 평가 시장을 훨씬 더 큰 국제 금융시장에 개방하는 것을 목표로 일련의 금융 부문 개혁에 박차를 가했다. 중국의 민간 기업에 대한 비효율적인 신용할당제를 개선하고 해외 자본 유입에 대한 의존도를 높이기 위한 조치였다. 당시 중국 통화 당국은 향후 중국의 경상수지 적자가 심해질 것이라 예상했기 때문이다. 이와 동시에 중국은 무역 전쟁 해결을 위해 2019년 미국과 맺은 합의안대로 여러 무역, 투자 및 지식재산권 보호 기준을 "국제화"했다. 그리고 이렇게 선택적인 정책 자유화의 대상을 중국의 모든 경제 파트너로 확대함으로써, 이것이 미국에 대한 정치적 양보가 아닌 금융 개혁의 일환인 것처럼 보이도록 했다. 마지막으로, 중국의 전반적인 경제성장률로 인해 불필요한 정치적 위험을 감수하고 싶지 않았던 시진핑은 성장을 뒷받침하기 위한 경기 부양책을 승인하기도 했다. 이에 중국 중앙은행 총재는 중국에는 정치적으로 민감한 6퍼센트 내외의 경제 상승률을 유지할 재정 및 통화 정책적 여력이 아직 많다고 여러 차례 공개적으로 보증하면서 시진핑의 정책에 힘을 실어주었다. 이 수치는 매년 증가하는 신규 졸업생들의 취업률을 유지하고, 생활 수준을 개선하며, 전반적인 사회 안정을 유지하는 데 필요한 수준에 대한 당의 내부 계산을 반영한 것이다.

이 모든 중국의 경제 문제는 2018~2019년의 미중 무역 전쟁, 2020년 코로나19 위기, 그리고 미중 경제의 보편적인 디커플링 가능성에 대한 양국 간의 대대적인 논쟁이 발생하기 전에 일어난 일이다. 그러나 중국의 놀라운 경제성장사 중 가장 힘든 시기를 보내고 있는 정책 담당자들에게 이러한 내외부 요인의 결합은 전례 없는 중압감으로 작용했다. 이는 또한 미국에 대한 중국의 취약점을 분명히 드러냈다. 시진핑은 만약 중국의 국내 경제 엔진이 계속 위태로워진다면 미국이 가하는 경제 압박이 치명적일 수 있으며 경제성장률이 완전히 추락할 수 있다고 판단했다. 이로써 시진핑과 그의 참모들은 중국 경제의 미래 회복력과 방향에 대한 어려운 정책적 과제를 안게 되었다. 하나같이 핵심적인 딜레마들이다.

2018~2019년에 시진핑이 맞닥뜨린 가장 어려운 과제는 만족할 만한 경제성장률을 미래에도 유지해나갈 방법을 찾는 동시에, 더 나은 삶을 요구하는 신흥 중산층과 정부에 대한 불만을 표출하며 점점 더 강력해지고 있는 국내 민간 기업들, 그리고 점점 더 적대감을 드러내는 미국의 압박에 대처하는 것이었다. 미국에 대한 우려는 미국 수출시장에 대한 중국의 취약성 때문만이 아니다. 더 근본적으로는 수출과 기술 투자에 대한 규제 강화, 그리고 국제 자본시장이 중국 내 정책적 요구에 비해 얼마나 개방성을 유지할지와 관련된 미국과의 불화가 중국에 미치는 영향에 대한 것이다. 여기에는 달러가 중국을 겨누는 무기로

사용될 위험은 물론, 중국의 타이완, 홍콩, 신장 정책에 대해 추가적인 금융 제재가 가해질 가능성도 포함된다. 이러한 특정 문제들과 이들 간의 차이점, 그리고 미중 경제의 디커플링 위험성에 대해서는 이 장의 마지막 부분에서 집중적으로 다룰 것이다. 종합해서 볼 때 이러한 요소들은 다음 단계에서 일어날 미중 경제 전쟁의 지형을 구성한다. 또한 시진핑의 경제관에도 큰 영향을 미쳤는데, 그가 2013년 이후 중국의 거시정책을 변화시키는 데 있어 경제를 가장 중요한 축으로 삼게 된 배경이기도 하다.

네 번째 단계: 시진핑의 포퓰리즘-사회주의 경제

중국 경제를 재편하기 위해 현재 시진핑이 시행하고 있는 네 번째 전환은 2013년 결정 이후 그 범위가 훨씬 더 넓어졌으며, 중국과 중국공산당을 내외부의 대항 세력으로부터 보호하겠다는 그의 핵심 우선순위를 반영하고 있다. 2020~2021년부터 시진핑은 '신新발전이념NDC'이라고 불리는 포괄적인 경제 전략을 실행해왔다. 급속한 개인의 재산 축적보다는 안보와 정치적 안정 및 경제적 평등을, 경제적 효율성보다는 사회적 결속을, 개방적인 국제 교류의 이익보다는 국가적 자급자족을 우선시하는 전략이다. 이 새로운 경제 시대는 또한 시장 개혁의 미래에 대한 과거의 약속이 크게 약화하고 있음을 나타낸다.

　이러한 정책 변화는 중국 당국이 마윈의 앤트그룹의 기업공개를 중단시키면서 대중에게 처음 각인되었다. 그 후 당국의 경고에도 불구하고 2021년 7월 뉴욕증권거래소에서 44억 달러 규모의 기업공개를 강행한 중국 최대 차량 공유 플랫폼 기업, 디디추싱에 대해 대대적인 조사가 벌어졌다. 이 사건을 계기로 중국 기업의 해외 기업공개를 제한하는 새로운 데이터 보안 규칙이 신속하게 적용되었으나, 그것은 일부에 불과했다. 중국의 사이버 규제 당국은 구인·구직 앱과 바이트댄스 같은 짧은 동영상 앱 등 105개의 앱을 개인 정보 불법 수집 혐의로 고발하며 즉각 시정을 요구했다. 그러고 나서 중국 정부는 바이트댄스(틱톡의 소유주) 그리고 마이크로블로깅 플랫폼 웨이보의 국내 자회사 지분 1퍼센트와 이사회 자리를 은근슬쩍 차지해버렸다. 그러자 중국 거대 기술 기업에 대한 당국의 독점 단속에 관한 논의가 뜨겁게 달아올랐다. 게다가 그해 7월 말, 정부는 영리 개인 교습 및 사교육 회사를 금지하는 새로운 규정을 발표함으로써 수십억 달러의 투자를 유치하며 황금알을 낳는 분야를 하룻밤 사이에 사실상 말살해버렸다. 중국과 전 세계의 경영진 및 투자자들은 새로운 정책이 현실로 다가오고 있다는 것과 자신들이 수십 년의 경험을 바탕으로 세웠던 기존의 정책적 가정이 빠르게 변화하고 있다는 것, 그리고 이것은 시진핑의 계획에서 시작에 불과하다는 것을 알아차렸고, 그 결과 중국의 증시는 급락하고 말았다.

그러나 이 새로운 시대의 이데올로기적 씨앗은 시진핑이 훨씬 이전부터 심어놓은 것이다. 2017년 가을에 열린 제19차 당대회에서 그는 당이 직면한 주요 모순에 변화가 있다고 밝혔다. 낡은 이론적 언어를 사용하는 마르크스주의 변증법적 유물론의 난해한 표현 때문에 정작 이러한 사상의 중요성은 국제 사회에서 크게 간과되었는데, 이는 서구뿐만 아니라 중국 내부에서도 마찬가지였다. 변증법적 분석에 따르면 사회적, 경제적 변화를 주도하는 숨은 대립 세력의 주요 모순은 마르크스주의의 이론적 틀 안에서 중국 정치 경제의 전체 형태와 방향을 정의한다. 그러므로 변화하는 대내외 환경 속에서 주된 모순을 정확히 파악하고 해결하는 것이야말로 당과 지도부의 최우선 정치적 과제이며, 만약 그것을 제대로 해내지 못하면 마르크스의 예측대로 반드시 혁명이 뒤따를 것이라는 게 그의 주장이다. 따라서 시진핑이 개혁개방 35년 만에 처음으로 그런 심오한 이념적 변화를 정의한 것은 그가 실존적으로 중요하다고 생각하는 것이 무엇인지를 드러냈다는 뜻이기도 하다. 1981년 이후로 중국공산당이 그 존재를 인정하고 해결하기 위해 노력해왔던 모순은 "끊임없이 증가하는 국민의 물질적, 문화적 요구 대비 후진적인 사회적 생산 사이의 모순"이었다(이는 급속한 GDP 성장을 위해 필요한 모든 조치를 취하는 개혁개방 중심의 "핵심 과업"에 의해 해결되었다). 그러나 2017년에 시진핑이 제기한 주요 모순은 "불균형하고 부적절한 발전과 나날이 증가하는 더 나은 삶에 대한 국민적 요구 사이의 모순"이었다. 이 모순을 해결하기 위해서는 당의 경제 및 사회 전략의 "핵심 과제"가 "지역과 부문에 걸쳐 더 균형 잡힌, 더 나은 수준의 발전"을 만들고 국민의 요구를 더 공평하게 충족하는 방향으로 전환되어야 했다. 당시의 관영 언론들은 "공동 번영은 사회주의의 특징"이라고 보도하기까지 했다.

그러나 기업의 간부와 일반 대중은 물론이고, 당 간부들조차 이러한 이념적 변화가 현실에서 무엇을 의미하는지 제대로 파악하는 데 시간이 걸렸다. 정작 시진핑 자신은 2017년 당대회에서 선언한 주요 모순의 중대한 변화를 어떻게 다루어야 할지 바로 결정하지 않았을 수도 있었다. 그러다 2018~2019년에는 경제 정책에 대한 더욱 국가주의적인 접근 방식이 등장하기도 했다. 그러나 시진핑의 새로운 경제사상은

2020년 하반기가 되어서야 비로소 포괄적인 형태를 갖췄고, 그것이 당의 사회주의 뿌리로 회귀하는 현격한 포퓰리즘으로 굳어지면서 "새로운 시대를 위한 시진핑 경제사상"의 핵심으로 자리 잡게 되었다.

시진핑의 신발전이념

2020년 시진핑의 새로운 경제 접근 방식은 그가 신발전이념이라고 부르는 것으로 통합되었다. 신발전이념은 본질적으로 그가 "한 세기 동안 볼 수 없었던 변화"라고 일컬은 것을 포함해 점점 더 위험해지고 있는 세계에서 중국을 이끌 경제 전략의 역할을 수행한다. 2021년 7월 중국 최고 정책 결정권자들의 회의에서 시진핑이 말한 것처럼, 신발전이념은 궁극적으로 "예측 가능한 폭풍과 예측 불가능한 폭풍" 속에서 "우리의 생존을 보장"하기 위한 것이다. 여기서 적어도 한 가지는 아주 명백해진다. 이러한 것들을 달성하기 위해서는 시진핑의 정치적 내러티브에 강력한 당과 강력한 "핵심 지도자", 그리고 앞으로 다가올 수년간의 국내외 "투쟁"을 헤쳐나갈 명확한 전략이 있어야만 한다. 사실, 문화대혁명 당시 마오쩌둥의 구호였던 "투쟁"은 시진핑 본인의 이름을 따서 지은 "신시대"(시진핑 시대)의 핵심 테마가 되었다. 그 전략의 핵심에는 마오쩌둥 시대 이후 1978년부터 2017년까지 이어진 덩샤오핑의 개혁개방 시대를 대체하기 위해 고안된 시진핑의 신발전이념이 있다. 이제 시진핑의 새로운 시대가 펼쳐진 것이다.

그렇다면 중국 경제 정책에서 신발전이념이 실제로 의미하는 바는 무엇일까? 신발전이념이라는 용어는 2015년(18기 중앙위원회 2차 전체

회의에서 시진핑이 꺼내들었을 때)에 처음 등장하긴 했지만, 그 후로 몇 년 동안은 당의 공식 담론에서 부차적으로 취급되었다. 무엇보다 당시 경제 정책에 대한 시진핑의 견해는 겨우 몇 마디 말로 요약할 수 있을 정도로 매우 모호했다. 하지만 2018년 3월 시진핑이 이 개념을 중화인민공화국헌법에 공식 포함시키기로 결정하면서 그 의미는 남달라졌다. 그 후 몇 년 동안 시진핑은 신발전이념에 점차 더 많은 의미를 부여했으며, 2020년에는 민족주의적 자립과 쌍순환 경제라는 보호주의적 개념, 그리고 공동 번영의 새로운 재분배 원칙이라는 세 가지 핵심 우선순위와 결합하여 현실에서 구현되었다.

신발전이념의 첫 번째 기둥은 앞서 언급한 대로 자립이며, 말 그대로 "자신의 힘으로 원기를 회복하는 것"(자립갱생自立更生)이다. 외부 세계의 압력에 대한 중국의 취약성을 없애려 했던 마오쩌둥 시대의 집착이 부활한 것이다. 그러나 마오쩌둥이 곡물 수확량과 철강 생산량을 늘리려 했다면 시진핑은 첨단 반도체와 소프트웨어 OS, 클라우드컴퓨팅 인프라를 생산할 수 있는 중국을 만들고자 한다. 즉, 미국 정부가 앞으로 그 어떤 제재를 가하더라도 중국의 독자적인 혁신을 통해 핵심 전략 기술의 최첨단을 선도하게 되는 것이다.

시진핑의 세계관에서 중국이 자립하기 위한 핵심은 국가 자본을 동원하여 연구 개발 부문을 발전시킬 능력을 키우는 동시에, 가능한 한 외국과 협력하는 것이다. 그러한 차원에서 류허 부총리는 중국 반도체 제조업체가 미국의 규제를 극복할 수 있도록 돕는 1조 달러 규모의 핵심적인 이니셔티브를 이끌게 되었다. 시진핑의 비전에서 자립은 중공업부터 농업용 유전자 변형 종자에 이르기까지 전 영역으로 확장되지만, 무엇보다 중요한 사실은 최근 공식 담론에서 또 다른 새로운 영역이 등장했다는 점이다. 그것은 바로 재정적 자립, 더 구체적으로는 달러가 지배하는 글로벌 금융 시스템의 압력에 저항할 수 있는 새로운 시스템 구축이다.

신발전이념의 두 번째 기둥은 쌍순환 경제에 대한 비전이다. 2020년 가을, 중국의 2021~2025년 5개년 계획의 일부로 도입된 쌍순환 전략은 기본적으로 구매력이 강한 신흥 중산층(즉, 내부 순환)의 수를 늘림으로써 거대한 내수시장이 전체 경제성장에 훨씬 더 크게 이바지하게 하는 것이다. 이와 동시에 대량 수출을 위한 노동 집약적 제조업에 기반한 모델에서 수입과 고부가가치 산업의 수출(외부 순환)을 모두 우선시하는 모델로 중국의 글로벌 경제 개입 방식을 재조정하는 데 초점을 맞출 것이다. 부분적으로는 1990년대 덩샤오핑이 개혁개방이라는 일반적인 전략 아래 중국의 부상을 강화하기 위해 채택했던 "국제 대순환" 전략을 의식적으로 뒤집는 셈이다.

근본적으로 시진핑의 쌍순환 경제 전략은 지정학적인 혼란과 글로벌 공급망 붕괴, 징벌적 관세와 글로벌 무역 위축 등의 외부 충격에 대한 경제의 회복 탄력성을 높이려는 시도다. 이는 외부 세력에 대한 전반적인 취약성을 줄이는 수단으로서, 중국 경제의 자립과도 밀접한 관련이 있다. 자립과 쌍순환 정책은 모두 국유 기업에 대한 지원 강화를 포함해 핵심 전략 산업에 대한 국가의 지원을 강조한다. 더욱이 쌍순환 경제가 돌아가는 중국의 거대한 내수시장은, 시진핑의 관점에서 봤을 때 자급자족적인 경제성장을 추진할 수 있을 뿐만 아니라, 그가 말하는 "국제 상품 및 생산 요소 자원을 끌어들이는 거대한 중력장"이 될 수 있다. 그러면 중국의 조건에 따라 계약하지 않는 국가들은 이제 상업적으로 뒤처질 위험에 처할 것이다. 이와 관련해 시진핑은 2020년

4월 당의 이론 저널에서 다음과 같이 주장했다. "우리는 전체 생산망에서 우리의 우월성을 유지하고 강화해야 한다. (…) 그리고 중국에 대한 국제 생산망의 의존도를 높임으로써 [중국에 대한] 공급을 인위적으로 차단하려는 외국에 대해 강력한 대응책을 실시하고 억지력을 행사해야 한다."

그러나 신발전이념의 세 번째 기둥은 2017년 시진핑이 진단한 새로운 주요 모순을 근본적으로 해결하는 데 전적으로 초점을 맞추고 있다. 이는 시진핑의 오랜 목표인 공동 번영(공동부유共同富裕) 개념을 조직화한 것이다. 당의 14차 5개년 계획에 정의된 시진핑의 목표에 따르면, 공동 번영은 "향후 5년 동안 모든 사람이 실질적으로 더 가시적인 진전을 이룰 것"을 의미한다. 이는 특히 "일부 사람들과 일부 지역이 먼저 부자가 되어도 괜찮다"라고 한 덩샤오핑의 지침을 직접적으로 수정한 것이다. 하지만 덩샤오핑은 이것이 "발전을 가속화하고 공동 번영을 달성하는 지름길"일 때만 의미가 있다고 말한 것이며, 이는 아직 "일반 원칙"으로 남아 있다. 그렇기에 시진핑은 자신의 경제 캠페인의 우선순위를 "모두를 위한 공동 번영"으로 설정하면서 40년이라는 개혁개방 기간 동안 덩샤오핑이 제대로 끝내지 못한 일을 자신이 비로소 완수한다는 인상을 심어주고자 한다.

사실, 공동 번영에는 중국의 소득 불평등이 당의 대중적 정당성을 위협할 정도로 급격히 악화되고 있다는 시진핑의 우려가 담겨 있다. 그는 2021년 1월 당 간부들에게 "공동 번영을 달성하는 것은 오로지 경제적 이슈만이 아닌, 당의 통치 기반과 관련한 중대한 정치적 이슈"라고 지적하며 자신이 무엇을 우려하는지를 직접적으로 내비쳤다. 엄연히 공산주의 국가인 중국은 세계에서 매우 불평등한 소득 분배 구조를 가진 나라 중 하나다. 상위 5분의 1가구가 하위 5분의 1가구보다 10배 이상 실소득이 높으며, 상위 1퍼센트가 전체 부의 약 30퍼센트(미국은 약 35퍼센트)를 소유하고 있는 상황에서 시진핑은 "빈부격차가 더 벌어지게 해서는 안 된다"라고 주장했다.

이는 2021년 8월에 열린 중앙재경위원회 회의에서 "과도하게 높은 소득"을 조정하고, 고소득층과 기업이 "사회에 더 많이 환원"하도록 권장하며, "불법 이득"을 단속함으로써 빈부격차를 해소하고 소득 배분을 개혁하겠다고 약속한 것을 반영한 메시지다. 아울러 당은 투기가 아닌 "노력과 혁신으로 부자가 되는 방식"을 독려할 것이라고 말했다. 시진핑에 따르면 사회의 중산층이 가장 많고 양극단(부자와 빈민) 계층이 적은 "올리브 모양의 분배 구조"를 만드는 것이 목표다. 따라서 공동 번영은 중산층의 구매력을 높여 쌍순환 경제에 직접적으로 영향을 미치는 것을 목표로 한다. 시진핑은 또한 이 회의에서 공동 번영의 핵심은 "사회주의의 필수적인 요구"라고 역설했다. 이는 그에게 있어 너무나 중요한 사항이기에 2021년 8월 연설에서 이 문구를 무려 65번 이상 언급하기도 했다.

확실히 공동 번영은 최대 고용을 우선순위에 두고, 소비자 구매력을 높이며, (이론적으로) 소규모 기업의 경쟁을 장려하고 혁신적인 스타트업이 등장해 성장할 수 있도록 독점을 깨뜨리는 역할을 한다. 또한 공동 번영에 있어 중요한 부분은 자신들이 무자비한 자본주의 체제로부터 착취당하고 있다는 중국 노동계급과 중산층의 인식을 깨뜨리는 것다. 이들은 고착된 기업 이익이 시장을 궁지에 몰아넣고, 노동력을 평가 절하하며, 자신들의 성공과 출세를 점점 더 어려워지게 만들고 있다고 생각한다.

공동 번영이 성공하기 위해서는 경제 각 분야의 모든 이해당사자가 참여해야 한다. 예를 들어 중국인민은행은 2021년 8월에 "공동 번영 촉진을 모든 금융 업무의 출발점이자 주안점으로 삼아야 한다"라고 표명했다. 시진핑이 규정한 공동 번영 아래 민간 기업이 빠져나갈 구멍은 없다. 심지어 시진핑은 "기업이 당 지도부에 복종하고 사회 및 경제 발전이라는 큰 그림에 봉사하도록 당이 인도해야 한다"라고 말하기도 했다.

이러한 성명의 영향으로 중국의 민간 대기업 주식이 패닉 상태에 빠지자, 중앙재경위원회 판공실 부주임 한원슈는 2021년 8월에 성명을 발표하며 공동 번영은 "노력과 혁신을 통해 부자가 되기를 장려하는 것이며, 부자를 죽여 가난한 자를 구제하자는 뜻이 아니다"라고 해명했다. 대신 노동시장의 임금을 통한 "부의 1차 분배"와 국가 지출의 "2차 분배"에 이어, 부자들이 "부의 3차 분배"를 통해 사회에 더 많이 돌려줄 것을 그저 "권장"할 뿐이라는 것이다. 부자에게 자선활동에 참여하도록 요청한다거나 "3차 분배"의 형태로 더 넓은 사회적 책임을 떠맡도록 하는 것은 본질적으로 강제적인 자선활동이다. 이에 눈치 빠른 회사들은 그의 메시지를 재빨리 간파했다. 대표적인 예로, 전자상거래 플랫폼 핀둬둬는 2012년 2분기 수익 전체 또는 최대 15억 달러를 농촌의 농업 발전을 위해 기부하겠다고 선언했다. 다른 한편에서는 IT 공룡 텐센트와 알리바바가 공동 번영 기금으로 각각 150억 달러 이상을 기부하기로 약속했다.

그러나 공동 번영은 단순히 소득 불평등을 완화하는 것만이 아니다. 그 안에는 중요한 사회적, 문화적 요소도 담겨 있다. 그중 일부는 중국 청년들이 점점 더 큰 좌절감을 느끼는 데에서 비롯된 것이기도 하다. 그들은 대학 졸업 후 어두운 취업 전망, (불법화된 이후에도) IT 회사에서 요구하는 가혹한 996 근무제(오전 9시부터 오후 9시까지, 주 6일 근무), 그리고 IT 플랫폼 회사에서 노동 비용을 최소화하기 위해 흔히 활용하는 착취적인 임시 노동 부문에 대해 불평의 목소리를 높여왔다. 이러한 관행은 최근에 대중의 관심을 더 많이 끌어모으며 당의 조사를 유도하고 열악한 임금 및 근로 조건에 대한 불만을 불러일으켰다. 중국 네티즌들 사이에서는 한 소셜 미디어 게시판에 올라온 글의 표현대로 "모두가 패배하는 소모적인 경쟁에 갇혀 있는 느낌" 때문에 허무주의적 절망 문화가 퍼지기 시작했다. 그리고 개인이나 사회가 밖으로 뻗어나가지 못하고 안으로 말려들어간다는 뜻의 네이쥐안內卷, 즉 '퇴화'와 같은 유행어가 떠돌았다. 이러한 절망은 사람들이 국가의 관대함에 의존하는 대신 인생에서 최소한의 일만 하기로 결심하는 탕핑躺平, 즉 자포자기하고 '드러눕는' 움직임으로 나타나기도 한다.

국민이 겪는 경제적 부당함에 대해서는 우려를 내비치는 시진핑이지만, 그는 탕핑에 대해서만큼은 인내심의 한계를 드러냈다. 이러한 이유로 공동 번영 정책들은 대대적인 문화 단속으로 연결되었다. 비디오 게임(관영 미디어에 의해 "영적 아편"으로 분류되어, 미성년자가 일주일에 3시간 이상 게임하는 것은 금지되었다)에서부터 유명 연예인(인터넷 규제 당국은 "저속한" 부의 표시를 검열하고 온라인 팬 문화의 "혼란스러운 문제를 해결"하겠다고 약속했다), 그리고 남학생들을 상대로 "남자다움"을 가르치는 교육부 계획까지 단속한 것이다. 한 민족주의 블로거는 최근 관영 언론이 널리 퍼뜨린 게시글에서 "문화시장에서 더 이상 계집애 같은 사내들이 판치지 않고 뉴스와 여론은 더 이상 서구 문화를 우러러보지 않는 것"이 목표라고 주장했다. 가부장적이고 유교적이며 레닌주의적인 도덕성을 적극 도입하고 있는 시진핑은 중국의 젊은이들이 민족주의적 정력을 잃어버리고 생산적인 애국 국민이 되지 못한 채 한심한 게으름 뱅이로 전락하는 것을 원치 않는 것처럼 보인다.

그런데 시진핑의 눈에는 중국의 아이들 수도 충분치 않아 보이는 모양이다. 그가 공동 번영을 추진하게 된 데에는 중국의 인구통계학적 위기 또한 밀접히 관련되어 있다. 중국의 2021년 인구 조사에 따르면 2020년 중국의 인구 증가는 7200만 명에 그쳤다. 이는 2019년에 비해 신생아 수가 18퍼센트나 대폭 감소한 것이다. 중국의 출산율은 여성 1인당 1.3명으로 사상 최저치를 기록했다. 전문가들은 이전 예측보다 10년이나 앞당겨진 2022년에 중국 인구가 정점을 찍을 수 있다고 예측했다. 게다가 전체 인구 대비 노동 가능 인구(15~59세)의 비율이 2020년에는 이미 63퍼센트(2010년의 70퍼센트에서 감소)에 불과해, 미래 경제 성장과 관련된 인구 문제가 심각해 보이는 상황이다. 이에 불안해진 당국은 한 자녀 제한을 해제하고 가족당 최대 세 명의 자녀까지 허용했지만(곧 모든 제한을 폐지할 가능성이 높다) 별 소용이 없었다. 좌절감을 느끼는 중국의 청년들은 자녀 한 명만 낳아 기르는 비용도 이미 감당할 수 없을 정도로 높다고 말한다. 한 연구에 따르면 보통의 중국 가정은 자녀 한 명을 17세까지 양육하는 데 대학 등록금을 제외하고도 약 11만 5000달러를 지출한다. 한 설문 조사에서는 응답자의 90퍼센트가 세 자녀 갖기를 "고려하지 않을 것"이라고 답했다. 따라서 값비싼 개인 과외 수업(2017년에서 2019년 사이 연평균 30퍼센트 성장)은 인구 문제를 해결하기 위해 바로잡아야 할 시진핑의 첫 번째 목표물이 되었다.

신발전이념의 세 요소는 모두 시진핑의 애정이 담긴 "실물 경제"에 기반을 두고 있다. 제조업과 농업, 상품 무역 또는 중산층을 대상으로 하는 소비자 중심의 서비스 부문이 여기에 속한다. 이는 경쟁적 지대 추구, 플랫폼 독점, 가격 담합, 금융 투기, 중독성 상품이나 사회를 좀 먹는 상품의 유포, 부동산 투기꾼, 온라인 IT 회사, 그리고 이러한 것들을 가능케 하는 금융 회사의 "무분별한" 자본 등의 형태로 중산층으로부터 부를 뜯어내는 투기적인 "가상 경제" 분야에 대한 그의 마르크스주의적 혐오감과 극명한 대조를 이룬다. 2019년 시진핑은 디지털 경제가 GDP에서 차지하는 비중은 높지만 "실물 경제의 근본적인 중요성을 인식해야 하며, 탈산업화는 있을 수 없다"라고 경고했다.

이는 시진핑의 다른 전략적 목표와도 맞물려 있다. 그는 중국이 글로벌 전략 경쟁에서 승리하는 데 있어 서구로부터 투자금을 지원받는 값비싼 차량 호출 서비스는 도시 생활에 굳이 필요하지 않다고 생각한다. 텐센트가 점점 더 중독성 있고 경쟁력 있는 비디오 게임을 출시한다든가, 글로벌 금융 서비스 회사들이 중국의 명문대 졸업생 상당수를 증권가의 애널리스트로 데려간다든가 할 필요도 없다고 여기는 것 같다. 시진핑의 세계관에서는 이러한 졸업생들이 애국적인 엔지니어가 되어 중국이 세계 최고 수준의 반도체를 생산하고 세계 최고의 제조 능력을 유지하는 것, 중산층이 주택을 구입해 여러 자녀를 양육하고 교육함으로써 쌍순환 경제를 탄탄히 하는 데 이바지하는 것이 중요해 보인다.

한편 시진핑의 이데올로기와 경제관에 따르면 민간 부문에 대한 규제 단속, 마구잡이식 정책 및 성명 발표는 중국 경제가 누구를 위해 어떻게 작동할 것인지를 두고 전략을 조율한 것뿐이다. 시진핑에게는 언제나 정치가 우선이다. 그에게 있어 정치는 경제 효율성이나 생산성보다 확실히 우위에 있다. 2020년 11월 이후로 완전히 입증되었듯이, 시진핑은 중국이 가야 할 최선의 방향을 정하는 데 있어 국내 억만장자들의 의견 따위는 더 이상 신경 쓰지 않는다. 국가 전략의 핵심 우선순위를 추구하는 과정에서 설사 월가의 투자자들이 손해를 본다 하더라도 그는 더 이상 흔들리지 않으며, 자신의 정책이 중국의 GDP를 성장시키는 데 있어 가장 효율적인 방법이 아닐 수도 있다는 최고 부유층의 지적에도 더 이상 개의치 않는다. 대신 그는 훨씬 더 큰 지지층인 일반 "인민"에 초점을 맞추고 있다. 그의 말에 따르면 그들은 중국의 방대한 노동계급과 중하위 계층이다. 시진핑이 현재 가장 신경 쓰는 것은 소득 불평등, 생활비, 양질의 일자리 부족, 균등한 기회의 부족, 도농 간 격차, 사회적 불안감 등의 문제를 해결함으로써 대중의 지지를 얻는 것이다.

시진핑은 중국판 황금시대의 "신탁"으로 불리는 중국의 거대 디지털 기업들이 민간 부문에서 보여주는 독점적 행태를 단속했다. 이러한 조치가 지금까지도 중국 중산층에게 큰 인기를 끌고 있다는 사실은 그다지 놀랄 만한 일이 아니다. 명민한 정치가인 시진핑은 이 문제에 있어 뚜렷한 주관을 가지고 있으며, 중국식 경제 포퓰리즘을 중국 특색 사회주의에 접목하여 "새로운 시대"를 여는 데 활용하고 있다.

2019년 4월 당의 공식 기관지 『구시求是』에 시진핑의 미보도 선언이 실렸다. "최근 몇 년 사이 국내외 일부 여론에서 중국이 여전히 사회주의 국가인지에 대한 의문이 제기되고 있다. 어떤 이는 '자본사회주의'라고 하고, 어떤 이는 그저 '국가자본주의'라고 한다. (…) 하지만 이들은 모두 틀렸다!"라고 지적한 그는 "중국 특색 사회주의가 곧 사회주의"라며 "사회주의만이 중국을 구할 수 있고, 중국 특색 사회주의만이 중국을 발전시킬 수 있다. 즉, 이것이 역사의 결론이자 국민의 선택"이라고 천명했다. 이와 더불어 시진핑은 사회주의를 경제 정책의 전면에 다시 내세울 것임을 분명히 했다.

이 모든 것은 신발전이념처럼 중국 헌법에 의해 보장되고 있는 당의 공식 이데올로기에서 시진핑의 경제사상으로 자리 잡아왔다. 시진핑 사상과 신발전이념은 모두 융통성 있는 유연한 개념으로, 당대의 정치 및 경제 상황에 맞게 확장되거나 축소될 수 있다. 그러나 그 안에는 개혁개방 시대의 관념적 범위와는 근본적으로 다른 "의미의 대역폭"이 담겨 있다. 바로 당과 국가 사이, 시장과 국가 사이, 국유 기업과 민간 부문 사이, 그리고 "부자가 되는 것은 영광스러운 일"이라는 덩샤오핑의 유명한 발언과 시진핑의 "공동 번영" 시대 사이에서 상당히 좌편향적인 경제 전환이 이루어진 것이다. 이러한 변화는 실제로 일어나는 중이며, 당의 중심성과 중국 민족주의라는 범이데올로기적 사명을 기초로 하는 시진핑의 전반적인 세계관과 일치한다.

이것은 앞으로 10년간 중국 신흥 경제학의 지침으로 자리 잡게 된다. 시진핑은 자력갱생, 쌍순환, 공동 번영을 결합한 신발전이념만으로도 중국이 미국과의 전략적 경쟁에서 승리하는 초강대국이 되기에 충분하다고 본다. 2021년 1월, 그는 당 간부들에게 이렇게 말했다. "우리는 자립할 수 있고, 국내 시장에서 상품과 서비스의 원활한 흐름을 유지할 수 있기에, 국제적 폭풍이 휘몰아쳐도 끄떡없이 버티는 천하무적이 될 것이다. 우리는 그렇게 살아남아 계속 발전해갈 것이며, 그 누구도 우리를 해치거나 무너뜨릴 수 없다."

향후 가장 중요한 질문은 정말 저 말대로 될지의 여부다. 이러한 하향식 솔루션, 즉 시진핑이 최상위 설계라고 부르는 방식과 정치적 통제에 대한 그의 집착은 미래 경제성장에 도움이 되기는커녕 걸림돌이 되거나 황금알을 낳는 거위의 목을 조르는 결과를 초래할 수도 있다.

결국, 한때 중국 경제의 기적(거의 모든 부문의 생산성 향상, 부의 창출, 기술의 진보 및 상당한 신규 고용 등은 류허도 인정하는 바다)을 이끌며 국민적 영웅 대접을 받던 거대 민간 기업들은 당과 국가가 휘두르는 주먹에 속수무책으로 당하고 있다.

시진핑의 세계관과 미중 경제 디커플링

시진핑의 경제관은 무에서 창조된 게 아니다. 이미 살펴본 바와 같이, 그것은 그의 이데올로기적 신념뿐만 아니라 2015~2016년 중국 주식 시장을 강타한 금융 쇼크와 시스템상의 금융 리스크를 관리하기 위한 지속적인 디레버리징 문제, 그리고 경제 기획가들이 오랫동안 우려해온 중진국의 함정에서 빠져나오기 위해서는 지속 가능한 성장 전략을 확보해야 한다는 필요성에서 비롯되었다. 또한 글로벌 금융 위기 이후 중국이 겪은 국제 경제 환경의 변화도 그의 세계관 형성에 깊은 영향을 미쳤다. 하지만 시진핑의 다른 부분들과 마찬가지로 미국과의 경제 관계가 가장 큰 영향을 미치고 있다.

　이전 절에서는 2018~2019년에 일어난 무역 전쟁이 어떻게 시진핑으로 하여금 국내 시장 개혁과 점점 더 분열되고 있는 해외 시장과의 통합을 중국의 미래 기반으로 삼는 것에 더욱 회의적인 시각을 갖게 만들었는지 설명하고자 했다. 실제로 무역 전쟁이 중국의 주요 시장(공급망에서 기술시장, 금융시장에 이르는)에 혼란을 초래하자, 시장보다 국가를 더 중시하던 시진핑의 이념적 성향은 더욱 확고해졌다. 이러한 각 영역에서 드러난 미중 간 경제적 디커플링의 초기 징후는 시진핑에게 깊은 영향을 미쳤다. 경제 민족주의는 오랫동안 시진핑의 정치적 성격으로 여겨져왔지만, 미국의 일방적인 조치가 중국의 지속적인 성장 전략을 방해할 수 있다는 우려가 커지면서 시진핑은 중상주의, 보호주의, 국가개입주의 방향으로 태세를 더욱 빠르게 전환했다. 특히 중국이 미국과 그 동맹국의 주요 공급 업체(최첨단 칩에 대해서는 중국인의 접근이 제한되어 있다)에 만성적으로 의존하고 있는 반도체 산업의 경우 더욱 그러했다. 따라서 무역, 외국인 직접투자, 기술 및 자본시장 전반에 걸친 "디커플링" 논쟁의 역학관계, 그리고 향후 달러와 위안화 사이의 관계에 대한 중대한 문제들을 더 자세히 이해할 필요가 있다.

다음 절에서 다루겠지만, 이 다섯 영역의 디커플링 상태는 제각각 다르다. 하지만 전반적인 추세는 모두 부정적인 쪽으로 기울어 있다. 이는 시진핑의 세계관에도 상당한 영향을 미쳤다. 중국 지도부는 외부 요인으로 발생한 경제적 위험과 그로 인한 내부 불안정을 극도로 경계하고 있다. 즉, 향후에 발생할 디커플링은 단순히 **미국의 재량**에 따라 결정되는 정책적 옵션이라기보다는 오히려 **중국의 선택**에 달려 있으며, 이미 중국이 선호하는 디커플링도 있다. 이러한 상황은 시진핑의 기존 경제 세계관을 훨씬 더 뚜렷하게 이데올로기적이고 보수적이며 민족주의적(최악의 시나리오가 표준이 되어버리고 자기충족적 예언으로 치달을 수 있는 방향)으로 만들고 있다.

미중 무역

현재 중국의 경제 발전 단계상, 중국은 아직 미국의 대중 수입 규제에 상당히 취약하다. 미국은 오랫동안 중국의 최대 수출시장이었으며, 여타 상대국과는 비교가 되지 않을 정도로 그 비중이 압도적이었다. 반면 미국의 대중 수출 의존도는 그렇게 높지 않다. 지난 10년간 중국의 수출에서 대미 수출이 차지하는 비중은 평균 19퍼센트였던 것에 반해, 미국의 수출에서 대중 수출의 비중은 평균 8퍼센트에 불과했다. 캐나다와 멕시코 다음으로 큰 규모였다. 게다가 중국 경제는 미국 경제에 비해 전반적으로 무역 의존도가 매우 높다. 2020년 기준 중국의 총수출입액은 GDP의 34퍼센트를 차지한 반면, 같은 해 미국 경제에서 무역이 차지한 비중은 GDP의 24퍼센트였다. 무역 전쟁 중이던 2020년에도 중국의 대미 수출은 여전히 전체 수출액의 17퍼센트를 차지하고 있었다. 미국 시장은 중국의 경제성장에 있어 여전히 중요한 위치를 점하고 있다. 따라서 무역은 양쪽 경제 모두에 중요하긴 하지만, 특히 중국에 훨씬 더 중요하다. 미국에 대한 대응책을 구상하는 중국 지도부 역시 이 무역 전쟁에서 중국이 미국에 입힐 수 있는 손해보다 중국 경제가 입을 피해가 더 클 수밖에 없음을 뼈저리게 알고 있다. 적어도 당분간은 미국이 중국 경제의 핵심 요소로 남아 있을 것이다.

그러나 최근 10년간 중국의 GDP에서 수출이 차지하는 비중이 감소하면서, 무역 전쟁으로 인한 중국의 피해 규모는 글로벌 금융 위기 직전보다 오히려 조금 더 줄어들었다. 중국의 GDP 대비 총수출액은 2006년에 36퍼센트로 증가했지만, 2020년에는 그의 절반인 18퍼센트로 떨어졌다. 수출이 감소한 대신 꾸준히 증가하고 있는 중국의 내수 소비가 경제성장의 주요 동인이 되고 있다. 이처럼 가계 소비를 늘리는 것은 세계 경제가 중국 경제에 미치는 영향력을 최소화하기 위한 시진핑의 전략에서 매우 중요한 부분이 될 것이다. 중국은 또한 미국이 다양한 소비재 분야에서 중국에 상당히 의존하고 있다는 사실을 잘 안다. 미국의 소비 행태에 이변이 일어나지 않는 한 가까운 시일 내에 쉽게 대체할 수 없는 소비재들이다. 그 예로, 미 인구조사국의 2018년 데이터에 따르면 미국이 수입하는 휴대폰의 82퍼센트와 노트북 컴퓨터의 94퍼센트가 중국산이었다. 따라서 미국이 이 게임에서 모든 카드를 쥐고 있는 것은 아니며, 중국도 이를 잘 알고 있다.

대미 수출 의존도를 점점 더 줄여나가고 싶어하는 시진핑은 유럽, 일본, 한국, 인도, 동남아시아, 유라시아 전역의 일대일로 국가 등 제3국의 시장으로 수출을 확대해나갈 가능성이 크다. 이처럼 중국은 더 광범위한 세계시장에 침투하기 위해 이들 국가를 대상으로 새로운 외교적 공세를 펼칠 수도 있다. 한편, 중국은 오랜 협상 끝에 2020년 11월 다자간 무역 협정인 '역내포괄적경제동반자협정RCEP'에 서명함으로써 중요한 정치적, 경제적 이정표를 달성했다. 이 협정은 세계에서 가장 큰 자유무역협정으로, 비록 참가국 전반에 걸친 대대적이고 즉각적인 시장 개방 같은 "고품질" 협정은 아니지만, 기존 원산지 규정 협정에 새로운 주요 변경 사항을 도입함으로써 전반적인 역내 무역을 향상시키는 데 상당한 영향을 미칠 것이다. 마찬가지로 2021년 9월 중국은 '포괄적·점진적 환태평양경제동반자협정CPTPP' 가입을 공식 신청했는데, 이는 미국이 2017년에 TPP(환태평양경제동반자협정)에서 탈퇴한 후 나머지 11개국이 구제에 나선 협정이다. 중국 정부의 이러한 움직임은 미국의 동맹국인 일본과 호주가 이끄는 TPP-11에 중대한 딜레마를 안겨주었다. 중국이 가입을 신청하자 타이완도 6일 만에 서둘러 동참했기 때문이다. 또한 중국의 세계 경제 진출과 무역 관행을 견제할 목적으로 바이든 정부가 주도하는 다자간 조치를 막기 위해 중국은 WTO

에서 정치적 영향력을 확대해나갈 것이다.

즉, 시진핑은 미중 무역 전쟁이 향후 몇 년간 중국 경제에 중대한 전술적 위협으로 작용할 것을 잘 알고 있다. 그렇기에 전쟁이 더 확산되는 것을 막기 위한 그의 단기 전략은 경제와 정치 분야의 핵심 국가 이익을 타협하지 않는 선에서 충분히 양보하는 것이다. 그러나 장기적으로는 중국 경제를 보호하기 위한 훨씬 더 야심찬 계획을 품고 있는데, 이에 대한 내용은 뒤에서 곧 다루도록 하겠다.

외국인 직접투자

중국과 미국 간 외국인 직접투자FDI의 흐름은 전반적인 양국 경제 관계에서 비교적 최근에 나타난 발전이다. FDI가 유의미한 규모를 보인 것은 20년 전부터이며, 중국이 미국에 투자하게 된 지는 불과 10년밖에 안 됐다. 사실 이러한 이유로 양측은 전반적인 투자 관계를 강화하기 위해 2009년 양자간투자협정BIT 초안을 체결했다. 그동안 중국이 경제 여러 부문에서의 투자를 상당히 민감하게 여겨 제한적인 접근법을 취해오던 상황을 손보기 위해서였다. 그러나 계속되는 무역 전쟁 때문에 협상은 교착 상태에 빠졌다. 2020년 기준, 중국에 대한 미국의 FDI 총액은 2849억 달러로 집계되었으며 연간 흐름은 2020년에 87억 달러로 감소했다. 2019년에 비해 약 3분의 1이 감소한 수치로, 2004년 이후 최저치였다. 한편 미국에 대한 중국의 FDI 누적액은 1755억2000만 달러를 기록했으며, 2020년 한 해 투자액은 72억 달러로, 이는 2019년 63억 달러에서 약간 증가한 것이다. 전체적으로 미국과 중국 간의 FDI

는 팬데믹이 혼란을 가져오고 미중 관계의 긴장이 고조되는 가운데 2020년 159억 달러로 감소했다. 2009년 이후 양방향 흐름에서 가장 낮은 수준이었다.

더 넓은 맥락에서 바라보면, 2018년 미중 간 FDI 총액은 전 세계 총 FDI 흐름의 약 1.4퍼센트를 차지했다. 이해 미국으로 유입된 총 외국인 투자의 경우, 중국의 FDI가 전 세계 대미 투자 총액의 1.4퍼센트를 차지했다. 이는 2018년에는 전 세계 FDI 흐름의 2퍼센트였다. 반면, 미국의 FDI는 2018년 중국으로 유입된 전 세계 FDI의 9퍼센트 이상을 차지했다. 미중 무역 관계에서는 서로가 전체 무역의 주요 구성 요소가 되는 동시에 양국의 교류가 세계 무역에서도 상당한 비중을 차지했는데, 미중 FDI 관계는 이와 다름을 여기서 알 수 있다.

그렇지만 중국의 관점에서 FDI는 첨단 기술에 접근할 주요 수단이기도 했다. 중국 국내의 FDI 전략은 물론, 미국 등 해외 기업의 인수나 투자에 있어서도 마찬가지다. 그러나 지난 몇 년간 중국인의 미국 투자에 대해 이전에 없던 상당한 저항이 생기기 시작했다. 미 정부는 자국 내 '외국인투자위원회CFIUS'의 심사 절차를 강화하고, '외국인 투자 위험심사 현대화법FIRRMA'을 도입했으며, '수출통제개혁법ECRA'을 재활성화했다. 모두 중국인의 대미 투자와 미국 기업이 해외 중국 파트너와 협력할 수 있는 범위에 대해 강도 높은 조사와 통제를 실시하는 조치다. 이러한 새로운 조치는 미국과 중국 간의 FDI뿐만 아니라 양국 간 벤처 캐피털 활동 등 포트폴리오 투자마저 줄일 가능성이 있다. 코로나19 위기가 닥치기 이전인 2019년에는 양국 간 FDI가 전반적으로 침체되어 있었음에도 양국 간 벤처 캐피털 투자는 전혀 영향을 받지 않았다는 점을 고려하면 특히 더 중요한 지점이다. 그런데 이제 상황이 바뀌었다. 2020년 양방향 벤처 캐피털 투자는 총가치와 자금 조달 라운드 수 모두에서 약간의 감소세를 보였다. 미국에서 중국 벤처 캐피털에 대한 투자는 소폭 증가해 사상 처음으로 다른 부분을 뛰어넘긴 했지만 미미한 정도에 그쳤다. 반면 중국에서 미국 벤처 캐피털에 대한 투자 규모는 5년 만에 최저 수준으로 떨어졌다.

따라서 향후 미국의 기술 기업이 중국 기업 및 기관과 협력하는 데 있어 미 규제 당국의 거센 반발이 있을 것이라 예상한 중국은 미국에서 투자할 기회가 점점 줄어들고 있다고 생각하게 되었다. 시진핑은 트럼프 정부 때의 각종 규제가 바이든 정부 때 크게 완화될 수도 있다고 일말의 기대를 걸었을지 모르나, 헛된 기대가 될 것이다. 바이든 행정부는 트럼프 시대의 제한 사항을 대부분 그대로 유지했을 뿐만 아니라 새로운 제한 사항을 더하기까지 했다. 무역과 마찬가지로, 중국은 중국인 해외투자자를 위해 미국과의 협정을 개선하고 제3국의 잠재적 투자자를 위해 외국인 투자 환경을 개선하려 노력하고 있다. 지식재산권 보호 조항이 추가된 새 외국인 투자법을 도입한 것과 중국에서의 강제 기술 이전을 불법화한 것을 그 예로 들 수 있다. 또한 중국 금융 및 보험 부문의 투자에 있어 외국인의 주식 보유 상한선을 없애기도 했다.

2020년 중국은 외국인의 금융 부문 진입 요건을 완화했다. 그러자 골드만삭스와 JP모건, 체이스 등 많은 외국 기업이 라이선스를 취득해 중국 금융시장에 진출했고, 이는 자본시장을 추가로 개방하겠다는 중국의 장기적 약속이 변치 않았음을 증명해주었다. 이어서 중국은 같은 해 4월 외국인의 뮤추얼 펀드 회사 소유에 대한 제한을 해제하여 외국 자본을 지속적으로 유입시키려는 의도를 의미심장하게 드러냈다. 이후 JP모건, 모건스탠리, 피델리티인터내셔널 등 서방계 뮤추얼 펀드들이 곧바로 사업 승인을 신청했다. 그리고 그해 12월, 골드만삭스는 중국의 합작 투자 파트너인 가오후아증권을 인수하기로 합의했다고 발표했다(중국 정부는 2021년에 이 거래를 완전히 승인했다). 또한 2021년 1월을 기점으로 외국 회사는 중국 본토의 선물 및 보험 산업 모두에서 회사의 완전한 소유권을 얻을 수 있게 되었다. 2021년 6월, 블랙록은 마침내 중국에서 전액 출자한 역내 뮤추얼 펀드 사업을 최초로 허가받은 글로벌 자산 관리자가 되었다. 한마디로 증권, 선물, 보험 부문이 중국의 개방 덕택에 수혜를 입은 것이다.

그러나 투자자들은 반드시 중국이 발전시키고자 하는 산업에 자본을 투입해야 했다. 단, 외국인이 관련 데이터를 보유하면 국가에 위협이 될 수 있다는 판단하에 인터넷 플랫폼 기업에 대한 투자는 허용되지 않았다. 반면 자산 관리 분야 투자에는 청신호가 켜졌는데, 2030년까지 예상 투자 자산이 70조 달러가 넘을 부문을 선별하고 개발하려면 외국의 전문 지식이 필요했기 때문이다. 중산층이 급격히 늘어나고 저축액이 누적되고 있는 국가에 자산 관리 사업은 꼭 필요하다. 중국은 이 분야에 있어서는 외국 자본이 철수해도 그다지 민감하게 받아들이지 않고 있으며, 오히려 중국 경제의 세계적 영향력으로 인해 더 많은 외국 자본이 중국으로 유입될 것이라 확신하고 있다.

하지만 그렇다고 해서 관점이 흔들려서는 안 된다. 중국은 더 많은 외국인이 자국 금융시장에 참여하도록 허용하고 있지만 어디까지나 엄격하게 범위를 제한하고 있으며, 해외로의 자본 유출도 여전히 엄격히 통제하고 있기 때문이다. 게다가 외국인 투자가 허용된 분야는 이미 정부가 상당한 통제력을 유지하고 있는 분야 중에서 리스크를 평가한 후 신중하게 선별한 것이다. 이는 시진핑이 다보스 포럼에서 최근의 규제 조치가 외부 세계와의 단절을 위한 것이 아니라고 주장하는 근거가 될 것이다. 사실, 그 조치들은 중국이 추가적으로 시장을 개방할 의지가 있는지 의구심을 갖는 투자자들을 안심시키기 위한 것이었다. 한편 글로벌 지정학적 분위기가 계속 악화하면서 중국은 일본과 인도, 유럽과의 전반적인 투자 관계를 발전시키려 하고 있다. 이는 대미 FDI, 벤처 캐피털 투자, 그 밖의 모든 포트폴리오 투자 기회의 잠재적 손실을 상쇄하기 위한 것이다. 지금까지 전개된 중국의 시장 개방 조치와 EU-중국 간 포괄적투자협정CAI 같은 희망적인(그러나 아직 완료되지 않은) 투자 조약 체결이 그러한 손실을 상쇄하는 데 대체로 도움이 될 수는 있겠으나, 일본과 인도, 유럽 모두 지정학적 위험을 점점 더 경계하고 있다.

기술 자립

국가적 자립을 이루려는 시진핑은 특히 토착 기술과 그 혁신을 핵심적인 전략적 우선순위에 두었다. 첨단 반도체와 같은 중요 기술이 중국으로 수출되는 것을 막으려는 미국의 조치 때문이다. 시진핑의 야망은 중국이 앞으로 10년 안에 모든 중요 기술 분야에서 국가적 독립을 이루고, (가능하다면) 경제적, 지정학적 경쟁자들에 대한 기술적 우위를 확보하는 것이다. 특히 이 우위는 차세대 모바일, 정보 및 통신 기술ICT, 양자 컴퓨팅 등의 인공지능 혁명에 있어 주요 원동력으로 작용한다. 이 야망은 2015년 4월, 중국이 우위를 확보해야 할 열 가지 핵심 기술을 규정한 MIC 2025 전략에서 확실히 드러났다. ICT가 그 목록의 주를 이루긴 하지만, 산업용 로봇공학이나 신에너지 자동차 등 다른 주요 전략적 기술 범주도 여기에 포함되었다. 2025년까지 국내 수요의 70퍼센트를 자급하고 세기 중반에는 모든 부문에서 전 세계를 석권하는 것이 전략의 목표였다.

2017년 7월, 국무원은 MIC 2025를 보완하는 "차세대 인공지능 개발 계획"을 발표했다. 이 계획에 따르면, 중국은 세계 경제와 전략적 경쟁의 주요 분야인 인공지능에서 "주요 전략적 기회"를 가지고 있기 때문에 상당한 "선도자 우위first mover advantage" 효과를 얻을 수 있다. 중국 지도부는 이러한 기술들이 미래 글로벌 경쟁력을 뒷받침할 주요 차세대 기술일 뿐만 아니라 훨씬 더 광범위한 4차 산업 혁명의 원동력이 될 수 있다고 믿고 있다. 그들은 또한 화석 연료, 전기 발전, 최근에는 디지털 기술이 혁명을 주도했다면 이제는 인공지능, 인간과 기계 능력의 융합, 사물 인터넷을 통한 다양한 잠재적 응용을 중심으로 등장한 혁신적 기술이 4차 산업 혁명을 주도할 것이며, 4차 산업 혁명은 세계 경제의 근본적인 구조를 변화시키고 향후 세계 경제력 배분을 결정할 것이라고 생각하고 있다. 또한 이러한 기술들은 원격으로 제어되는 전투 공간에 새로운 형태의 자율 공격 및 방어 무기를 배치할 수 있게 하는 등 현재 진행 중인 전쟁의 "정보화"에도 큰 도움이 될 전망이다. 따라서 중국은 4차 산업 혁명을 수용하는 것이 국가 자립을 추구하는 데 중추적인 역할을 하리라 보고 있다.

판도를 바꾸는 혁신적인 신기술을 보고 중국은 위협과 기회 그리고 시급함을 함께 느꼈다. 지난 세 차례의 산업 혁명에서 서구에 크게 뒤처졌던 중국은 다시는 그런 처지가 되지 않겠다고 다짐했다. 실제로 중국은 이러한 기술을 장악하고 효율적으로 사용하여 미국과 나머지 서방 국가를 경제적으로, 가능하다면 군사적으로도 뛰어넘을 기회를 엿보고 있다. 중국은 또한 미국과 그 동맹국들이 향후 중국이 이러한 기술에 접근하지 못하도록 차단하는 전략에 착수했다고 판단했다. 그렇기에 중국의 관점에서는 가능한 한 빨리 국가적 자립을 달성하는 것 외에는 별다른 대안이 없다. 이에 따라 중국은 전례 없는 국가 차원의 과학기술 연구, 상대 외국 기업의 대규모 인수, 중국 내 외국 합작 기업으로부터의 기술 이전, 국내 및 세계를 지배할 제품의 재빠른 개발, 그리고 미국 당국의 표현에 의하면, 대규모 기술 도용 등을 모두 중앙에서 아우르고 조율하는 전략에 착수했다. 이처럼 빠르게 전개되는 기술 전쟁은 그 중요성이 극도로 높아져 무역, 투자, 외교 정책, 심지어 고전적인 안보 정책 같은 국가의 주요 영역조차 압도해버렸다. 기술 전쟁은 여러 면에서 국제 관계의 새로운 중심이 된 것이다.

이러한 기술 패권 다툼의 진원지에는 인공지능이 자리하고 있다. 많은 정의가 있지만 기본적으로 인공지능은 대량의 디지털 정보를 해석한 후, 그 정보를 기반으로 알고리즘적인 결정을 내리고, 이전 결정의 결과를 학습하는 시스템을 말한다. 최근 몇 년 사이에 인공지능은 반도체와 컴퓨팅 능력의 향상을 통한 빅데이터 처리 능력으로 그 발전이 가속화되었다. 중국은 자신들이 인공지능 기술의 전 영역에서 미국과 치열한 경쟁을 벌이고 있다고 생각한다. 사실 이 분야에서 중국은 여러 강점과 약점을 가지고 있는데, 먼저 순수한 데이터 자체의 가용성 측면을 들 수 있다. 방대한 인구를 가진 중국은 이 부분에서 서구의 다른 나라들에 비해 유리하다. 중국에겐 기존 통신망과 수집 가능한 데이터의 양, 개인 정보에 대한 국가의 접근 권한 등의 이점이 있다. 방대한 데이터에 대한 접근성 측면에서 경쟁자들보다 잠재적으로 우위에 있는 중국은 국내 데이터 센터의 데이터가 국외로 이전되는 것을 제한했다. 중국의 사이버 보안법은 애플과 같은 외국 기업이 해외에 있는 시설을 이용하지 않고 중국 내에 데이터 저장 시설을 구축하도록 의무화했다. 그럼에도 미국과 영국, 유럽에서 디지털 거버넌스 체제가 정착되고 개인 데이터에 대규모로 접근할 수 있게 됨에 따라, 현재 중국의 데이터 우위가 영구적인 것인지에 대한 논란이 제기되고 있다. 그러나 당분간은 중국이 미가공 데이터raw data에서 우위에 있을 것이다.

가장 효과적이고 효율적인 반도체와 컴퓨터 칩을 생산하는 경쟁에서는 미국과 다른 아시아 기업들이 아직 상당한 우위를 점하고 있다. 반도체의 경우, 2018년 기준 중국은 전 세계 공급량의 5퍼센트만 생산하는 수준이었다. 이에 반해 미국은 분야의 선도 기업인 인텔을 통해 전 세계 공급량의 45퍼센트를 제공했다. 반도체 기술의 또 다른 두 리더는 타이완의 TSMC(중국 최대의 공급 업체)와 한국의 삼성이다. 실제로 2019년의 미국 반도체 산업은 미국 전체 대중 수출의 약 50퍼센트를 차지했다. 미국이 장악한 이 분야에서 중국이 얼마나 취약한지는 2018년 트럼프 행정부가 중국의 대표 기업 ZTE에 대한 미국의 모든 반도체 판매를 금지(이후 일시적으로 해제됨)하면서 드러났다. 당시 ZTE는 사업을 거의 접을 뻔한 위기에 처했다(자세한 내용은 14장에서 다룬다). 2017년 미 정부가 외국인투자위원회를 근거로 중국 국유 기업의 미 반도체 기업 인수를 차단하기로 한 데 따른 조치였다(타이완법은 중국의 타이완 반도체 기업 소유를 전적으로 금지하고 있으며, 한국에도 이와 유사한 제한이 있다). 이에 따라 미국의 반도체 산업계는 2019년 기준으로 중국이 세계 최첨단 반도체 기술에 비하면 최소한 5년은 뒤처지게 되었다고 보았다. 중국의 일부 산업 분석가들은 그 격차가 훨씬 더 클 것으로 평가했다. 비록 중국은 심각한 격차를 좁히기 위해 전력투구하고 있지만, 이미 벌어진 격차를 뛰어넘기는 쉽지 않아 보인다.

집적회로 기술에 있어서는 더욱 복잡하고 경쟁적인 양상이 나타나고 있다. 중국은 특히 3D 이미지, 음성 및 텍스트 인식에 중점을 둔 전문 칩 개발 분야에서는 비약적인 발전을 이루었다. 일반 컴퓨팅 시장을 겨냥한 칩이 AI 알고리즘 목적으로 용도가 변경되는 것과는 대조적이다. 이런 종류의 칩은 미국 산업의 오랜 강점이었다. 따라서 중국의 중대한 국가적 연구 개발은 일반 칩보다는 미국이나 다른 국가들과 격차가 크지 않은 고성능 전문 칩에 집중되어 있다.

중국은 한 산업 전반에 걸친 대대적인 연구를 국가적으로 지시함으로써 특정 AI 기술과 시스템이 가진 한계를 극복하고자 한다. 한 예로, 2019년 기준 전 세계 모든 AI 스타트업 종사자의 48퍼센트가 중국인이었고, 미국인은 그 뒤를 이어 38퍼센트를 차지했다. 하지만 이런 중국 신생 기업이 진정으로 새롭고 독립된 기술을 얼마나 보여주는지, 혹시 많은 기업이 거의 동일한 특허를 다루고 있어서 그 수가 부풀려진 것은 아닌지 하는 의문은 여전히 남아 있다. 여기서 중요한 사실은 불과 10년 전만 해도 거의 없었던 중국 기업들이 이제는 국제적 기준으로도 중요한 빅데이터 및 AI 혁신 기업으로 성장했다는 것이다. 또한 그들은 다른 곳에서 개발된 신기술(예를 들어, 디지털 결제 시스템)을 선도적으로 채택함으로써 주요 연구에 재투자할 막대한 현금을 확보했다. 실제로 AI 기술의 상업적 활용도만 놓고 본다면 중국은 경제 전반의 여러 분야에서 미국을 앞서고 있다.

이처럼 미국과 중국 사이에는 실제로 이미 상당한 수준의 기술 분야 디커플링이 진행되고 있다. 사실 이런 흐름은 중국 정부가 자국민의 자유로운 정보 흐름을 제한하기 위해 인터넷 통제권 확보에 착수한 20여 년 전부터 시작되었다. 특히 디커플링 현상은 5G 통신 기술이 등장하자 미국과 그 동맹국의 국가안보에 대한 우려로 인해 본격화되었으며, AI 분야도 미국의 국가안보 요건과 기존 중국의 국가 자립 전략이 상충하면서 디커플링 궤도에 올라탔다. 중국에 대한 미국의 반도체 및 칩 수출이 앞으로 완전히 금지된다는 뜻은 아니지만, 각종 무역 규제는 더 강화된다는 뜻이다. 물론 다른 신기술 분야(생명공학이나 제약 분야 등)에서 미중 협력이 계속될 수는 있지만, 여기에서도 새로운 제한이 생길 가능성은 다분하다. 또한 디커플링은 일방적, 복수국 간 또는 다자간 규제 세계가 등장함에 따라 미래의 글로벌 산업 표준, 규제 및 거버넌스 협정에도 중대한 영향을 미칠 것이다. 이 때문에 시진핑은 미국의 경제 및 기술 제재로부터 중국을 더 잘 보호하면서도 경제 회복력과 기술 지배력에 박차를 가하기 위해서는 하루라도 빨리 국가적 자립을 달성해야 한다고 생각하게 되었다.

자본시장에서의 지속적인 상호 의존성

그러나 미국과 중국 자본시장의 디커플링에 대한 전망은 양국의 경제 관계에 비해 한층 더 복잡한 양상을 띤다. 현재 거래되는 자본의 규모와 상호 의존성, 그리고 양국 간의 재정적 이해관계가 너무도 크기 때문이다. 2021년에는 미중 간 금융 관계의 규모가 5조 달러를 조금 넘는 것으로 집계되었다. 여기에는 미 증권거래소에 상장한 중국 기업의 가치(1조9000억 달러), 미국 기업이 중개한 중국 및 홍콩 거래소의 중국 주식 및 채권 보유액 1조5000억 달러, 미국 회사의 중국 주식 및 채권 보유액 2000억 달러, 중국 기업에 대한 미국의 대출 1000억 달러, 공식적으로 중국이 보유한 미 국채 1조1000억 달러, 기타 연방정부채 보유액 2000억 달러가 포함된다. 핵심은 이것이 실제로 엄청나게 큰 숫자라는 것이다.

두 정부가 전반적으로 서로에게 어떠한 전략적 애로 사항을 가지고 있든 간에, 현 단계에서는 이러한 관계를 유지하는 것이 양국의 이익에 부합할 것이다. 중국은 미국 자본시장의 다양성과 깊이, 유동성에 견줄 만한 대안을 아직 찾지 못했다. 게다가 중국은 25년 만에 처음으로 약간의 경상수지 적자에 대한 자금을 조달해야 할 것으로 보인다. 다른 나라들도 같은 경제 발전 단계에서 동일하게 겪어온 일이다. 결과적으로, 자금이 필요해질 경우 중국은 경상수지 균형을 유지하기 위해 글로벌 자본시장에 지속적으로 접근해야 할 것이다. 물론 외부의 금융 수요를 맞추기 위해 유럽이나 다른 금융시장을 물색할 수도 있다. 실제로 중국은 자본시장에 디커플링이 영향을 미칠 경우를 대비해 따로 계획을 마련해두었다. 그러나 지금은 자본시장을 개방하는 데 있어 대규모 상호 이해관계가 걸려 있기 때문에, 현 단계에서 그러한 비상 시나리오가 발생할 가능성은 그리 크지 않은 것 같다.

한편 2020년에 들어서면서 이러한 방정식을 뒤바꿔놓을 만한 여러 제안이 미 의회에 제출되었다. 트럼프 대통령이 임기 말에 서명한 외국기업책임법HFCAA은 미 증권거래소에 상장된 외국 기업이 상장회사회계감독위원회PCAOB의 감사를 받아야 하며, 그러지 않을 경우 상장이 폐지됨을 공표했다. 중국의 상장 기업 상당수는 대개 완전한 회계 기준을 따르지 않는 국유 기업으로, 현재 미국 증권거래소에 상장된 약 281개의 중국 기업이 이 같은 상장 폐지의 대상이 된다. 바이든 행정부는 이 법을 그다지 의욕적으로 시행하지 않으리라고 많은 이가 추측했지만, 2021년 3월 미국 증권거래위원회SEC가 새 행정부의 지시에 순응할 것이라고 발표하면서 예상은 빗나가버렸다. 2021년 8월 SEC 위원장 게리 겐슬러는 중국 기업에 대한 추가 조사를 벌이겠다는 입장을 더욱 강화하며 "갈 길은 명확하다. (…) 시간이 얼마 남지 않았다"라고 역설했다. 2021년 9월, 그는 중국 기업이 2024년까지 새로운 감사 요건을 준수하지 않으면 미국 거래소에서 강제 퇴출당할 것이라고 선언했다. 즉, 현재 미국 정부가 중국 기업들에게 던지는 메시지는 분명하다. 본격적인 조사를 받을 것인지, 시장에서 퇴출당할 것인지 선택하라는 것이다.

2020년에 공화당과 민주당 양측에서 발의한 두 번째 법안은 공적연기금, 특히 연방퇴직저축투자위원회FRTIB가 중국 주가지수에 투자하는 것을 제한하는 내용을 담고 있으며, 2021년에 추가 버전이 논의되기도 했다. 특히 바이든 행정부는 이전의 트럼프 행정부가 항공우주 기업 중국항공테크공업과 보안시스템 기업 하이크비전, 이동통신 기업 차이나모바일 등 중국군과 유착 의혹이 있는 수십 개의 기업에 대해 투자 금지 명령을 내린 것을 번복하지 않았으며, 오히려 그러한 투자 제한에 대해 원칙적인 지지를 표명하기도 했다. 이와 관련해 FRTIB는 이러한 대대적인 법적 제한이 투자에 미치는 영향의 규모를 파악하기 위해 현재 총 6000억 달러의 기금을 관리하고 있다. 따라서 이러한 기준들이 전면 적용된다면 다른 미국 포트폴리오 매니저들의 투자 결정에 엄청난 영향을 미칠 것이며, 아울러 중국의 반발도 피할 수 없을 것이다.

미 의회가 중국에 이러한 제한을 가하는 반면, 중국은 자본시장을 더욱 개방함으로써 미국과는 반대 방향으로 나아가고 있다. 2019년 9월 중국은 자격을 갖춘 외국 기관투자자가 상하이와 선전의 거래소에서 국내 위안화 표시 주식을 매입할 때 적용되던 한도를 모두 없앴다. 현재 중국 주식의 외국인 보유 비중은 약 2퍼센트에 불과하다. 그러나 기관투자자들이 균형 잡힌 글로벌 포트폴리오의 일부로 중국에 대한 투자를 늘리려 함에 따라, 이 비율은 2020년대 후반에는 10퍼센트까지 증가할 것으로 보인다. 이러한 흐름은 최근 MSCI 지수와 바클리즈 지수에 중국 주식을 포함한다는 결정을 내림으로써 더 힘을 얻었다. 현재 외국인 보유분이 약 8퍼센트밖에 안 되는 중국 채권도 비슷한 시장 자유화가 이루어지면서 그에 상응하여 매수세가 증가하고 있다. 외국 기업이 중국 국내 보험과 금융 거래 중개업, 기타 금융 서비스 산업에서 대주주가 될 수 있도록 허용하는 변화도 이러한 자유화 방향과 같은 선상에 있다. 따라서 미 의회에서 투자 제한 법안이 제안되고 있긴 하지만, 이 법안 또는 유사 조치들이 실제로 의회를 통과할지는 미지수다. 미중 자본시장을 잇는 상호 경제적 이해관계의 규모와 맞물리면서 미국 금융 서비스 업계가 계속 투자 제한을 반대해오고 있기 때문이다. 여기에 장기 경상수지 적자를 메우기 위해 국내 금융 서비스 부문을 국제화하려는 중국의 내부 결정까지 더해지면서, 양국 자본시장에 대대적인 디커플링이 일어나는 것은 여전히 먼 미래의 일로 보인다.

통화시장과 지속적인 달러 강세

통화시장의 미래에 관해서는 세 가지 이슈가 있다. 첫 번째는 위안화에 대한 적절한 평가를 놓고 미국과 중국이 벌이고 있는 오랜 논쟁이다. 두 번째는 향후 세계 기축통화로서 위안화가 수행하게 될 역할에 관한 것이다. 마지막 세 번째는 중국이 최근 발표한 국제 디지털 화폐 출시에 관한 것으로, 이는 양국의 정치 관계가 완전히 파탄 날 경우 달러가 중국에 대해 전면적인 무기로 사용될 위험을 줄이기 위한 것이다.

첫 번째로, 양국 간에 일시적으로 벌어진 과장된 공세(트럼프 대통령이 일시적으로 중국을 환율 조작국으로 지정한 사건을 포함하여)에도 불구하고 중국은 위안화가 매일 정해진 변동 폭 안에서 움직일 수 있는 지금의 "관리변동환율제"를 유지할 가능성이 크다. 만약 무역 전쟁이 계속되거나 격화되고, 경제적 디커플링이 빨라지거나 정치적 관계가 무너진다면, 환율 전쟁은 또다시 일어날 것이다. 글로벌 수출시장에서 경쟁력을 유지하고픈 중국은 향후 관세 인상이나 기타 시장 주도의 위안화 환율 상승이 초래할 충격을 완화하기 위해 환율에 직접 개입할 수도 있다.

문제는 이것이 여러 방면에서 정치적 마찰을 일으키며 중국과 다른 무역 상대국 간의 환율 전쟁으로 이어질 수 있다는 점이다. 그러나 2021년 중반까지도 중국은 위안화를 절하하지 않았다. 2019년 무역 전쟁이 한창이던 시기에 달러당 거의 7.2위안까지 떨어진 위안화는 2020년 10월 달러당 약 6.5위안으로 거의 전례 없는 강세를 보인 후, 2021년 중반에는 달러당 6.45위안으로 더욱 강세를 보였다. 골드만삭스와 같은 일부 분석기관은 위안화가 장기적으로 계속 강세를 보이리라 예측했다. 이러한 급등세는 중국의 금융 서비스 시장이 외국에 전면 개방되고, 코로나19 팬데믹 이후에 중국 경제가 눈부시게 회복한 데다, 선진국들이 대규모 재정 부양책으로 서둘러 돈을 찍어내는 바람에 중국 국채가 다른 자산보다 높은 수익률을 기록한 데서 비롯되었다. 그러나 가장 주목할 점은 중국 정부가 위안화 절상을 거의 제한하지 않았다는 사실이다. 많은 애널리스트는 이미 수출에 자신 있는 중국이 통화 강세가 국내 시장의 글로벌 구매력을 강화하고 장기적으로는 위안화의 국제화를 앞당기는 데 도움이 된다고 판단했기 때문이라고 분석했다.

위안화의 국제화는 중국인민은행의 숙원 사업이었다. 그러나 중국의 정치 지도부는 1990년대 아시아 금융 위기의 교훈을 염두에 두고 통화 변동과 자본계정 개방에 오랫동안 반대해왔다. 중국이 그렇게 두려워했던 이유는 국제 헤지펀드에 노출될 가능성과 중국의 정치 체제를 불안정하게 만들 수 있는 통화시장의 정치적 조작 가능성 때문이었다. 이러한 결정은 중국이 위안화를 국제적 주요 기축통화로 전환하여 달러 의존도를 낮추지 못하도록 방해해왔다. 그러나 중국은 위안화를 IMF의 특별인출권SDR 보유 통화 바스켓에 편입시키는 데 성공했다. 비록 세계적 달러 시스템 밖에서 무역 결제가 이루어지는 비율은 여전히 미미하지만, 중국은 무역 파트너들과 약 36건에 이르는 별도의 양자 간 통화 스와프를 시작했다. 또한 중국은 러시아와 더불어 달러 기반 국제 금융 결제 시스템인 스위프트SWIFT의 대안을 출시하기도 했다. 하지만 달러는 여전히 지배적인 위치에 있다. 달러화가 세계 외환 보유고의 62퍼센트를, 유로화가 20퍼센트, 엔화가 5퍼센트, 파운드화가 4퍼센트를 차지하는 데 반해, 위안화는 기껏해야 2퍼센트 미만(호주 달러와 거의 같다)이며, 국제 통화 시스템에서는 여전히 주변부 역할을 하고 있다. 게다가 2019년 기준 전체 외환 거래의 88퍼센트에서 달러화가 사용됐지만, 위안화의 사용률은 4퍼센트에 그치고 있다. 미국의 글로벌 채권시장의 오랜 역사와 유동성, 신뢰성 때문에 자본계정 개방과 변동

환율제를 계속 꺼려온 것과는 대조적으로, 중국은 지금까지 달러 의존도를 줄일 수단을 많이 만들어두지 않았다. 러시아, 베네수엘라, 이란과 같은 미국의 다른 적대국들이 경제적인 어려움을 겪는 것을 목격하면서, 언젠가 중국도 달러 기반 금융 체제 속에서 제재의 희생양이 될 수도 있다는 중국 정부의 편집증이 커지고 있음에도 불구하고 나타난 현상이다.

그러나 중국은 국가가 달러에 노출될지도 모른다는 끊임없는 우려를 해결하는 것 이상으로 세계 금융에 대한 영향력을 확장하기 위해 색다른 접근 방식을 실험해보기도 했다. 중국의 알리페이와 위챗페이는 이미 세계 최대의 디지털 결제 플랫폼이다. 실제로 이 두 플랫폼에서 2019년 1분기에만 약 8조4000억 달러의 결제가 이루어졌다. 중국은 국제 디지털 화폐를 개발함으로써 이러한 강점을 잘 살려가길 원한다. 또한 페이스북의 암호화폐 디엠과 같은 다른 잠재적인 경쟁자가 국제 시장에서 중요한 선점 우위를 확보하는 것을 막고자 한다. 실제로 마크 저커버그는 2019년 미 의회 증언에서 미국이 디엠(당시에는 '리브라'로 불렸다)과 같은 상업적 노력을 뒷받침해주지 않는다면 빠르게 전개되고 있는 새로운 글로벌 경쟁에서 중국에 우위를 내줄 위험이 있다고 경고했다. 중국은 해외 디지털 고객들이 여전히 미국의 규제를 받는 디지털 통화에 얽매이는 것을 원치 않는다. 중국은 2020년 초 새 암호법을 발효하여 새로운 디지털 위안화의 출시를 지원할 것이며, 국내 일부 도시와 해외의 몇몇 국가에서 시범 프로그램을 운영하기도 했다. 디지털 위안화는 세계 결제 시스템이 점진적으로 디지털화됨에 따라 장기적으로 달러화에 대항할 잠재력을 가진다.

아직은 초기 단계에 있기에, 디지털 위안화가 달러화에 정확히 어떠한 영향을 미칠지는 알 수 없다. 그러나 중국은 국제 디지털 화폐 혁신의 얼리 어답터로서 미국을 앞서간다면 세계의 달러화 의존도를 낮출 절호의 기회가 될 것이라 보고 있다. 중국의 당면 목표는 디지털 위안화가 일대일로 국가를 넘어 개발도상국이 선호하는 기축 통화로서 달러를 대체하는 것이며, 이는 그 자체로 미국의 금융 패권과 지정학적 힘에 상당한 영향을 미칠 것이다. 이어서 중국은 앞으로 10년 안에 위안화의 자율변동환율제, 자본 통제 철폐, 중국 자본계정의 자유화도 추진할 것이다. 중국의 2019년 금융시장 자유화 조치는 디지털 위안화의 출시와 더불어 이러한 결정의 전조일 가능성이 크다. 특히, 중국의 GDP가 미국과 비슷해지고 세계 최대의 경제국이 되면서 외부의 통화시장 조작을 견딜 능력을 갖춤에 따라, 중국 지도부는 더 자신 있게 그러한 조치를 단행할 것이다. 앞으로 10년쯤 뒤에는 중국의 자본시장 규모도 미국과 어깨를 나란히 할 것으로 보이며, 그렇게 되면 마침내 달러라는 괴물을 처치할 수 있다는 지도부의 자신감도 더 높아질 것이다. 그야말로 현대 국제 금융 시스템의 역사에 한 획을 긋는 일이다. 만일 중국이 이러한 전략에 성공한다면, 미국의 글로벌 패권을 지탱하는 네 기둥 중 두 기둥을 제거하는 것이다. 나머지 두 기둥은 미군과 대부분의 범주에서(전부는 아닌) 계속해서 선두를 달리고 있는 첨단 기술 분야다.

결론

경제가 다는 아니지만, 미중 관계의 근본적인 역학을 이해하는 데는 거의 전부나 마찬가지다. 경제가 정치, 사회 안정, 환경, 국제 관계 및 군사에 미치는 영향은 지대하다. 따라서 지도자의 정책 성향이 모든 주요 국가 의사 결정의 근간이 되는 중국 정치 체제의 특성을 고려할 때, 시진핑이 가진 경제관의 복잡한 윤곽을 이해하는 것은 중요하다. 나는 시진핑이 본능적인 "마르크스주의적 민족주의자"라고 생각한다. 그의 분석 틀은 매우 마르크스-레닌주의적이며, 이 틀은 그가 세상을 어떻게 보고 해석하는지에 영향을 미친다. 시진핑의 국가 경제학은 사회주의적 가치에 대한 신념(비록 중국 전통이 약간 가미되긴 했지만)과 당 그리고 국가 권력을 가장 중시한다는 점에서 마르크스-레닌주의와 동일하다. 따라서 그는 본래 시장의 힘을 믿는 사람이 아니다. 그에게 있어 시장은 국민의 생활 수준을 높이고 국가 경제력을 향상시키는 도구로서 필요악일 뿐, 그의 깊은 이데올로기적 신념과는 무관하다. 만약 시장의 세력과 당의 미래 세력 사이에 마찰이 생긴다면 시진핑은 본능적으로 당의 편을 들 것인데, 바로 그 점에서 그의 세계관은 덩샤오핑의 세계관과 근본적으로 다르다.

시진핑의 국가 경제학은 또한 민족주의적이기도 하다. 국내 경제 일선을 대하는 그의 이데올로기적 보수주의는 글로벌 비즈니스에서의 상호 의존성에 대해서도 의구심을 품는다. 특히 상호 의존 때문에 "적대적인 외국 세력"의 정책과 편견에 취약해질 거라고 걱정한다는 면에서 그러하다. 시진핑은 다른 국가가 글로벌 시장을 쉽게 조작하여 중국을 위험에 빠뜨릴 수 있다고 생각한다. 과거 중국 정부의 입맛에 맞도록 시장 조작을 눈감아준 시진핑이 정작 미국을 향해서는 그들이 노골적으로 국익을 위해 자유시장 협정(예를 들면 반도체 분야)에 정치적으로 개입하고 있다고 지적했던 것이 그런 경우에 해당한다. 따라서 시진핑에게는 시장보다는 국가적 자립이 더 중요하며, 중국공산당의 힘이 중국의 경제적 이익을 사수하게끔 강력하게 개입할 수 있는 것이 가장 중요하다.

이러한 이유로 시진핑의 경제관 중심에는 중국공산당과 국가의 정치 기구가 자리하고 있으며 국내외 시장은 모두 그 주변부를 맴돌고 있다. 2013년 처음 그가 집권한 이후 여태껏 보여준 경제 발전 전략을 보면 이를 알 수 있다. 또한 현재의 자유주의적 국제 경제 질서(예를 들어, 글로벌 디지털 거버넌스)의 규칙을 국내 경제 모델과 양립할 수 있는 방식으로 재구성하려는 시진핑의 결의가 커지고 있다는 것도 발견할 수 있다. 다만 우리 앞에 남겨진 질문은 시진핑의 대담한 경제 정책 실험이 과연 효과를 발휘할 것인지, 아니면 중국의 경제성장이 이대로 주춤할 것인지다.

7장

경제 발전 환경 친화적인

네 번째 원..

전 세계 대부분의 국가와 마찬가지로 중국의 환경적 지속 가능성은 정치적으로 꾸준히 더 중요해지고 있다. 환경 파괴가 일상생활에 미치는 영향을 중국 국민이 점점 더 뼈저리게 체감한 결과다. 지난 35년간 이루어진 중국의 급속한 경제 발전과 관련해서 안타까운 점은 중국공산당이 환경 문제를 성장의 부차적인 문제쯤으로 치부해버렸다는 사실이다. 그로 인해 중국에서는 건강을 위협할 정도로 심각한 수준의 대기 오염과 수질 오염, 토양의 사막화, 생물 다양성의 감소, 물 부족 현상 등이 발생했다. 결과적으로 중국은 환경을 무시한 대가를 치르고 있는 것이다. 중국에서는 시위에 위험이 따르는데도, 급기야 전국의 도시와 마을에서 풍토병을 일으키는 환경 오염과 정부의 감독 태만에 대한 분노의 시위가 일었다. 중국 전역의 대기 및 수질 오염 수준은 새로운 종류의 호흡기 질환과 여타 의학적 질환을 일으킬 정도로 매우 심각하다. 심지어 어떤 지역은 암 발생률이 높아서 "암 마을"이라고 불릴 정도다. 또한 수많은 어린이를 병들게 하고 사망에 이르게 한 2008년 유제품 멜라민 파동처럼 생산 업체가 비용을 절감하기 위해 식품의 안전성과 품질을 떨어뜨린 것에 대한 대중의 분노도 갈수록 커지고 있다.

이처럼 정치적인 문제와 결부된 환경 문제는 지도부의 경제 개발 과제를 이전보다 훨씬 복잡하게 만들기도 한다. 중국 정부는 정치적 합법성을 공고히 하기 위해 중국 국민의 눈높이에 맞게 환경적 지속 가능성에 관심을 기울여야 했다. 즉, 경제성장과 고용 보장, 생활 수준의 향상을 약속하는 당과 국민 간의 비공식적인 사회 계약에 깨끗한 환경이라는 항목이 새롭게 추가된 것이다.

2013년 이전 중국의 개발 모델은 환경을 소홀히 한 채 경제성장률을 절대적인 우선순위에 놓았으며, 이는 지역에서 활동하는 정치 지도자들에게 상벌을 내리는 기준이 되기도 했다. 그러나 시진핑은 국가주석에 취임하자마자 공해 퇴치에 관한 주요 정치국 회의를 소집해서는 중국이 "일시적인 경제성장을 위해 환경을 희생하지 않을 것"이라고 선언했다. 환경적 지속 가능성 또는 중국 정부가 내세우는 흥미로운 개념, "생태 문명" 건설의 필요성은 2015년 13차 5개년 계획의 일환으로서 중국의 새로운 경제 모델에 공식적으로 도입되었다. 물과 토양, 대기질 전반에 있어 현재까지 개선된 정도가 미흡하긴 하지만, 국가와 당관리들의 업적에 대한 평가 기준은 시진핑 체제에 들어서면서 많이 바뀌었다. 이제는 공식적으로 환경 보호에 대한 기준 충족이 경제성장 기여와 동등한 비중으로 평가된다. 과거에는 관리들이 경제성장을 촉진하는 과정에서 경제 부양책을 과잉 행사하여 환경에 영향을 주더라도 정치적 책임을 지거나 경력상의 불이익을 받는 일은 없었다. 하지만 더 이상 그렇지 않다. 비록 당이 실업 문제를 여전히 가장 위험한 사회 불안 요소로 간주하고 있기에 환경 문제가 경제적 우선순위에서 밀려날 가능성도 작지 않지만 말이다.

그럼에도 깨끗한 물, 경작할 수 있는 땅, 오염되지 않은 어족 자원, 깨끗한 공기, 안전한 식품에 대한 실질적인 문제들은 지속적인 일자리 창출, 생활 수준의 개선, 인구 고령화 대책 및 기타 풀기 힘든 난제들과 함께 중국공산당 지도부가 밤잠을 설치며 고심하는 부분이다.

물론 이는 비단 중국 내부의 문제만이 아니다. 중국의 온실가스 배출이 기후변화에 미치는 영향은 지구의 미래에도 결정적인 영향을 미친다. 중국은 세계 최대의 온실가스 배출국이며, 중국이 국내외에서 취하는 행동은 전 세계적으로 매우 중요하다. 중국은 2011년부터 연평균 1.5퍼센트씩 이산화탄소 배출량을 늘려왔으며, 2019년에는 처음으로 국가 총배출량이 선진국들의 배출량을 모두 합친 것보다 많아졌다.

2020년에 중국이 배출한 온실가스 양은 전 세계 연간 온실가스 배출량의 28퍼센트를 차지했으며, 2020년대 후반이면 그 비율이 훨씬 더 높아질 것으로 예상된다. 다른 개발도상국들(특히 인도)의 배출량은 계속해서 증가하는 반면, 선진국들의 탈탄소화 속도도 빨라지고 있기 때문이다. 한편 1인당 탄소 배출량이 여전히 중국의 두 배가 넘는 미국은 배출량을 2030년까지 2005년의 절반 수준으로 줄여나갈 계획이다. 2050년에 이르면 중국의 온실가스 누적 배출량 또한 미국과 동등한 수준에 다다를 것으로 예상되는데, 이에 따라 중국 정부는 환경 문제의 책임 소재를 놓고 선진국 대 개발도상국이라는 뻔한 대결 구도에 초점을 맞추고 있다.

그러나 당이 권력 유지에 초점을 맞춘다는 것은 환경 및 기후 조치에 대한 일차적인 공약이 실제로는 국경 밖으로 확장되지 못했다는 것을 의미한다. 2015년 파리협정에서 중국이 첫 번째로 약속한 것은 2030년경 자국의 탄소 배출량을 정점으로 하고, 그때까지 20퍼센트의 재생 에너지를 가동하며, GDP의 탄소 집약도를 2005년 수준의 60~65퍼센트까지 줄이고, 삼림 재고량을 늘리는 것이었다. 이 수치들은 2021년 11월 글래스고 COP26을 앞두고 중국의 최신 전망에 맞추기 위해 약간 수정되었다. 그러나 기후변화 대응 행동 분석기관인 기후행동추적[CAT]에 따르면, 중국은 다른 국가들의 감축량이 훨씬 많지 않은 한 목표 기온 상승 폭을 1.5도는커녕 2도로 제한할 만한 의지조차 없다.

나를 포함해 국제 기후 정책 토론을 지켜본 사람에게는 꽤 익숙한 일이다. 오바마 행정부는 중국이 더욱 적극적인 온실가스 감축 공약을 내걸도록 유도하기 위해 열심히 로비했지만, 2015년 파리에서 중국은 당시 예상되던 수준에서 동의하는 선에 그쳤다. 하지만 이것은 많은 이에게 상처를 남긴 2009년 코펜하겐 UN기후변화회의에 비하면 상황이 대역전된 것이나 마찬가지였다. 그곳에서 나는 다른 세계 지도자들과 함께 토론 자리를 만들기 위해 원자바오 총리에게 개인적으로 도움을 요청해야 했는데, 그는 체면상 그러한 회의를 공식 초청 없이 진행하는 것은 "의전 위반"이라고 큰소리치며 수행원들에게 협상 테이블에서 단호한 태도를 유지하도록 지시했다. 당시 중국의 가장 큰 딜레마는 기존의 서방 국가들처럼 개발도상국들도 석탄을 기반으로 경제를 산업화할 권리가 있다고 생각하면서도, 다른 한편으로는 국제 사회에 중국의 탄소 배출량을 줄이겠다고 약속해야 한다는 것이었다. 이러한 논쟁은 사실 도덕적인 이슈이기도 하다. 하지만 본격적인 기후위기를 피하자는 차원에서, 실제 수학적 또는 과학적 조사 결과에 의하면 어쩔 수 없는 일이었다. 또한 태양열 발전을 필두로 당시에 이미 기술이 충분히 진보하고 있었으므로, 그런 딜레마로 고민하는 것은 적절치 않았다. 중국 측은 몰디브의 모하메드 나시드 대통령과 내가 처음 제안하여 전 세계적으로 합의된 기온 상승 제한 조치도 탐탁잖게 여겼다. 그러한 태도는 우리가 개발도상국을 차례로 만나며 지지를 얻어내기까지 계속되었다. 철야로 계속된 당시 회의에서 나는 뛰어난 전문 외교관인 허야페이 차관이 이후에 코펜하겐협정으로 알려지게 된 문서에 서명하도록 설득했지만, 그는 나중에 이를 다시 철회하고 말았다. 이후 원자바오 총리는 그 협정에 동의했다는 이유로 그를 강등시켰다.

이러한 전적에 비추어볼 때, 파리협정의 첫 번째 공약에서 중국이 비교적 쉽게 달성할 수 있는 2030년 국가 목표에만 동의한 것은 그리 놀랍지 않다. 향후 국제적으로 난처한 상황에 놓일 위험을 방지하는 동시에, 나중에 그 공약의 범위를 늘릴 수 있도록 여지를 둔 것이다. 이렇게 내심 주저하던 중국은 도널드 트럼프가 당선된 이후 미국이 파리협정에서 완전히 탈퇴하겠다고 선언하면서 더 망설이는 모습을 보였다. 2017년 이후로 파리 공약을 계속 확장하라는 미국의 압력이 갑자기 사라졌기 때문이다. 그러나 중국은 파리협정에서 완전히 발을 빼지 않았고, 세계는 이에 일종의 마음의 빚을 지게 되었다. 만약 시진핑이 트럼프의 전철을 밟았다면 파리협정은 무산되고 말았을 것이다. 중국의 연간 탄소 배출량이 2017년부터 증가하다가 지난 4년간의 트럼프 재임 기간 내내 일정 수준을 유지한 것은 결코 우연이 아니다. 미국이 기후 문제 해결에 동참하지 않는다는 것은 중국이 더 이상 국제적인 감시를 받지 않아도 된다는 뜻이다. 게다가 미국이 협정에서 탈퇴하겠다고 하는 상황에서, 중국은 그저 국제 기후 회의에 참석하는 모습만 보여줘도 되겠다고 판단했던 것으로 보인다. 중국 정부가 온실가스 감축에서 손을 떼기로 한 것은 2018~2019년 미중 무역 전쟁으로 인한 국내 경제 압박과 2015년 이후 국내 경제 정책의 실패, 그리고 2020년 코로나19로 인한 경기 침체 때문이기도 하다. 이 모든 것이 중국의 급소를 찔렀고, 그 결과 기후 행동은 뒷전으로 밀려났다. 이러한 퇴보적 조치 때문에 중국의 탄소배출권 거래제(전력 부문에 국한됨)의 범위는 점진적으로 축소되었고, 석탄으로 인한 탄소 배출량이 이미 정점에 달했음에도 불구하고 대규모 신규 석탄 화력발전소가 새롭게 가동되었다.

그러나 중국 정부의 셈법은 2020년에 다시 한번 바뀐 것으로 보인다. 같은 해 9월 UN 총회 연설에서 시진핑이 발표한 놀라운 계획은 중국의 기후 행동이 지정학적 측면에서 루비콘강을 건넜음을 보여주었다. 그는 중국이 2060년 이전에 탄소 중립에 도달할 것이라 공표했고, 이로써 곧 세계 최대 경제국이 될 중국의 탈탄소화 일정이 처음으로 수립되었다. 이 목표는 이후 중국의 14차 5개년 계획에 포함되었고, 아울러 탄소 집약도와 재생 에너지에 대한 구체적인 목표가 최종 계획에 통합되었다. 또한 국가 탄소 거래 시장이 설립되었으며, 즉각적인 감축이 가능해 보이지는 않지만 구체적인 산업계의 이행 계획도 수립되었다.

무엇이 중국의 정치적 노선에 이런 중대한 변화를 가져왔을까? 아마도 중국 지도부는 중첩되는 몇 가지 기회를 감지했을 것이다. 첫째로, 중국은 한 번에 두 가지 승리를 거둘 수 있다고 판단한 것 같다. 즉, 높아져가는 국민의 환경 의식에 긍정적으로 대응하는 동시에 점점 더 불안정해지는 세계 정세에서 글로벌 리더십을 발휘할 기회를 잡는 것이다. 당시 트럼프 행정부의 임기 마지막 달이었던 미국은 세계 무대에서 모습을 거의 드러내지 않았고, 그 덕분에 중국은 기후에 대한 국제적 의무를 진지하게 받아들이는 책임 있는 글로벌 파트너로 자리매김할 수 있었다. 특히 유럽이 중국의 이러한 태도를 무척이나 반겼다. 여기에는 무역, 투자, 기술, 자본 및 현재의 기후 문제에 관한 미국과 유럽의 대서양 횡단 관계에 장기적인 쐐기를 박고자 하는 중국의 전반적인 전략이 깔려 있다.

게다가 중국의 새로운 탄소 공약은 시진핑의 경제, 산업 및 기술 목표와도 딱 들어맞았다. 이는 중국의 에너지 및 운송 인프라를 혁신하는 데 국가 투자를 집중하는 동시에 재생 에너지, 전기 자동차, 고효율 스마트 도시, 고급 에너지 저장 시스템 및 탄소 포집 기술 등 수요가 많은 신기술 분야에서 중국이 세계적인 리더가 될 기회였다. 다시 말해, 중국의 재생 에너지 혁명은 국내의 정치적 요구와 국제 정책적 의무를 충족하는 것 이상으로, 더 넓은 "4차 산업 혁명"의 다른 요소들과 함께 국가 주도 산업 정책의 핵심 부분이 되었다.

마지막으로, 시진핑은 미중 관계에서 이점을 얻을 수 있다고 판단했다. 그는 바이든 행정부가 중국에 더 많은 기후 조치를 요구할 가능성이 크다는 것을 알고 있었기에, 미국에 압력을 돌리고 중국을 더 유리한 위치에 놓는 것을 목표로 삼았다. 시진핑은 또한 트럼프 대통령 시절 4년간의 전략적 경쟁과 부분적 디커플링 이후 미중 관계를 다시 안정화할 수 있는 잠재적인 메커니즘으로서 기후 문제를 바라보기도 했다. 그러나 중국과의 기후 협력에 대한 미국의 관심이 양국 관계의 더욱 광범위한 개선을 위해 어느 정도까지 활용될 수 있을지는 미지수다. 지금 단계에서는 딱히 가망이 없어 보인다.

중국의 새로운 탄소 중립 공약을 달성하기란 말처럼 그리 쉽지 않을 뿐더러, 상당한 비용이 따를 것이다. 한 독립 기관의 분석에 따르면 지금부터 30년간 필요한 총투자액은 5조에서 15조 달러 사이로 추정된다. 아울러 중국 경제에도 상당한 구조적 변화가 요구될 것이다. 특히 석탄 발전에 크게 의존하고 있는 중국은 시진핑의 탄소 중립 공약을 달성하기 위해 2040년까지 석탄 발전을 완전히 중지해야 한다(단순히 그때까지 시간을 벌었다기보다는 석탄에 대한 의존도를 즉시 제한하기 시작해야 한다). 2019년에 중국이 전 세계를 합친 것보다 더 많은 석탄을 소비했다는 점을 고려하면, 이는 매우 무리한 요구가 아닐 수 없다. 전 세계 탄소 배출량의 약 20퍼센트는 중국의 석탄 화력발전소에서 발생한 것이며, 실제로 석탄에서 생산된 전력은 여전히 중국 전체 에너지 소비의 절반 이상을 차지하고 있다(비록 2016년 62퍼센트에서 2019년 57.7퍼센트로 감소했지만). 반면, 재생 에너지(대부분 수력, 풍력 및 태양열)로 감당하는 비율은 약 4분의 1뿐이며 원자력 에너지는 약 5퍼센트에 불과하다. 앞서 언급한 바와 같이, 중국은 2018년 이전까지 시행하던 금지 규정을 해제하면서 석탄 화력발전소를 신설하는 계획을 세웠으며, 특히 코로나19가 경제를 심각하게 위협한 2020년 초에 신설 승인이 급증했다. 그 결과 오늘날 중국에 건설 중인 석탄 화력발전소는 미국의 전체 설비 용량을 넘어서게 되었다. 이러한 결정은 전 세계의 기후과학자, 협상가, NGO의 등골을 오싹하게 만들었다. 특히나 시진핑이 탄소 중립 공약을 선언한 지 불과 몇 달 만에 나온 것이기 때문이다. 많은 이가 그 공약이 하나의 전환점이 되기를 바랐지만, 중국은 아직 그러지 못하고 있다.

중국 정부가 석탄 발전을 선호하는 것은 중국 내부의 문제 때문만은 아니다. 중국은 일대일로 전략의 일환으로 개발도상국의 석탄 화력발전에 이미 막대한 돈을 투자했기에, 이는 국제적인 문제가 되었다. 중국 밖에서 건설 중인 석탄 발전소의 약 4분의 1, 즉 100기가와트 이상의 용량에 해당하는 발전소가 중국의 금융기관과 기업으로부터 자금을 지원받았거나 중국의 장비 또는 노동력을 통해 건설되었다. 이는 사실상 독일의 석탄 화력발전 총용량의 두 배에 해당한다. 일대일로 석탄 프로젝트 건설의 대부분은 중국 국유 기업이 주도하며, 그들은 중국의 장기저리차관, '소프트 파이낸스'를 중국 경제로 되돌리는 역할을 한다. 게다가 중국의 노동력은 2020년 이전의 중국 내 석탄 화력발전소 건설 침체를 상쇄하는 데도 도움이 되었다. 여태껏 개발도상국의 석탄 발전소 자금을 지원해왔던 주요 국가는 일본과 한국으로, 두 나라가 이러한 관행을 중단할 것을 촉구하는 국내외 압력에 결국 굴복하자 중국도 2021년 9월에 그 뒤를 따랐다. 그러나 해외 석탄 화력발전소에 대한 자금 공급을 중단한다는 공식 결정이 민간 및 국유 자본의 해외 유출에 영향을 미칠지, 혹은 이미 건설 중이거나 곧 건설될 발전소에 영향을 미칠지는(또한 석탄에 대한 지원을 가스와 같은 다른 고배출 대안으로 단순히 대체하려는 것은 아닌지) 두고 봐야 한다. 전 세계 석탄 화력발전소 건설에 중국이 대규모 노동력을 투입하고 있는 것도 마찬가지다. 이것은 중국이 일대일로를 "녹색 일대일로"로 재설계할 수 있는지를 시험해볼 기회가 될 것이다. 사실 중국도 그러기를 간절히 원하는 바이지만 단순히 외부 압력에 의해 시행하게 될까봐 염려해오던 터였다. 그러나 2021년의 시진핑에게 있어 변화는 분명 필요했다. 일대일로 국가들이 석탄 화력 프로젝트를 지원하려는 베이징의 열망을 외면했을 뿐만 아니라, 바이든 행정부는 중국이 발판을 마련한 많은 국가를 대상으로 대체(청정)에너지 자금 지원을 늘리고 있었다. 만약 시진핑이 조치를 취하지 않았다면 일대일로 국가들의 탄소 배출량은 금세기 중반까지 전 세계 배출량의 절반 이상을 차지했을 것이며, 중국이 국내에서 한 모든 일이 무의미해졌을 것이다.

그러나 중국과 세계는 개별 정부의 말이나 행동과는 상관없이, 지구는 결국 거짓말을 하지 않는다는 근본적인 과학적 현실을 마주할 필요가 있다. 금세기 지구의 온도 상승 폭을 섭씨 1.5도 이내로 유지하려면 온실가스 배출량을 안정화하고 신속히 감축해야만 한다. 그리고 중국, 미국, 유럽(그리고 이후 인도)이 내리는 결정은 지구의 앞날을 좌우하는 중대한 결정이 될 것이다.

따라서 중국에 다소 가혹한 현실은 기후변화 문제에 있어서만큼은 점점 미국과 같은 선상에서 평가받게 된다는 것이다. 게다가 개발도상국의 많은 국가(G77 정치 블록이라고 불리는 중국의 동료 회원국)가 기후변화로부터 가장 큰 타격을 받고 있다. 따라서 신흥국들은 중국이 점잖은 정치적 미사여구가 아닌 실제 행동으로 변화를 이끌기를 기대하고 있다. 해외 석탄 화력발전소에 대한 자금 지원을 중단하는 것 외에도, 향후 몇 년간 또 다른 시험대에 오르게 될 사안은 2030년에 앞서 이르면 2025년까지 중국의 탄소 배출량이 정점에 도달할 수 있는지다. 만약 그렇게 하지 못한다면 중국은 파리협정에서 약속한 기온 목표를 달성하지 못하는 것은 물론, 시진핑이 선언한 대로 2060년까지 탄소 중립을 이루기에는 정부 차원의 준비가 제대로 되어 있지 않다는 것을 입증하게 되면서, 시진핑의 신뢰가 실추될 것이다.

따라서 기후 정책은 시진핑의 전체 전략에서 더욱 중요한 우선순위가 될 것이며, 이는 당이 우선시하는 세 가지 이해관계에 의해 추진될 가능성이 크다. (1) 앞으로 남은 시진핑의 집권기 15년 동안, 기후변화가 중국 국민의 삶에 점진적으로 악영향을 미칠 경우 그것이 당과 시진핑 개인의 정치적 합법성에 미치는 영향. (2) 계속되는 기후변화로 가뭄, 홍수, 폭풍 등 극단적인 기상 현상이 심화하고 더 빈번해질 경우 그것이 중국에 미칠 정치적, 경제적 영향. (3) 실패의 가능성: 중국의 배출량이 일대일로 국가들의 배출량과 함께 감소하지 않을 경우 국제 사회가 향후 중국의 글로벌 리더십에 대해 고민하게 되면서, 중국을 모범적인 글로벌 시민 또는 리더로 내세울 수단으로 기후변화를 활용하려는 시진핑의 노력이 좌절될 가능성.

8장

군현대화

다섯 번째 원..

시진핑의 중국몽에는 애초부터 군대가 포함되어 있었다. "중국의 꿈은 나라를 강하게 만드는 것이다. 중국군은 군대를 강하게 만드는 꿈을 중국몽의 일부로 삼고 있다. 강력한 군대 없이는 나라가 안전할 수도, 강해질 수도 없다." 시진핑은 군사력이 주변국과 지역, 그리고 세계와의 관계 속에서 미래 국력의 궁극적인 핵심 축이 된다고 보고 있다.

또한 시진핑은 스스로를 위대한 전략가로 여긴다. 권력을 잡기 전 그는 인민해방군의 실제 전투력과 승전 능력 부족을 경멸하다시피 했다. 그리하여 2012년부터 그는 국경 방어에 주력해오던 마오쩌둥 시대의 낡은 인민군을 탈바꿈시켜 중국 해안을 넘어 공군 및 해군력을 투사할 수 있는 최첨단 부대로 만들고자 군의 리더십과 조직, 역량을 강화하는 데 힘써왔다. 과거 덩샤오핑이 "4대 현대화"의 일환으로 발표한 국방 현대화 지침에 따라 게릴라와 인해전술에 전념하던 마오쩌둥의 인민해방군을 재래식 군대로 전환했다면, 시진핑은 그보다 훨씬 더 근본적인 일련의 개혁을 펼쳐나갔다. 그는 또한 인민해방군 장교단 지도부의 전문성을 높이고 규율을 회복하며 당의 정치 지도부, 특히 총지휘관인 자신에 대한 절대복종을 강요하기 위해 반부패 캠페인을 전개했다. 이 과정에서 개인적으로 절대적인 충성을 보이지 않는다고 판단된 수천 명의 고위 인사를 제거했다.

미군은 중국을 1950년대와 1960년대에는 지역의 전략적 적수로 보았고, 1970년대와 1980년대에 들어서는 소련에 대항하는 전략적 협력자로, 2000년대 초반에는 새로운 전략적 경쟁자로, 그리고 지금은 다시 적수로 여기고 있다. 오늘날의 중국군에 대한 미국의 공식적인 평가는 이미 동아시아의 "동료 경쟁자"이자 전 세계의 "장기적 전략적 경쟁자"다. 또한 오늘날 미국과 중국 간의 군사적 경쟁의 초점은 타이완, 남중국해, 동중국해에서 인공지능, 우주, 사이버 공간 등 점점 더 다양해지는 새로운 안보 위협에 맞춰져 있다.

중국 정부는 미국과의 전반적인 역학관계가 꾸준히 자신들에게 유리한 쪽으로 움직이고 있다고 보지만, 여전히 많은 위험이 도사리고 있다는 사실도 알고 있다. 여기에는 빠르게 진화하는 중국의 군사력에 대한 미국의 정교한 대응책과 타이완의 강제 반환을 막기 위한 미국의 개입이라는 예측할 수 없는 변수도 포함된다. 또한 미국이 인도태평양 전역(예를 들어 호주, 일본, 인도와의 4자 간 안보 대화 또는 "쿼드Quad")과 유럽에서 중국 정부에 맞선다는 공동 대의를 위해 동맹과 파트너십을 구축 및 부활시키고 있다는 문제도 있다.

강한 인민해방군을 향한 시진핑의 꿈

시진핑이 인민해방군의 현대화를 강조하는 것은 상당 부분 그의 성격에 기인한다. 그는 결국엔 국가 권력의 핵심에 있는 군사력이 경제적 번영 못지않게 중요하다고 믿는 전략적 현실주의자다. 특히 굴욕의 세기, 중국이 선진화된 서방 국가와 일본 군대의 손에 거듭 패배했던 현대사는 시진핑으로 하여금 다시는 그런 일이 일어나지 않도록 하겠다는 군은 결의를 다지도록 만들었으며, 이러한 다짐은 중국공산당과 국가 전반에 널리 퍼졌다.

시진핑의 이러한 태도는 1979년부터 1982년까지 군에서 복무한 경력과 혁명전쟁 때 고위 지휘관이었던 아버지의 영향에서 비롯되었다. 그는 인민해방군의 군사적 전통을 잘 알며, 전임자들과는 달리 국가 주요 의식 행사에서 전투복을 입기도 했다. 비록 부사관 수준이긴 했지만 군 복무 경험이 있기에 그는 인민해방군의 작전상 한계에 대해서도 잘 알고 있다. 인민해방군은 1979년 베트남과의 국경 전쟁에서 참패한 뒤로 실전 경험을 전혀 쌓을 수 없었다. 게다가 더 심각한 문제는 1949년 중화인민공화국과 함께 창설된 중국 해군은 주요 해상 교전을 경험한 적이 한 번도 없다는 점이다.

시진핑 측은 또한 군대는 내부 반란을 통제할 최후의 정치적 수단이라는 확고한 의지를 지니고 있다. 이는 인민해방군이 국가의 행정 기구가 아닌 당(중앙군사위원회를 통해)의 직접적인 통제하에 있음을 나타낸다. 시진핑이 군에 대한 절대적인 통제권을 주장하려는 이유 중 하나는 1991년 반공산주의 쿠데타로 소련이 붕괴했을 때 소련공산당이 통제권을 되찾기 위해 군을 투입하지 않은 것을 그가 공개적으로 비판한 적이 있기 때문이다. 그는 모든 인민해방군 고위 지휘관이 당과 자신에 대해 변함없는 충성을 맹세토록 했으며, 인민해방군 내에서 소련과 같은 망설임은 절대 허용되지 않을 것이라고 단언했다. 시진핑은 전반적인 개혁 추진에 저항할 거라 여겨지는 여러 막강한 군 관료 조직을 이미 해체해버렸으며, 동시에 인민해방군의 지휘 구조에 대한 자신의 통제력을 강화하고, 그의 리더십에 대한 정치적 저항의 원천을 제거했다.

창설 이후 인민해방군은 당 지도부로부터 아홉 가지 공식 전략 지침을 전달받았다. 처음 다섯 가지는 1980년 이전에 개발되었으며, 중국이 미국이나 소련의 침공에 어떻게 대응할 것인지를 다룬다. 그 후로 1980년, 1993년, 2004년, 2014년에 채택된 나머지 네 가지는 타이완을 둘러싼 국지전, 동중국해와 남중국해에서의 해상 영유권 주장, 그리고 한반도와 관련된 새로운 우발 상황에 관해 다룬다.

이러한 이유로 시진핑을 비롯한 중국의 지도자들은 미군의 발전 과정과 함께 그들이 가진 최첨단 역량을 예의 주시해왔다. 중국군 지휘관들은 1차 걸프전, 발칸반도 분쟁, 2003년 이라크 침공에 투입된 현대 미국의 화력이 지닌 치명성에 주목했다. 특히 그들은 미국의 "군사혁신RMA"에서 위협을 감지했다. RMA는 위성과 전자 장치가 제공하는 실시간 전략 및 전술 정보가 전장의 육·공군 합동 부대 및 무기 체계와 통합되는 것이다. 공산당은 이러한 군사 혁신을 지켜보고 인민해방군에 대한 당의 공식 전략 지침을 중대하게 개혁해나갔다.

중국의 군사 및 정치 지도자들은 또한 해양 지배력과 국가 영향력의 관계를 다룬 앨프리드 세이어 머핸의 고전을 연구하면서 그의 주장을 자주 인용했으며, 아울러 19~20세기 영국과 미국 해군력의 역사적 사례들도 참고했다. 이러한 관점에서 해군력은 굴욕의 세기 동안 중국 제국을 정복한 세력을 포함해 글로벌 강대국의 지위와 불가분한 관계를 맺고 있다. 따라서 그들은 이 사실을 21세기 중국의 중요한 전략적 교훈으로 여긴다. 그 결과, 중국은 자국 연안을 방어할 뿐만 아니라 더 넓은 인도태평양 지역과 어쩌면 그 너머의 다른 전구戰區로까지 국가의 힘과 영향력, 위신을 행사할 수 있도록 인민해방군의 해군력을 확장해야 한다는 결론을 내렸다.

인민해방군에 대한 당의 공식 문서는 다음과 같은 네 가지 핵심 질문을 다루고 있다. 누구와 싸울 것인가? 싸움은 어디에서 일어날 것인가? 전쟁의 성격은 어떠한가? 어떻게 싸울 것인가? 이러한 핵심 질문에 대한 답변은 수십 년 동안 조금씩 바뀌었지만, 인민해방군이 다뤄야 하는 모든 외부 우발 사태 중 타이완은 단연코 가장 중요한 부분이다. 시진핑에게 있어 군사력은 중국 경제의 힘과 영향력, 그리고 중국 토착 기술의 성공과 관련된 동시에, 결국엔 타이완을 본토에 강제로 합병시켜 통일을 이루는 핵심적인 수단으로 간주된다.

중국의 군 현대화에 대한 시진핑의 접근법

인민해방군에 대한 시진핑의 가장 최근 지침은 2014년에 발행(공개 버전은 2015년에 『중국의 군사 전략China's Military Strategy』으로 출판)된 것으로, 대규모 구조 개혁 프로그램이 진행된 2016년부터 본격적으로 시행되었다. 시진핑의 첫 임기 2년 만에 초안이 작성된 2015년 문서는 그가 군에 권위를 드러낸 첫 문서였다. 여기서 시진핑이 강조한 전략에는 다음과 같은 네 가지 주요 요소가 포함된다. (1) 모든 군사 영역에서 정보전(디지털 데이터와 기밀 정보를 전투 병력과 통합하는 것)의 중요성. (2) 통합 합동 작전의 강화(육해공군과 기타 병력을 통합된 전장 작전에 투입). (3) 중국의 전반적인 전략에서 해군과 해양 영역의 중요성에 관한 새로운 원칙 수립. (4) "근해"를 넘어 원양으로 확장되는 인민해방군의 해양 작전 영역에 대한 새로운 정의. 일부 분석가는 이 모든 것이 **전방 방어**라는 중국의 새로운 군사 전략을 향한 움직임이라고 설명했다.

정보전

2015년 문서는 정보 기술 플랫폼의 군 배치를 핵심으로 꼽았다. 여기에는 장거리 무기, 스마트 무기, 스텔스 무기, 무인 무기 및 장비와 더불어 "전략적 경쟁의 최고봉"으로 치는 사이버 공간의 출현도 포함된다. 과거에 중국은 정보전이 현대전을 성공적으로 수행하기 위한 **조건 중 하나**라고 봤으나, 이제 정보전은 현대전의 **핵심 조건**이 되었다. 시진핑은 2013년 초 연설에서 인민해방군의 모든 기능 시스템(정보, 전자전, 물류 등)을 통합하는 문제가 "근본적으로 해결되지 않았다"며 불만을 드러냈다. 이를 해결하기 위해 그는 중앙 및 지역 차원에서 새로운 합동 군 복무 조직을 만들었으며, 미국과 중국의 군사 문헌에서 모두 언급하는 "시스템의 시스템", 즉 정보 기반의 합동 작전 접근이라고 부르는 것의 창안을 강조했다.

지상 병력보다 우선시되는 해상 병력

인민해방군 해군PLAN의 확장 및 현대화는 2015년 개혁 이전에 10년도 넘게 진행되었지만, 가장 최근에 생긴 교리 변화도 미국과 동맹국에 있어 매우 중요한 부분이다. 인민해방군이 내부 안보와 대륙 방어에 대한 집착에서 벗어나 해안 너머로 군사력을 배치하는 새로운 교리로 진화하는 단계를 보여주기 때문이다. 새 전략은 구체적으로 "바다보다 육지가 더 중요하다는 전통적 사고방식을 버려야 한다"라고 명시하면서, "해상군사투쟁을 강조"하고 "해상군사투쟁에 대한 준비"를 요구하고 있다.

그리하여 2015년, 중국은 해상 병력의 우위를 강조하는 논리를 뒷받침하고자 새 전략이 언급하는 중국의 "공해 보호" 임무를 성문화했다. 타이완, 동중국해, 남중국해에 대한 영유권을 제대로 확보하기 위해 서태평양의 미군에 대해서는 '반反접근/지역 거부A2/AD' 전략을 쓰는 한편, 중국의 군사 범위는 태평양 중부까지 확대하는 것이다. 또한 세계적인 규모로 부상하고 있는 중국의 해군과 해양력은 해상 무역이 이루어지고 자원이 유입되는 해상 교통로를 독립적으로 확보하고, 위기 상황 시 해외 교민들을 보호하며 전 세계적으로 중국의 위신을 공고히 하는 것을 목표로 한다. 이는 중국 해군 교리에 있어 실로 엄청난 변화다. 1994년 이후에 나온 인민해방군의 전략적 지침과 모순되지는 않지만, 미국과 대등한 수준의 해군을 건설하려는 중국의 계획이 상당히 빠르게 추진되고 있음을 보여준다. 중국의 두 번째 항공모함이자 중국 내에서 건조된 첫 항공모함(산둥함)이 2019년 12월에 취역했고, 미국 모델과 거의 동일한 대형 항공모함인 '003형'이 2022년에 진수되는 것을 시작으로 2035년까지 총 네 척의 항공모함이 추가로 건조될 예정이다. 또한 중국의 수상함, 잠수함, 수륙양용함도 빠른 속도로 발전하고 있다. 인민해방군의 해군력과 무기, 조직적 정교함은 서태평양 전역에서 미국에 필적하기 시작했다.

중국 해군은 반정기적으로 타이완 일대를 일주하며 향후의 해상 봉쇄 가능성을 시뮬레이션하고, 동시에 타이완과 미국 해군의 반응을 시험해보고 있다. 2017년부터 2019년까지 타이완 총참모장을 지낸 리시민 제독은 이에 대해 "군사적 도발이 무력 충돌의 문턱까지 다다랐으며, 이는 타이완군의 작전 수행 공간을 압박하는 동시에 국민을 위협하려는 목적이다"라고 말했다. 중국은 연안 영토의 영유권을 주장하기 위해 해안 경비대와 해양 민병대(무장 어선을 포함한 수백 척의 네트워크)를 대거 배치했다.

중국은 국가의 전반적인 전략적 태세를 강화하기 위해 주력인 해상 병력 외에 다른 역량들도 계속해서 발전시키고 있다. 또한 남중국해와 동중국해, 타이완 일대에서 "회색 지대 작전"을 정기적으로 수행하고 있다. 작전에 따라 중국은 교묘하게 비군사적인 자산(해안 경비대나 해양 민병대 같은)을 배치해 미국이나 동맹국의 전면적인 군사 대응을 유발하지 않고도 물리적 압박을 통해 영유권을 주장함으로써 전략적 상황을 점진적으로 유리하게 전환하려고 한다. 그렇게 함으로써 중국은 고대 병법서에서 "싸우지 않고 이기는 법"이라고 표현한 방식으로 목표를 달성하고자 한다. 하지만 그러한 배치가 국제법을 위반하는 경우가 많다는 사실에는 그다지 신경 쓰는 것 같지 않다. 중국 정부는 2016년 UN해양법협약의 분쟁해결위원회가 남해구단선에 따른 중국의 남중국해 영유권 주장에 대해 법적 유효성을 거부한 이후에도 자신들의 관행을 강화하기만 했다.

공군과 지상군의 현대화

인민해방군 공군PLAAF의 경우 5세대 스텔스 전투기를 생산하고 있으며, 장거리 폭격기와 더불어 공중조기경보통제기와 공중급유기, 그리고 만일의 사태에 대처하기 위한 전략 수송 능력도 함께 개발하고 있다. 한편, 시진핑의 군 개편에 따라 인민해방군의 지상군은 세 가지 주요 기능을 수행하는 것으로 보인다. 타이완 상륙 작전을 이끌 준비 태세, 인도와의 국경을 포함한 중국 서부 전역에서의 위협 대응, 신장 내부와 아프가니스탄, 파키스탄 등의 서부 국경 너머에서 감지된 테러리스트의 위협 대응이 그것이다. 그러나 앞으로 갈등이 어디에서 어떻게 발생할 것인지를 예견한 시진핑은 지상군 병력을 30만 명 감축하라고 명령했다. 이에 따라 지상군은 상비군 85만 명이라는 역대 가장 적은 규모로 줄어든 반면, 해군과 공군에 투입된 인력과 예산은 늘어났다.

새로운 인민해방군 로켓 부대

시진핑은 군사 지휘 구조 개편의 일환으로 육군, 해군, 공군과 동등한 위치에 있는 별도의 인민해방군 로켓군PLARF을 창설했다. 이 부대는 중국의 핵미사일 및 재래식 로켓군을 모두 포함한다. 중국의 최신 미사일을 포함한 재래식 능력은 태평양의 제2도련선에 대한 미국의 해군 및 공군 작전을 저지하는 것을 목표로 하는 인민해방군의 비대칭 A2/AD 전략의 중심에 놓이게 되었다. 로켓 부대의 급속한 확장과 더불어 타이완을 겨냥한 중거리 지상 공격 미사일의 대대적인 배치, 접근하는 모든 미 항공모함 전단을 목표로 할 수 있는 대함 미사일(이른바 항공모함 킬러 포함), 장거리 지상 공격 미사일(이른바 괌 킬러 포함), 그리고 우주에서 미국 위성을 파괴하도록 설계된 미사일은 모두 중국의 전반적인 A2/AD 전략의 핵심이다.

해양에 집중하는 새로운 지역 지휘 구조

시진핑은 또한 정보화된 전군 합동 작전을 지원하기 위해 모든 우주, 사이버, 정찰 및 전자전 능력을 통합하는 인민해방군 전략지원부대PLASSF를 설립했다. 인민해방군의 새로운 전략 구조와 지휘, 집중력을 강화하기 위해 내륙 방어를 우선시하던 7개 지방군 사령부는 전투 준비가 완료된 통합 합동 작전에 주력하기 위해 5개의 전구戰區 사령부로 축소되었으며, 그중 3개는 미국, 타이완, 동맹국과 마주하며 중국 동부와 남부 해안을 따라 배치된 해상 사령부다.

세계적 수준의 군대를 향한 시진핑의 비전

시진핑은 중국의 선진 경제 진입이라는 꿈을 2049년까지 달성하기 위해 2035년을 중간 지점으로 설정함에 따라, 군 현대화의 완료 시점도

2035년으로 제시했다. 그러나 2020년 가을 중국공산당의 14차 5개년 계획(2021~2025년)이 확정되는 과정에서 이 날짜는 갑자기 2027년으로 앞당겨져버렸다. 시진핑이 왜 그랬는지에 대해서는 여러 추측이 있다. 주된 이유는 그저 기한을 앞당기는 것이 야심찬 군 지휘관들로 하여금 개혁에 박차를 가하게 만들면서 그들의 가치를 증명할 동기 부여가 되기 때문이라고 생각해볼 수 있다. 혹은 2030년대까지 권력을 유지하기 위해 시진핑이 2020년대 후반부터 타이완을 확보하는 군사적 행동을 취하게 되기를 원했을 수도 있다. 또는 적어도 그때까지 미국에 대항할 만큼의 충분한 군사적 우위를 확보하여 타이완 정부의 정치적 협상을 유도하려는 것일 수 있다.

타이완에 대한 시진핑의 목표를 실현해줄 인민해방군은 시진핑이 2017년 제19차 당대회 연설에서 처음 제시한 세계적 수준의 군대라는 목표를 이미 상당히 달성했을 수 있다. 인민해방군의 교리 진화에 대한 국제적 권위자로 인정받는 테일러 프레이블이 지적한 바와 같이, 세계적 수준이라는 용어는 다양한 중국의 야망을 포함하여 중국의 현대화 과제 전반을 묘사하는 데 비교적 널리 사용되었다. 그러나 중국의 전략 문헌은 세계적 수준의 군대란 세계적 수준의 적과 효과적으로 경쟁할 수 있고 "적들에 필적하는 힘과 억지력"을 가지는 것이라고 구체적으로 명시하고 있다. 실제로 중국 군사과학원 분석가들은 세계적 수준의 군대는 특히 "초지역 및 대륙 간 전력 투사 능력"을 보유해야 한다고 말한다.

2021년 중국은 지부티 해군기지 건설을 완료했으며, 동아프리카 해안 등 인도양에 인접한 곳에서도 추가적인 기지 개발을 모색하고 있다. 중국이 이미 대규모 민간 항만 인프라에 투자했거나 임대 계약을 체결했을 가능성이 큰 장소로는 캄보디아, 미얀마, 파키스탄, 스리랑카(스리랑카의 막대한 부채를 탕감해주는 대가로 함반토타에서 99년 임대 계약을 체결함)가 거론되고 있으며, 핵잠수함 등 중국 해군의 인도양 항구 방문 횟수도 꾸준히 증가하고 있다.

한편, 아프리카와 중동에는 중국 인력이 대규모로 진출해 있는데, 그 중 상당수는 일대일로 프로젝트와 관련된 일을 하거나 개인 사업을 운영하고 있다. 중국은 이를 핑계로 자연재해가 닥치거나 주요 지역에서 정치적 불안이 발생할 경우 해외 교민과 그들의 자산을 보호하려면 인민해방군을 세계 곳곳에 배치할 능력이 필요하다고 주장하고 있다. 참고로 이러한 시나리오는 「특수부대 전랑 2」나 「오퍼레이션 레드 씨」와 같은 중국의 흥행 영화에서 종종 생생하게 묘사되기도 한다. 앞서 언급한 바와 같이 중국은 또한 인도양을 통과하는 자신들의 해상 교통로를 보호해야 한다고 주장하고 있다. 이는 특히 에너지 수요를 충족하기 위해 페르시아만(아라비아만)에 만성적으로 의존하고 있는 상황에 기인한 것이다.

하지만 서태평양 지역 밖에서 나타나는 중국의 군사작전 패턴은 아직 해외에 병력을 정기적으로 배치하기 위한 포괄적인 전략이 아니다. 그들이 지역을 넘어 세계 차원에서 미군의 경쟁자가 되려고 하는지는 아직 분명치 않지만, 지금까지 실시된 해군 작전을 보건대 향후 그러한 목적을 달성하는 데 필요한 글로벌 정치 및 물류 네트워크를 구축하려는 것임을 알 수 있다.

사이버 영역

사이버 전쟁에서는 방어자보다 공격자가 기술적인 측면에서 압도적으로 유리하다. 사이버 전쟁은 비교적 적은 투자로 상당한 성과를 얻을 수 있다는 점에서 매우 효율적인 비대칭 전쟁이며, 또한 "싸우지 않고 이기기"에 관한 중국의 오랜 전략적 본능을 과시할 수 있는 형태의 전쟁이기도 하다. 그렇지만 병원부터 교통 및 통신 시스템, 전력 공급에 이르기까지, 사회와 경제의 주요 기반 시설의 유지와 보안에 실질적인 위험을 초래한다는 점에서 매우 불안정하고 위험한 전쟁임이 틀림없다. 목표 국가의 보수적인 국가안보 의사 결정 과정을 방해하고 긴장이나 위기 발생 시 군사 지휘, 통신, 통제 및 정보 시스템을 "무작정" 위험에 빠뜨릴 수 있다. 그것이 합법적이든 그렇지 않든 간에, 그러한 공격을 받은 국가는 적이 군사 공격이나 핵 공격을 눈앞에 두고 미리 시스템을 마비시킨 것은 아닌지 우려하게 될 것이다. 따라서 이러한 상황에서는 즉각적인 보복이 불가피할 수 있다.

또 다른 위험은 사이버 공격자는 자신이 누구인지, 또는 어디에 기반을 두고 있는지를 초반에 숨길 수 있다는 것이다. 특히 긴장과 위기가 고조된 시기에는 러시아나 북한과 같은 국가 행위자나 전 세계 곳곳에서 활동하는 악의적인 개인들의 도발적 행위 때문에 잘못된 대상을 향한 군사적 보복 등을 감행할 가능성이 있다. 그럴 경우 중국과 미국 모두 표적이 될 수 있을 뿐만 아니라 공격의 배후로 잘못 지목될 수도 있다는 점에서 잠재적으로 매우 취약하다.

시진핑은 사이버전을 대비해 중국의 공격 및 방어 능력 개발에 박차를 가해왔다. 사이버 공간은 인공지능처럼 중국 정부가 가진 기존의 군사 능력을 강화하는 수단이자, 그들이 미국을 앞서갈 수 있는 수많은 신기술 플랫폼 중 하나로 여겨진다. 미국의 주요 군사 데이터에 은밀히 접근한 중국은 탈취한 정보로 미국의 지휘, 통신, 통제 시스템을 무력화시키고 공격용 무기 시스템을 설계하는 데 활용하면서 이미 크나큰 전략적 이점을 취하고 있다. 한편 중국은 사이버 공격에 대한 자신들의 취약점도 잘 알고 있다. 이런 취약점에는 단순히 군사 및 경제 영역뿐만 아니라, 적들이 민감한 정치 정보를 획득해 대중에게 공개할 시 중국의 정치 리더십을 뒤흔들 수 있는 민간 영역도 포함된다. 이러한 이유로 중국은 온라인상의 "루머 유포"와 같은 범죄를 매우 엄중히 처벌하며 세계에서 가장 엄격한 검열과 인터넷 통제를 시행하고 있다. (루머는 산업 재해에서부터 환경 재해, 우한에서 코로나19가 어떻게 퍼져나갔는지에 대한 것까지, 시민들에 의해 실시간으로 전해지는 모든 이야기를 포함한다.) 시진핑의 핵심 우선순위가 자신의 리더십 강화와 더불어 중국공산당의 정치적 지위를 수호하는 것이라는 점을 고려할 때, 집권한 지 1년도 채 되지 않은 시점인 2014년에 시진핑 자신을 '중앙 사이버안전과 정보화 영도 소조'의 조장으로 임명한 것은 나름 자연스러운 수순이었다.

중국의 사이버전 기관은 미국과 서방, 그 외의 주요 적들을 대상으로 하며 크게 세 부서로 나뉜다. 인민해방군이 운영하는 첫 번째 부서는 군사 네트워크 전쟁에 중점을 두며, 국가안전부(중국의 외부 정보기관)에서 운영하는 두 번째 부서는 각종 정보를 도용하는 데 중점을 두고 있다. 공안부가 운영하는 세 번째 부서는 목표 대상을 국내로 한정한다. 독립적인 사이버 보안 분석가에 따르면 세 조직 모두 임무 수행을 위해 민간기관을 활용할 수 있으며, 때때로 중국의 공공 및 민간 기업을 데이터 수집과 전송을 위한 매개체로 사용하거나 심지어 사이버 범죄자를 고용해 국가 비밀 작전에 투입하기도 한다. 한편 "공격받지 않으면 공격하지 않겠지만, 공격당하면 반드시 반격할 것"이라는 입장을 내보인 시진핑은 중국의 사이버 방어 작전을 총괄하는 중앙 사이버공간 관리위원회CCAC를 향해 사이버 공격에 대처하는 데 있어 "방어와 자주국방, 보복 타격의 원칙을 준수할 것"을 명령하고 있다. 사이버 공격으로부터 국가를 보호하기 위해 새로 제정된 중국법에도 이러한 내용이 상당 부분 반영되어 있다. 이러한 법률은 중국에서 운영 중인 모든 회사(해외 및 국내 포함)의 데이터를 요구하는 데 효과적으로 쓰인다. 실제로 중국의 국가정보법은 국내외 중국 기업이 보유한 데이터를 국가에 공개하도록 의무화함으로써 잠재적으로는 해외에 보관된 데이터까지도 확보하게 되었다.

사이버 영역과 관련한 중국의 강도 높은 법률과 대대적인 행정 혁신은 중국이 해외에서 발생하는 사이버 공격에 연루되는 사례가 늘고 있다는 뜻이기도 하다. 미 국제전략문제연구소CSIS의 누적 집계에 따르면 중국은 전 세계에 보고된 "중대한 사이버 사건"에서 가장 빈번하게 등장하는 진원지로, 이러한 오명은 한동안 계속되었다. 2018년 이후만 보더라도 국가 및 비국가 대상에 사이버 공격을 개시한 상위 5개국은 중국, 러시아, 이란, 북한, 인도순이며, 미국은 그 뒤를 잇는 6위로 기록되었다. 반면 사이버 공격을 가장 많이 받은 국가는 미국, 인도, 한국, 그리고 중국이었다. 국제전략문제연구소의 보고서를 예로 들면, 2019년 기준으로 지난 10년간 중국은 미국 정부와 기업을 대상으로 20차례의 주요 공격을 가했으며, 2020년에서 2021년 사이에는 55건 이상의 공격이 이루어졌다(그 외에도 수백 건의 기타 소규모 공격이 있다). 여기에는 아주 인상적인 사건이 하나 있다. 2014년 미국 인사관리처OPM의 전산 시스템이 해킹당해 연방 직원 수백만 명의 개인 신상정보가 유출되었다. 여기에는 신원 확인과 인터뷰 중에 획득한 매우 민감한 정보도 담겨 있는데, 이는 중국이 미 정보 요원을 식별하는 데 사용될 가능성이 있다.

중국과 러시아는 미국에 기반을 둔 이러한 싱크탱크 보고서의 객관성에 이의를 제기할 수 있겠지만, 국가 단위의 세계적 사이버 활동을 추적하는 다른 문서에서도 결론은 마찬가지다. 2018년 당시 미 법무부 부장관이었던 로드 로즌스타인은 "지난 7년간 경제 스파이 혐의로 기소된 사건의 90퍼센트 이상이 중국과 관련 있다"라고 밝혔다. 이 주장에 대한 중국의 반응은 아직 보고된 바가 없다. 하지만 국제전략문제연구소와 다른 보고서에서도 지적하듯이, 미국의 행동도 그렇게 고상하지만은 않다. 미국 역시 중국 표적에 사이버 공격을 개시했는데, 미 정부는 이에 대해 중국공산당과 정부, 군사 자산에 대한 일반적인 정보 수집에만 집중하는 것일 뿐, 민간이나 기업에 대한 공격은 아니라고 주장하고 있다. 한편, 중국은 공격적인 사이버전을 수행하는 것은 아니라고 매번 부인하며 중국에서 해킹은 엄연히 불법이라고 강조하고 있지만, 자신들이 대대적인 해킹 역량을 보유하고 있다는 사실은 부정하지 않는다.

미국은 자국의 민간과 군사 목표물에 대한 중국의 사이버 공격이 갈수록 늘어남에 따라 이에 대응하는 대대적인 방어 수단을 배치했다. 그중에서도 사이버보안 및 인프라보안국CISA 설립, 2014년 사이버보안 강화법, 사이버사령부CYBER-COM와 국가 사이버보안 및 통신 통합센터 NCCIC의 지속적인 강화 등 입법, 규제 및 제도적 이니셔티브가 활발히 진행 중이다.

　고조되는 사이버 긴장을 완화하기 위해 2015년 오바마 행정부는 시진핑에게 개인 지식재산권에 대한 사이버 공격을 제한하도록 압력을 가했고, 양국은 마침내 합의에 이르렀다. 그러나 효과는 일시적이었다. 사이버 공격을 모니터링하는 미국 회사 크라운스트라이크는 협상 후 몇 달 동안은 중국에서 발생하는 사이버 공격이 90퍼센트 감소했다고 보고했다. 그러나 트럼프 행정부 초기에는 이전의 활동 패턴이 재개되었고, 이는 2017년을 기점으로 양국 관계가 하락기에 접어든 추세와도 일치했다. 실제로 2018년 국가 사이버 전략을 발표하기에 앞서 트럼프 행정부는 사이버에 대한 양자 간 협력 협정이 더 이상 미국의 공식 정책이 아님을 분명히 했다. 이후 이러한 불안정한 영역 안에서도 나름의 통행 규칙을 정하고 시행하기 위해 다방면으로 양자 간, 다자간 접근 방식이 모색되었지만, 실행은커녕 그 어떤 합의도 이루어지지 않았다.

　최근 중국의 군사 관련 기술 및 역량의 발전과 마찬가지로, 중국이 사이버전에서 언제나 우세할 것이라고 가정하기에는 섣부르다. 미국의 역량은 여전히 상당하다. 일당 체제와 고도로 중앙집권화된 정치, 경제, 군사 의사 결정 시스템을 고려할 때, 중국은 정교하고 지속적인 사이버 캠페인에 특히 취약하다고 할 수 있다. 전면적인 사이버 공격에 대한 국가적 취약성이 과연 최근 들어 사이버 전쟁에 열중하는 중국에 경고로 작용할지, 아니면 사실상 중국을 더 부추길지는 두고 봐야 할 것이다.

우주

시진핑은 중국이 "항공우주 강국이 되는 것이야말로 우리가 여태껏 분투해온 꿈이었다"라고 천명했다. 그는 또한 중국이 기술 혁신에서 국가적 자립을 이루어야 하는 또 다른 이유로 우주 야망을 언급했다. 중국은 "2030년경 세계의 주요 우주 산업에 적극 가담"하고, "2045년까지 우주 장비와 기술에 있어 글로벌 리더"가 되기 위해 노력 중이다. 이것은 2019년에 중국이 달 뒷면에 우주선을 처음으로 착륙시킨 것이라든가, 10년 이내에 달 기지를 건설하기 위해 유인 달 탐사선을 보내는 것 이상의 일이다. 중국은 미국의 우주 지배가 세계 전역과 모든 범위의 전략적 시나리오의 "시선 너머"로 미군을 효과적으로 배치하는 데 핵심적인 역할을 했다고 결론지었다. 이에 따라 중국은 미래에 있을지 모를 미국의 군사작전을 저지하고 그에 대응하기 위해서는 미국과 동일한 조치를 취해야 한다고 판단했다. 인민해방군은 머지않아 인공위성이 통합 군사작전의 눈과 귀가 될 거라는 사실을 잘 알고 있다. 미국 국방정보국은 "인민해방군은 현대 정보전을 수행하기 위한 핵심 구성 요소로서 우주 우세, 정보 영역의 통제 능력, 적을 물리치는 능력을 동일하게 취급한다"라고 공인했다.

시진핑의 지시에 따라, 중국은 현재 미국이 보유하고 있는 다양한 우주 능력을 따라잡기 위해 상당한 재정을 투입하고 있다. 여기에는 모든 고도를 목표로 하는 우주 발사체 관련 고급 로켓 기술과 관련 군사 정보를 다루는 위성 기능, 정확한 시공간 정보를 전 세계에 제공하는 특수 위성, 그리고 미사일 활동을 경고하고 이에 대응하기 위한 군 지휘통제 시스템이 포함된다. 현대 중국 군사 조직의 수뇌부가 이러한 모든 우주 임무를 담당하고 있다.

중국은 또한 공격적인 "우주 대응" 능력을 개발하기 위해 노력하고 있다. 여기에는 적대 위성 추적 시스템(레이더, 레이저, 신호 및 광학 장치)과 통신을 방해하는 전자 시스템, 적의 인공위성을 파괴하기 위한 운동에너지 무기(대개 지상에 기반을 둔 위성 요격 미사일), 레이저, 마이크로파, 또는 기타 무선 주파수를 사용하여 적의 위성을 무력화시키는 지향성 에너지 무기의 조합이 포함된다.

중국의 군사 우주 프로그램은 시진핑이 이끄는 중앙군사위원회가 직접 통제하지만, 군용 우주 시스템의 작전 투입은 새로 설립된 전략지원부대^{SSF}가 맡는다. 미국 국방정보국은 이러한 지휘 체제가 "사이버, 우주 및 전자전 능력을 전 인민해방군의 합동 군사작전으로 통합한 것"이라고 보았다. 한편, 중국 국방과학기술 공업위원회^{SASTIND}는 각종 연구와 시스템 개발, 군사 획득 프로그램을 포함한 전체 우주 프로그램에 대한 예산 할당을 담당한다. SSF와 SASTIND는 모두 중앙 정부로부터 막대한 예산을 지원받으며, 정확한 액수가 공개되지는 않았지만 의심할 여지 없이 큰 금액이다. 마찬가지로 중요한(어쩌면 더 중요할 수도 있는) 점은, 중국의 우주 프로그램은 정치 및 군사 지도부의 중심과도 연결된 반면, 미국에서는 관계가 훨씬 더 분산되어 있다는 것이다.

2021년 기준으로 약 3372개의 활성 위성이 지구 궤도를 돌고 있다. 그중 1897개는 미국의 위성(최소 300개는 미군 소유)이며, 412개(최소 80개는 인민해방군이 운영하는 것으로 알려져 있음)가 중국 위성이다. 그러나 중국은 신규 발사한 위성의 총 개수로 보면 미국을 열심히 따라잡고 있다(2020년 기준 중국 35회, 미국 40회, 러시아 17회). 중국의 우주 기반 정보 시스템(120개 이상의 별도 우주 자산을 보유하고 있으며, 그중 절반은 인민해방군이 운영하고 있다)은 그 범위와 정교함이 미국에 버금간다. 이에 따라 중국은 처음으로 진정한 세계적 수준의 정보 능력을 갖추게 되었다.

한편, 중국은 민간 및 군사 분야에서 베이더우 위성망을 통해 35개의 위성을 발사함으로써 세계위성항법시스템GNSS의 주요 공급자가 되었으며, 이로써 오랫동안 패권을 쥐고 있던 미국의 GPS에 대항하는 진정한 라이벌이 되었다. 중국은 이미 일대일로 국가와 상하이협력기구 회원국, 브릭스BRICS 국가들(브라질, 러시아, 인도, 중국, 남아프리카공화국)과의 협상을 통해 참가국에 서비스를 제공함으로써 "우주 실크로드"로 기능하는 데까지 나아가기를 희망하고 있다. 베이더우의 양방향 통신 시스템이 지상 수신기의 위치를 추적할 수 있다는 사실은 사생활 침해에 대한 우려를 불러일으켰으나, 2021년에는 베트남, 태국, 캄보디아까지 이 시스템에 가입했으며 앞으로 더 많은 국가가 가입할 것으로 보인다.

이렇게 중국은 미국과의 우주 기술 격차를 빠르게 좁혀나가고 있다. 물론, 장차 유인 우주선 발사의 야망을 이루는 데 필요한 안정적인 고고도 중량 로켓을 개발하는 데는 여전히 어려움이 있다. 그러나 10년 전에 한 외부 분석가가 예상한 것보다는 훨씬 빠르게 따라잡고 있다.

핵무기

1964년에 핵보유국이 된 중국은 그때부터 육상, 해상 및 공중으로 운반하기에 각각 적당한 크기의 무기를 개발하고 유지해왔다. 명시적인 목표는 과거에는 러시아(중소 분쟁 당시), 현재는 미국의 핵 협박을 피하는 것이다. 중국은 핵 원칙을 "최소한의 억지력" 중 하나로 규정했다. 핵선제불사용NFU이라는 선언적 정책이 그 기반이며, 이를 위해서는 적의 초기 공격에서 살아남아 확실한 보복 공격을 개시할 수 있을 만큼 핵전력이 충분히 강화되어야 한다. 지금까지 추진된 중국의 군 현대화는 이러한 교리에 따라 대부분 재래식 역량에 집중해왔으며, 가장 최근에는 앞서 설명한 시진핑의 2015년 군사 전략을 반영했다.

그러나 최근 미중 관계가 구조적으로 악화되고 있는 것을 고려할 때, 중국이 기존의 핵 사용 전제를 재검토 중이라는 징후가 나타나고 있다. 중국의 군 지도자들은 다음과 같은 여러 문제를 논의해왔다. 첫째, 탄도미사일 방어, 극초음속 미사일, 다양한 형태의 알고리즘 기반 전쟁(AI 전쟁), 그리고 사이버 및 우주 공격 능력과 같은 분야의 새로운 기술 발전으로 인해 오랫동안 안정적으로 유지되어온 양국의 핵 원칙이 얼마나 위태로워졌는가? 둘째, 러시아, 북한, 이란과 같은 제3국의 핵 개발이 미중 핵 원칙의 미래에 어느 정도 영향을 미칠 것인가? 셋째, 어쩌면 가장 중요한 문제로, 양국의 핵 능력과 작전 교리, 선언적 정책이 재래식 분쟁의 위험을 실제로 어느 정도까지 줄일 수 있는가? 혹시 그것들이 역효과를 내기 시작하는 것은 아닌가? 이를테면 핵이 타이완, 남중국해, 동중국해를 둘러싼 오랜 위험과는 너무나 무관하게 보임으로써 핵 확산에 관한 "최소한의 위험"이 실제로 재래식 분쟁의 위험을 악화시키는 역할을 하는 것은 아닌가? 모두 대단히 중요한 문제다. 미중 논쟁에 있어서 이 문제들은 곧잘 한쪽으로 밀려나곤 한다. 사안이 몹시 복잡해서 이해하기 힘들거나, 서로 거리상 너무 멀리 떨어져 있기 때문이다. 나는 미중 간의 핵 확산 위험에 대해 새롭게 고려해봐야 한다고 생각한다.

중국은 아직 확실한 답을 찾지 못한 것으로 보인다. 2020년 중국은 약 90기의 대륙간탄도미사일^{ICBM}과 여섯 척의 핵잠수함, 전략폭격기로 구성된 완전한 3대 핵 투사 전력과 약 290개의 탄두로 구성된 핵무기를 보유한 것으로 추정되면서, 대대적인 핵 확산에 착수한 것으로 보인다. 2021년에 찍힌 위성 사진은 중국이 북부 사막 지역에 200개 이상의 새로운 미사일 저장고를 건설하기 시작했음을 보여주었다. 이러한 저장고 중 일부는 눈속임을 위한 빈 창고일 가능성이 높다. 그러나 그중 일부만 채워지더라도 중국의 활성 핵무기 수가 엄청나게 늘어났음을 의미할 것이다. 또한 2021년 8월에는 중국이 시험 발사한, 핵 탑재가 가능한 극초음속 활공체가 목표물을 향해 기동하기 전에 우주에서 지구를 성공적으로 선회한 것으로 알려졌다. 미국의 미사일 방어망을 회피할 수 있는 비행체 실험을 본 미 정보 당국은 중국의 엄청난 현대화 속도에 경탄을 금치 못했다. 한 관계자는 『파이낸셜타임스』에서 "그들이 어떻게 이런 일을 했는지 전혀 알 수가 없다"라고 실토했다. 이와 더불어 중국 지도부가 선제 사용이나 2차 공격을 하지 않는 기존 전략(핵 공격에서 살아남은 후에만 핵무기를 발사)에서 경고 발사 전략(공격 가능성이 감지된 즉시 발사)으로의 전환을 고려하고 있다는 징후도 계속해서 나타나고 있다. 이 모든 것은 시진핑과 중국의 군사 지도부가 훨씬 더 적대적인 외부 환경과 특히 미국과의 투쟁이 길어지리라는 전망 때문에 전략적 핵 억지력을 크게 강화할 필요가 있다고 느끼고 있음을 시사한다.

최근 몇 년 동안 중국은 사거리와 정확도, 도달률을 개선하며 기존 미사일 역량을 더 증진하기도 했다. 여기에는 새로운 도로 이동식 미사일 개발과 요격 미사일을 더 잘 회피하도록 다중 탄두를 갖춘 DF-41과 같은 첨단 탄도미사일의 배치도 포함된다. 중국은 또한 2020년 대에 차세대 전략 핵잠수함 '096형'을 배치할 예정인데, 이는 사거리 9000킬로미터의 새로운 J-3 미사일을 탑재하게 될 것이다. 그러나 미국의 능력에 비하면 여전히 초라하다. 미국은 현재 ICBM 시설 약 400개에 핵탄두 약 6000개, 탄도미사일 잠수함 14척, 핵 발사 능력을 갖춘 전략 폭격기 66대를 보유하고 있다. 이런 핵전략 삼위일체는 계속 현대화되고 있다. 따라서 설사 중국의 군사 전략가들이 계획을 변경하더라도 양국 간에 완전한 핵 균형이 이루어지기까지는 꽤 시간이 걸릴 것으로 보인다.

중국과는 상당히 다른 미국의 핵 사용 원칙은 크게 네 가지 기둥으로 이루어져 있다. 첫째, 미국에 대한 재래식 또는 핵 공격을 억지한다. 둘째, 미국의 "핵우산"이 확장 적용되는 동맹국을 대신해 유사시 자국과 동일한 조치를 취함으로써, 자체적인 핵 능력 개발의 필요성을 없앤다. 셋째, 억지에 실패할 경우 적을 제압한다. 넷째, 미국의 국가안보를 위협할 수 있는 재래식 또는 핵무기 기술의 향후 발전에 대비한다. 이러한 뼈대는 최근 2018년 미국 핵태세검토보고서[NPR]에서 재차 확인되었다. 중요한 것은 이 보고서가 중국과 러시아를 미국의 핵 태세와 핵 억지력의 효과를 위협하는 존재로 명시하고 있으며, 또한 미국이 핵 대응을 고려할 경우 적에게 전략을 드러내지 않기 위해 핵선제불사용 원칙까지도 거부했다는 점이다. 보고서에는 "중국에 대한 우리의 맞춤형 전략은 중국이 행여 핵 능력을 일부 사용함으로써 이득을 얻을 수 있다고 여기거나, 제한적으로라도 핵무기 사용이 허용될 수 있다고 잘못 판단하는 것을 방지하고자 만들어졌다. (…) 미국은 중국의 비핵 또는 핵 공격에 단호하게 대응할 준비가 되어 있다. 아시아태평양 지역에서 실시되는 미국의 훈련은 이러한 준비 태세를 보여주는 것이며, 대통령이 선택할 수 있는 단계적 핵 대응 옵션의 범위 또한 확대해나갈 것이다"라고 기술되어 있다. 즉, 미국은 동아시아에서 그 어떤 재래식 공격이나 전술적 혹은 전역적 수준의 핵 공격이 발생하더라도 자신들의 핵 옵션 메뉴를 자극할 수 있음을 분명히 했다. 물론 중국의 정치 및 군사 지도자들이 그러한 발언을 얼마나 신빙성 있게 받아들이는지는 별개의 문제다. 실제로 인민해방군의 지휘관들은 미국 측에 그들의 대통령이 정말로 타이완을 방어하는 대가로 샌프란시스코를 핵 공격의 희생지로 삼을 것이라고 생각하는지 의문을 제기해왔다. 그럼에도 인민해방군은 미국의 전략적 의도를 너무 크게 넘겨짚고 있는데, 이는 결국 그들에게 치명적인 결과를 가져올 수 있다.

갈수록 심각해지고 있는 북한의 핵 및 탄도미사일 위협에 대응하기 위해 2016년 미국이 사드THAAD를 한국에 배치한 사례는 우주 기반 감시 시스템의 설치가 핵 억지력을 어떻게 위협할 수 있는지를 잘 보여준다. 중국의 시각에서 봤을 때, 지상 기반 레이더와 위성 기반 조기 경보, 추적 및 표적 시스템을 모두 활용하여 우주에서 하강하는 탄도미사일을 최종 단계에서 격추하도록 설계된 사드는 특히 문제가 되었다. 또한 사드는 타이완의 비상사태와 관련하여 미 항공모함과 기지 등에서 군사적 충돌이 발생할 경우를 대비해 동아시아에 미사일을 배치하려는 인민해방군을 방해할 것이다. 중국의 우려 대상은 사드와 유사한 효과가 있을 것으로 보이는 미국의 다른 해상 기반 기술(이지스 탄도미사일 방어 체계 등)의 배치로까지 확대되었다. 당연히 중국은 한국에 사드가 배치되면 대미 억지전략의 핵심이었던 중국의 2차 핵 타격 능력이 훼손될 것이라 판단하고 사드 배치에 반발했다. 중국은 또한 미국의 '재래식 신속 글로벌 타격CPGS' 계획의 심각성에 대해서도 깊이 우려해왔다. CPGS는 명령 후 한 시간 이내에 전 세계 어디에 있는 목표물이든 제거할 수 있는 새로운 능력을 개발하고자 하는 계획이다. 이는 중국의 2차 핵 공격 능력에 또 다른 위협이 되며, 최소한의 억지력이라는 전체 교리의 무결성에도 위협이 된다. 이러한 국면은 중국이 핵무기 확장을 결정하는 데 있어서 중요한 역할을 했을 수 있다.

이에 맞서 중국은 다양한 대응책을 마련해왔다. 중국은 극한의 속도와 기동성으로 탄도미사일 방어 시스템을 회피하도록 설계된 신형 극초음속 미사일 DF-ZF를 배치함으로써 미국과의 핵무기 경쟁을 한층 더 심화시키고 있다. 이렇게 계속되는 경쟁으로 인한 우려는 중국으로 하여금 탄도미사일 방어 시스템 개발에도 박차를 가하도록 만들었다. 이것은 미국이 무기의 도입 규모를 확대하도록 만들 것이며, 양측은 일시적인 우위를 점하기 위해 끊임없이 경쟁할 것이다.

새로운 핵무기 경쟁의 가능성에도 불구하고, 중국은 양자 간 핵 군비 통제 협상이나 러시아와의 3자 협상에 대한 미국의 요청을 계속해서 거절하고 있다. 미국에 비해 상대적으로 군사력이 약하다는 점을 우려한 중국은 미래를 위한 유일한 선택은 무기의 규모와 정교함을 획기적으로 늘리는 것뿐이라고 판단한 것 같다. 한때 미국과 러시아 사이에서 거의 독점하다시피 했던 핵 경쟁은 이제 미중 간의 노골적인 경쟁이라는 새로운 국면을 맞고 있다.

전반적인 미중 군사 균형

그렇다면 2021년 현재 지역의 세력 균형은 어디에서 찾을 수 있을까? 최근 여러 연구에서 강조한 바와 같이, 군사적 균형은 순전히 중국과 미국의 전투 서열을 기계적, 양적으로 비교해서는 계산할 수 없다. 그것은 그저 군대, 배, 잠수함, 비행기, 로켓 등의 숫자를 표기한 것뿐이며, 오히려 측정하기 어려운 요소는 다음처럼 더욱 서술적인 것들이다.

- 군사 플랫폼, 시스템, 무기의 상대적 정교함 및 목표 도달률.
- 전장 경험 및 훈련의 유효성.
- 효과적인 합동 작전을 통합하고 유지하기 위한 지휘, 통제, 통신 및 정보 시스템의 견고성.
- 군 예산을 지속적으로 투입할 능력.
- 주어진 전략적 상황에서 병력의 배치를 지원하고 유지하려는 미국, 중국 및 관련 동맹국의 지속적인 정치적 의지.
- 군사작전 수행에 있어 국가 전체 권력의 비군사적 차원을 활용할 능력(외교, 경제, 재정 및 기술 자원과 글로벌 여론 형성 능력 등).
- 핵 억지력이 재래식 분쟁의 범위와 강도, 기간에 미치는 영향.
- 가장 중요한 것으로, 개별 리더가 이러한 모든 변수를 고려해 각기 다른 위치에서 발생하는 각각의 위기 상황에 맞게 대응하는 것.

예를 들어, 군사 균형 방정식의 답은 타이완해협, 남중국해, 동중국해, 한반도 등 특정 시나리오에 따라 달라질 것이다. 서태평양을 넘어 중국의 전력 투영 능력이 점점 확장되는 인도양이나 그보다 더 먼 곳의 잠재적인 작전 전역은 말할 것도 없다.

그럼에도 분명한 트렌드가 몇 가지 나타나고 있다. 첫째, 사실상 모든 범주에서 역량의 격차가 좁혀지고 있으며, 일부 분야(사이버 분야 등)에서는 미군 전략가들이 예상했던 것보다 더 빠르게 격차가 좁혀지고 있다. 둘째, 미국과 중국, 일본이 다양한 타이완 시나리오를 두고 실시한 워게임에서 미국은 거듭 패한 것으로 알려졌다(일부 보고에 따르면 미국은 19차례의 연속적인 패배를 기록했으며, 때로는 가장 강력한 지역 동맹국들과 함께 싸울 때도 패배하는 것으로 나왔다). 셋째, 그러나 일본과 미국이 일본 근처의 동중국해에서 군사적 위기에 대응하는 경우, 워게임은 지정학적 중요성을 반영해 미국에 더 유리한 결과를 보여준다. 넷째, 하지만 중국군이 대규모로 투입되기 쉬운 남중국해에서는 상황이 다르다. 이는 중국이 남중국해의 난사군도와 파라셀군도보다 센카쿠열도 주변의 동중국해에서 영유권 주장에 더욱 신중을 기하는 이유이기도 하다. 남중국해에서 필리핀 이외의 다른 국가와는 특별한 조약을 맺지 않은 미국은 2014년과 2015년에 실시된 중국의 남중국해 섬 매립 프로그램에 대해서 별다른 군사적 조치를 취하지 않았고, 이에 따라 중국은 남중국해 전역에서 군사적으로 점점 더 자신감을 갖게 되었다. 다섯째, 그러나 중국의 군사적 우위는 중국 해안에서부터 지리적으로 멀어질수록 시들해진다. 이는 시간이 지날수록 중국의 장거리 타격, 대양해군, 부대 방호 및 유지 능력이 향상됨에 따라 변하겠지만, 자국 근처에서 전략적 입지(특히 타이완과 관련하여)에 대해 절대적인 확신이 들 때까지 자원을 크게 분산시키지 않을 것으로 보인다. 마지막으로, 두 나라의 정치경제 체제가 근본적으로 다르다는 것을 고려할 때, 미국은 이러한 분쟁에 있어 경제의 모든 자원을 집결하는 능력 면에서 중국이 더 뛰어나다는 점을 간과하면 안 된다.

시진핑은 군 현대화 프로그램과 관련하여 계속해서 많은 문제에 직면하고 있다. 스톡홀름국제평화연구소SIPRI는 중국의 국방 예산이 2008년에서 2020년 사이에 1080억 달러에서 2520억 달러로 약 233퍼센트 증가했다고 추정했으며, 이는 2020년 기준으로 중국 정부 전체 예산의 10퍼센트에 육박한다. 시진핑은 중국의 민간 부문 주도 성장률의 잠재적인 감소와 이것이 향후 예산에 미칠 영향을 포함해 중국의 정치경제 모델이 직면한 역풍을 맞을 것이다. 그는 또한 급속한 인구 고령화에 따라 건강, 노인 돌봄, 은퇴 소득 등에 대한 정책 자금 수요가 커지고 있는 상황에서 높은 수준의 군사비 지출은 정치적으로 위험할 수 있음을 알고 있다.

게다가 시진핑은 오랫동안 전략적으로 잠자고 있던 사자(미국)의 코털을 건드렸다. 이라크 전쟁 이후 침체기에 있던 미국 국방 예산은 2017년을 기점으로 또다시 연평균 5퍼센트 이상 상승했다. 바이든이 요청한 첫 번째 국방 예산은 총 7150억 달러로 겨우 1.6퍼센트밖에 증가하지 않았지만, 실제 예산의 상당 부분은 중국을 억지하는 시스템에 집중하는 데 쓰였다. 여기에는 미 해군 기획자들 사이에서 문제가 많은 곳으로 여겨지는 중국의 A2/AD 전략 지역에 첨단 장거리 타격 무기를 배치하는 것을 목표로 하는 태평양 억제 이니셔티브PDI에 무려 50억 달러 이상을 책정한 것도 포함된다. 그 결과, 동아시아에서 미국의 3대 주요 동맹국인 일본과 호주도 군 예산을 대폭 증액하겠다는 신호를 보냈다. 실제로 나는 2009년 호주 국방백서를 준비할 때 잠수함 함대를 두 배로 늘리고 해상 함대를 30퍼센트 더 늘리는 안을 만들었다. 나중에 중국도 알게 되었다시피, 군사력 증강에 대해 그렇게 큰소리치고 자랑스러워하는 것은 그리 좋은 생각이 아닐 수 있다. 실제로 2018년 이후 중국 관영 언론은 "세계적 수준의 군대"에 대한 시진핑의 공개 발언을 거의 보도하지 않았다. 국제 사회의 반응을 우려해 중국의 2025년 첨단 기술 전략에 대한 모든 언급을 없애기로 한 결정과 같은 맥락인 것으로 보인다.

결국, 이론적인 워게임은 제쳐두더라도 시진핑의 군사 개혁 및 확장 프로그램이 "승전할 수 있는" 인민해방군을 만드는 데 얼마나 효과가 있을지는 아직 불분명하다. 2020년까지도 인민해방군은 주요 내부 격변을 겪는 중이다. 따라서 단기적인 지역 위기는 군사 기구가 여전히 심오한 제도적 전환의 진통을 겪는 와중에 처리되어야 할 것이다. 군사 개혁은 중국 스스로에게도 정치적으로 매우 민감한 부분이다. 30만 명의 군인이 동원 해제됨에 따라 강제 퇴직에 불만을 품은 참전 용사들이 대규모 공개 시위를 벌이기도 했다. 한편 고위 사령관들은 부패와 불충의 혐의로 숙청, 구금 또는 투옥되었다. 여기에는 한때 막강한 권력을 누렸던 장군들이 다수 포함되었는데, 이는 군 내부에 경험의 공백을 남기는 동시에 잠재적으로 위험한 수준의 반감을 조성했다. 해임된 군 지휘관들은 또한 중국 정치 체제 전반에 대해 잠재적인 반대의 목소리를 내는 강력한 원천이 되었다. 이에 더해, 시진핑은 막강한 준군사 조직(인민 무장경찰 부대)을 당의 직접 통제하에 두고 국무원의 감독망에서 완전히 벗어나게 하는 등 인민해방군에 대한 당의 권위를 강화하기 위해 끊임없이 캠페인을 벌여왔다.

그의 정치국 동료들이 이러한 변화에 근본적으로 반대할 가능성은 없다. 하지만 더 많은 정치적, 군사적 권력이 시진핑의 손에 집중된다면 그들 역시 직업적, 정치적으로 불안을 느낄 수밖에 없다. 이는 중국 정치 체제 내에서 "모든 것의 의장"을 맡고 있는 시진핑의 위상을 더 확고히 하겠지만, 한편으로는 이미 당내에 축적된 정치적 "항체"를 더 키울 위험도 있다. 그러나 지금까지 시진핑은 잠재적인 적수를 제거하는 데 달인임을 입증해왔으며, 상대가 움직이기 전에 먼저 발 빠르게 쳐냈다.

이러한 적지 않은 어려움에도 불구하고 앞서 언급한 바와 같이 시진핑은 전반적인 지역 군사력 균형이 중국에 유리한 쪽으로 꾸준히 기울고 있다고 본다. 시진핑은 미 국방부가 중국을 "동등한 경쟁자"로 지칭한다는 사실에 어느 정도 자부심을 가지긴 할 것이다. 사실 2018년 이전만 하더라도 중국은 그렇게 불리지 않았다. 중국은 자체 분석 모델을 바탕으로 "객관적인" 힘의 균형이 갈수록 자신들에게 유리해지고 있다고 믿는다. 이는 중국이 내부적으로 미중 간의 전반적인 "힘의 상관관계"를 계산하면서 더 확고해졌다. 이 계산에는 신중하게 구성된 국제 순위표에서 군사 및 비군사적 역량의 전 범위를 고려하여 각국의 종합 국력을 산출하는 모델이 포함되었다. 중국은 2009년도까지 이 순위표를 발표하곤 했지만 내부의 정치적 민감성 때문에 지금은 발표하지 않는다. 이에 따라 중국의 대중 매체는 성장하는 역량과 원대한 야망 또는 대중의 승리주의에 대한 보도를 자제했다. 그러나 중국이 내린 결론은 군사적 지역 균형이라는 면에서 전반적인 상황이 자신들에게 유리해지고 있다는 것이다.

그러나 중국의 고위 군사 지도자들은 중국이 미국과 그 동맹국들의 능력을 많이 따라잡았음에도 불구하고 여전히 미국과 일본을 만만치 않은 상대로 보고 있다. 호주 총리 재임 이후 하버드대학 케네디스쿨에서 선임 연구원으로 일하던 나는 중국의 2성 및 3성 장군들과 함께 미 국방대학에서 열린 만찬에 참석한 적이 있다. 당시에 나는 강경파로 악명 높은 류야페이 총장 앞에서 미중 관계에 대한 공개 강연을 하기 위해 대학을 방문했다. 그 전 몇 년 동안 중국군과 함께 참석했던 수많은 세션 중 유난히도 힘들었던 시간이다. 저녁 식사 후 마오타이주를 마시며 나눴던 대화의 주제는 구체적인 군사 시나리오로 바뀌었다. 당시 중일 관계는 일본의 센카쿠열도 "국유화"로 인해 바닥을 쳤으며, 양국의 해군 및 공군 자산이 점점 더 개입되고 있었다. 나는 동중국해에서 일본군과 단독으로 대규모 교전을 벌이는 것에 대해 중국 동료들이 고도의 군사적 경계심을 보였던 것을 생생하게 기억한다. 그들은 미 해군 또는 공군이 전혀 개입하지 않는 교전을 가정했는데, 중국군은 자신들에게 직접적인 현장 경험이 부족하다는 점을 잘 알고 있었다. 그렇다고 해서 그들에게 용기가 부족한 것은 아니다. 오히려 반대에 가깝다. 그래서 그들이 보여준 직업적 신중함은 실로 놀라웠다.

　시진핑에게 있어 정치적 충성심과 중국군 전 부서의 실질적인 현대화는 그의 전반적인 전략의 핵심 부분이다. 인민해방군은 향후 그가 권력을 장악하는 데 직접적인 연관이 있으며, 타이완을 통합하고 이를 유지하는 데 필수적인 조직이다. 하지만 이는 분명 국가 예산이 어마어마하게 필요한 일이다. 장기적으로 실질적인 자금을 조달하려면 미래 경제 개발 모델이 성공해야 하며, 그렇지 않으면 중국은 지금보다 훨씬 더 가혹한 예산 압박에 직면할 것이다. 지역과 세계를 상대로 점점 더 중요해지고 있는 중국의 역할에 대해 다음 장에서도 다루겠지만, 이미 상당 기간 동안 중국의 군사력은 국제 정책적 야망을 이루는 데 있어 경제력만큼이나 필수적인 요소가 되고 있다.

9장

주변국 관리

여섯 번째 원..

지금까지는 주로 국내 문제에(물론 중국 군대는 국내외에서 활동하기는 하지만) 초점을 맞춘 중국 공식 세계관의 핵심 요소를 살펴보았다. 나머지 다섯 개의 관심 영역은 이제 외부로 확장되어, 중국 해안을 넘어 세계로 향하는 시진핑의 야망을 다룬다. 이 순서는 전통적이고 고전적인 중국식 논리를 따른다. 즉, 국내에서의 힘은 시진핑이 해외에서 추구할 모든 야망의 기초가 된다.

여섯 번째 원은 중국과 인접한 14개 이웃 국가에 관한 것이다. 인접 국가 수가 동일한 러시아를 제외하면 중국은 세계에서 가장 많은 인접국을 가진 나라다. 중국 왕조 역사를 보면, 국가안보에 대한 위협은 주로 광대한 국경 지역에서 발생하곤 했다. 이는 보통 대초원 유목민들의 침략으로, 한나라 때의 흉노족, 12세기의 몽골족, 17세기 중반의 만주족이 그 예다. 이러한 역사를 겪으며 형성된 중국의 국경 보호에 대한 관심은 엄청난 규모의 만리장성으로 대변될 수 있다. 19세기와 20세기에는 서구와 일본 제국주의 열강이 주로 바다를 통해 위협해왔다. 중국이 미처 대비하지 못한 위협이었다. 그러나 1949년 이후로 네 번의 국경 전쟁(1950년 한국, 1962년 인도, 1969년 소련, 1979년 베트남)을 치른 중국은 육지 국경에 대해 여전히 전략적 관심을 보이고 있다. 네 전쟁 모두 부분적으로라도 해결되지 않은 국경 분쟁이나 영토 보전, 정치적 주권에 대한 중국의 전방위적인 우려 때문에 발발한 것이었다.

중국은 역사적 교훈을 통해 순전히 방어적인 조치만으로는 이웃 국가의 위협에 적절히 대처하지 못한다는 사실을 깨달았다. 이에 따라 현대 중국은 전략상 다양한 접근 방식을 사용하고 있는데, 그중 가장 중요한 것은 바로 군사적 대비다. 물론 정치적, 경제적 외교 또한 배제할 수 없다. 이를 통해 중국은 모든 주변국과 긍정적이고 호혜적이며 (가능하다면) 순종적인 관계를 이루고자 한다.

오늘날 중국의 핵심 관심사는 국경을 따라 포진한 중대한 위협을 줄여나가는(궁극적으로는 아예 없애버리는) 것이다. 주변국들 사이에 자리한 미국의 지속적인 전략적 존재감과 영향력도 그런 위협에 해당한다. 그 영향력은 중국 대륙의 14개 인접 국가(북한, 러시아, 몽골, 카자흐스탄, 키르기스스탄, 타지키스탄, 아프가니스탄, 파키스탄, 인도, 네팔, 부탄, 미얀마, 라오스, 베트남)에 미치며, 한국, 일본, 필리핀, 인도네시아, 말레이시아, 베트남처럼 중국이 해상 경계선을 놓고 분쟁을 벌이는 국가도 마찬가지다. 중국의 전략적 규칙은 이들 국가와의 분쟁을 양자 사이에서 해결하는 것이다. 중국은 분쟁 상대국이 공식적인 국제 중재 포럼이나 다자간 메커니즘에서 이견을 고조시킴으로써 추가적인 정치적, 외교적 영향력을 얻는 상황을 꺼린다. 최악은 미국이 개입하는 것이다.

중국의 전략적 접근은 먼로 독트린의 역사를 면밀히 연구한 데서 영향을 받기도 했다. 중국은 미국이 이 독트린을 근거로 무자비한 결단을 내리며 거의 200년 동안 다른 강대국이 "미국의" 반구에 접근하는 것을 차단함으로써 전략적 환경을 확장하는 과정을 지켜보았다. 나아가 미국은 미주 전역의 이웃 국가들이 미국의 정치적, 전략적 이익을 따르도록 반복적으로 행동했다. 이것은 1904년 먼로 독트린에 대한 루스벨트의 계론系論에 의해 성문화되었는데, 그는 중미 및 카리브해 국가들이 국제 부채를 갚을 수 없는 경우, 미국이 그들의 내부 경제 문제에 개입할 수 있음을 주장했다. 이후 한 정치 만평에서는 "카리브해 호수"를 순찰하는 루스벨트 대통령이 긴 막대기로 작은 나라들을 위협하는 모습으로 이를 풍자하기도 했다.

중국은 만약 이것이 미국이 부상하기 위한 도덕적이고 전략적인 행동 방침이었다면, 중국이라고 해서 그것을 동아시아에 적용하지 못할 이유는 없다고 생각했다. 다시 말해, 미국은 서반구를 손에 넣었는데 왜 중국은 전략적으로 동반구를 가질 수 없는 것인가? 그렇다고 해서 중국이 반드시 군사적 조치로 먼로 독트린을 실행하리라는 의미는 아니다. 그보다는, 강대국에는 다른 국가들에 영향력을 행사할 권리가 있다는 생각(중국은 그것이 공식 정책이 아니라고 부인했지만)이 현대 중국의 전략적 사고 안에 자리 잡았다는 의미로 볼 수 있다.

그러나 1980년대 후반부터 중국은 경제성장을 우선시하기 위해 주변국들에 대한 정책을 완화하기 시작했으며, 2003년에는 '좋은 이웃 정책'을 채택하기에 이르렀다. 중국은 주요 영토 분쟁에 대한 입장을 굽히지 않으면서도, 가능한 한 경제력과 정치적 외교력을 총동원해 영향력을 극대화하려 했다. 하지만 영유권을 주장하기 위해 군대와 준군사 조직을 동원해 이른바 회색 지대를 압박하는 것에는 여전히 주저함이 없으며, 오히려 노골적인 태도를 보이고 있다. 실제로 이러한 작전의 강도는 나날이 더 심해지고 있지만, 이웃 국가들(특히 미국과 공식적으로 동맹 관계를 맺은 국가들)과의 전면적인 무력 충돌은 피하고자 신중을 기하고 있으며, 보통은 강력한 저항에 부딪히거나 특정 대립이 과열되기 전에 물러서곤 한다. 그 대신 중국은 주변국을 **경제적으로** 압도하고 그들이 중국의 무역, 투자 및 자본시장에 상당 부분 의존하도록 만들면서, 중국의 영토 주장에 반하는 국가가 정치적, 경제적으로 좋지 않은 결과에 직면하도록 만들고 있다. 이는 세계 질서에서 더 중요한 자리를 차지하려는 중국의 대대적인 노력에도 마찬가지로 적용된다. 타국가(특히 미국의 패권에 금이 가기 시작했음을 감지한)로 하여금 엄청난 경제 규모와 모멘텀, 투지 등을 갖춘 중국을 거슬러봤자 득 될 게 없다는 결론을 내리도록 만드는 것이다.

러시아

시진핑은 집권 초기부터 중국과 러시아의 전략적 관계를 개선하기 위해 전임자들보다 더 많은 공을 들였다. 실제로 마오쩌둥 이후로는 그 어떤 지도자도 중국과 러시아의 관계를 우선순위에 두지 않았다. 마오쩌둥과 러시아와의 관계도 사실 순탄치는 않았지만(1959~1989년 중소 분쟁 기간에 발생한 국경 전쟁을 포함), 중국공산당 지도부에서는 시진핑이 유일하게 푸틴 대통령과의 관계에서 점점 더 전략적 안정감을 되찾고 있다. 실제로 시진핑은 공개 석상에서 푸틴을 "가장 친한 친구"라고 일컬었고, 그와 생일 축하 통화를 했으며, 두 사람의 "성격이 비슷하다"고 밝히기도 했다. 중국 지도자가 외국 정상과의 관계에서 이러한 개인 감정을 드러낸 것은 이례적이다. 17세기에 들어서면서 러시아는 태평양을 향해 동쪽으로 진출하기 시작해 청나라의 많은 영토를 차츰 빼앗아 갔다. 중국과 러시아 간의 파란만장한 400년 역사를 고려했을 때, 시진핑의 태도는 특히나 더 주목할 만하다. 두 지도자 간의 친밀한 개인적 관계와 양국 공동의 전략적 이해利害 덕분에 시진핑과 푸틴은 격렬한 경쟁 관계를 사실상의 정치적, 경제적, 전략적 동맹으로(공식적인 항의가 잦았음에도 불구하고) 변화시킬 수 있었다.

시진핑이 오늘날 중러 관계를 우호적으로 만들 수 있었던 것은 사실 최근에 역사적 진전이 이루어진 덕택이다. 덩샤오핑은 1989년 고르바초프와 만나 양국 간의 오랜 국경 분쟁을 해결했으며, 러시아는 1991년 소련 붕괴 이후로 중국에 심각한 전략적 위협이 되지 않았다. 더욱이 중국 경제가 급성장하던 1990년대에 러시아의 경제가 상대적으로 쇠퇴해, 중국은 러시아와 맞닿아 있는 엄청나게 긴 국경에 대해 위협을 느끼지 않게 되었다. 이는 두 나라 사이의 역학을 근본적으로 변화시켰으며, 러시아는 시간이 지남에 따라 중국과의 관계에서 자신들의 지위가 낮아진 것을 마지못해 받아들였다. 이것은 특히 동아시아 지역에 사는 러시아 인구의 수적인 열세를 고려할 때(바로 남쪽에 있는 방대한 중국 인구와는 대조적으로) 러시아로서는 쉬운 일이 아니었다. 또한 중국인들이 허가 없이 국경을 드나들자 러시아 국경 보안에 대한 우려가 계속되었고, 이는 러시아인 사이에서 "아시아인"에 대한 지속적인 인종차별적 태도로 이어지며 갈등의 골이 더 깊어졌다. 이러한 의구심에도 불구하고 양국 관계에는 2013~2014년 이후 가히 놀라운 변화가 나타났다.

시진핑은 러시아의 자부심과 위신에 비위를 맞추면서 그들의 염려를 능숙히 잠재웠으며, 중국과 러시아는 서로를 여전히 정치적, 전략적으로 동등한 존재로 보고 있다는 것을 정중히 암시했다. 두 지도자는 자유주의적 가치와 서방이 지지하는 "색깔 혁명"이 각자의 정권에 끊임없는 위협이 되고 있음을 공통으로 우려하고 있다. 그러나 러시아와 중국 간의 새로운 관계를 가장 끈끈하게 이어주는 것은 바로 경제 문제다. 2012년 미국의 마그니츠키법* 통과를 기점으로 서방이 2014년 러시아의 크림반도 침공에 대해 제재를 가하자, 러시아는 그 어느 때보다 긴박하게 중국을 찾았다. 경제 제재가 거세지기 시작하고 유가와 가스 가격이 하락하자, 푸틴은 경제 구제에 있어 중국 외에는 의지할 곳이 없다는 사실을 깨달았다. 러시아와 중국 간의 정책 협력은 두 나라가 미국이라는 전략적 적대국에 맞서 공동의 목적을 추구하고, 함께 더 "다극적이고" 덜 자유주의적이며 덜 미국 중심적인 세계 질서를 형성해나가고자 함에 따라 강화되었다.

러시아와 중국 간의 전략적이고 외교적인 협력은 G20, UN, 상하이협력기구^{SCO}, 아시아교류신뢰구축회의^{CICA}, BRICS 같은 다자 기구 차원에서도 이루어진다. 이와 동시에 태평양, 대서양, 지중해, 흑해, 발트해에서 실시되는 연합 군사 훈련과 해상기동 훈련의 빈도와 규모가 증가함에 따라 양국 간의 안보 협력 수준은 전반적으로 높아졌다.

중국의 전략적 상대였던 러시아는 지난 30년의 세월 동안 중국에 점

---

* 인권 탄압 및 부패 행위가 발생할 시 지역 및 행위자의 국적 등을 불문하고 심각하게 인권을 침해한 개인은 누구든지 표적형 제재의 대상으로 지정될 수 있으며, 미국 내 자산 동결, 금융 시스템 사용 금지, 비자 발급 금지 등이 시행된다.

점 더 유용한 전략적 자산으로 변모해왔다. 러시아의 석유 및 가스 공급은 중국의 페르시아만에 대한 만성적인 수입 의존도를 줄여, 호르무즈해협과 말라카해협(오랫동안 중국의 군사 전략가들이 골몰했던 두 전략적 요충지)을 통해 들어오는 주요 에너지 자원의 수입 중단에 대한 중국의 취약성을 완화할 것이다. 러시아는 또한 미국과 유럽의 전략적 관심을 분산시키고 선점하는 일련의 파괴적인 행동을 오랫동안 능숙하게 취해왔는데, 이는 중국의 한층 더 신중한 전략적 문화가 허용하는 수준을 넘어서곤 했다. 시리아가 바로 그 전형적인 사례다. 덕분에 중국은 지난 10여 년간 태평양 지역에서 자신들의 전략적 목표를 추구할 독자적인 지정학적 공간을 갖게 되었다.

시진핑은 러시아가 대단한 군사력을 가진 데 비해 세계에 미치는 영향력은 한정적이며 경제력은 쇠퇴해가고 있다고 보지만, 그럼에도 러시아가 중국보다 훨씬 더 모험적으로 행동할 준비가 되어 있다는 점에서 그 가치를 높게 산다. 러시아는 군사나 외교 면에서 중국보다 훨씬 더 공격적으로 미국과 유럽에 반격할 준비를 항상 갖추고 있다. 이처럼 강력한 글로벌 "훼방꾼"이라는 러시아의 국제적 평판으로 인해 중국은 국제 사회에서 상대적으로 더 보수적이고, 협의심과 책임감을 갖춘 행위자로 비칠 수 있다. 이는 중국이 보기에 세계의 다음 패권을 거머쥘 초강국에 더 적합한 특징들로, 시진핑이 원하는 모습이기도 하다. 이러한 것들 때문에 중러 관계는 중국의 전반적인 전략적 이익에 큰 가치를 지닌다.

인도

한편 인도는 시진핑에게 점점 더 골치 아픈 이웃이 되고 있다. 중국과 인도가 서로를 보는 전략적 프리즘은 근본적으로 합의되지 않은 3488킬로미터에 달하는 국경과 카슈미르를 둘러싼 인도와 파키스탄 간의 영토 분쟁, 그리고 중국과 파키스탄의 오랜 동맹 관계에 의해 만들어졌다. 중국은 오랫동안 인도를 주요 적국의 전략적 파트너(오랜 중소 분열의 기간에는 소련의 파트너로, 최근에는 미국의 파트너로)로 여겨왔다. 인도는 또한 더 많은 개발도상국으로부터 호감과 지지를 구하는 데 있어 중국의 오랜 라이벌이었다. 금세기 초에는 인도와 중국이 비슷한 경제적 잠재력을 가진 것으로 여겨졌지만, 그로부터 20년 후 중국의 경제 규모는 인도의 다섯 배가 되었다. 이것은 인도에 새로운 전략적 취약성을 안겨주었다. 국경을 넘어 마찰이 계속되고 인도양에서 중국 해군의 출현(스리랑카와 파키스탄 같은 인도 이웃 델리의 항구 시설에 대한 접근 포함)이 잦아지자 인도는 지난 10년간 양자 군사 관계를 확대하고 미국 및 일본과 3자 해군 훈련을 실시했다. 하지만 이러한 변화에도 불구하고 인도는 중립적인 외교 정책이라는 오랜 전통을 그대로 유지하기로 한 것 같다.

2018년 중국 우한에서 시진핑과 나렌드라 모디 인도 총리가 사흘 동안 정상회담을 한 후, 양국 관계를 개선하려는 새로운 정치적 결의가 나타났다. 이는 국경을 안정시키고 중국의 투자를 더 많이 유치하려는 인도의 바람이기도 했지만, 당시 트럼프 행정부 특유의 변동성으로 인해 미국의 장기적인 전략적, 경제적 신뢰성에 회의론적인 시각이 커진 탓이기도 했다. 시진핑은 인도를 1962년 국경 전쟁 이후 새로운 방식으로 외교적 관계를 "맺는 중"인 나라로 여긴다. 더욱이 중국 기업들은 미국 경쟁자들이 들이닥치기 전에 인도라는 대규모 개발도상국 시장에 먼저 진출하기를 바랐다. 전반적으로 중국은 주변에 또 다른 중요한 전략적 적수를 두는 대신, 인도와 우호적인 관계를 유지함으로써 많은 이점을 챙길 수 있었다.

그러나 2020년 6월 장기간에 걸친 국경 마찰이 폭발하면서 새로 싹트기 시작한 관계는 급격히 나빠졌다. 분쟁 중인 히말라야 라다크 지역의 판공 호수 근처 고지대에서 20명의 인도군과 최소 4명의 중국군이 사망하는 피비린내 나는 싸움이 벌어진 것이다. 그 후 인도에서는 대규모 민족주의 시위가 벌어졌고, 시위대는 중국 상품, 시진핑 초상화, 오성홍기를 불태우며 전국적인 반중 불매운동을 벌였다. 모디 인도 총리는 인도 국민이 "중국군과 싸우다 전사한 병사들에 자부심을 가질 수 있을 것이다"라며 단호한 대응을 약속했다. 외교적 감각이 부족한 중국 언론의 하이에나들은 충돌의 책임을 인도에 돌리는 동시에 인도 군대가 입은 손실을 조롱하기까지 했으며, 결국 중국 정부가 나서서 그들을 통제하기까지 인도 국민의 분노를 부채질했다. 다행히 군사 분쟁이 더 이상 고조되는 것은 피했지만 인도에서는 그해 9월까지 수십 가지 품목의 중국 제품 수입이 규제되었고, 250개 이상의 중국 소프트웨어 앱(틱톡과 위챗 포함)이 금지되었다. 이는 인도 시장을 미래 글로벌 시장으로 확장하기 위한 초석으로 여겼던 중국의 기술 회사들에 치명적인 타격이었다. 인도와의 긴장은 코로나19 팬데믹의 영향으로 더 증폭되었는데, 특히나 우한에서 시작된 바이러스가 인도에 막대한 인명 및 경제적 피해를 가져왔기 때문이다.

곧이어 인도는 전략적으로 미국과의 안보 관계에 집중했고, 미 해군과의 연합 훈련을 즉각적으로 확대했으며, 여러 국방 및 정보 협력 협정에 서명하고, 처음으로 전함을 남중국해에 배치했다. 또한 미국, 일본과의 3자 군사 협력을 넘어 트럼프 행정부가 미국, 일본, 인도에 호주를 합류시켜 새롭게 추진한 4자 안보 대화, 쿼드를 마침내 수용하며 처음으로 4각 해상 훈련에 참여하기도 했다. 수브라마냥 자이샨카르 인도 외무장관은 자국의 관점에서 쿼드는 국경 충돌 이후 "더 큰 반향"을 불러일으킬 수 있기에, 인도와 미국은 "국가안보 문제에 더 집중적으로 관여"할 필요성에 대해 훨씬 더 "느슨한 관계"를 유지하고 있다고 밝혔다. 이러한 새로운 수준의 다자간 안보 협력은 중국의 전략적 해양 환경을 상당히 복잡하게 만들었다. 이에 대해서는 다음 장에서 자세히 다룰 것이다.

종합해보면, 2020년의 이러한 국면은 지난 2년간 인도와의 관계를 개선하고자 한 시진핑의 노력에 중대한 차질을 빚었다. 시진핑은 모든 전선에서 적과 대치하고 싶지 않았다. 타이완 해협과 남중국해, 그리고 동중국해에서 일본과의 긴장이 고조됨과 동시에 인도마저 미국의 전략 궤도에 결정적으로 진입하면서, 시진핑은 피하고자 했던 바로 그 곤경에 처하게 되었다.

2020년 하반기에 중국은 사건을 최대한 일으키지 않으면서 인도와의 국경 위기를 완화하기 위해 부단히 노력했다. 그리하여 국경을 넘은 인민해방군 병사(그는 목동의 길 잃은 야크를 쫓다보니 어쩌다 통제선을 넘게 된 것이라며 터무니없는 주장을 펼쳤다)가 인도군에게 체포되었을 때도 중국 정부는 침묵을 지키며 그의 석방을 조용히 협상하려 했다. 동시에 중국은 코로나19와 관련된 지원과 원조도 제안했지만, 인도는 이를 대부분 거절했다. 인도 측 주장에 따르면 중국군은 분쟁 지역에서 상호 군대를 철수하고 이전 상태로 되돌리기로 한 처음 약속을 지키지 않고 있다고 한다. 그렇게 1년이 넘도록 12차례 이상의 회담을 가진 양국의 군 지휘관들은 2021년 여름 드디어 새로운 잠정적 합의에 도달했지만, 긴장되고 껄끄러운 상황은 여전히 계속되고 있다. 그 뒤로 인도는 최대의 숙적인 파키스탄과의 국경에서 5만 명의 병력을 빼내 중국 국경으로 재배치했으며, 인민해방군은 새로운 장거리 포병과 추가적인 월동 장비를 지원하며 국경 병력을 강화했다. 양국 간에 긴장이 계속 고조되고 있다는 신호다. 한편, 시진핑은 2021년 7월 티베트의 히말라야고원으로 병력과 보급품을 신속하게 이동시키도록 설계된 새로운 고속철도를 타고 국경을 깜짝 방문했다(중국 지도자로서는 1990년 장쩌민 이후로 처음이다).

이렇게 국경을 따라 장기간 교착 상태에 빠진 것으로 보이는 양국 관계가 과연 어느 정도까지 회복될 수 있을지 예측하기는 힘들다. 그렇지만, 1989년에 덩샤오핑이 국경 분쟁을 해결함으로써 러시아와의 관계를 정상화한 것처럼, 시진핑이 인도와 화해할 가능성을 결코 배제해서는 안 된다. 만약 그렇게 된다면 중국과 미국, 인도 사이의 전략적 삼각관계에 근본적인 변화가 일 것이다.

일본

중국과 일본의 관계는 제2차 세계대전이라는 오랜 그늘 속에서 간헐적으로 발전해왔다. 당시 일본 점령군이 저지른 만행으로 2000만 명에 이르는 중국 민간인과 군인이 사망했다. 중국 민간인에 대한 대규모 학살과 전국적으로 전개된 성노예 시설, 중국 포로에 대한 세균전 실험이 여기에 포함된다. 이러한 전쟁 범죄에 대해 반성이나 속죄의 자세를 보이지 않는 일부 전후 일본 지도자들 때문에 중국에서는 (국가가 지원하는 반일 민족주의 환경에서) 대대적인 분노의 폭발이 주기적으로 일어났다. 폭동은 일본 기업뿐만 아니라 단순히 일본 자동차를 운전하는 사람들까지 공격 대상으로 삼곤 했다.

2012년 시진핑이 당 지도부에 취임하기 직전에 일본 정부는 분쟁 중인 센카쿠열도를 개인 토지 소유주로부터 매입하여 사실상 "국유화"하는 매우 도발적인 조치를 단행했다(사실 극우파인 이시하라 신타로 도쿄 지사가 더 도발적인 매수 입찰을 하지 못하도록 막으려던 것이었지만, 중국은 이를 정당한 이유로 받아들이지 않았다). 미국은 1954년 미일안보조약의 목적에 맞게 센카쿠열도를 일본 영토로 간주했으며, 전쟁 이후에는 일본 정부가 섬을 관리해왔다. 하지만 중국은 여기에 동의하지 않는다. 중국과 일본이 섬 주변 지역에 상당한 해군과 공군, 기타 준군사 자산을 배치하면서 양국의 정치적 관계는 즉시 악화되었다. 여기에 아베 신조 일본 총리가 A급 전범 14명의 유해가 안치된 도쿄 야스쿠니 신사 참배를 결정하면서(중국은 이를 매우 심각한 정치적 도발 행위로 여긴다) 긴장은 더욱 고조되었다. 일본은 또한 아시아인프라투자은행AIIB과 일대일로 이니셔티브 같은 중국의 지역 개발 이니셔티브에 대한 지원을 거부하면서, 중국의 이러한 조치들이 좋은 통치를 촉진하는 기관들에 도전함으로써 1945년 이후 국제적으로 조성된 규칙기반질서를 전복시켰다고 주장했다. 한편, 2013년 11월 동중국해 전역에 방공식별구역ADIZ을 일방적으로 선포한 중국은 해당 지역에 대한 영유권을 입증하고자 모든 외국 항공기의 비행을 사전 통보할 것을 요구하면서 상황을 더 어렵게 만들었다. 그러자 일본과 미국은 즉시 해당 지역을 지나는 군용기를 띄우며 중국의 주장에 맞섰다.

그러나 2018년 후반부터 이 꽁꽁 얼어붙은 관계가 어느 정도 녹기 시작했다. 당시 시진핑과 아베는 고위급 상호 방문을 통해 관계 정상화를 위한 잠정적인 조치를 취했다. 아베는 인도 총리 모디와 마찬가지로, 트럼프로 인한 미국 측의 고립주의로 일본이 표류할 경우를 대비해 미국과 중국 사이에서 장기적인 전략적 위험 회피를 시작한 것으로 보인다. 아베는 특히 트럼프 행정부의 우방을 대하는 태도와 무질서한 대북 정책, 일본과 한국에 대한 관세 부과 위협에 대해 당황스러워했다. 이에 따라 그는 2017년 9월 도쿄 주재 중국대사관에서 열린 중국 국경절 행사에 깜짝 등장해서는 중국과의 관계 개선에 첫발을 내디뎠다. 일본 총리로서는 15년 만의 일이었다. 그곳에서 아베는 처음으로 시진핑의 방일 가능성을 언급했으며, 그해 11월 시진핑은 베트남 APEC 정상회담을 계기로 아베 총리와 회담했다. 아베는 회담이 "매우 우호적이고 편안"했으며 "북한 문제를 포함한 국제 정세에 대해 솔직한 의견을 나누었다"고 열변을 토했다. 그는 북한에 관한 한중일 정상회담을 "가능한 한 빨리" 열 것을 촉구했다. 시진핑은 지역 인프라 프로젝트 자금 조달을 포함해 일대일로 이니셔티브 체제에 일본의 경제협력을 촉구했으며, 이번 회의는 "중일 관계의 새로운 출발을 의미한다"고 말했다.

2018년 4월, 양국은 센카쿠 위기 이후 8년 만에 고위급 양자 경제 대화를 재개했다. 이어서 5월에는 아베 총리가 중국의 리커창 총리와 한국의 문재인 대통령을 도쿄로 초청하여 3국 정상회담을 가졌다. 이 자리에서 아베와 리커창은 동중국해에 새로운 위기 커뮤니케이션 메커니즘을 구현하기로 합의했다. 2018년 9월 아베와 시진핑은 블라디보스토크에서 다시 만나 "북한 문제에 대해 집중적으로 논의"했으며, 여기서 중국이 대북 제재 유지를 약속한 데 대해 아베 총리는 만족스러워했다. 2019년 12월 또 다른 3자 정상회담을 앞두고 베이징에서 다시 만났을 때는 두 사람 사이에서 상당히 훈훈한 분위기가 감돌았다. 아베는 "관계의 새로운 단계"를 언급하며 전후 중일 관계의 토대가 된 4대 외교 협정에 덧붙여 미래 협력에 기반한 "제5의 정치 문서"를 작성했다. 그는 시진핑에게 2020년 봄 일본을 방문할 것을 요청하면서, "일본과 중국이 함께 짊어지는 공동의 세계적 책임을 보여줄 좋은 기회가될 것"이라고 말했다.

그러나 2020년 팬데믹 때문에 국경이 폐쇄되고, 코로나19의 발원지 문제로 중국과의 긴장이 고조된 데다, 홍콩과 신장에서 자행된 중국의 탄압에 대해 전 세계적인 항의가 빗발치면서 시진핑의 일본 방문은 무산되었다. 게다가 그해에는 센카쿠열도 주변으로 중국 해군과 해안 경비대, 준군사 조직의 배치가 더욱 늘어났다. 이에 따라 일본은 양자 협상과 쿼드를 통해 미국, 인도, 호주와 군사 협력을 강화했고, 2021년에는 GDP의 1퍼센트라는 연간 국방비의 오랜 상한선을 포기하는 역사적인 조치를 취하며 안보 지출을 대폭 늘릴 것이라고 발표했다. 기시 노부오 방위상은 일본의 평화헌법에도 불구하고 "일본을 둘러싼 안보 환경의 불확실성이 높아지고 급변하고 있다"며, 일본 정부는 "우주, 사이버, 전자전과 같은 새로운 영역"을 개발하는 등 "국가를 보호하는 데 필요한 자금을 적절히 할당"해야 한다고 국민에게 역설했다. 이어서 그는 "일어나 준비해야 할 때가 왔다"고 선언했다.

가장 주목할 만한 부분은 2021년에 일본 정부가 타이완에 대해 처음으로 공개 발언을 한 것인데, 이는 지역의 세력 균형이 위험할 정도로 중국에 유리하게 바뀌고 있다는 국방부 백서의 결론을 반영한 것이다. 기시는 일본이 "민주주의 국가로서 타이완을 보호할" 의무가 있다고 선언한 반면, 아소 다로 자민당 부총재는 타이완에 대한 공격이나 "타이완해협이 봉쇄되는 등의 다양한 상황"이 일본에 "실질적 위협"이 될 것이며, "다음 차례는 오키나와가 될지도 모른다는 생각을 해봐야 한다"라고 경고했다. 그는 "만약 그런 사태가 발생한다면 일본과 미국이 함께 타이완을 지켜야 한다"고 말했다. 2021년 8월, 일본과 타이완은 첫 양자 안보 회담을 열었다. 이는 미국과 긴밀한 협력을 구축해가면서도 전통적으로 화려한 미사여구를 자제하고 지역 안보 행위자로서의 이미지를 완화하는 데 극도로 주의를 기울여왔던 일본의 외교 및 전략에 근본적인 변화가 있음을 보여준다. 중국 정부는 일본이 미국과 함께 타이완 분쟁에 개입하는 것은 "스스로 무덤을 파는 일"이 될 것이라며 즉각 위협했다.

아베의 후계자였던 스가 요시히데가 중도에 사퇴한 뒤 2021년 9월 좌파 성향의 기시다 후미오가 그 자리를 대체하자, 새 정부는 "아베노믹스"에서 벗어나는 등 정책을 수정하기 시작했다. 그러나 중국에 대한 일본의 접근 궤도는 크게 바뀌지 않았다. 기시다는 일본의 대중 의존도와 관련된 경제 및 안보 위험을 감독하는 직책을 신속하게 마련하면서 결국에는 국방비 지출을 두 배로 늘리겠다고 약속했다. 이처럼 일본은 중국과의 관계에 있어 전반적인 전략적 입장을 재평가하는 과정에 있는 것으로 보이며, 이 지역에서 중국의 침략을 저지하기 위해 (미국과 함께) 군사력을 계속 강화하려고 할 수도 있다. 그렇지만 미중 세력 균형이 장기적으로 그려나갈 궤적과 미국이 계속해서 고립주로 표류할 가능성에 대한 일본의 전략적 계산은 크게 변하지 않을 것 같다. 따라서 일본이 접근 방식의 균형을 어떻게 유지할 것인지에 대해서는 신중하고 면밀한 조사가 필요하다.

시진핑은 정기적으로 해상 순찰을 하며 동중국해의 분쟁 섬들에 대한 중국의 "관리 감독"을 주지시키려 계속 시도하고 있지만, 그의 전반적인 관심은 가능하다면 일본 및 인도와의 전략적 긴장을 줄이는 데 있는 것으로 보인다. 중국에 대한 미국의 초당적인 정치 정서의 급격한 변화를 고려할 때, 그는 가능하다면 미국과 단독으로 마주하는 것을 훨씬 더 선호할 것이다. 특히 미국이 중국과의 경제적 디커플링을 점점 더 확대해나간다면, 시진핑은 미국 대신 세계 3위의 경제 대국인 일본을 무역과 기술 교류, 투자 이익을 추구할 대상으로 바라보고 있다.

한반도

한반도는 중국의 난제다. 중국과 한반도는 지리적 근접성, 오랜 역사적 연결 고리, 깊은 문화적 친화력을 공유한다. 그뿐만 아니라 1950년 한국전쟁 당시 미국의 진격을 저지하기 위해 100만 명이 넘는 중공군이 한반도에 배치된 적도 있다. 한국전쟁은 중국의 정치 심리에서 특별한 의미를 갖는다. 강력한 미군에 군사적 패배를 안기거나 적어도 교착 상태로 이끌 수 있는 중국공산당 국가의 능력(초창기였음에도)을 상징하기 때문이다. 그러나 이렇게 역사를 공유함에도 불구하고, 시진핑과 북한의 김정은 국무위원장과의 관계는 (적어도 2018년도까지는) 거의 70년 동안 맺어온 관계 중 가장 최악이었다. 북한이 핵무기와 탄도미사일 개발에 박차를 가했기 때문이다. 관계 악화는 2006년과 2018년 사이 일련의 핵 및 장거리 미사일 실험이 UN안전보장이사회의 결의안을 위반하면서 최고조에 달했다. 북한으로서는 유감스럽게도, 중국은 경제 제재를 포함해 UN안전보장이사회 결의안을 지지해왔다. 북한의 행동이 남한과 미국의 긴장을 전례 없는 수준으로 고조시키며 미국이 다시 한번 한반도에 직접 개입할 가능성을 대폭 키웠다는 점을 고려할 때, 김정은은 시진핑에게 있어 소중한 동맹이라기보다는 전략적 골칫거리에 가까웠다.

그러나 다행히 트럼프가 2018년과 2019년에 싱가포르, 베트남, 한국에서 김정은과 직접 정상 외교를 하기로 일방적으로 결정하면서, 시진핑은 김정은과의 얼어붙은 정치적 관계를 풀어갈 수 있었다. 북한에 대한 지속적인 정치적 지원이 책임감 있는 신흥 초강대국으로서 국제적 명성을 쌓으려는 중국의 노력을 갉아먹고 있다는 점에서 북한은 문제아 같은 존재였는데, 미국 대통령이라는 인물이 그 문제를 해결하러 온 것이다. 시진핑은 트럼프가 북핵 문제를 다루는 데 있어 피상적인 지원만 제공했다. 사실 시진핑은 김정은이 핵무기를 절대 포기하지 않을 것이며, 김정은에게 핵무기를 포기하도록 강요함으로써 북한과의 전략적 관계를 훼손하는 것은 중국의 이익에 부합하지 않는다는 사실을 잘 알고 있었다. 그런데도 트럼프의 부질없고 헛된 행동을 도와준 이유는, 그 대가로 중국이 정치적, 외교적 이익을 챙길 수 있다고 판단했기 때문이다. 트럼프는 그저 일시적으로 왔다 가겠지만, 중국의 이웃인 북한은 항상 그 자리에 있을 것이다. 아무리 김정은과 개인적으로는 맞지 않더라도 시진핑은 북한 정권이 아예 붕괴하는 것을 원하지는 않는다. 만약 북한이 붕괴한다면 그는 중국으로 유입될 난민들에 대처해야 할 것이다. 또한 김정은 이후의 정부가 어떤 모습일지도 불분명하다. 최악의 경우, 남한에 의해 한반도가 통일되어 강력하게 합쳐진 친미 국가와 국경을 맞댈 각오를 해야 할 수도 있다. 그러나 시진핑은 북한이 실질적인 군축 약속을 하지 않더라도 미국이 북한에 군사적 조치를 취할 가능성은 적다고 보고 있다. 더구나 문제가 되는 북한의 핵 능력은 중국이 아닌 미국과 한국, 일본 등 아시아 동맹국만을 겨냥할 가능성이 크다는 것이 중국 정부의 시각이다. 사실 북한의 핵 능력은 중국보다는 동아시아와 서태평양에서 미국의 전략 계획을 훨씬 더 복잡하게 만들 가능성이 있다. 또한 미국과 일본이 중국뿐 아니라 북한의 위협에까지 대처해야 한다는 점을 고려하면, 중국의 전반적인 전략적 상황도 틀림없이 개선될 것이다.

시진핑은 (이전 장에서 논의한 사드 배치와 같은 긴장의 시기에도 불구하고) 장기적인 전략적, 경제적, 문화적 요인들이 남한을 중국의 정치 궤도로 계속 끌어들일 것이라고 여전히 낙관하고 있다. 한미 FTA 재협상과 주한미군 주둔에 대한 막대한 비용 부담 요구 등 트럼프 행정부의 정책은 미국에 대한 한국 대중의 호의를 크게 악화시켰다. 반면 중국 경제의 견인력, 고조되는 반일 감정, 그리고 중국이 북한의 무장 통일을 지지하지 않는다는 인식 덕에 중국에 대한 한국의 정치적 감정은 개선되었다. 계속되는 한일 관계의 균열과 함께 미국이 과거와 마찬가지로 한일 관계를 효과적으로 중재하지 못한 것도 한국에 대한 중국의 상대적 입지를 더욱 강화시켰다. 게다가 한국에서는 북한의 적대적 도발을 막는 일에 있어서 어쩌면 중국이 장기적으로 미국보다 나은 역할을 할 수도 있다는 견해가 부상하고 있다. 이 모든 것은 미국과의 오랜 우호 관계에도 불구하고 한국과 중국 사이에 화해가 전개되고 있음을 보여준다.

한국 정치에서 우파들의 정치적 혼란이 계속되자 중국은 더욱 확신에 찼다. 한국의 세대교체가 기성세대의 미국에 대한 정치적, 정서적 애착을 무너뜨리고 있다고 보는 것이다. 이에 자신감을 얻은 중국은 궁극적으로 한국을 미군의 치마폭으로부터 떼어내고 현재 중국 본토에 근접해 있는 미군을 제거함으로써 중국의 영향권 안에 있는 적절한 역사적 장소로 되돌릴 수 있을 것이라 믿고 있다. 한국과 여타 주변국들에 대해 우려할 일이 적어질수록, 중국은 동북아에서 인접한 이웃 국가들 너머에 있는 것을 더 많이 넘보게 될 것이다.

동남아시아

한국 외에도 동남아시아 대륙과 열도는 중국이 수 세기에 걸쳐 가장 집중적으로 조공국 관계(중국 황제의 우세한 지위를 공식적으로 인정하고 공물을 바치는 대신 무역을 보장받았다)를 발전시킨 지역이다. 이곳은 또한 지난 수백 년 동안 중국인이 가장 많이 이주한 지역이기도 하다. 심지어 오늘날에도 최근 몇 년간 해외로 이주한 중국인의 절반가량은 비즈니스 기회를 찾아 동남아시아로 향했다. 해외에 거주하는 중국인 혈통 중 약 3분의 2가 동남아시아에 정착하고 있는 것으로 추정된다.

따라서 중국이 동남아시아 국가들을 고객으로 만들기 위해 외교, 차관, 투자 및 무역을 결합해 이 지역과 긴밀한 관계를 구축하고자 애쓰는 것은 그리 놀라운 일이 아니다. 남중국해의 섬과 해양에 대한 영유권 주장이 적어도 다섯 개 아세안ASEAN 국가와의 관계에서 계속 갈등을 일으키고는 있지만, 중국 정부는 동남아시아 대륙과의 관계가 문제 없이 잘 구축되고 있다고 보고 있다. 라오스와 캄보디아는 점점 더 중국의 영역이 되어가고 있으며, 캄보디아는 ASEAN 내부 회의에서 사실상 중국의 대리인 역할을 하고 있다. 지난 2014년 군부가 방콕을 군사적으로 장악한 이래로 미국의 전방위적인 제재에서 벗어나지 못하고 있는 태국(사실상 여전히 미국의 동맹국)은 점차 중국 편에 가까이 서고 있다. 미얀마의 경우, 중국은 2015년에 아웅 산 수 치 때문에 겪었던 좌절을 극복하고자 그와의 관계에 많은 투자를 해왔다. 2021년 2월 미얀마 군부가 쿠데타를 일으켜 나라를 장악한 것은 처음에는 중국을 좌절시키는 시련으로 여겨졌다. 그러나 중국은 군사 정권에 대한 확고한 지원 정책을 채택하며 상황에 빠르게 적응해갔다. 다른 지역과 마찬가지로 오늘날 동남아시아와 중국의 외교 관계는 실용적인 이기주의를 따르며, 정치적 이념이나 각 정부의 유형과는 거의 상관이 없다.

무려 천 년 동안 대립을 거듭해온 중국과 베트남의 관계는 당연히 더욱 복잡할 수밖에 없다. 베트남전쟁에서 중국은 남베트남 민족해방전선이 미국의 동맹국인 남베트남을 상대로 싸워 승리하는 데 일조하기도 했지만, 곧이어 1979년에는 베트남과 격렬한 국경 전쟁을 벌이기도 했다. 1980년대에는 그간 맺힌 응어리가 조금씩 풀리는 듯했고, 2020년에는 두 사회주의 국가의 수교 70주년을 기념하는 공식 행사에도 꽤 공을 들이는 모습을 보였다. 하지만 현재 양국 간에는 수십 년 전보다 더 팽팽한 긴장감이 감돌고 있다. 다만 2010년 이후(중국이 남중국해 분쟁을 고조시킨 이후) 미국과 초기 안보 협력 관계를 맺은 베트남은 미중 관계에 대한 입장을 계속 조정하면서 전략적 실패의 위험을 줄여나가고 있다. 비록 오랫동안 적대적인 관계에 있긴 했지만, 지정학적으로 중요한 위치에 있는 베트남에 대해 중국은 아직 희망의 끈을 놓지 않고 있다.

말레이시아에서는 2018년 선거에서 반중 정서를 이용한 마하티르 모하맛 총리가 다시 정권을 잡았다. 하지만 중국은 말레이시아가 일대일로 프로젝트로 인해 많은 부채를 떠안으며 국내 논란에 휩싸이자 이에 대해 재협상을 벌여 새 정부를 달래주고자 했다. 사실 말레이시아에서는 정치적 혼란이 끊이질 않았다. 이후 선거에서 마하티르가 무히딘 야신에게 지고, 2021년에는 무히딘이 이스마일 사브리 야콥에게 패하면서, 중국과 말레이시아의 관계는 사실상 다시 정상화된 것으로 보인다. 한편 미국의 공식 동맹국이라기보다는 군사훈련 파트너에 가까운 싱가포르는 2015년 자국에 미 군함의 정박을 허용하면서 중국의 노여움을 샀다. 그러나 중국과의 관계를 공식적으로 "재설정"한 2018년 이후, 싱가포르는 특히 긴밀한 경제 관계를 고려해 중국의 이해관계에 더 민감하게 반응하기 시작했다. 바이든 행정부는 취임 후 카멀라 해리스 부통령과 로이드 오스틴 국방장관을 비롯한 여러 고위 관리를 신속히 파견하여 싱가포르(더 광범위하게는 동남아시아 전체)와의 관계를 강화하는 데 힘썼다. 하지만 싱가포르가 전략적 궤도를 장기적으로 어떻게 그려갈지는 두고 봐야 할 것이다.

동남아시아에 대한 전략적 영향력을 두고 벌이는 치열한 미중 경쟁은 포퓰리스트 대통령 로드리고 두테르테가 집권한 필리핀에서 가장 극적인 변화를 보여주었다. 필리핀은 태국과 마찬가지로 미국의 공식적인 조약 동맹국이다. 그러나 두테르테 정부의 필리핀은 중국과의 관계, 특히 남중국해에서의 오랜 영유권 분쟁에 대한 접근 방식을 근본적으로 바꾸어버렸다. 두테르테는 전통적으로 친밀한 사이인 미국과 앞으로 더 친밀해지고 싶은 중국 사이에서 줄타기하는 변덕스러운 행보를 보였다. 심지어 이전의 필리핀 정부가 제소한 남중국해 분쟁에 대해 2016년 UN 상설중재재판소^{PCA}가 필리핀에 유리한 판결을 내렸음에도 중재 판결에 따르지 않겠다는 뜻을 밝히기도 했다. 판결 한 달 전에 대통령 임기를 시작한 두테르테는 판결문이 "그저 종이 쪼가리에 불과"하다며, 중국과의 관계 개선을 위해 "쓰레기통에 던져버릴 것"이라고 말했다. 오랜 기간 쌓아온 미국과의 친밀감을 유지하는 동시에 중국과의 긴밀한 관계를 통해 경제적 이익을 얻고자 했던 그는 롤러코스터식으로 결정을 내리곤 했다. 그러나 2021년 7월, 그는 미군이 필리핀에서 작전을 수행할 수 있도록 하는 (그가 2020년에 포기하겠다고 위협했던) 협정에 재서명함으로써 다시 미국 쪽으로 기우는 모습을 보였다. 종합적으로 봤을 때 두테르테의 중국 전략은 국가를 분열시켰고, 그의 반대자들은 그가 필리핀을 중국의 한 지방으로 격하시켰다며 사퇴를 촉구했다. 결국 2022년 5월의 차기 대통령 선거는 필리핀이 중국에 더욱 가까워질지, 아니면 미국에 다시 초점을 맞출지를 판가름하는 장이 될 것이다.*

그러나 동남아시아 전체를 통틀어 가장 중요한 패권 경쟁이 펼쳐지는 국가는 바로 인도네시아다. 중국은 이곳에서의 전략적 영향력을 둘러싸고 미국과 일본, 호주와 치열한 경쟁을 벌이고 있다. 최신 기술에 능한 젊은 층이 2020년 기준 2억7300만 명이나 있는 인도네시아는 동남아시아 최대의 신흥 시장으로서 중국과 서방 기업이 벌이는 글로벌 경제 경쟁의 핵심 각축장이 될 것이다. 한마디로 위험성이 높다는 말이다.

* 두테르테의 딸 사라 두테르테와 연합한 페르디난드 마르코스 주니어가 대통령으로 당선되었다. 하지만 마르코스 대통령은 예상과 달리 친미 행보를 보여오고 있다.

게다가 인도네시아의 지형은 전략적으로도 매우 중요하다. 말라카해협과 롬복해협을 가로지르는 인도네시아 영토는 남중국해에 대한 접근성과 통제력에 영향을 미치는 중요한 위치에 있다. 인도네시아는 역사적으로 항상 엄격하게 중립적인 외교 정책을 유지해왔지만, 미국과 중국은 이곳이 아시아태평양 지역에서 세력을 확장할 "거대한 게임"의 주요 경합 지역이 될 것이라 여겼다. 1966년 중국공산당은 공산주의자들의 쿠데타를 지원하는 무기를 공급하며 인도네시아에 적극 개입하려 했지만, 경제 발전이 급선무인 현재 인도네시아 정부에게 이 역사는 더 이상 예전처럼 악영향을 미치지 못한다. 이는 인도네시아 경제에 대한 중국의 영향력이 매우 크다는 것을 의미한다. 인도네시아는 코로나19 팬데믹 동안 중국의 백신과 의료 지원을 간절히 바라기도 했다. 따라서 시진핑은 인도네시아를 중국의 전략적 궤도로 더 가까이 끌어들이기 위해 그들을 BRICS 그룹에 포함하는 방안을 적극 검토 중이다.

동남아시아 전역에서 전개되고 있는 세 가지 큰 국면을 지켜본 시진핑은 이 지역이 점차 중국 쪽으로 기울고 있다고 확신한다. 첫 번째 근거로 이 지역의 중국 관련 경제활동 규모가 미국에 비해 월등히 크다는 점을 들 수 있다. 동남아시아는 중국에 있어 두 번째로 큰 무역시장이며, 중국은 ASEAN의 최대 무역국이다. 이와는 대조적으로 동남아시아는 미국의 네 번째로 큰 무역시장인 반면, 미국은 ASEAN의 두 번째로 큰 무역 상대국이다. 한편 일본은 ASEAN의 4대 무역 상대국이며, ASEAN은 일본의 2대 무역시장이다. 동남아시아에 대한 FDI는 그 그림이 더 복잡해지는데, 일본이 ASEAN에 가장 많이 투자하고 있으며 중국과 미국이 그 뒤를 잇는다. 그런데도 중국 경제의 영향력은 동남아시아 국가들에 점점 더 저항할 수 없는 힘으로 여겨지고 있으며, 이 지역에서의 정치적, 외교적 추세는 장기적으로 중국에 유리해지고 있다.

둘째, 시진핑은 주변 ASEAN 국가들에 대한 남중국해 영유권 주장 전략을 수정해왔다. 2016년까지만 해도 중국은 영유권을 주장하는 다른 국가들에 대해 공격적인 자세를 취했지만, 지난 몇 년 사이에는 대체로 더 효과적이고 실질적인 외교를 추구하는 모습을 보였다. 중국은 자신들의 광범위한 해양 영유권 주장이 국제법상 불법이라고 규정한 UN 상설중재재판소의 판결에 대해서는 즉각 거부했으며, 대신 반박을 잠재워버릴 대안을 마련했다. 다른 청구국들이 당장의 경제적 이익 때문에 엄연한 주권을 포기하도록 유도하기 위해 잠재적인 공동 개발 파트너십을 추진하는 것이다. 한편, 중국은 남중국해에서의 행동 강령과 관련해 ASEAN 국가들과 합의에 이를 수 있음을 계속해서 예고하고 있다. 비록 이미 완공된 일곱 개 섬은 계속 군사화되긴 했지만, 남중국해에서는 2017년 이후로 중국의 추가적인 "섬" 매립 작업이 진행되지 않았다. 단, 최근에 한 가지 예외가 발생했다. 중국은 필리핀이 영유권을 주장하는 휘트선 암초 인근 해역을 점령하고자 거의 300척에 달하는 대규모 준군사 "어업" 선단을 배치했다. 필리핀이 새로운 바이든 행정부와의 관계 개선을 통해 외교 정책 노선을 번복하지 않도록 압력을 행사하려는 의도였다. 그 외의 행동(중국 선박과 비행기가 말레이시아 인근 해역에 점점 더 자주 침입하는 등)들도 이 지역 전체에 계속해서 정치적 파동을 일으키고 있지만, 지역 국가들과의 공개적인 갈등은 대체로 이전의 10년보다는 덜 심각한 편이다.

셋째, 동남아시아 전역에서 터져나오는 가장 흔한 불만은 오바마가 이 지역을 중심으로 전성기를 보낸 이후 최근 몇 년에 걸쳐 미국의 군사적, 경제적, 정치적 행동이 점점 줄어들고 있다는 것이다. 트럼프 행정부는 중국의 해양 영유권 주장에 대항하는 '항행의 자유 작전'에 박차를 가했으며, 2019년에는 중국 해안 경비대와 해상 민병대 선박의 적대적 행동을 보이면 미 해군의 규칙에 따라 외국 해군으로 취급할 것이라고 경고했다. 그러나 어떤 조치도 중국이 남중국해에 당당히 주둔하는 것을 제지하지는 못했다. 한편 환태평양경제동반자협정을 포기하고 ASEAN 및 기타 지역 5개국과의 역내포괄적경제동반자협정RCEP 참여를 거부하기로 한 트럼프의 결정은 이 지역 경제에서 미국이 전면적으로 철수한다는 뜻으로 해석되었다. 외교적으로도 트럼프 행정부는 한동안 아시아태평양경제협력APEC과 동아시아정상회의EAS 같은 주요 정상급 지역 회의에 모습을 드러내는 것조차 꺼려했다. (아직 다자간 FTA 가입을 망설이고 있는) 바이든 행정부는 이 지역에 남은 부정적인 기억을 청산하지 못하고 있다.

트럼프가 동남아시아에서 발을 뺐기 때문에 중국이 이 지역에서 인기를 끌었다고 말할 수는 없다. 하지만 중국의 경쟁력이 높아진 것은 확실하다. 시진핑 집권하의 중국은 거듭되는 좌절에도 불구하고 다시 한번 경제력에 기대어 장기전을 펼치고 있으며, 미국이 동남아시아에 점점 더 많은 전력을 소비하고 있다고 확신하고 있다.

전략적 지도에 대한 재검토

만일 시진핑이 전략적 관점에서 중국과 주변국과의 정세를 다시 들여다본다면, 아마 대부분의 동향에 만족할 것이다. 중국의 관점에서 러시아는 거의 전적으로 중국 편이다. 일본은 줄을 타고는 있지만 중국에 대한 경제적 의존에서 벗어나지 못할 수도 있다. 인도는 한 발짝 물러 났지만 그렇다고 아예 가망이 없는 것은 아니다. 한국은 긍정적인 추세 이며, 동남아시아는 말할 것도 없다. 미국은 중국의 단호한 행동이 자 체적으로 아시아 지역에서 상당한 반중 정서를 불러일으킴으로써 자 신들이 더 쉽게 대안을 제시할 수 있을 거라 생각했지만, 이러한 안일 한 접근법은 중국이 지금의 태도를 보이도록 부추겼다. 현실은 미국이 생각한 대로 되지 않았다. 인접 지역 전반에서 중국의 전반적인 이해 관계가 진전되어가는 데는 분명 흥망성쇠가 있긴 했다. 그러나 주요 경제적 이익과 더불어 무역, 투자, 어쩌면 기술(예를 들어 화웨이의 5G) 분야에서마저 중국에 견줄 만한 것을 제공하지 못하는 미국의 정치적 무능력은 중국으로 하여금 전반적인 추세가 여전히 자신들에게 유리 하다고 판단할 수밖에 없게 한다. 그렇다고 해서 모든 것이 중국에 유 리한 것은 아니다. 여기서 미국이 이룬 한 가지 특별한 성공은 주목할 만하다. 바로 현재의 틀에서 탈피한 쿼드를 이용해 중국에 대한 범지 역적 반대 세력을 집결시킨 것이다. 이는 중국에 심각한 경계심을 불러 일으키고 있다. 다음 장에서는 이 부분을 집중적으로 다룬다.

10장

일곱 번째 원 ..
주변 해역에 대한 관할권 확보—
서태평양, 인도태평양, 쿼드

지난 180년 동안 중국의 안보를 가장 크게 위협한 것은 모두 바다를 통해 들어온 세력이었다. 제1, 2차 아편전쟁에서 영국과 프랑스가 중국의 해상 방어를 무참히 무너뜨린 것도 바다에서 일어난 일이다. 1895년에서 1945년 사이에 일본이 중국을 노리고 시행한 일련의 군사작전도 바다에서 시작되었다. 게다가 중국이 타이완을 되찾는 것을 여태껏 가로막고 있는 것도 바다이며, 이 바다를 수십 년 동안 지배해온 미국 해군도 장애물이다. 따라서 중국이 동쪽 해양 주변부를 오랫동안 적대적인 시각으로 바라봤던 것은 어찌 보면 당연한 일이다.

미군을 제2도련선(북으로는 일본열도에서 괌을 거쳐 남쪽으로는 파푸아뉴기니와 호주에까지 이르는)까지 밀어붙이는 것을 포함해 중국의 주변 해역을 지키고 태평양 전략을 더 심도 있게 추진하는 것은 시진핑의 전반적인 국가 전략에서 여전히 중요한 부분이다. 이는 여러 목적을 위해 필수 사항으로 여겨진다. 그 목적이란 첫째, 미 정찰기와 함정이 중국 연안에서 수십 년간 정기적으로 실시해온 군사작전을 강제로 중단시키는 것이다. 둘째는 아직 해결되지 않은 타이완, 남중국해, 동중국해에 대한 중국의 영유권 주장을 뒷받침하는 것, 셋째는 중국 해군 전략가들의 말처럼 현재 중국 해군을 제1도련선(일본, 오키나와, 타이완, 필리핀, 인도네시아군도) 뒤로 가두어놓고 있는 협소한 지형의 "엉겅퀴를 뚫고 나감으로써" 진정한 해양 강국으로 우뚝 서는 것이다.

미국이라는 요소

중국은 동아시아 전역에 미군을 전진 배치하는 것이야말로 미국 입장에서 이 지역에 힘을 투영하고 유지하는 데 필수적인 일이라고 보고 있다. 그들은 이러한 배치가 괌의 오랜 미군 기지는 물론 미국의 동맹국인 일본, 한국, 호주 및 북태평양의 자유 연합국 영토에 흩어져 있는 일련의 군사, 해군, 해양 및 정보 시설에 기반한다는 것과, 이는 싱가포르, 태국, 필리핀으로부터는 그다지 지지받지 못한다는 것을 잘 알고 있다. 호놀룰루에 있는 인도태평양 사령부의 지휘 아래 이 해역 전체에 걸친 미군의 역량은 그 자체로도 막강하다. 그러나 이 광활한 지역에 군대를 전진 배치하는 역량이 크게 향상되는 것은 동맹국과 기타 전략적 파트너들이 제공하는 전략적 입지 덕분이다. 그렇기 때문에 중국은 될 수 있으면 미국의 동맹을 분열시키려는 오랜 전략적 목표를 가지고 있다. 전략적 논리는 분명하다. 동맹이 없다면 미국은, 설사 인도태평양에서 완전히 밀려나지는 않더라도, 세력이 상당히 약화될 것이다. 중국이 현재 태평양으로의 전략적 접근에 어려움을 겪고 있는 데 반해 미국의 동맹국은 미국에 아주 특별한 이점을 제공하고 있다. 시진핑은 바로 이러한 상황을 뒤집고 싶어하는 것이다.

해양 주변부를 더 많이 손에 넣기 위한 중국 전략의 핵심 요소는 군사력이다. 지상 기반 미사일과 사이버 시스템으로 강화된 중국 공군 및 해군 능력의 급속한 신장은 미국과 동맹국의 전투 부대를 압도하는 것을 목표로 한다. 그들은 막대한 병력을 동원하고 정보화된 전투 공간을 통제함으로써 이를 달성할 계획이다. 중국의 군사 전략은 미국의 주요 동맹국들을 상대로 거대한 중국 시장의 이점을 어필하는 경제 전략에 의해 크게 강화된다. 중국에 대항하는 경제적 비용을 점차 늘리고 시간이 지남에 따라 미국에 대한 충성심과 헌신, 의무감을 줄이면서 결국에는 그들을 미국과 떨어뜨려놓기 위함이다. 또한 중국은 특히 완강하게 나오는 개별 동맹국들에 대해 경제적, 정치적, 외교적 힘을 행사하려고 했다. 여기서 중국의 의도는 중국 시장에 대한 접근을 제한함으로써 (극단적인 경우에는 그들의 자산을 통제하거나, 심지어 중국에 있는 그 국민을 자의적으로 구금함으로써) 징벌적 사례를 만드는 것이며, 이로써 중국의 정치적 요구를 무시하면 그 대가를 치를 것임을 여타 국가들에게 경고하는 것이다. 중국의 이러한 조치는 미국과의 정치적 협력을 점점 거부하는 국가들(아시아의 필리핀이나 유럽의 그리스 같은)에 대한 보상으로 귀결된다. 이러한 전략의 세 부분 모두 시간이 지남에 따라 미국 동맹의 결속력을 약화시키도록 설계되었다. 중국은 트럼프 행정부 기간에 이 부문에서 상당한 성공을 거두었다. 전략적 노력의 산물이기도 하지만, 트럼프 현상 자체가 미국 동맹 관계의 회복력과 결속력에 부정적인 영향을 미쳤기 때문이다.

쿼드의 등장

2019년 이후로 미국, 일본, 인도, 호주 4자 간의 안보 대화가 재탄생한 것은 인도태평양 지역의 동맹 구조에 있어서 아주 중대한 사건이다. 쿼드라 불리는 이 동맹은 비록 상호방위 의무가 있는 공식적인 동맹 구조는 아니지만(인도는 미국이나 쿼드 회원국의 조약 동맹국이 아님), 점점 더 단호한 전략적 태세를 보이는 중국에 대한 가장 직접적이면서도 영향력 있는 지역적 대응으로 빠르게 발전해나가고 있다. 이에 따라, 이런 중대한 도전에 맞서는 시진핑의 대응 또한 진화하고 있다.

아베 신조 일본 총리가 2017년 11월 마닐라 ASEAN 정상회의와는 별도로 미국과 호주, 인도 외교관들을 초청한 실무 회의에서 협력을 대폭 심화하는 방안을 논의하자, 중국은 해당 국가들의 전략적 움직임에는 별 관심이 없다고 일축했다. 회담을 마치고 나온 왕이 중국 외교부장은 쿼드에 대해 "헤드라인을 장식하는 표어일 뿐 (…) 태평양이나 인도양의 바다 거품과 같아서, 순간 관심을 끌지 모르나 이내 사라지고 말 것"이라고 논평했다. 당시 중국의 전략적 커뮤니티는 쿼드에 가입한 국가들이 어떠한 일관성 없이 무작정 함께하기에는 각자 추구하는 국익이 너무 제각각이라고 판단했으며, 중국이 당시에 그렇게 생각한 데는 그럴 만한 이유가 있었다.

쿼드는 사실 10년 전인 2000년대 중반에 한 번 시도된 적이 있다. 하지만 당시 나의 전임자였던 존 하워드 호주 총리에 의해 단호히 거절당한 후 관계자들 간의 비공식적 조찬 회담 이상으로는 진전되지 않고 있었다. 본래 아베는 2004년 남아시아와 동남아시아의 많은 지역을 파괴하고 14개국에서 22만7000명 이상의 사망자를 낸 쓰나미의 여파로 인해 쿼드의 비전을 세웠다. 다소 우연적이긴 하지만 당시 일본과 미국, 인도, 호주는 자연재해에 대한 공동 대응 방안을 조율했다. 아베는 4개국이 협력해서 지역 안보를 포함한 공동 문제에 함께 대처해 나가는 그림을 구상했지만, 나머지 국가들은 별 호응이 없었다. 미국에서는 딕 체니 부통령이 이를 지지했으나 조지 W. 부시 대통령은 처음부터 미온적이었다. 그는 4개국 간 안보 협력이 강화되는 모양새가 북한과 이란의 핵 확산을 막는 데 있어 중국의 지지를 얻지 못할 것이라고 우려했다. 위키리크스의 창립자인 줄리언 어산지가 공개한 외교 전문에서도 드러났듯이, 2008년 12월까지도 부시 행정부는 쿼드가 절대 제대로 진전되지 않을 것이라는 전망을 각 정부에 비공개적으로 주지시켰다. 인도의 만모한 싱 총리는 쿼드와의 실질적인 안보 협력 가능성을 공개적으로 배제하면서 중국과의 관계를 "불가피한 필요"라고 규정했다. 실제로 호주 정부가 쿼드에 대해 언급하기 전부터 싱은 "절대 더 이상 진전되지 않을 것"이라고 공개적으로 선을 그으며 큰 의미를 두지 않았다. 한편 호주의 하워드 보수 정권은 중국과 긴밀하고도 경제적으로 유익한 관계를 이어가기를 원했다. 그는 미국 및 일본과의 협력에 인도를 추가함으로써 기존의 3자 간 전략을 확대하는 것에 완강히 반대했다. 위키리크스 외교 전보에도 기록되어 있듯이 하워드 정부는 2007년 7월 워싱턴에서 열린 미·일·호주 3자 회담에서 쿼드 탈퇴를 시사했으며, 곧이어 베이징에서 그 결정을 발표했다. 때마침 쿼드의 원동력이었던 아베가 2007년 9월 예기치 않게 사임하면서 쿼드 버전 1.0은 그렇게 마침표를 찍었다. 아베의 후계자인 후쿠다 야스오는 쿼드를 그다지 중시하지 않았다. 내가 총리로 재임하기 시작한 2007년 말까지도 쿼드 체제에 대한 모든 참여가 이미 몇 달간 중단된 상태였다.

다른 국가의 분위기를 살펴본 호주 정부는 쿼드를 다시 살려야겠다는 필요성을 느끼지 못했다.

쿼드 2.0의 등장

그러나 10년 후, 다시 총리 자리에 오른 아베가 무리를 모으기 시작했을 때는 이 지역의 전략적 상황이 완전히 바뀌어 있었다. 2017년까지 미중 관계는 별다른 진척 없이 표류하고 있었고, 쿼드의 개별 국가들은 중국에 대한 전략적 계산을 다시 하고 있었다. 하지만 중국은 아직 이러한 전개를 심각하게 여기지는 않았다.

2017년 마닐라에서 열린 첫 회의에서 쿼드 국가들은 공통의 전략적 목적을 설명하는 공동성명을 도출하지 못했기에 이전과 같은 내부적 혼란을 보여주는 것 같았다. 대신 그들은 조정되지 않은 성명을 각자 발표했고, 이는 주요 관심사에 대한 이견을 강조할 뿐이었다. 일본은 인도태평양을 "결속"하고자 하는 미국과 호주의 약속(일대일로의 대안을 제시하기 위한)을 저버렸지만, 일대일로와의 협력 여부에 대해서는 신중을 기했다. 한편 인도는 다른 나라들이 포함한 해양 안보, 항해의 자유, 국제법에 대한 모든 언급을 생략했다. 4개국이 합의한 것은 그저 1년에 한 번 정기적으로 만나는 것뿐이었다.

2019년 9월 마침내 쿼드의 외무장관들은 뉴욕에서 첫 장관급 회담을 가졌다. 다만 이번에는 "자유롭고 개방된 인도태평양의 발전"이라는 쿼드의 모토를 위해 함께 노력할 것을 원칙적으로 합의했다. 하지만 그때까지도 중국은 대체로 무관심했다. 2020년 10월 도쿄에서 쿼드

외무장관들이 다시 만나자 중국은 그제야 주목하기 시작했다. 그로부터 7개월 전에는 한국, 뉴질랜드, 베트남이 합류하여 무역, 기술 및 공급망에 대한 협력을 논의하는 이른바 쿼드 플러스의 첫 회담이 열렸는데, 중국은 이 회담에 큰 우려를 표명했다. 또한 2020년 6월 중국군과 인도군이 인접 국경을 두고 충돌해 쿼드 발전에 가장 중요한 촉매가 되었다. 앞 장에서 자세히 논의한 바와 같이, 그러한 충돌을 겪은 후 당시까지 4개 회원국 중 가장 주저하는 태도를 보이던 인도가 국방의 우선순위를 근본적으로 재조정했다. 갑자기 중국에 대한 잠재적, 전략적 균형추 역할을 할 수 있는 더욱 공식적인 안보 체제에 깊숙이 관여하고 싶어한 것이다. 한 예로, 그해 가을 인도는 미국 및 일본과 매년 실시하던 말라바르 연합 해군 훈련에 호주를 참여시켰다. 13년 만에 처음 있는 일이었다. 인도는 2017년 이후 쿼드의 다른 회원국들과 한층 가까워지긴 했지만 2018년과 2019년 말라바르 훈련에 호주가 참여하는 것에는 반대했기에, 이는 특히나 주목할 만한 입장 변화였다. 당시까지 인도는 쿼드를 군사적으로 초점을 맞춘 협력 관계로 묘사함으로써 중국을 필요 이상으로 적대시하는 것을 우려했다. 그러나 2020년 6월 국경 충돌 이후로 인도의 모든 정치적 망설임은 사라져버렸다.

따라서 그해 10월 도쿄에서 쿼드가 만났을 때, 중국이 보는 지정학적 바둑판은 이미 훨씬 더 문제가 많아 보였다. 그러자 마이크 폼페이오 미 국무장관은 미국의 목표가 궁극적으로 쿼드를 "제도화"하고, "진정한 안보 체제를 구축"하며, "적절한 시기에"에 그룹을 확대해 "중국 공산당이 우리 모두에게 내미는 도전에 대응하는 것"이라고 직설적으로 발언했다. 중국에게 쿼드는 갑자기 살아 있는 존재가 되었을 뿐만 아니라 더 크게 확장될 수도 있을 것처럼 보였다.

쿼드에 대한 중국의 반응 변화

2019년과 2020년에 걸쳐 이러한 사건들이 전개되는 것을 지켜본 중국의 전략 커뮤니티는 상당히 변화하여, 쿼드를 중국의 안보 이익에 대한 잠재적 위협으로 개념화하고 있었다. 중국의 영향력 있는 교육 및 연구 기관인 중국공산당 중앙당교의 두 학자는 쿼드가 "점차 제도화되어가는" 현상에 대해 경고했다. 중국 사회과학원의 또 다른 연구원은 쿼드가 "비공식적인 협력 체제"에서 "공식적인 지역 조직"으로 전환하는 추세를 보인다고 지적했다. 2020년 10월에 열린 쿼드 장관 회의는 이러한 우려를 확인시켜주는 듯했다.

그러나 이러한 모든 분석은 비교적 간단한 해결책으로 귀결되는 것 같았다. 즉, 여전히 당근과 채찍의 조합을 사용해 국익 충돌을 강조함으로써 쿼드 국가 사이에 쐐기를 박을 수 있다는 것이다. 특히 중국 시장에 대한 아시아 쿼드 회원국의 절대적인 경제 의존도는 악용되기 십상인 결정적 약점처럼 보였다. 중국의 목표는 단순했다. 바로 쿼드를 해체하는 것이었다.

중국은 2020년 10월 쿼드 회의 직후에 이 전략을 실행했다. 왕이 중국 외교부장은 '바다 거품'이라는 냉담한 언급 대신 어조를 극적으로 바꾸었다. 그는 "인도태평양판 NATO"를 구축하려는 노력을 맹비난하고 쿼드의 인도태평양 전략 자체가 이 지역에 "커다란 안보 위험"이라고 말했다. 그런 다음 중국은 채찍을 휘두를 대상을 재빨리 골랐다. 중국에는 "백 명에게 경고하기 위해 한 명을 죽인다殺一儆百"라는 고전 격언이 있는데, 이 경우에는 두 명(일본과 인도)에게 경고하기 위해 한 명(호주)을 죽이는 것이 목표였다.

이전에 중국은 호주와의 관계를 개선하고자 했던 것 같다. 하지만 특별한 설명 없이 어느 날 갑자기 호주산 석탄 수입을 제한하더니, 그 뒤로 육류, 면화, 양모, 보리, 밀, 목재, 구리, 설탕, 바닷가재, 와인으로 까지 그 대상을 확대했다. 한편 중국 국영 언론은 호주가 쿼드 회의를 이용해 "세계적 지위를 높이고자" 한다고 비난하며, "고작 그 정도 경제와 인구로 얼마나 대단한 힘을 가지고 있는 것인가?"라고 비꼬아 물었다. 이어서 "만약 중국의 화를 돋우는 데 급급하다면 호주는 끔찍한 결과를 맞게 될 뿐"이라고 경고했다. 중국 정부와 당을 대신해 외국에 강경한 발언을 전하는 비공식 매체 『환구시보環球時報』의 한 분석가는 "호주가 미국을 대신해 중국을 공격한다면 일자리만 잃을 것이다"라고 단언했다. 그 후 베이징에서 열린 기자회견에서 중국 외교부 대변인 왕원빈은 만약 호주인들이 중국과의 무역 관계를 회복할 기회를 원한다면, "자기 행동을 되돌아보라"라고 촉구했다. 호주와 중국의 관계에는 쿼드를 넘어선 다른 요소들도 작용하고 있긴 했지만, 중국이 보낸 메시지의 시기와 내용은 오해의 여지가 없을 만큼 너무나 명백했다.

호주에 대한 경제 보복은 계속 그 강도가 심해졌다. 중국은 세계의 다른 국가들을 향해 호주의 사례를 상습적으로 들먹이며 미국이 하자는 대로 "끌려가는" 국가들은 중국의 거대한 내수시장에서 차단될 위험이 있음을 경고했다. 중국은 쿼드 국가 중에서도 호주가 미국과 실제로 결별할 가능성이 가장 낮고, 경제 탄압에 가장 취약하며(4개 쿼드 국가 중 경제 규모가 가장 작다), 중국의 이익에 가장 덜 위협적(일본이나 인도, 또는 미국의 세력권보다 중국의 국경에서 더 멀리 있다)이라고 보았다.

중국의 두 번째 전략은 일본과 인도와의 관계 회복을 동시에 시도하는 것이었다. 이전 장에서 자세히 설명하긴 했지만, 여기서 다시 간략하게 요약할 만큼 중요한 부분이기도 하다. 중국은 리커창 총리가 한국의 문재인 대통령과 함께 3자 정상회담을 위해 도쿄를 방문한 2018년부터 이미 일본과의 관계를 풀기 위해 노력해왔다. 그곳에서 아베와 리커창은 분쟁 중인 동중국해에서의 충돌을 제어하기 위해 새로운 해상 및 공중 위기 통신 체제를 시행하기로 합의했다. 아베와 시진핑이 여러 다자간 포럼에서 별도의 회담을 가진 뒤에는 양국 관계가 잠시 호전되는 모습을 보였고, 2020년 봄에는 시진핑의 일본 방문이 계획되어 있었으나 코로나19 팬데믹으로 인해 연기되고 말았다.

2020년 10월 쿼드 회의 이후, 중국은 아베의 후임으로 총리가 된 스가 요시히데를 만나기 위한 시진핑의 방일 여부 협상을 마무리하려고 박차를 가했다. 2020년 11월에는 왕이 외교부장이 외교적 해빙 분위기를 되살리기 위해 도쿄 방문에 나섰지만 돌아오는 것은 냉랭한 대접 뿐이었다. 신장, 티베트, 내몽골에서 자행되는 인권 유린에 분노한 시위자들은 왕이의 방문에 항의하기 위해 스가의 거주지 밖에 집결했고, 스가가 속한 자민당 의원들은 시진핑과의 정상회담을 공식적으로 취소할 것을 요구하는 결의안을 발표했다. 한편, 스가 내각의 가토 가쓰노부 관방장관은 일본 정부의 "센카쿠열도 주변 중국 정부 선박의 활동에 대한 우려"를 전하며 상황이 "매우 심각하다"라고 보고했다. 2021년 초에는 시진핑의 도쿄 방문이 공식 취소되었다. 동중국해에서 일본이 영유권을 주장하는 해역에 대한 중국의 침공이 잦아지고 중국 내 인권 문제에 대한 일본 대중과 정부의 공식적인 우려가 커지면서 양국 관계가 치명적인 타격을 입었기 때문이다.

이와 동시에 중국은 인도와의 긴장을 완화하기 위해 국경 위기를 진정시키고 인도에 경제 및 코로나19 백신 지원을 제안하기도 했다. 그러나 결국 중국은 인도의 쿼드 수용을 늦추지 못했다. 국경에서 당면한 대립은 해결되었을 수 있지만, 인도는 중국에 대해 깊은 경계심을 가지고 있었다.

쿼드의 연대가 계속되고 활동 범위가 넓어지면서 새로운 양자 및 다자 안보 협정과 훈련이 잇따라 시행되자 쿼드를 해체시킬 수 있다는 중국의 자신감은 시들해졌다. 중국은 자신들의 행동이 전체적인 쿼드 연대를 얼마나 부추기는지 제대로 이해하지 못한 것 같았다. 게다가 호주와의 긴장 강화와 일본 및 인도와의 긴장 완화라는 전략적 목표를 동시에 실행하는 중국의 능력은 전 세계 국가들을 상습적으로 공격하는데 능숙한 하이에나 같은 극우파 외교관들의 자제력 부족으로 인해 심각하게 훼손되었다. 한 예로, 한창 코로나19와 사투를 벌일 당시 인도의 엄청난 사망자 수를 조롱하는 공산당 소셜 미디어 게시물이 인도와 서방뿐만 아니라 중국의 수많은 소셜 미디어 사용자로부터 분노와 혐오감을 불러일으켰다.

마지막으로 미 대통령으로 당선된 바이든이 동맹과 지역, 다자간 참여에 주목하면서 힘의 역학에 변화가 일었다. 중국은 트럼프 행정부의 "미국 우선주의" 시절에 비교적 자유롭게 행하던 외교적 국제 공작을 더 이상 벌일 수 없게 되었다. 미국의 새 행정부는 트럼프 때 마찰이 발생한 한국과 일본 같은 동맹국들과의 무역 및 군사기지 문제를 신속하게 해결함으로써 관계를 안정화하겠다는 의지를 보였다. 트럼프 임기 동안 이 지역의 다른 국가들에 대한 영향력을 강화하기 위해 문호를 활짝 개방했던 중국은 미국과 그 동맹국 및 파트너로 똘똘 뭉친 공동 전선과 갑자기 마주하게 되었다.

쿼드 경보

쿼드를 어떻게 할 것인가에 대한 중국의 생각은 4개국이 첫 정상회담을 가진 2021년 3월을 기점으로 또다시 바뀌었다. 중대한 회의를 거친 정상들은 최초의 통일된 공동성명을 발표했다. "쿼드의 정신"이라는 제목의 이 성명은 "자유롭고 개방적이고 포용적이고 건강하며 민주적인 가치를 기반으로 강압에 구속받지 않는 지역을 위해 노력"하며 "동중국해와 남중국해의 규칙기반질서에 대한 도전에 대응하기 위해 해양 안보를 포함한 협력을 촉진"하기로 합의했다.

쿼드 정상들은 또한 인도태평양 지역을 대상으로 10억 회분의 백신을 생산 및 배포하는 데 공동 협력하기로 합의함으로써 중국의 "백신 외교"에 대항했다. 나아가 백신, 기후변화, 기술 공급망 확보를 위한 "주요 신기술" 실무 그룹을 구성했다. 이 모든 것은 이 지역에서 발생하는 문제를 해결하기 위해 협력을 강화하는 것을 목표로 한다. 나렌드라 모디 인도 총리는 "오늘의 정상회담은 쿼드가 매우 성숙했음을 보여준다. 이제 쿼드는 이 지역을 안정시키는 든든한 기둥이 될 것"이라고 선언하며 여태껏 중국이 가장 우려해왔던 사안을 건드렸다.

이 정상회담은 중국이 최악의 상황을 맞았다는 확증을 주었다. 중국은 쿼드가 다양한 지역 공급망과 함께 인프라 개발 자금, 무역 이니셔티브 및 기타 공공재 등 다각적인 대안을 제공함으로써 중국의 영향력에 대한 경쟁적 대항을 조만간 안보 영역에서 경제 영역으로 확대할 것으로 생각했다. 또한, 쿼드가 중국을 고립시키기 위해 파이브아이스,* G7, NATO와 더 긴밀히 협력하게 될 것을 우려했다.

쿼드에 대한 중국의 전면적인 공격

2021년 3월 정상회담 이후, 중국은 쿼드에 대처하기 위한 세 번째 전략을 발 빠르게 세웠다. 바로 본격적인 정치 공세를 펼친 것이다. 곧이어 쿼드를 국가 간의 "작은 파벌"이라고 부르는 중국의 공식적인 비난이 쏟아졌다. 2021년 5월 시진핑은 연설에서 중국이 보기에 그들은 "다자주의를 이념 대립을 부추기는 구실로 사용하고 있다"라고 했다. 중국은 그들의 공동 목표가 "새로운 냉전을 시작하는 것"이라고 주장했다. 반면 갈수록 자국을 "UN 시스템과 불가분의 관계에 있는" "진정한 다자주의"의 옹호자이자 그러한 체계와 일반적인 세계 통치의 선도적인 방어자 그리고 개혁자로 묘사했다. 시진핑과 그 측근들은 "강대국의 책임"을 언급하며 중국이 책임 있는 국제 지도자임을 표명했다.

중국의 전략은 국제 정치에서 쿼드를 앞지르면서 그들을 외교적으로 고립시키고 소외시키는 방향으로 전환되었다. 중앙당교의 한 학자는 중국이 쿼드에 대한 "균형추의 형태"로서 ASEAN과의 "전략적 상호작용을 심화"하고 해양 안보 협력을 강화해야 한다고 주장했다. 또 다른 중국 학자는 RCEP와 CPTPP를 통한 범아시아 경제 협력 강화가 지역 질서에 쿼드가 미치는 부정적 영향을 "완화"해줄 것이라고 했다. 이러한 전략은 기본적으로 중국의 영향력을 억제하기 위해 뭉친 4개국의 쿼드보다 "더 큰" 무리를 지어 상대하는 것을 목표로 한다.

그러나 그러한 규탄은 지금까지 중국에 대한 다자간 저항을 부추기는 쿼드의 진전을 사실상 막지 못했다. 2021년 6월, 바이든은 호주와

---

* FVEY, Five Eyes. 미국과 영국을 필두로 캐나다, 호주, 뉴질랜드가 참여하는 정보기관 공동체.

인도 등이 참여한 영국 G7 정상회의를 포함해 유럽을 장기 순방했다. 그는 일정 중에 EU와 NATO 관계자들 모두를 만났는데, 중국과의 관계는 최고의 논의 주제였다. 더욱이 그해 5월 워싱턴에서 열린 한미 정상회담에서 미국은 쿼드의 새로운 3대 실무 그룹에 합류하고 쿼드를 지지하는 성명을 발표하라며 한국을 압박했다. 비록 문재인 대통령은 그동안 미중 간 전략적 경쟁에서 선뜻 미국 편을 들기를 꺼려왔지만, 이번 회의는 미국이 원하던 방향으로 흘러갔다. 이에 따라 양국의 공동성명은 "쿼드를 포함한 개방적이고 투명하며 포괄적인 지역 다자주의의 중요성을 인정"하고 "타이완해협의 평화와 안정 유지의 중요성"에 동의했다. 그리고 나서 2021년 9월 워싱턴에서 열린 쿼드의 첫 대면 정상회담에서는 사이버 보안은 물론 반도체와 5G 등 핵심 신기술과 백신, 기후변화, 기반 시설 투자, 공급망 등에 대한 협력을 확대하기로 합의했다.

이 모든 것이 중국에는 최악의 상황이었다. 즉, 쿼드에 한국을 합류시킴으로써 쿼드는 "퀸트"가 되는 식으로 확장될 수 있을 뿐만 아니라 북미, 유럽, 아시아 자유민주주의 국가들의 광범위한 반중 연합을 위한 다자간 연합체를 구성하는 요소도 될 수 있다는 뜻이었다. 이렇게 점점 커지고 있는 중국의 우려는 2021년 5월 방글라데시 주재 중국 대사가 방글라데시 정부를 향해 쿼드에 가입하거나 그에 협력하면 중국과의 관계가 "상당히 손상"될 것이라고 강력한 경고를 날린 사례에서 드러났다. 매우 충격적인 경고였는데, 방글라데시(그들은 중국 대사의 발언에 대해 "공격적"이며 "매우 유감스럽다"고 밝혔다)는 완강히 중립적인 외교 정책을 고수하고 있는 데다 이전에도 쿼드와 협력을 도모하는 징후는 전혀 보이지 않았기 때문이다. 따라서 이 사건은 쿼드의 활동과 그 잠재적 확장 가능성에 대한 중국의 우려가 편집증에 가까울 정도로 심해졌음을 보여준 것이라 할 수 있다.

호주와 쿼드의 남태평양 전선

시진핑 치하의 중국은 호주와 뉴질랜드, 태평양의 14개 독립 도서국과의 관계에서도 긴장 상태에 놓였다. 중국은 오랫동안 호주를 중요한(비록 무역 비중으로 따지면 중간 정도 순위에 머무르긴 하지만) 무역 및 투자 파트너로 여겨왔으며, 호주의 철광석과 천연가스에 대한 의존도는 여전히 높다. 또한 호주는 중국 학생들이 미국 다음으로 유학을 많이 가는 나라이기도 하다.

그러나 중국 지도부는 호주와 미국의 강력한 군사 동맹이 "냉전의 잔재"이며 중국에 대한 광범위한 봉쇄 전략의 일부라고 주장하며 계속해서 공격해왔다. 심지어 쿼드가 부활하기 전에도, 2017년 맬컴 턴불 정부가 호주 정치계와 중국계 호주인 디아스포라 사회에서 외국인(대체로 중국인을 지칭하는)의 영향력을 줄이기 위해 새로운 내정간섭 금지법을 도입하자 양국의 관계는 급속도로 나빠졌다. 이는 호주로 하여금 중국의 해외투자 활동뿐만 아니라 호주의 주 및 지방 정부와 공공기관에 대한 개입을 통제하는 계기가 되었으며, 이에 따라 인바운드 투자 흐름에 거의 즉각적인 변화가 나타났다.

앞서 설명했던 호주에 대한 전례 없는 보복 무역 조치의 결과, 2020년 말 호주와 중국의 관계는 1972년 국교 정상화 이래 최악의 상태에 놓였다. 2021년까지 중국은 호주를 미국의 전략적 이익을 대변하는 경솔

한 대리인으로 여겼으며, 행여라도 다른 국가들이 이를 따라 하지 않도록 단단히 처벌해야 했다. 한편 호주 정부는 영국, 독일, 벨기에, 캐나다뿐만 아니라 미국, 일본, 인도와의 관계 강화에도 심혈을 기울였다.

중국은 뉴질랜드가 호주보다는 친미적 성향이 덜하다는 사실을 정확히 간파했다. 1980년대에 뉴질랜드는 국내 양당의 지지 아래 미국과 호주와의 3자 동맹을 탈퇴하기로 결정했다. 중국은 세계 선진국 중 뉴질랜드와 가장 먼저 FTA를 맺었으며, 이후로 뉴질랜드를 서남태평양에서 미국의 영향력이 가장 적게 미치는 나라로 생각하고 있다.

그러나 중국과 호주의 전략적 긴장이 폭발하여, 심해지는 거대한 미중 패권 경쟁 속에서 잠잠히 있고자 했던 뉴질랜드의 상황을 상당히 복잡하게 만들었다. 호주와의 역사적 유대의 깊이, 오랜 양자 안보 관계 및 공유해온 가치에 힘입은 뉴질랜드는 호주에 대한 중국의 징벌적 경제 조치를 반대하는 데 마지못해 동참했다. 중국이 호주를 제치고 뉴질랜드의 가장 큰 해외 시장이 됐음에도 말이다. 뉴질랜드와 호주 간의 단합 때문에 중국은 뉴질랜드를 호주와 여타 "파이브아이스" 안보 및 정보 파트너(미국, 영국, 캐나다)로부터 떼어놓는 일에 착수했다. 그럼에도 뉴질랜드의 2019년 국방백서는 "중국과의 국방 협력 강화"를 언급했으며, 호주의 입장과는 달리 "중국은 이제 세계의 규칙기반질서에 깊숙이 들어와 있다"라고 주장하면서 뉴질랜드가 상충하는 경제적, 정치적 우선순위를 얼마나 신중히 처리하는지를 강조했다. 호주와 뉴질랜드의 접근 방식 차이에는 중국의 해외 영향력 작전을 둘러싼 정치적 논쟁이 각국에서 근본적으로 다른 성격을 띤다는 점을 보여준다. 뉴질랜드는 호주보다 더 너그러운 편이다.

중국은 태평양 도서국 14개국에 훨씬 더 심하게 경제 압박을 가했다. 그들 중 대다수는 극소 국가다. 인구가 고작 1000만 명이며 GDP가 350억 달러에 불과하지만, 전체를 아우르면 2700만 제곱킬로미터로 중국 영토의 세 배가량이나 되는 배타적경제수역을 보유하고 있기도 하다. 이러한 태평양 국가들에 대한 중국의 이해관계는 여러 요인에 기반하는데, 첫 번째 요인은 타이완과의 관계다. 최근까지 이들 국가 중 6개국은 갈수록 적어지는 타이완의 대외 외교 파트너 그룹으로 남아 있었다. 그러나 인프라 자금과 여타 혜택들을 제공하며 영향력을 행사하기 위해 중국이 혼신의 노력을 기울인 탓에 키리바시와 솔로몬 제도가 그룹에서 탈퇴하면서 구성원은 4개국으로 줄어들었다.

중국은 또한 파푸아뉴기니에 매장되어 있는 엄청난 양의 광물 및 에너지 자원과 이 지역의 드넓은 어장에도 관심을 두고 있다. 중국 인근 해역의 어족 자원이 이미 씨가 말라버린 상태인 데다, 심각한 해양 오염 때문에 남은 어획량도 그 품질을 안심할 수 없기 때문이다. 따라서 중국인들은 국내의 폭발적인 해산물 수요에 맞추고자 더 넓은 남태평양에서의 어업활동에 점점 더 눈을 돌리고 있다. 특히 이곳에서 중국 어선단의 불법 조업 사례가 확인된 점을 고려할 때, 어업이 유일한 주요 대외 수입원인 도서국들은 식량 안보 그리고 배타적경제수역의 주권과 안보에 대해 우려할 수밖에 없다.

중국은 또한 태평양 전역의 정보, 보안 및 통신에 대해서도 크나큰 관심을 드러낸다. 그 예로, 중국은 팔라우에서 남쪽으로 뻗은 제2도련선의 남쪽 측면을 따라 해저 센서와 수중 부표의 연결망을 구축하고 있다. 이 시설은 남중국해로 접근하는 잠수함을 포함해 각종 해저활동을 감시할 수 있다. 중국의 군사학자들은 또한 이 지역의 도서국들, 특히 파푸아뉴기니, 피지, 바누아투에 군사 기지를 개발하는 것의 이점을 내세우곤 했다. 이를 통해 중국은 호주의 5대 해상 무역로 중 3개가 통과하는 비스마르크해와 비티아즈해협에 대한 전략적 인접성을 확보할 수 있으며, 여기에는 일본의 석탄 수입 총물량과 철광석 수요의 60~70퍼센트를 공급하는 경로도 포함된다. 더욱이 이 지역은 중국의 베이두 위성항법 시스템이 진정한 글로벌 커버리지coverage를 확보하는 데 있어 남반구의 기점이 될 것이다. 이는 최근 중국이 남반구 위성 커버리지를 보완하고 완성하기 위해 지상 무선국을 건설할 수 있는 툴라기섬(솔로몬군도에 있는) 전체를 장기 임대 협상한 것으로 설명할 수 있을 것이다.

마지막으로, 중국은 이 지역 일부에서 해저 통신 케이블을 건설하는 계약을 수주하기 위해 적극적으로 경쟁하고 있다. 호주는 미국 및 일본과 협력하여 최근 팔라우에 광섬유 케이블을 설치하는 입찰에서 중국 기업을 제치고 수주를 따내는 등, 지금까지 이 지역에서 중국의 대안이 되는 데 성공하고 있다. 하지만 앞으로 지역에 핵심 인프라를 건설하고 통제하기 위한 경쟁은 점점 더 치열해질 것으로 보인다. 그 과정에서 화웨이는 이 지역에 자신들의 장비로 5G 네트워크를 구축하고자 애쓸 것이다.

다른 곳과 마찬가지로, 중국은 태평양 도서 지역 전체에서 무역, 투자 및 대출을 기반으로 하는 원조 전략을 시행하고 있다. 중국은 이미 태평양 도서국들의 가장 큰 무역 상대국이다. 2000년부터 2017년까지 무역량이 열두 배나 증가했으며 2014년에는 무역 규모가 호주를 넘어섰다. 중국은 또한 이 지역의 FDI에 있어 지배적인 국가가 되었고 개발 원조에서도 비슷한 패턴을 보이고 있다. 하지만 호주는 여전히 이 지역의 최대 기부국이다. 2011년부터 2017년까지 이 지역에 투입된 호주의 원조액은 총 63억 달러였으며, 중국의 원조액은 12억 달러로 뉴질랜드에 이어 3위를 차지했다. 비록 호주 정부가 2013년 이후로 대폭 삭감했던 원조액을 복원하기로 결정했지만, 중국이 이 지역에 약속한 2020년대의 원조 규모는 호주의 원조 규모에 점점 근접하고 있다. 호주는 또한 지역 내 무역을 지원하기 위해 10억 달러 규모의 새로운 수출 신용기관과 14억 달러 규모의 새로운 태평양 인프라 펀드를 출범시켰다. 이러한 자금 지원은 현 호주 정부의 이른바 '대^對태평양 정책Pacific Step-Up'의 일부로, 태평양 도서 지역에 대한 중국의 행동주의 강화에 직접적으로 대응하기 위한 것이다. 이는 스콧 모리슨 총리가 "우리의 텃밭"이라고 표현한 지역에 대한 영향력을 두고 호주와 중국이 직접적인 전략적 경쟁을 벌이고 있다고 기술한 2017 호주 외교 정책 백서에서 분명히 드러났다.

그러나 태평양 도서 지역에서 중국의 입지가 커지는 것과 관련해 단호한 태도를 보였던 호주 정부는 정작 기후변화 해결에 대해서는 진지한 관심을 보이지 않음으로써 스스로 입지를 위태롭게 했다. 기후변화로 인한 해수면 상승의 위험은 많은 태평양 도서국에 현실로 나타나고 있다. 이에 따라 태평양 지도자들은 2013년에 기후변화에 관한 역사적인 '마주로 선언'을 발표했다. 이 선언은 기후변화가 "태평양 사람들의 생계, 안보 및 복지에 대한 가장 큰 위협"이라고 규정했으며, 기후 행동에 대한 그들의 열성적인 지지를 드러내는 전환점이 되었다. 이와 관련해 피지군 총사령관은 "남태평양은 미국, 중국, 기후변화라는 3대 강국의 영향에 직면해 있다"라고 표현했다. 보수적인 호주 정부는 기후 행동에 관한 태평양도서국포럼PIF 성명서의 강점을 약화하는 행동을 거듭해왔으며, 탄소 배출량 감소를 위해 더욱 야심찬 국가적 목표를 채택하는 것을 거부하고 국제적 기후 대응을 방해했다. 이 모든 것은 이 지역에서 막강했던 호주의 입지를 심각하게 망가뜨리고 있다.

중국이 2015년 기후변화에 관한 파리협정에서 힘을 보탠 데다 자칭 "글로벌 남반구"의 옹호자인 것을 고려할 때, 이는 중국에 귀중한 새로운 정치적 기회가 되었다. 2019년 투발루(이 지역에서 기후위기에 가장 많이 노출된 섬 중 하나)에서 태평양도서국포럼이 열린 후, 중국은 기후위기에 대한 성명서 표현을 축소해야 한다고 주장하는 호주에 대해 태평양 도서국들의 "잘난 체하는 주인"처럼 행동한다고 비난하며, 주변 지역들과의 관계에 대해 "반성"할 것을 제안했다. 태평양 도서국 국민 또한 호주의 주장에 대해 분노에 찬 성명서를 발표했다. 당시 한 지역의 총리는 기후변화에 대해 "돈만 받고 입 다물라"는 태도를 보인 모리슨 정부의 "비태평양적인 기조와 매너"에 "어이가 없었다"고 말했다. 비록 태평양 도서 지역은 중국의 장기적인 전략적 이익의 중심은 아닐 수 있지만, 여전히 중요한 지역이긴 하다. 중국 경제의 설득력과 호주 정부의 기후변화에 대한 미적거림 덕분에, 중국은 이 지역에서 조금씩 진전을 이루고 있다.

미국은 예전부터 남태평양의 지역 안보를 호주에 실질적으로 위임해왔지만, 점차 이 지역의 외교 및 군사 문제에 직접 개입하고 있다. 그동안 조용하고 상대적으로 안전한 전략적 낙후지로 여겨졌던 이 지역에 중국의 전략적 압박이 강화됨에 따라 직접 대응하는 것이다.

다가오는 인도태평양 군비 경쟁

2021년 9월 오커스AUKUS로 알려진 호주, 영국, 미국 간의 놀라운 3자 안보 파트너십이 쿼드의 첫 대면 정상회담을 앞두고 시작된 것은 이러한 맥락에서다. 모리슨, 바이든, 보리스 존슨 영국 총리 사이에서 비밀리에 체결된 이 협정의 목적은 세 정상이 "상당히 심각해졌다"라고 지적한 지역 안보 우려, 즉 중국으로부터의 위협에 대처하는 것으로 알려졌다. 협정의 핵심은 미국과 영국이 호주와 핵잠수함 추진 기술을 공유함으로써 애들레이드에 최소 여덟 척의 원자력 잠수함을 건조하는 것이다. 특히 더욱 광범위한 안보 협력 조치가 두드러졌다. 구체적으로 호주는 영토에 미국 폭격기를 배치하는 방안을 모색하고, 장거리 정밀 타격 미사일을 인수하며, "사이버 능력, 인공지능, 양자물리학 기술 및 추가 해저 능력"에 대해 공동 협력하기로 했다. 중국은 역시나 이 협정에 대해 "매우 무책임"하며 "지역의 평화와 안정을 심각하게 훼손하고 군비 경쟁을 격화시키는" 조치라고 우려를 표했다. 호주의 전략적인 지리 입지와 중국 대잠수함 능력의 상대적 열세를 고려할 때, 안보적 관점에서 어쩌면 당연한 반응이다.

결국 시진핑은 중국의 해양 전선을 완전히 확보하지 못한 셈이다. 중국은 그동안 전략적 외교에 있어 여러 차례 성공했지만, 쿼드의 부상은 중국의 경제 및 외교 정책의 확고함에 대한 지정학적 저항을 명확한 제도적 대응으로 구체화시켰다. 향후 쿼드(또는 쿼드 플러스)가 한국과 (전망상 더 먼 미래에) 인도네시아를 모두 끌어들인다면, 협의체 전반의 전략적 비중이 상당히 증가하면서 중국의 야망에 심각한 위협이 될 것이다. 설사 쿼드가 회원국을 더 이상 늘리지 않더라도 그 자체로 다른 지역 국가들, 특히 동남아시아 국가들이 중국과 거래할 때 더 대담하게 자율성을 주장하도록 부추길 수도 있다. 국제 관계 이론가들이 예측하듯 쿼드는 신흥 강대국에 맞서 힘의 균형을 맞추고자 하는 전략적 연합 구축의 전형적인 예다. 쿼드는 트럼프 시절을 기점으로 탄력이 붙은, 군소 국가들이 중국의 힘에 편승하는 흐름을 막을 수 있을 것이다. 이들 국가는 비록 공개적으로는 쿼드로 인해 더 넓은 지역이 양극화되는 것에 반대할지라도, 비공식적으로는 쿼드로부터 얻는 추가적인 영향력을 누릴 수 있다. 이 둘은 반드시 양립할 수 없는 게 아니다.

AUKUS와 쿼드에 전략적으로 대응하기 위해 시진핑은 한국, 인도네시아, 일본, 인도에 다시 초점을 맞춰 장기적으로 이들 그룹의 전략적 연대가 확장되지 못하도록 분열시키고 그 효과를 제한하는 데 더욱 힘쓸 것이다. 또한 중국은 국제기구에서 쿼드의 신용을 떨어뜨리는 현재의 전략을 유지해나갈 가능성이 크다. 하지만 쿼드의 출범에 대한 시진핑의 더욱 근본적인 대응은 경제와 군사 분야에 집중될 확률이 높다. 더 많은 지역이 중국을 없어서는 안 될 경제 강국으로 여기도록 만들기 위해서다. 동시에, 인민해방군이 향후 수십 년 안에 쿼드 연합군 등 그 밖의 모든 전략적 경쟁국을 능가할 것이라는 결론을 내리도록 중국의 현재 군사력 확장 프로그램을 두 배로 강화하기 위한 것이다. 쿼드의 등장과 이에 대한 중국의 대응은 이미 진행 중인 지역 내 군비 경쟁을 가속할 가능성이 크다.

11장

서진 전략 ─ 일대일로

여덟 번째 원..

중국의 인접 국가를 넘어선 시진핑의 다음 우선순위는 광활한 유라시아 대륙과 인도양을 가로질러 서쪽의 중동과 아프리카, 그리고 유럽에까지 중국의 전략적, 외교적, 경제적 영향력을 확장하는 것이다. 이를 위해 중국은 상하이협력기구SCO와 CICA 등 여러 제도적 도구를 활용했다. 하지만 이러한 노력의 핵심은 중국의 '일대일로 이니셔티브BRI, Belt and Road Initiative'라 할 수 있다. 이 프로젝트는 실크로드 경제 벨트와 인도양을 가로질러, 홍해를 거쳐 지중해로 향하는 해상 실크로드로 이어진다. 일대일로는 여러 목표를 동시에 노리고 있다. 유럽 및 중동과의 경제 교류 강화, 중국에 더 우호적인 전략적 환경 확보, 이슬람 문화권인 중앙 및 남아시아의 안정화 등이 그 목표에 포함된다. 모든 활동은 해상의 동아시아보다 미국의 전략적 영향력이 비교적 덜한 광활한 대륙 전체에서 이루어진다. 중국은 또한 향후 미국과 그 동맹국들로부터 경제적 기회를 박탈당했을 때를 대비하기 위해서라도 새로운 시장을 구축하기를 희망한다.

일대일로

일대일로에 대한 미국의 공식적인 논평은 대부분 프로젝트의 엉성함, 현지의 노동 착취, 열악한 환경 기준, 투명성 부재, 파트너 국가와의 숨겨진 "채무의 함정"에 초점을 맞추고 있다. 미국은 이러한 여러 결점이 중국이 자초한 "피 말리는 죽음"이 되어 결국엔 프로젝트를 파멸로 몰아가리라 예측했다. 그러나 아직 그러한 일은 일어나지 않고 있으며, 향후 10년 동안에도 그럴 일은 없을 것 같다. 서방에서는 단골 비판거리가 될지 몰라도, 많은 개발도상국은 약간 거리낌이 있을지언정 대체로 일대일로를 환영하고 있다. 일대일로 및 관련 기관은 많은 국가에 있어 유일한 인프라 자금 지원 기관인 경우가 많으며, 실제로 그들은 중국의 차관 프로그램에 결함이 있을지언정 지원을 받을 수 있다는 사실에 고마워하고 있다. 따라서 일대일로는 수조 달러 규모의 엉성한 지정학적 프로젝트라고 비난받을 수는 있겠지만, 냉혹한 현실은 트럼프 시절 미국이 내놓은 유일한 대응책이 고작 '빌드법'이라는 1000억 달러 규모의 단일 대출 프로그램이 고작이었다는 점이다. 반면 일대일로는 2021년까지 100개국의 2600여 개 프로젝트에 3조7000억 달러를 지원했다.

취임 당시 "미국은 더 이상 세계 무대에서 빠질 수 없다"라고 선언한 바이든은 그 즉시 보리스 존슨 영국 총리에게 민주주의 세계가 일대일로에 필적할 수 있는 인프라 구축 방안을 마련해야 한다고 제안했다. 그리하여 바이든과 존슨은 2021년 6월 G7 정상회의에서 일대일로의 대안적 이니셔티브로 널리 알려진, 바로 "더 나은 세계 재건B3W"에 협력하기로 합의했다. 이 계획은 G7 회원국이 제공하는 개발 금융 자금을 통해 녹색 에너지 및 기후 적응, 건강, 디지털 연결 및 양성평등의 4개 분야에 매년 1000억 달러의 민간 자본이 동원되어 "훌륭한 거버넌스" 등의 "높은 기준"을 토대로 "가치 중심적"이며 "지속 가능한" 투자가 이루어지기를 바라고 있다. 바이든 행정부의 한 고위 관계자는 언론과의 인터뷰에서 B3W가 "그저 일대일로의 대안이 아닌, 더 높은 품질의 선택지를 제공함으로써 일대일로를 능가할 것이라 믿는다"고 밝혔다. 다만 G7이 그러한 계획의 조직적 세부 사항을 얼마나 잘 작성해 성공적으로 착수할 수 있는지, 그리고 실제로 얼마나 많은 자본이 얼마나 빨리 투입될 수 있는지는 미지수다. 또한 많은 개발도상국 정부가 과거에 중국 금융에 의존하는 경향이 있었던 것은 중국의 규정이 그다지 까다롭지 않았기 때문인데, 이 점을 고려하면 민주주의 국가들은 프로젝트에 자금을 대기 어려울 수도 있다. 중국의 관영 언론은 이 계획을 즉각적으로 비난했고, 한 매체는 다음과 같이 말했다. "B3W는 대안이 아니다. 자금 지원을 약속하지도 않은 데다 민간 부문이 대신 완수하기를 바라는, 제대로 된 조직이나 결속력, 통합 수단조차 없는 업무 얘기에 가깝다." 한편, 전략에 잘못된 부분이 발견되면 그때그때 조정해가며 일대일로를 계속 추진하는 중국은 여전히 이 프로젝트가 전 세계적인 영향력을 얻는 데 중요한 도구가 될 것이라 확신하고 있다.

중앙아시아에서의 일대일로

일대일로는 중앙아시아 국가들에 특히 중요한 의미가 있다. 중앙아시아는 중국의 서부 국경을 넘어 일대일로 프로젝트가 처음으로 상륙하는 지점이기 때문이다. 따라서 안보는 중앙아시아에 대한 중국의 관심 목록에서 매우 높은 순위에 있다. 신장 지구(중국공산당이 국제적 비난을 무릅쓰고 탄압하며 통제하는 무슬림 위구르인의 거주 지역)는 무슬림이 다수인 중앙아시아의 5개 공화국과 국경을 접하고 있으며, 그곳 사람들은 신장의 위구르 공동체와 민족적 유대감을 느끼기도 한다. 미국이 아프가니스탄에서 철수한 뒤 여러 지역에서 이슬람 테러리스트의 활동이 부활할 조짐을 보이자 안보에 대한 중국의 우려는 더 심해져갔다. 중국은 중앙아시아 국가들과 정치, 경제, 안보 관계를 강화하면 국내외 무대에서 위구르에 대한 물질적, 대중적 지지를 잠재우는 데 도움이 될 것이라고 믿었다. 이에 따라 중국은 더 넓은 지역에서의 경제 발전이 종교적 극단주의나 테러리즘, 범국가적 범무슬림 연대에 대한 가장 효과적인 장기 대응책이 될 수 있다고 보고 있다.

시진핑이 2013년 일대일로 프로젝트를 시작한 곳은 카자흐스탄의 수도 아스타나였다. 시진핑은 일대일로가 "세기의 프로젝트"라고 표현했고, 그 후로 카자흐스탄 정부는 자국을 일대일로라는 "벨트의 버클"로 묘사했다. 중앙아시아는 중국의 주요 에너지 및 원자재 공급원이므로 중국은 자금을 지원하여 카스피해의 카자흐 유전에서 신장까지 2500킬로미터에 달하는 송유관을 건설하기로 했다. 일대일로의 다른 많은 부분과 마찬가지로, 중국은 갈수록 둔화하고 있는 국내 수요를 대신해 중앙아시아를 중국 건설 산업을 위한 새 시장으로 보고 있다.

그러나 중앙아시아의 최대 경제 파트너가 되는 것은 중국에 새로운 외교 및 안보 문제를 안겨주었다. 일부 중앙아시아 지도자들은 일대일로 차관과 중국 시장에 대한 의존 때문에 향후 수십 년 내로 자국이 중국에 종속될 수 있다는 우려를 점점 더 드러내고 있다. 러시아도 이 문제를 우려하고 있다. 러시아는 5개 공화국 모두가 얼마 전까지만 해도 소련의 일부였다는 점을 항상 염두에 둔다. 오늘날 러시아는 중앙아시아를 주요 전략적 관심 지역으로 두고 있으며, 이에 따라 2014년에는 구소련 당시 공화국 간 지역 경제 협력의 초기 형태에 기반하여 벨라루스, 카자흐스탄과 함께 유라시아경제연합EAEU을 설립하기로 했다. 중국은 일대일로 프로그램이 EAEU를 방해하지 않도록 주의를 기울였으며, 2015년 시진핑과 푸틴은 양국 간의 분쟁 해결 메커니즘을 수립하는 의정서에 서명했다. 이것이 러시아와 중국 간의 임시적인 잠정 협정이 될 수 있을지는 몰라도, 점차 세력을 넓혀가는 중국의 장기적인 경제 지배는 중국 지도부가 현재 무슬림 소수 민족을 통제하는 데 집착하는 것 이상으로 안보에 심각한 영향을 미칠 수 있다. 이러한 이유로, 중국과 러시아는 중앙아시아에서 각자의 영향력이 미치는 범위를 놓고 다시 전략적 긴장 상태로 접어들 가능성이 있다. 하지만 지금까지 중국의 외교는 러시아의 감정을 받아주는 데 능숙했다. 그래서 미국 분석가들은 중앙아시아를 둘러싼 중국과 러시아 간의 새로운 분열 가능성에도 그리 들뜨지 않는다. 게다가 중앙아시아에는 러시아와 중국을 계속 결속시키는 중요한 관심사가 하나 있다. 바로 양국이 주요 안보 위협으로 간주하는, 이슬람의 장기적인 세력 확장을 막는 것이다.

남아시아에서의 일대일로

중국의 전천후 동맹인 파키스탄은 일대일로의 전략적 구조 전반에서 중추적 역할을 하고 있다. 유일한 장기적 동맹국 중 하나이며 2억2200만의 인구를 가진 파키스탄에 중국이 관심을 두는 이유는 파키스탄이 구조적인 경제 쇠퇴와 정치적 불안정으로 인해 붕괴하는 것을 막을 필요가 있기 때문이다. 중국은 파키스탄 정치의 오랜 이슬람화와 극단적인 이슬람 테러 단체의 부상이 자국 안보에 미치는 영향에 대해 깊이 우려하고 있다. 중국의 많은 주요 일대일로 투자가 위협받을 가능성도 있다.

700억 달러 규모의 중국파키스탄경제회랑CPEC을 통해 대륙 실크로드와 해상 실크로드가 만나는 곳이 바로 파키스탄이다. 이 회랑에는 여러 에너지, 도로, 항만, 산업 및 통신 프로젝트가 포함되며, 중국의 모든 일대일로 프로젝트 중 단일 프로젝트로는 최대 규모다. 2014년에 시작된 이 전략은 2030년까지 총 3단계에 걸친 15년 계획으로 되어 있다. 그 목표는 파키스탄의 국내 전력 공급 및 운송 인프라를 획기적으로 개선하고 2020년부터 급속한 산업화의 시기로 진입하는 것이다. 마지막 단계에서는 양국 간의 무역을 위한 직접적이고 원활한 연계 구축을 목표로 할 것이다. 급속한 인프라 개발에 힘입어 파키스탄의 경제 현대화가 성공한다면, 파키스탄은 중국의 상품과 서비스를 수출할 또 하나의 중요한 시장이 될 수 있을 것이다.

CPEC의 지리적 종착점은 이란-파키스탄 국경 근처인 파키스탄 서남부 해안의 과다르 항구다. 2017년 중국은 이곳에서 수심이 깊은 항구와 300메가와트 규모의 석탄 화력 발전소, 그리고 관련 경제특구 건설을 위해 40년 임대차 계약을 맺었다. 파키스탄의 기존 카라치 항구 및 빈 카심 항구와 더불어 과다르 항구는 중국의 군사 목적과 상업 목적 모두에 이중 용도로 쓰일 가능성이 있다. 해상 실크로드의 일부로 개발 중인 다른 항구(남중국해에서 인도양을 가로질러 멕시코만, 홍해, 수에즈까지 확장)도 향후 이와 유사한 이중 용도로 쓰일 수 있을 것이다.

그러나 CPEC는 전체적으로 안보 문제가 끊이질 않고 있다. 회랑이 과다르 항구까지 이어지려면 파키스탄 분리주의 반군의 활동 지역인 발루치스탄을 통과해야 하는데, 그곳 반군들은 이 프로젝트가 자신들의 자원을 착취하기 위한 식민지 점령이라며 강하게 비난하고 있다. 2018년 카라치 주재 중국 영사관 공격 등 최근 몇 년간 중국이 지원하는 이 지역의 프로젝트에 대해 여러 무장 세력이 일련의 공격을 가해왔다. 2021년 4월에는 중국 대사가 묵고 있는 호텔에서 자살 폭탄 테러가 일어났으며, 같은 해 7월에는 수력발전댐 기술자들을 태운 호송 차량을 향해 차량 폭탄 공격이 발생했다. 중국인 9명을 포함 13명이 사망한 사건이었다. 그러한 공격을 제대로 막아내지 못하는 파키스탄의 무능함에 다년간 좌절감을 맛본 중국은 현지에 추가 군대를 배치하기 위해 오랫동안 파키스탄 정부를 압박해왔지만 뜻을 이루지는 못하고 있다.

이웃 아프가니스탄과의 상황은 훨씬 더 복잡하다. 현재까지 아프가니스탄에서의 안보 역할은 미미했음에도, 중국은 약 1조 달러 가치의 미개발 광물 매장량에 집중하며 아프가니스탄의 최대 투자국이 되었다. 또한 파키스탄의 이해관계에 일부 보조를 맞추고, 인도와 미국의 이해관계에는 대항하면서, 아프가니스탄에서 더 광범위한 전략적 역할을 수행하는 그림을 구상하기도 했다. 그러나 미군의 철수와 함께 2021년

8월 탈레반이 아프가니스탄을 빠르게 장악하면서, 중국은 상당히 복잡한 전략적 상황에 직면하게 되었다. 같은 달에는 카불이 탈레반에 함락되고(바이든 행정부는 함락까지 18개월 정도의 기간이 소요될 것이라 예상했지만, 실제로는 일주일도 걸리지 않았다) 이전에 NATO군과 함께 일했던 아프간인들이 미국 비행기를 타고 필사적으로 탈출을 시도하는 극적인 장면이 전 세계의 공중파를 휩쓸자, 중국은 전략적 우위에 놓였음을 직감했다. 중국 관영 매체들은 이번 패배로 인해 전 세계 동맹국들 사이에서 미국의 신뢰가 큰 타격을 받았다고 주장했으며, 신화통신은 이를 "미국의 국제적 이미지와 신뢰의 붕괴" "미국 패권의 종말"이라고 표현했다. 민족주의적 성향이 강한 『환구시보』는 한술 더 떠 "타이완해협에서 전쟁이 발발한다면 섬의 방어선은 불과 몇 시간 만에 무너질 것이고, 미군은 도우러 오지 않을 것이다"라며 한층 더 직설적인 발언을 내뱉었다.

그러나 하이에나 같은 프로파간다 계급과는 달리, 더 치밀한 중국의 국가안보기관 관계자들은 이를 아주 냉철하게 바라볼 것이다. 미국의 세계적 평판이 어떤 손상을 입고 있든 간에, 여기에는 두 가지 주요 문제가 있다. 첫째, 미국이 정말로 국내 정치와 동맹 간의 신뢰에 손상을 입었다면 인도태평양에서 발생하는 중국과 관련된 모든 사건에 이전보다 더 날카롭게 대응할 가능성이 크다. 둘째, 아프가니스탄의 방위를 책임지며 사태를 진정시키던 미국이 철수해버리면서 중국은 유일한 인접 강대국이 되었지만, 군사적 경험이 부족한 데다 아프가니스탄을 다시 안정시킬 구체적인 로드맵도 가지고 있지 않다.

미국이 20년간 들인 노력이 수포로 돌아가는 것을 보며 내심 고소해하고 있던 중국이지만 사실 아프가니스탄의 안정과 자국의 안보는 밀접하게 얽혀 있다. 중국은 이미 탈레반과의 협력 관계를 위한 토대를 마련하고자 외교적 계획에 돌입했으며, 카불 정부와 평화 합의를 맺으려 시도했다. 탈레반과 파키스탄 정보국^{ISI}의 관계, 그리고 중국과 그들 양측과의 관계를 바탕으로, 중국은 베이징에서 탈레반과의 회담을 주최하기도 했다. 그렇지만 승리한 탈레반 지도부와 단도직입적인 협상에 들어가는 동안에도 중국은 많은 교민을 아프가니스탄에서 일시적으로 철수시켜야 했다. 모든 통치 당국에 대한 "주권 존중" 정책에 따라, 중국 외교부는 탈레반의 장악과는 상관없이 "아프가니스탄과의 협력을 우선시하며 국가의 평화와 재건을 위해 건설적인 역할을 할 것"이라고 밝혔다. 단, 여기에는 한 달 전 베이징에서 왕이 중국 외교부장이 언급한 "어떠한 세력도 아프가니스탄 영토를 사용해 중국에 해로운 행위를 하는 것을 허용하지 않겠다"는 약속을 지킨다는 조건이 따랐다. 그러한 레드 라인은 중국이 무엇을 가장 우려하는지를 분명히 보여준다. 즉, 아프가니스탄이 동투르키스탄이슬람운동^{ETIM}과 동투르키스탄해방기구^{ETLO}와 같은 신장 분리주의 운동의 본거지가 될 수 있는데다, 중국 국경에서 각종 테러와 마약 거래의 온상으로 전락할 수 있다는 것이다.

중국은 종종 그래왔던 것처럼 경제적 인센티브를 내걸며 아프가니스탄과의 정치적 합의를 강화해나갈 가능성이 크다. 예를 들어, 만약 탈레반이 중국의 규칙을 따른다면 CPEC가 아프가니스탄까지 연장될 수 있을 것이다. 그러나 중국은 이곳에서 앞으로 무슨 일이 일어날지 확신할 수 없다. 중국은 탈레반의 파키스탄 지부가 앞서 언급한 7월의 공격이 자신들의 소행이라고 주장한다는 사실을 잘 알고 있다. 미국의 철수로 전략적 공백이 생겼다는 점을 고려할 때, 카불의 불안정한 상황을 바라보는 중국으로서는 아프가니스탄과 그 주변 지역의 정치, 경제, 안보 부문에서 더 큰 역할을 수행하는 것 외에는 선택의 여지가 없다고 판단할 수 있다. 이는 2021년 9월 시진핑과 푸틴 간의 화상 회의에서 강조된 바 있으며, 두 정상은 정보 공유와 정기적인 안보 대화 개최 등 아프가니스탄과 주변 지역의 안정을 유지하기 위해 협력해나가기로 약속했다. 비록 중국은 강대국을 향한 야망을 이루기 위해 과연 어디까지 발을 들여놓아야 할지 아직 결정하지 못한 상태이긴 하지만, 앞으로 10년 안에 아프가니스탄은 중국의 전략 및 경제 궤도 안으로 들어올 것이다. 다른 국가의 내정, 특히 아프가니스탄처럼 정치적으로 불안정한 국가에 대한 직접적인 군사 개입은 중국도 최근 들어서는 경험해보지 못한 낯선 일이다.

일대일로와 인도양

중국 국가안보 전략에는 석유 공급 차단에 대한 취약성을 최소화하려는 노력이 포함되어 있다. 중국은 페르시아만과 오만만 사이의 호르무즈해협 그리고 인도양과 남중국해 사이의 말라카해협이라는 전략적 요충지를 통해 수입 석유의 약 80퍼센트를 들여오고 있으며, 다른 한편으로는 석유와 가스의 육상 파이프라인을 확보하고자 중앙아시아와 러시아, 더 멀리는 이란에까지도 눈을 돌리고 있다. 에너지 공급의 취약성을 줄이고자 하는 열망에서 비롯된 행동이다. 그러나 여전히 해양 수입에 상당량 의존하고 있는 데다 전 세계 해상 무역의 80퍼센트가 인도양을 통과하고 있기에, 중국은 군사력을 증강해 페르시아만과 중국 동부 해안을 잇는 해상 교통로를 보호하고자 한다.

이를 위해 인민해방군은 인도양 전역에 일련의 항구(미국 분석가들이 중국의 "진주 목걸이"라고 부르는)들을 개발하여 중국 해군의 장기적인 전력 투사를 지원하고 있다. 이는 "해외에서 중국의 이익을 보호"한다는 시진핑의 해군 교리와도 일치하는데, 그 범위는 근해뿐만이 아닌 "원양"까지 포괄한다. 이 책의 집필 당시 캄보디아(코콩)와 방글라데시(치타공)에서는 대규모 중국 항만 개발 프로젝트가 진행 중이었으며, 중국은 미얀마와 100억 달러 규모의 계약을 체결해 차우크퓨 항구와 경제특구 및 송유관 건설을 추진했다. 스리랑카는 막대한 대중 부채를 상환하는 대신 콜롬보 항구에 대한 별도의 계약과 더불어 중국에 함반토타 항구를 99년간 임대하기로 합의했다. 탄자니아를 비롯한 동아프리카 해안에도 새로운 항만 시설이 추가될 수 있다. 이러한 협정 중 일부는 중국에 배타적 통제권을 부여하는데, 이는 대개 타 국가의 선박도 사용할 수 있도록 개방형 항구를 제공하는 다른 나라와는 대조적이다. 코콩, 함반토타, 과다르 및 지부티에서의 장기 임대 계약은 인도양에서 중국 해군이 대규모로 주둔하기 위해 자국 전용의 재보급, 수리 및 유지 시설을 건설할 가능성이 크다는 것을 말해준다. 캄보디아와 스리랑카, 파키스탄 경제의 상대적 규모와 각각의 적정 화물 처리량을 고려할 때, 이러한 투자의 경제적 효용은 미미해 보인다. 즉, 상업적 기회만으로는 지금까지 투입된 투자액을 정당화할 수 없다. 장기적으로 봤을 때 더 큰 전략적 의미는 향후 중국군이 인접 공항(코콩 공항 등)을 사용해 중국 공군과 미사일 전력을 지역 깊숙이 투사하는 것이다. 미사일 공격에 취약한 항공모함 전투단을 인도양에 배치하는 것보다는 훨씬 더 매력적인 조건이다.

어디선가 비슷한 전략을 들어본 적이 있을지도 모른다. 아마 중국은 대양해군을 유지할 수 있는 항만 시설과 비행장의 글로벌 네트워크를 구축하는 데 있어서 미국이 걸어온 길을 모방하고 있는 것으로 보인다. 더욱이 중국은 이 지역 국가들과 비교적 개방적인 관계를 맺고 있는 것 같다. 지역의 반응도 대체로 긍정적이며, 파키스탄, 스리랑카, 미얀마의 정권 교체는 중국의 계획 추진에 별다른 지장을 주지 않았다. 한편 미국은 바레인에 본거지를 둔 제5함대를 매우 중시하면서도, 이러한 중국 항만 프로젝트에 대해서는 의외로 별다른 반응을 보이지 않고 있다.

일대일로와 중동

지난 10년간 점점 빈번해진 중국의 중동 개입은 이 지역에 군림하던 미국의 입지를 위협하고 있으며, 일부 지역은 아예 중국의 세력권으로 바뀌기도 했다. 다른 지역과 마찬가지로 중국은 일대일로를 통해 무역, 투자, 인프라, 기술 및 혁신 분야에서 경제적 입지를 엄청나게 넓혀가고 있다. 이러한 경제 외교와 더불어, 이 지역 전반의 정치와 외교 정책에 대한 중국의 개입과 그 영향력은 급속히 확대되고 있다. 그런 흐름은 무기 판매에서 적극적인 배치에 이르기까지, 중국의 군사적 존재감이 꾸준히 성장한 것과 결합됐다. 중국은 페르시아만을 통과하는 주요 에너지 공급로 외에도 이들 국가에서 그 수가 점점 늘고 있는 중국 교민과 기업들을 보호해야 한다는 이유를 들며 주둔 병력의 증강을 정당화했다.

중동 전역에서의 이러한 전략적 존재감은 놀라울 정도로 매우 빠르게 확산됐다. 중국이 대중의 관심을 거의 끌지 않고 이 전략을 또다시 실행할 수 있었던 것은 주요국에 중국이 미치는 막대한 경제적 영향력과 중동 내 긴장이라는 그물망에 갇혀버릴 위험성을 최대한 낮춘 역량 덕분이다. 중국은 이란, 아랍 국가, 이스라엘과의 관계에서 특정 국가편에 서기보다는 신중하게 균형을 유지하면서 중동의 모든 관련국과 우호 관계를 구축하고 발전시켜왔다. 다른 한편 이분법적인 외교 정책을 선택해야 할 때 발생할 수 있는 불이익을 상쇄하기 위해 경제적 유인책을 사용할 준비도 해두었다. 현 단계에서 중국은 미국 대신 지역 안보의 주요 외부 제공자가 되는 데는 관심이 없다. 중국은 지난 30년간 지속된 중동에 대한 군사 개입으로 미국이 얼마나 큰 재정적, 정치적 비용을 치렀는지 잘 알고 있다. 실제로 중국은 이 지역의 분쟁이 대체로 다루기 쉽지 않다고 판단했다. 결과적으로 미국의 개입은 어리석었으며, 오랫동안 중동 분쟁에 휘말리느라 국가의 재정 능력과 정치적 의지는 계속해서 약해져만 갔다.

중국은 지난 수십 년간 미국이 저지른 중대한 전략적 실수를 되풀이하고 싶어하지 않는다. 그래서 중동에서 정치적, 군사적으로 끝없는 소용돌이에 휘말릴 수 있는 분쟁과는 멀찌감치 거리를 두고 있다. 한편 중국은 미국의 영향력이 계속 쇠퇴하는 것에 내심 기뻐하면서도 전술적 기회가 생길 때를 대비해 항상 경계를 늦추지 않고 있으며, 이 지역에서 장기적으로 펼쳐나갈 전략적 역할에 대해서는 열린 태도를 보이고 있다. 앞으로 중국의 전략적 임무 대상은 여전히 동아시아와 서태평양이지만, 중국은 중동에서 경제적 이익을 체계적으로 발전시키며 미래에 유용할 수도 있는 정치적 자본을 축적하고 있다.

중국이 이 지역을 중요하게 여기도록 하는 가장 큰 동력은 바로 장기적인 에너지 안보 문제다. 중동의 자원은 중국이 수입하는 석유의 47퍼센트, 천연가스 수요의 약 12퍼센트를 차지하며, 의존도는 계속해서 증가할 것으로 예상된다. 반면 미국은 지난 10년간 혁신적인 수압 파쇄 공법으로 중동에 대한 에너지 의존도를 상당히 낮출 수 있었다. 페르시아만의 국가들은 중국으로의 수출 비중이 계속해서 증가함에 따라 변화를 예리하게 인식하고 있다. 2020년까지 중국은 사우디 석유 판매 총량의 약 23퍼센트, 이라크 판매의 22퍼센트, 이란 판매의 28퍼센트, 아랍에미리트 판매의 9.4퍼센트, 카타르 LNG 판매의 14퍼센트를 차지하는 국가가 되었다. 또한 10년도 채 되지 않아 중국이 이 모든 국가의 가장 큰 수출시장으로 자리 잡은 데는 미국의 에너지 수입 비중이 감소한 영향이 있다. 오늘날 아랍 지역과 중국 간의 전체 무역 규모는 2450억 달러 이상으로, 2004년 이후 무려 일곱 배나 증가했다.

또한 세계의 다른 해외투자시장이 더욱 제한됨에 따라 이 지역은 중국에 주요한 기회의 장이 되고 있다. 그리하여 중동에서 중국의 FDI는 기하급수적으로 증가했고, 급기야 2016년 이후부터 중국은 이 지역의 세계 최대 FDI 국가가 되었다. 중국은 중동 전체에 유입되는 FDI의 3분의 1을 차지하고 있으며, 투자의 대부분은 탐사, 추출, 정제 분야에 대한 중국 공기업과 페르시아만 국영 석유 회사 간 공동 투자 등 탄화수소 부문의 업스트림* 및 다운스트림** 프로젝트에 중점을 두고 있다. 중국은 또한 이 지역의 교통, 통신 및 특별 무역 지대 인프라 건설에도

---

* upstream. 시추·생산 단계.
** downstream. 공급·판매 단계.

막대한 투자를 하고 있는데, 여기에는 장기 운영 임대 계약을 체결한 이스라엘의 하이파 항구와 오만의 두쿰 항구, 이집트의 신설 수에즈운하 경제 구역이 포함된다. 화웨이는 걸프협력회의GCC의 모든 국가(사우디아라비아, 바레인, 오만, 쿠웨이트, 카타르, 아랍에미리트)에서 운영 라이선스를 확보하고 중동 전역에서 새로운 5G 모바일 통신 인프라를 구축하고 있다. 중국은 해저 케이블을 소유하고 운영할 수 있는 지역을 늘리는 데 적극적이며, 중동 지역에서 베이더우 위성항법 시스템의 시장 점유율을 점점 높이고 있다.

한편 2017년 중국은 당시 베냐민 네타냐후 총리가 '천국에서 맺어진 결혼'이라고 얘기한 독특하고도 포괄적인 혁신 파트너십을 이스라엘 정부와 체결했다. 이스라엘에 대한 중국의 FDI 총액이 2010년 2190만 달러에서 2018년 46억 달러로 증가하면서 중국은 이스라엘에서 두 번째로 큰 외국인 투자 국가가 되었다. 중국은 첨단 감시 시스템 등 이스라엘의 첨단 기술 부문을 끈질기게 표적으로 삼았고, 이스라엘의 혁신과 군대, 그리고 미국 간의 긴밀한 연결 고리를 악용해 여러 민감한 이중용도기술*에 접근할 수 있는 "뒷문"을 만들었다. 이에 미국의 국가안보기관은 이스라엘과 중국 간 관계에 대해 뒤늦게 반발했으며, 급기야 미국 외국인투자위원회는 미국 기업에 대한 이스라엘의 FDI가 국가안보에 미치는 영향을 검토하기 시작했다.

또한 중동 지역에 여러 국부 펀드와 공동 투자 시설을 설립한 중국은 중동 전역에서 금융계의 큰손으로 부상했다. 이들 중 다수는 중국 국부펀드와 협력해 중국 및 제3국에 광범위하게 투자하고 있다. 즉, 2020년

---

* dual-use technology. 민간용이나 군수용으로 동시에 사용할 수 있는 기술.

대 초반까지 중국은 중동에서 핵심 경제 파트너로 발돋움하고 있었다.

지금까지 중국은 이 지역의 정치, 외교, 안보 정책의 이해관계를 매우 능숙하게 관리해왔다. 이스라엘을 비롯한 페르시아만 군주국, 아랍 세계 대부분의 국가는 이란과 이들의 테러 조직 지원활동을 좋지 않게 보고 있지만, 중국은 이 지역에서 이란과 가장 오랫동안 중요한 관계를 맺어왔다. 1979년 이란혁명이 시작된 이후 중국은 이란에 무기를 파는 주요 수출국이자 이란산 석유의 주요 수입국이 되었다. 이처럼 양국 관계는 정치적으로나 경제적으로 매우 돈독하며 이는 2021년 3월, 중국이 이란에 25년간 4000억 달러를 투자하는 주요 협정을 체결한 것으로도 알 수 있다. 이로써 중국은 에너지 프로젝트뿐만 아니라 은행, 통신, 항만, 철도, 의료 및 정보 기술 등 다양한 분야에 투자하는 대가로 이란 석유를 대폭 할인된 가격으로 얻을 수 있으며, 양국은 또한 군사 정보 공유와 연합 훈련 실시 등 더욱 긴밀한 군사 협력을 약속하기도 했다.

여기서 한 가지 놀라운 점이 있다. 최근 중국이 이란의 적국인 사우디아라비아 등 아랍 세계에도 경제와 정치를 개방하고, 이란의 핵 확산을 억제하기 위해 서방과의 협상에도 참여했지만, 중국과 이란의 관계가 계속 유지되었을 뿐만 아니라 오히려 더 돈독해졌다는 사실이다. 확실히 중국은 사우디아라비아의 국영 석유화학 및 정유 회사 아람코의 시설에 대한 공격 등 이란이 페르시아만 지역 전반의 안정적인 에너지 공급을 위협하는 것에 여전히 깊은 불안감을 가지고 있다. 하지만 중국은 이러한 우려를 극복하는 동시에 이란과 사우디아라비아와의 관계를 강화해왔다. 중국은 시리아에 접근할 때도 노련함을 보였다. 페르시아만 국가들과 이집트의 지속적인 반대에도 불구하고 중국은 러시아, 이란과 함께 시리아의 아사드 정권을 오랫동안 지지해왔다. 이스라엘-팔레스타인 분쟁의 경우, 비록 이스라엘과 깊은 관계를 맺고 있지만 양국 간의 싸움에 휘말리지 않는 모습을 보이고 있다. 대신 중국은 팔레스타인과 합당한 수준의 연대를 유지하고자 중동 평화 프로세스를 도입해 양측 사이에서 균형점을 찾는 중이다. 결국, 모든 국가와 원만한 관계를 유지하는 데 있어서 중국의 경제력만큼 도움이 되는 것도 없었다.

중동 지역에서 중국의 존재감은 군사적인 측면에서 더 두드러지고 있다. 중국은 아덴만에서 10년 이상 해적 소탕 작전에 참여하고 중동 전역의 항구를 정기적으로 방문하고 있으며 지부티에 해군 시설도 보유하고 있다. 그러나 2011년 리비아에서 중국 교민 약 36명을 강제 대피시키고, 다시 2015년에는 예멘에 해군 호위함을 투입하여 교민 600명을 신속히 대피시킨 경험이 있는 중국은 군사 자산의 적극적인 주둔을 꾸준히 늘리며 이 지역 국가들과의 연합 훈련에 참가하고 있다. 중국은 또한 이 지역에서 무장 드론과 정밀 타격 미사일 등을 판매하는 새로운 주요 공급처가 되고 있다. 미국, 영국, 프랑스가 아랍 국가들에 관련 기술이 수출되는 것을 정치적으로 제한했기 때문이다(중국은 미사일 기술 통제 체제 또는 미국과 그 동맹국이 지원하는 기타 유사한 협정의 회원국이 아니므로 그러한 제한이 없다). 실제로 스톡홀름국제평화연구소는 중국의 해외 무기 수출량 중 3분의 2가 중동으로 가고 있다고 추산한다.

이렇게 안보와 경제적 이해관계가 복잡하게 얽힌 상황 속에서 중국은 아랍과 페르시아 전문가들로 구성된 팀을 토대로 정교한 외교술을 펼쳐왔으며, 차관급 중동 특사(시진핑의 개인 특사로 활동)를 파견하고 베이징과 중동의 고위급 방문을 여러 차례 훌륭히 조율해왔다. 몇 년에 걸쳐 이루어진 이러한 방문은 그 정기적 횟수와 양측의 진지함, 그리고 관계자의 지위 측면에서 중동과 미국 간의 교류 수준을 능가했다. 이로써 중국은 자국의 외교 및 안보 정책이 인권 문제 등으로 공격받을 때마다 (실용적 관계가 얼마나 깊은지에 대한 표시로) 아랍과 주변 이슬람권에 외교적 지원을 요청할 수 있었다. 물론 그 보답으로 중국은 서방 정부와 국제 인권 단체가 아랍 국가와 이란, (때때로) 이스라엘의 관행을 공격하는 것에 동참을 거부해왔다.

이처럼 시진핑이 지난 10년간 중동 전역을 상대로 펼친 폭넓은 외교는 사실상 모든 면에서 미국을 완전히 앞질렀다. 중국으로서는 미국만큼 위험 부담이 크지 않았을 수도 있지만, 어수선해진 미국이 정치적, 경제적, 안보적 틈을 수없이 남길 때마다 중국은 그 공백을 메우기 위해 발 빠르게 움직였다. 예를 들어 미국이 거의 배타적으로 자국의 백신 수요에 집중하는 동안 중국은 사우디아라비아, 아랍에미리트, 바레인(모두 미국의 오랜 동맹국)에서 광범위하게 사용할 수 있도록 자국에서 생산된 코로나19 백신을 대량으로 제공했다.

서로를 적대시하는 중동 지역의 여러 당사국 사이에서 중국이 과연 계속해서 균형을 잡을 수 있을지는 두고 봐야 할 것이다. 앞으로 10년간 글로벌 강대국으로 부상할 중국은 이 지역을 계속 분열시키는 이분법적 정치 딜레마에 대한 정책적 입장을 점점 더 분명히 할 수밖에 없다. 지금까지 중국은 대체로 그러한 결정을 피할 수 있었고, 항상 모두의 친구이자 누구의 적도 아닌 입장을 추구함으로써 전략적으로는 능숙하지만 윤리적으로는 중립적인 태도를 견지해왔다. 하지만 지정학적 현실은 이러한 전략적 모호성을 더 이상 용인하지 않을 것이다. 행여 그런 날이 왔을 때 그나마 중국이 걸어볼 만한 희망은 전 지역이 중국에 경제적으로 크게 의존하게 된 나머지 어떤 심각한 정치적 여파도 감당할 수 있게 되는 것이다.

일대일로의 미래 전망

일대일로 프로젝트가 계속 진행됨에 따라 드러나는 주요 장애물은 다른 국가의 참여 의지가 아닌, 국내에서의 재정 압박인 것으로 보인다. 실제로 중국에서는 일대일로 프로젝트에서 발생한 막대한 채무불이행에 대한 우려의 목소리가 커지고 있다. 스리랑카가 99년의 임대 기한으로 중국에 함반토타항을 양도한 사례에서 알 수 있듯이 자산 몰수는 중국이 선호하는 대응책이었지만, 중국은 베네수엘라에서 상당한 재정적 손실을 입기도 했다. 한편 경제협력개발기구OECD의 채권국 모임인 파리클럽은 팬데믹 이후 세계에서 국가 채무 위기가 발생하지 않으려면 중국이 부채 포트폴리오를 재조정해야 한다고 압력을 가하고 있다. 이에 따라 중국공산당 내부에서는 현재의 확장 속도와 규모로 일대일로 프로젝트를 진행하는 것이 합당한지에 대해 논쟁이 일고 있다. 실제로 중국은 물리적 인프라보다는 비용이 덜 드는 디지털, 친환경, 보건 측면을 강조하는 방향으로 전환하는 등 초반에 품었던 야망 중 일부를 조정할 조짐을 보인다. 그러나 일대일로의 대대적인 축소는 단순한 정치적 선택이 아니다. 이는 시진핑의 개인 프로젝트로 시작되었으며, 중국의 정치 체제에서 현 지도자는 절대적으로 옳다.

또한 중국이 그들의 광범위한 서쪽 주변부에 관여하는 것이 비단 일대일로에만 국한되지 않는다는 점을 이해하는 것이 중요하다. 일대일로는 그러한 관여를 위한 주요 지정학적, 경제적 수단일 뿐이다. 일대일로가 중앙아시아, 남아시아, 중동 및 인도양을 가로지르던 중국의 과거 전체를 대표하지는 못하며, 또한 중국의 미래 전체를 대표하지도 않는다. 중국은 공식적인 일대일로 계획을 넘어 다양한 경제 프로젝트와 외교 및 군사 이니셔티브를 추구하고 있다. 유라시아를 강력한 시장, 신뢰할 수 있는 투자처, 우호적인 전략적 환경으로 만들려는 중국의 이러한 노력은 안보와 경제적 이익이 증대되고 신흥 강대국으로서의 지위가 강화될 때까지 계속될 것이다.

북극 거점 확보

유럽, 아프리카, 라틴아메리카와

아홉 번째 원··

중국의 대전략은 그 범위가 지역을 넘어 세계에 다다른다. 이러한 시진핑의 세계관은 그의 발언뿐만 아니라 해외 순방 패턴, 주력하는 외교 대상과 분야, 경제 자원 배분 양상에서도 드러난다. 시진핑이 미국, 러시아, 일본, 인도는 물론 동아시아, 동남아시아, 중앙아시아의 이웃 국가들과의 관계를 중시하는 것은 분명하지만, 중국의 이익은 모든 면에서 전 세계와 연관되어 있다고 할 수 있다.

과거에 일부 분석가는 중국이 아시아태평양(또는 최근에는 인도태평양이라고 부르게 된) 지역에서는 안보와 경제적 야망을 모두 품고 있지만, 나머지 세계에 대해서는 거의 전적으로 경제적 야망만 품고 있다고 주장했다. 특히 유럽인들은 이러한 주장이 중국의 부상에 대응하고자 유럽연합EU이나 NATO를 더 넓은 동맹으로 묶으려는 미국에 저항하는 데 유용한 근거가 된다고 생각했다. 그러나 과거라면 몰라도 오늘날에는 그렇지 않다.

중국의 글로벌 전략은 전 지역에 걸쳐 경제, 외교 및 안보 정책의 영향력을 높이는 것이다. 특히 최근 들어 미국 시장으로의 접근이 어려워지자 유럽, 아프리카 및 라틴아메리카가 중국의 중요한 수출시장으로 떠올랐다. 유럽 또한 중국으로 유입되는 FDI와 자본뿐 아니라 신기술의 잠재적 원천으로 여겨지고 있다. 마지막으로, 세 지역 모두 중국의 외교적 노력에 있어 매우 중요한 존재라 할 수 있다. 중국은 이들을 통해 국제기구와 포럼에서 정책과 입후보에 대한 지지력을 극대화하고 국내 인권 문제에 대한 비판을 최소화하고자 한다.

중국의 대EU 전략

그동안 중국은 경제적 기회와 참여라는 매우 실용적인 관점에서 유럽을 바라보았다. 중국은 2017년 미국과 전략적 균열이 발생한 시점부터 이러한 접근법에 치중하기 시작했다. 다양한 관점을 가지고 있는 유럽 대륙이기에 그중 일부는 중국에게 더욱 호의적일 수 있다는 것을 정치적으로 아주 명석하게 알아채고 비교적 영향을 미치기 쉬운 소규모 국가에 우선 집중했다. 그런 다음에는 이러한 관계를 활용해 중국이 우려하는 핵심 문제들과 관련된 EU와 NATO의 연대를 무너뜨리고자 한 것이다. 그럼에도 중국은 유럽의 "빅3" 국가인 독일, 프랑스, 영국의 우위를 인정하고 있다. 단지 세 국가의 세계적 영향력 때문만은 아니다. EU가 중국에 대한 최종 입장을 결정하는 데 있어 이들(특히 영국은 최근까지도)이 중요한 역할을 했기 때문이다. 특히 중국은 경제력이 강하고 비교적 정치가 안정된 독일을 그 핵심 국가로 주목하고 있다. 독일은 2020년에 우르줄라 폰데어라이엔 전 독일 국방장관을 EU 집행위원장으로 배출할 정도로 유럽 전역에서 영향력이 막강하다.

앞서 언급했듯이 중국의 대(對)유럽 전략은 경제에 기반을 두고 있으며, 특히 무역, 주요 인프라 및 첨단 기술에 대한 투자시장과 자본시장에 중점적으로 접근한다. 중국은 유럽을 미국에 필적할 만한 경제 규모와 기술적 정교함을 지닌 유일한 글로벌 경제 주체로 보고 있다. 그러나 중국은 미국으로 가는 문이 닫혀 있다고 결론 내린 반면, 유럽은 미국만큼 자신들의 접근을 가로막으려 하지는 않는 것 같다고 보았다. 유럽은 일대일로의 최종 목적지이기도 하다. 세계 다른 지역에 접근할 때와 마찬가지로, 중국은 경제적 영향력을 외교 정책에 두루 사용하고자 한다. 트럼프 행정부의 외교 및 무역 정책, 그리고 정치적 과잉으로 인해 미국과 유럽 간의 오랜 연대가 느슨해졌기에 중국의 전략을 펼치기가 더 수월해진 면도 있다. 그러나 이보다 훨씬 더 중요한 점은, 중국이 자국 내 인권 침해에 대해 오랫동안 비판적이었던 유럽의 전통적 합의를 무너뜨리기 위해 유럽 내부의 결점을 파헤치기도 했다는 것이다.

트럼프는 중국과의 협상에서 인권 문제가 개입되는 것을 절대 허용치 않은 반면 유럽은 보편적 인권 원칙을 무엇보다 중시한다는 점을 중국은 정확히 파악하고 있다. 비록 바이든 행정부가 새로 출범하긴 했지만, 중국은 유럽이 여전히 세계적 인권 규범의 가장 큰 수호자라고 보고 있다. 하지만 유럽의 이러한 역할은 중국공산당의 국내외 정치적 합법성에 도전하며 중국에 심각한 문제를 야기했다. 따라서 유럽의 인권 비판을 잠재우는 것은 정치적 자유주의에 대항하는 당의 역사적 이념 투쟁에서 중대한 승리를 의미할 것이다. 이러한 투쟁의 역사는 무려 100여 년 전 창당 초기 시절로 거슬러 올라간다. 중국공산당 사상가들에게 있어 서구의 정치적 고향 한가운데서 그들의 자유민주주의 전통에 대한 믿음을 불식시키는 것은 엄청나게 매력적인 일이 아닐 수 없다. 이는 자유민주주의가 모든 인류의 필연적인 정치적 목적지라고 주장하는 국내외 비평가들에게 확실한 해답을 제시할 수 있다는 점에서 당의 장기적 목표이기도 했다.

이러한 이유로 유럽은 미국과 아시아의 뒤를 이어 중국의 미래 전략적 우선순위를 차지할 수 있었다. 중국에 꽤 우호적인, 혹은 미국과 중국 사이에서 꽤 중립적인 입장을 견지하는 유럽은 중국에 훌륭한 전략적 보상이 될 것이다. 이는 그 자체로 중국의 이념적 승리일 뿐만 아니라, 미국과 맞서 싸우는 더 광범위한 지정학적, 경제적 경쟁에 있어 결정적인 요인이기도 하다. 그러나 경제, 사이버, 인권 문제 등 다양한 이유로 여전히 유럽은 중국이 정복하기 쉽지 않은 곳이다.

유럽 경제를 총체적으로 봤을 때, 중국은 FDI나 자본시장보다 무역에 강점을 지니고 있다. 그럼에도 최근 중국은 유럽과 중국 시장 간의 상호 접근을 허용하지 않는 정책을 펼치는 등 EU-중국 무역에서 일부 균열을 일으키고 있다. 유럽은 2019년에 중국의 최대 무역 파트너가 되었다. 이전에는 중국의 수출에서 유럽이 미국 다음으로 큰 비중을 차지했지만, 2019년 미중 무역 전쟁의 영향으로 미국(4190억 달러)이 유럽(4290억 달러) 뒤로 밀려났다. 한편 중국과 유럽 간의 연간 교역액은 7050억 달러에 이른다. 2019년 중국의 유럽 무역 흑자는 1750억 달러였으며 중국이 WTO에 가입한 이후 그 규모는 매년 약 10퍼센트씩 성장했다. 여기에는 유럽의 서비스 수출에 대한 중국의 규제 조치가 크게 작용했다. 그러나 유럽에 있어 미국은 여전히 가장 중요한 무역 파트너다. 2019년 연간 미국-EU 교역액은 1조1800억 달러였으며 유럽은 1620억 달러의 흑자를 기록했다. FDI에 있어서는 그 차이가 더 뚜렷해진다. 유럽과 중국 간의 투자는 유럽과 미국 간의 투자에 비하면 극히 미미한 수준이다. 2019년 유럽에 대한 미국 FDI 총액은 2조 3600억 달러였고, 미국에 대한 유럽의 투자는 2조5500억 달러인 데 비해, 중국에 대한 유럽 FDI 총액은 2350억 달러, 유럽에 대한 중국 투자는 820억 달러에 불과했다.

중국과 유럽의 자본시장은 미국과 유럽 간 운영되는 자본시장에 비해 규모와 범위 또한 매우 제한적이다. 2017년 미국과 유럽이 서로의 부채와 주식, 기타 자본시장 상품에 투자한 금액은 약 7조 달러인 반면, 중국과 유럽 자본시장의 투자액은 3300억 달러에 그쳤다. 이렇게 실적이 비교적 평이한 수준에 머무른 데는 다양한 요인이 작용했다. 전반적인 자본계정 거래에 대한 중국 정부의 강도 높은 제한, 중국 경제의 상당 부분이 FDI 및 포트폴리오 투자에 폐쇄적이라는 점, 그리고 중국 정부가 나서서 민감한 기술 산업의 인수를 추진하는 방식에 불안감을 느낀 유럽이 중국 투자에 점점 더 규제를 가한 점을 그 요인으로 들 수 있다.

이는 중국이 WTO와 약속했음에도 유럽이 중국의 무역과 투자 정책, 관행의 공정성에 대해 우려하던 그간의 상황을 더 악화시켰다. 유럽의 반대 의견은 대체로 미국과 비슷했으며, 독일이 주도하는 EU는 유럽에 투자하는 중국 국유 및 국영 기업에 대한 보조금 또는 지원에 더욱 제한을 가했다. 중국의 경제 행태에 대한 유럽의 정치 및 정책 기조는 2017년 이후 처음으로 변화했으며, 급기야 2019년 3월 유럽이사회는 향후 모든 중국 투자를 심사하기로 결정했다. 이사회는 "주요 인프라" "중요한 이중용도기술" "중요한 입력", 개인 데이터에 대한 액세스, 미디어 독립성 및 정치적 다원주의 보호에 투자하는 회원국에 새로운 제한을 도입할 것을 권고했다. 이러한 지침은 유럽과 중국의 전반적인 경제 관계에 중요한 전환점이 될 것이다.

경제적 우려는 유럽과 중국의 광범위한 정치, 외교 및 안보 정책 관계와 얽혀 있다. 노르웨이노벨위원회가 투옥된 중국의 반체제 인사 류샤오보에게 노벨평화상을 수여하자, 중국은 노르웨이산 연어에 대한 제재를 가하기에 앞서 기존에 제안된 무역 협정과 예술 및 과학 교류 등 모든 고위급 양자 회담을 취소해버렸다. 그러자 노르웨이 정부는 앞으로 "중국의 주권과 영토 보전을 전적으로 존중하고, 중국의 핵심 이익과 주요 관심사를 매우 중시하고, 이를 훼손하는 행동을 지지하지 않을 것이며, 양국 관계의 손상을 피하기 위해 최선을 다할 것"이라는 성명을 서둘러 발표했고, 그 뒤로도 꽁꽁 얼어붙은 중국과의 관계를 풀기까지는 장장 6년이란 세월이 걸렸다.

한편 중국 지도부를 모욕한 책을 판매한 혐의로 스웨덴인이자 홍콩 출판업자인 마이클 구이가 납치되어 체포되자 스웨덴은 중국 정부에 강력히 항의했고, 이로써 중국과 스웨덴의 관계는 급속도로 나빠졌다. 2020년에 그가 10년 형을 선고받자 스웨덴이 화웨이의 5G 네트워크 운영을 금지하는 후속 조치를 내리면서 중국과의 관계에 스산한 냉기가 감돌았다.

이러한 사건들은 다른 나라들이 특히 신장 및 홍콩과 관련해서 "중국 내정에 간섭"하지 않도록 하는 본보기가 되었다. 중국은 그리스, 헝가리와 같은 국가에 경제적 영향력을 행사함으로써 중국의 인권 기록에 대한 EU 내부 합의에 거부권을 행사하거나 합의의 영향력을 약화하도록 부추겼지만, 이러한 시도는 중국에 대한 유럽의 의구심만 키울 뿐이었다. 또한 구동유럽 국가들과의 연례 "16+1" 정상회담 기구를 통해 유럽을 분열시키려는 중국 때문에 EU의 상황은 갈수록 나빠졌다. 이 기구는 리투아니아가 2021년 5월에 탈퇴할 때까지 "17+1"로 불렸으며, 탈퇴 당시 리투아니아는 중국이 시장 접근성 개선과 인권 문제에 대한 약속을 이행하지 않으면서 러시아와의 관계를 강화해나가고 있다는 점을 이유로 들었다.

한편 글로벌 디지털 거버넌스의 미래는 또 다른 논쟁거리다. 유럽은 EU의 일반데이터보호규정GDPR이 내세우는 바와 같이 개인의 프라이버시를 우선시하는 시스템을 강력히 추진해왔다. 2021년 중국은 GDPR과 매우 유사한 개인정보보호법PIPL을 통과시킴으로써 기업의 사용자 데이터 취급에 대해 광범위한 데이터 프라이버시 제한을 설정했다. 그리고 이보다 낮은 수준의 데이터 보안 표준(중국이 선택해야 하는 미국 기업을 포함할 가능성이 있음)을 가지고 있는 국가로 중국 국민의 개인정보가 전송되는 것을 막았다. 그러나 유럽과 달리 중국 정부는 개인 데이터에 대한 완전한 접근권을 계속 유지할 것이며, 아울러 국가 주권과 국가 통제, 국가 접근에 따른 이익을 중시하고 있다. 한편 미국의 디지털 거버넌스 모델은 데이터에 대한 기업의 접근을 우선시해왔다. 이는 EU의 관점에서 볼 때 유럽의 방식과 다르긴 하지만, 적어도 중국의 방식보다는 문제가 덜 심각할 수 있다.

유럽의 각국 정부는 5G 이동통신의 미래, 특히 중국의 통신 대기업 화웨이의 역할을 두고 미중 간 전략적 갈등이 첨예하게 부딪치는 곳이다. 경제 부처들은 화웨이 기술을 사용하는 것보다 더 저렴한 대안은 없다고 주장한다. 반면 안보 및 정보 기관들은 화웨이 5G 시스템을 사용하면 영국의 파이브아이스 정보 동맹은 물론 미국과 유럽의 정보 교류도 약화될 것이라며, 화웨이와 협력하는 것은 국가안보에 대한 위협이라고 확신한다. 이처럼 서로 다른 외교 정책들이 대립하는 양상이 유럽 전역에서 나타나고 있다. 여러 유럽 국가가 화웨이 시스템 사용을 배제했지만, 5G 논쟁이 최종적으로 어떻게 해결될지는 아직 불분명하다. 만일 상당수의 유럽 국가가 화웨이를 선택한다면, 이는 미국과 NATO 동맹국 간의 심각한 분열로 이어짐으로써 결과적으로는 중국과 러시아 두 나라에 전략적으로 유리하게 작용할 수 있다.*

중국과 러시아가 전략적 협력 관계라는 증거가 계속 늘어나자, 유럽은 아시아를 넘어 세계를 주도할 중국에 대해 다분히 우려 섞인 시각을 드러냈다. 2017년 지중해와 발트해에서 진행된 러시아와 중국의 연합 해군 훈련은 중국 공식 언론에서 러시아에 대한 중국의 "진정성"을 드러낸 것으로 정당화되었다. 중국의 훈련 참가는 2016년 남중국해에서 실시된 해군 훈련에서 러시아가 중국에 보여준 연대에 대한 보답이었다. 중국의 성명서는 "최첨단 유도 미사일 구축함을 파견함으로써 (…) 우리를 도발할 수 있는 국가들에게 강력한 경고의 신호를 보냈다"라고 덧붙였다. 한편 유럽에서는 이러한 양국 간의 군사 연습과 훈련, 군사 장비 매매 증가가 중국과 러시아 간 전반적인 안보 협력의 불길한 패턴을 드러낸다고 보았다. 인공지능, 사이버, 우주 분야의 군민 겸용 기술을 사용하는 중국의 역량이 나날이 발전 중인 데다 러시아와의 긴밀한 협력이 더해지면서, 유럽 정부는 중국이 스스로를 세계의 안보를 담당하는 존재로 여기고 있다고 판단했다. 이는 유럽과 세계 안보

* 2023년 6월, EU 집행위원회는 회원국들의 5G 네트워크에서 화웨이와 ZTE의 장비 사용을 사실상 금지하는 방안을 검토 중이라고 발표했다.

에 대한 도전이 갈수록 커지고 있음을 의미한다.

2019년 EU 집행위원회는 중국을 처음으로 "체제적 라이벌"로 지정하면서 2016년 이후 "위험과 기회의 균형"에 상당한 변화가 있었다고 결론지었다. 이들은 중국에 한층 더 적극적으로 대처하기 위한 열 가지 전략을 수립했다. 또한 2019년 NATO 이사회는 처음으로 중국을 "NATO가 동맹으로서 함께 해결해가야 할 기회이자 도전의 대상"으로 명시했다. NATO의 공식 언어에 있어 중대한 변화다. 과거의 NATO 성명서에서 중국은 전혀 언급되지 않았으며, 전략적 초점의 대상은 오로지 러시아뿐이었다. 게다가 옌스 스톨텐베르그 NATO 사무총장은 2022년 여름에 채택될 차기 전략 개념 문서에서 NATO 동맹이 "중국의 부상"에 상당한 초점을 맞출 것이라고 밝혔다. 참고로 2010년에 채택된 이전 전략 개념에는 중국에 대한 언급이 없었다. 우르줄라 폰데어라이엔 EU 집행위원회 신임 위원장 또한 유럽이 단순히 국내 번영과 자유주의적 가치에만 근시안적인 초점을 맞추는 대신 세계 무대에서 실질적인 지정학적 리더가 될 것을 공개적으로 촉구했다.

이 모든 것은 신장에서 대규모 인권 유린의 증거가 늘어남에 따라 2021년 3월 EU가 (미국, 영국, 캐나다와 협력하여) 1989년 이후 처음으로 중국에 대한 인권 제재를 발표하면서 정점에 이르렀다. 제재가 발동되자 중국은 후폭풍에 대해서는 거의 이해하지 못한 듯 즉시 반격에 나섰다. 그들은 유럽의 정책 싱크탱크 전반과 신장을 연구하는 개별 학자들, 그리고 가장 심각하게는 여러 EU 위원회와 유럽의회EP 의원들에게도 제재를 가했다.

이러한 조치에 유럽의 의원들이 격분함으로써 중국을 향한 그들의 태도와 접근 방식에 또 다른 중대한 변화가 일었다. 유럽의회는 중국과

막 체결된 획기적인 포괄적투자협정CAI의 비준을 동결하여 저항했고 중국의 제재가 해제될 때까지 꿈쩍도 하지 않을 것이라고 밝혔다. 이번 사건을 중국의 중대한 전략적 실수라고 지적한 라인하르트 뷔티코퍼 대중관계대표단 독일 측 의장은 중국이 CAI 협상을 성사시킴으로써 "유럽 연합과 미국 사이에 쐐기를 박고자 했지만, 계산을 잘못한 나머지 무모한 제재를 가하면서 스스로 무덤을 팠다"라고 말했다. 그러자 다른 의원들도 뒤따라 비슷한 의견을 표명하며 유럽이 중국을 압박하기 위해서는 여러 방면에서 미국과 더욱 긴밀히 협력해야 한다고 강조했다.

그러나 유럽에서 가장 큰 국가이자 중국과의 긴밀한 경제 관계를 통해 가장 많은 이익을 얻을 수 있는 나라는 독일과 프랑스로, 두 나라가 이끄는 강력한 EU 집행위원회는 어떤 식으로든 CAI를 통과시킬 의사가 있음을 내비쳐왔다. 하지만 다른 국가들과 마찬가지로 독일과 프랑스는 경제를 근본적으로 위협할 새로운 냉전의 위험을 우려해 미국에 너무 가까이 다가가는 것을 극도로 경계하고 있다. 사실 유럽 전역에서 중국을 향한 정치적 정서의 분열은 더 확실해졌다.

에마뉘엘 마크롱 프랑스 대통령의 "전략적 자율성" 개념을 표방하는 나라들로 구성된 그룹이 있다. 이들은 미중 간 패권 경쟁에서 유럽은 일반적으로 중립을 지킨 채 경제적 기회를 극대화하고 힘을 기르며 독립을 촉진해야 한다고 믿는다. 다자간 연합 뒤에서 더 많은 국가를 통합하기 위해 애쓰고 있던 미국은 이들의 이처럼 어정쩡한 태도가 영 달갑지 않았다. 긴장은 마침내 2021년 9월에 체결된 AUKUS 협정을 계기로 폭발했다. 이 협정에 따라 호주는 프랑스로부터 구입하기로 했던 900억 달러어치의 디젤 잠수함 계약을 어떠한 협의도 없이 일방적으로 파기해버렸다. 예상대로 프랑스 정부는 격분했다. 장이브 르드리앙 프랑스 외무장관은 호주의 이러한 행동이 "뒤통수치는 것"이나 다름 없으며 "예전에 트럼프가 하던 행동"과 비슷하다고 비판했다. 영어권 국가 간의 이른바 비밀 협상을 통한 거래를 "동맹국과 파트너 간에 용납될 수 없는 행동"이라고 규정한 마크롱 대통령은 프랑스 역사상 처음으로 호주와 미국 주재 프랑스 대사들을 일시적으로 소환하는 극단적 조치를 취했다. 이 사건은 마크롱은 물론 그와 비슷한 생각을 가진 유럽 국가들에게 어쨌거나 미국은 기댈 곳이 못 된다는 인식을 심어주었다. 이로써 마크롱과 EU의 외교 정책 책임자인 주제프 보렐은 유럽의 "전략적 자율성"의 필요를 더욱 강조했다.

한편 중국과 러시아의 협력, 사이버 안보, 시장 접근, 인권 문제 등으로 깊은 고민에 빠진 두 번째 그룹은 중국과 자유민주주의 서방 간 입장 차이가 뚜렷하기에 유럽과 미국이 단합해야 한다고 생각한다. 마지막으로 오르반 빅토르의 헝가리가 대표하는 세 번째 그룹은 포퓰리스트이자 내셔널리스트인 유럽의 극우 정당 그룹이다. 그들은 중국의 비자유주의적인 정치 경제 발전 모델에는 전혀 문제가 없으며, 오히려 유럽이 중국으로부터 무언가를 배울 수 있도록 긴밀한 관계를 맺어나가야 한다고 생각한다. 현재는 세 그룹 중 두 번째 그룹이 우세한데, 중국의 분노를 무릅쓰고 2021년에 타이완과 수교한 리투아니아처럼 의외로 대담한 행보를 보이는 유럽의 소국들이 이를 주도하기도 한다. 그러나 중국은 여전히 유럽을 미국과 벌이는 광범위한 지정학적 게임의 일부 요소쯤으로 여기고 있다.

개발도상국과 중국의 관계

중국과 개발도상국 및 아프리카, 아시아, 라틴아메리카 신흥국들과의 관계는 1950년대로 거슬러 올라가며, 비동맹운동에서 마오쩌둥과 저우언라이가 주도적인 역할을 했던 오랜 역사적 뿌리를 가지고 있다. 당시 마오쩌둥은 제3세계라 불리던 라틴아메리카 대부분의 국가와 아프리카, 아시아 국가들(일본은 제외)을 미국과 소련이라는 초강대국 사이의 중간 지대이자 이러한 초강대국의 "헤게모니", 즉 제국주의와 식민주의에 대항하는 잠재적 동맹으로 여겼다. 중국공산당은 또한 무이자 혹은 저금리 대출 등으로 제3세계에 원조와 투자를 하는 기구를 만들었으며, 중국은 이것이 서방의 착취적 관행과는 달리 국제 연대의 원칙에 기반한 것이라고 주장했다. 1953년부터 1985년까지 중국은 국내의 경제난과 위기에도 불구하고 석유수출국기구OPEC 국가 다음으로 세계에서 두 번째로 많은 국제 원조를 제공했다. 그러나 "상생" 관계를 논하던 그러한 거래는 언제나 매우 전략적이었다.

개발도상국들에 있어 지난 20년간 중국과 맺어온 경제적 관계는 미국과 맺은 관계보다 훨씬 더 중요해졌다. 하지만 미국의 정책 결정권자들은 이러한 사실을 인지하지 못하거나 무시해왔으며, 실제로 이러한 국가들에서 미국의 입지는 갈수록 줄어들고 있다. 중국의 원조활동은 아프리카, 아시아, 라틴아메리카 전역에서 대규모의 공공 및 민간 무역과 투자로 나타나고 있으며, 최근에는 일대일로 이니셔티브가 이를 후원하며 더욱 박차를 가하고 있다. 그러나 이러한 프로젝트 중 상당수는 해당 지역에서 부채와 환경, 노동 기준 등의 논란을 일으켜왔다. 개발도상국에 대한 중국의 전략에서 인상적인 점은 끈기 있게 적응하고

조정해가는 능력이다. 서양 학자들은 중국의 개발도상국 투자 프로젝트에 관해 여러 현장 연구를 수행해왔다. 물론 일부 실패한 프로젝트도 있긴 했지만, 주목할 점은 지난 실수에서 끊임없이 배우고 성장해나간 중국이 얼마나 많은 성공담을 만들어냈는지다.

중국의 오랜 "남남南南" 협력의 역사는 개발도상국들과 전통적인 우호 관계를 유지하고 강화하는 데 도움을 주었고, 개발도상국들은 UN과 같은 국제기구에서 중국의 영향력을 확대하는 데 핵심이 되어주었다. 그러나 중국은 라틴아메리카와 중동 등 그동안 미국의 영향권에 있던 지역에서도 점점 더 기회를 엿보고 있다. 이 지역 국가들은 국제적 영향력을 놓고 벌이는 미국과의 새로운 글로벌 "거대 게임"에서 "경합 지역"이 될 가능성이 크다. 아시아에서와 마찬가지로, 중국이 이 지역에서 성공을 거둔 주요인으로 중국 경제의 세계적 입지 확대와 상대적으로 약해진 미국의 힘을 들 수 있다. 이는 세계에서 전통적 우방과 파트너의 중요성에 관해 관심을 기울이지 않은 미국의 안일함 때문이기도 하다.

아프리카의 중요성

아프리카 국가들은 반세기가 넘도록 세계 무대에서 중국을 지지해왔다. 여느 개발도상국들과는 달리, 아프리카는 미국의 영향권 안에 확실히 들어간 적이 없다. 대신 그곳은 항상 경쟁적인 전략 공간이었다. 처음에는 유럽 식민지와 탈식민지 열강이 맞붙었고, 그 후 냉전 기간에는 미국과 소련이, 그리고 지금은 서방과 새롭게 부상한 중국이 경쟁을 벌이고 있다.

시진핑은 아프리카와의 유대 관계를 더 공고히 하기 위해 무역, 인프라 투자, 개발 원조 및 안보 협력 전반에 상당한 공을 들여왔다. 반면 트럼프 행정부에서 아프리카는 우선순위에서 밀려났다. 그 결과 아프리카 국가들은 국제 사회에서 중국의 가장 든든한 후원자가 되었다. 아시아 전역에서 중국의 지정학적 영향력이 강화된다 해도 아프리카는 아시아와 멀리 떨어져 있기에 별다른 영향이 없기 때문이기도 하지만, 아프리카 국가들이 중국의 경제 원조와 무역 및 투자를 간절히 원하고 있기 때문이기도 하다. 또한 그들은 라틴아메리카나 중동 지역과는 다르게 미국의 오랜 그늘에서 벗어나 있기도 하다.

세계 다른 지역과 마찬가지로 오늘날 아프리카에 대한 중국의 관심은 경제에서 시작된다. 중국은 아프리카 대륙을 장기적이고 안정적인 에너지 및 원자재 공급처로 보고 있다. 그리고 아프리카 경제가 성장함으로써 중국의 상품과 서비스를 수출할 10억 명 규모의 새로운 소비 시장이 만들어질 것이라 판단하고 있다. 중국은 이러한 개발 모델의 논리를 적용하여 아프리카 전역에서 수백 개의 도로, 철도, 항만, 통신 및 전력 프로젝트 등 기본 경제 인프라 건설에 대규모 자금을 투입했다. 그 예로, 다른 곳에서의 격렬한 논쟁에도 불구하고, 화웨이는 이미 아프리카 4G 네트워크의 70퍼센트 이상을 구축하여 아프리카 전역에서 4G 통신 서비스를 제공하는 최고의 공급업체가 되었다. 한편 중국의 저가 스마트폰 브랜드인 테크노가 아프리카에서 엄청난 인기를 끈 덕에 중국 모바일 기반 결제 시스템이 아프리카에서 중요한 발판을 마련할 수 있었다. 중국 기업은 아프리카 스마트폰 시장에서 53퍼센트의 압도적인 시장 점유율을 차지하고 있으며, 한국의 삼성이 15퍼센트로 그 뒤를 쫓고 있다.

아프리카에 대한 중국의 새로운 원조와 투자가 전개됨에 따라 중국 관리들은 전통적인 서방 원조 모델이 가시적인 빈곤 감소에 거의 기여하지 못했다고 주장하며 그 신뢰성을 공격해왔다. 중국은 또한 아프리카와 서방 간에 남북으로 나뉘는 개발 격차가 서방의 의도적인 신식민지 전략 때문이라고 주장했다. 그들은 서방 국가들이 개발 원조를 할 때 자유시장이나 민주주의 개혁을 채택하는 등 정치적, 정책적 조건을 내거는 전형적인 수법을 사용함으로써 수혜국이 서구식 자유민주주의 체제로 변모하도록 강요했다고 지적한다. 이에 반해 중국의 모델은 그러한 조건을 내세우지 않기에, 각국 정부는 상황에 맞는 정치적 모델을 선택할 수 있다. 중국은 자신들이 개발 원조에서 바라는 것은 양측 모두에 실질적인 경제적 이익을 가져다주는 상생이라고 주장한다.

2018년 시진핑이 "중국 발전의 급행열차에 탑승한 아프리카 국가들을 환영한다"라고 선언한 것처럼, 중국은 비록 아프리카의 상황이 중국과는 매우 다를지라도 그곳을 자국 경제 발전 모델의 우월성을 입증하는 본보기로 삼고자 한다. 아프리카를 비롯한 다른 개발도상국에서의 성공은 자유민주적 자본주의의 지위를 무너뜨리려는 중국의 글로벌한 이데올로기적 야망에 기여하고, 국내외에서 중국공산당의 이데올로기적 합법성을 강화하는 데도 도움이 될 것이다. 그리하여 아프리카는 장기적인 이데올로기적 합법성을 추구하는 중국공산당의 지속적인 노력 면에서 훨씬 더 광범위한 정치 전략의 일부가 되었다.

그러나 중국의 직접적인 정치적 이익은 국제기구에서 아프리카 동맹국들의 외교 정책 지원과 투표력을 강화하는 데 초점을 맞추고 있다. 아프리카 국가들은 어떠한 주제든 상관없이 중국의 이익이 위태로울 때면 모든 다자간 포럼에서 똘똘 뭉쳐 든든한 50여 개의 표를 중국에 제공한다. 그 대상은 인권 문제에서부터 디지털 거버넌스의 미래, 개발 목표에 대한 UN 결의안의 규범에 중국의 일대일로를 통합하는 것까지 매우 다양하다. 지지의 대가로 아프리카 국가들은 국제기구로부터 비난을 받거나 개입의 위협을 받을 경우 UN안전보장이사회의 상임이사국인 중국이 자신들 편에 서서 거부권을 행사할 것을 보장받는다.

중국은 또한 개별 아프리카 국가들 및 55개 회원국의 아프리카 연합과 더욱 적극적인 안보 파트너가 되었다. 2019년 중국과 아프리카의 파트너 국가들은 중국아프리카평화안보포럼을 설립했으며, 이에 따라 중국은 아프리카에서 고도의 방어 시설 확장에 착수했다. 중국은 아프리카 대륙의 여러 국가에 이미 무기와 군사 장비, 감시 기술 등을 공급해오고 있었다. 또한 아프리카로 이주한 중국 교민의 수가 늘어남에 따라, 향후 안보 위기가 발생할 경우 자국민을 물리적으로 보호할 능력이 필요하다는 사실도 잘 알고 있다. 아프리카에서 중국 군대의 주둔 확대는 UN 평화 유지 임무의 일환이자 아프리카 연합의 독립적인 안보 임무를 지원하는 것이기는 하지만, 아덴만에서의 해적 소탕 작전 때처럼 인민해방군에게 국제적인 현장 작전에 참여하는 귀중한 경험을 제공하기도 한다.

중국이 아프리카에서 안보 의제를 확장하고 있다는 증거는 아프리카 대륙 곳곳에 인민해방군이 주둔하고 있다는 사실에서 찾을 수 있다. 그러나 일부 지역에서 논란과 비판적인 언론 보도가 들끓는데도 아프리카 국가들은 중국을 향해 부정적인 반응을 거의 내비치지 않는 것 같다. 아니, 실제로는 정반대다. 2018년 중국아프리카협력포럼FOCAC에서 시진핑은 중국이 중국-아프리카 평화 및 안보 이니셔티브를 신설하고, 아프리카 연합에 추가 군사 지원을 제공하며, 대륙에서 50개 이상의 개별 안보 지원 프로그램을 시작할 것이라고 발표했다. 그는 아프리카 지도자들에게 "중국은 공통적이고, 포괄적이며, 협력적이고, 지속 가능한 안보를 특징으로 하는 [아프리카] 안보의 새로운 비전을 옹호한다"고 선언했다.

이렇게 정치, 외교, 안보 정책 관계의 긴밀함은 갈수록 더해지고 있지만, 중국-아프리카 관계의 경제 데이터가 보여주는 결과는 여전히 엇갈리고 있다는 점을 주시할 필요가 있다. 중국은 이미 10년 전에 아프리카의 최대 교역 상대국인 미국을 제친 상태다. 현재 아프리카의 전체 교역액 7000억 달러 중 중국과의 교역액은 2000억 달러로, 미국과 아프리카 간 무역 규모의 네 배에 달한다. 그러나 세간의 이목을 끈 중국의 인프라 프로젝트에도 불구하고, 2018년 아프리카에 대한 FDI에서 중국이 차지한 비중은 네덜란드, 프랑스, 영국, 미국에 이어 5위에 그쳤다. 또한 앞선 네 국가의 FDI는 총 2200억 달러로 중국이 투자한 총 460억 달러의 약 다섯 배다. 이는 유럽과 북미 투자자들이 아프리카에서 유리한 출발선에 있음을 뜻한다. 또한 중국의 FDI는 아프리카 대륙 전체에 고르게 분산되기보다는 앙골라, 나이지리아, 에티오피아, 짐바브웨, 우간다 등 몇몇 국가에 집중되는 경향이 있었다.

2015년부터 2018년까지 600억 달러의 중국 개발 기금이 지출되었고, 시진핑은 2018년부터 2021년까지 600억 달러를 추가로 투입할 것을 약속하면서 아프리카 전역에 대한 개발 지원 노력에 큰 관심을 기울이고 있다. 그러나 **대출이 아닌 형태로** 제공된 것은 50억 달러뿐이었다. 즉, 서방과 일본의 공적개발원조^{ODA} 대부분이 보조금이었던 것과는 대조적으로, 중국 원조의 대부분은 상환해야 하는 대출인 것이다. 역사적 경험에서 알 수 있듯이 국가의 부채 의존성은 결국 정치적 역풍을 몰고 오기 마련이다. 특히 스리랑카 함반토타의 극단적 사례와 같이 부채 때문에 국가 자산을 포기하는 결과를 초래할 경우 더욱 그렇다. 이는 현지인들로 하여금 중국의 원조가 식민지적 의도를 가진 "빚의 함정 외교"라고 확신하게 만들며 그들의 분노를 불러일으킬 수 있다.

물론 중국은 OECD 회원국들에 요구되는 투명성과 OECD의 원조 분류 방식에 구속되지 않기에, 중국의 모든 원조 흐름을 정확하게 계산하는 데는 방법론적인 문제가 있다. 따라서 중국의 광범위한 개발 수치는 실제로 더 높을 수 있다. 또한 아프리카에 대한 서방의 원조는 고정적인 데 비해 중국의 원조는 매년 약 10퍼센트씩 증가하고 있는데, 만약 이러한 추세가 계속된다면 10년쯤 뒤에는 아프리카 대륙에 대한 중국의 무상 원조 금액조차 서방의 원조를 능가할 것이다.

절대적인 숫자야 어떻든 간에 현재 아프리카 전역에서 여러 인프라 투자 프로젝트를 지원하는 중국 대출 프로그램의 잠재적 영향력을 과소평가해서는 안 된다. 미국에서는 중국의 이러한 원조가 OECD 지침이나 조건에 부합하지 않아 "불량 원조"라고 부르는 일이 점점 더 흔해지고 있다. 하지만 그렇다고 해서 중국의 원조가 아프리카에서 환영받지 못한다거나 경제적 성과를 거두지 못한다는 의미는 아니다. 실제로 아프리카 분석가들은 서방의 원조가 수십 년 동안 별 효과를 못 냈고, 항상 조건을 붙였으며, 자신들을 서구 자선 단체에 수동적으로 의존하게 만들고, 경제적으로 힘든 시기에 변덕스러운 예측 불가능성을 보였다며 서방의 원조를 날카롭게 비판해왔다. 더욱이 서방 국가들은 대체로 아프리카의 경제 인프라에 자금을 대는 것을 거부했으며, 대신 건강과 교육, "좋은 거버넌스" 프로젝트에 집중했다. 반면 중국은 서방과 정반대로 움직였다. 아프리카개발은행AfDB과 같은 다자간 대출기관이 프로젝트의 재정 수요를 충당하기에는 몹시 부족했기에, 대다수의 아프리카 국가는 중국의 결정을 반기고 있다. 게다가 아프리카에 대한 중국의 차관이 수혜국의 채무불이행 가능성을 높인다는 비난은 아직 데이터에 의해 공식적으로 입증되지 않았다. 중국 부채가 눈에 띄는 국가는 단 두 곳에 불과하며, 그마저 서구의 민간 금융기관에 대한 부채와 비슷한 수준이다.

하지만 중국의 아프리카 전략에는 아직 풀어야 할 과제들이 남아 있다. 부실하게 계획된 프로젝트, 어설픈 재정 타당성 조사, 그리고 중국 노동력을 초기에 대거 동원한 사실이 현지의 반감을 불러일으켰으며, 이에 따라 여러 국가에서 민족 간의 긴장과 갈등이 고조되었다. 그러나 중국은 현장에서 저지른 실수로부터 교훈을 얻었고, 계속해서 성과를 높이기 위해 노력하고 있다. 그들의 프로젝트가 난관에 부딪히거나 지역의 반중 정서가 부상했을 때, 그저 미국인들처럼 중국의 아프리카 전략이 일종의 정치적, 대중적 역풍을 맞았다고 여긴다면 매우 큰 오산이다. 현재까지 이에 대한 증거는 그리 많지 않은 것으로 보인다. 2019년 범아프리카 여론조사기관 아프로바로미터에 따르면 중국보다는 미국의 개발 모델을 선호하는 아프리카인이 여전히 더 많긴 했지만 (각각 32퍼센트, 23퍼센트), 대다수는 부채를 걱정하더라도 아프리카 대륙에 대한 중국의 영향력을 대체로 긍정적으로 평가했다. 하지만 이는 코로나19에 대한 아프리카 전반의 여론을 아직 반영하지 않은 결과다. 바이러스의 발원지가 중국이라는 사실이 초반에는 여론을 강타했을지 모르지만, 2020년 G7의 백신 전략이 시작되기 몇 달 전부터 이미 활발히 진행된 중국의 의료 및 백신 외교는 아프리카 대륙에서 중국에 대한 긍정적인 정서를 굳히는 데 도움이 되었다.

마지막으로, 중국의 존재는 아프리카가 개발 파트너를 고르는 데 있어 처음으로 레버리지 역할을 해주었다. 이전에 아프리카 국가들은 서방이 제시하는 조건을 그대로 받아들여야 했는데, 중국이 아프리카 대륙에 진출한 뒤로는 이들 국가의 전략과 경제에 상당한 변화가 일기 시작했다. 시진핑의 인내심 있고도 민첩한 아프리카 전략은 아프리카의 파트너들로부터 대체로 높은 평가를 받고 있는 것으로 보인다.

라틴아메리카에 등장한 중국

아프리카에서와는 달리 중남미에서 중국의 전략적, 경제적 이익은 구체화되기까지 20년이나 걸렸으며, 2001년이 되어서야 비로소 처음으로 중국의 주석이 이곳을 처음 방문했다. 이전의 중남미, 카리브해 지역은 중국보다는 타이완과 외교적으로 더 가까웠다. 중국은 먼로 독트린 초기에 미국이 서반구를 얼마나 전략적으로 중시했는지를 염두에 두고 있었다. 이에 따라 중국의 초대 지도자들은 라틴아메리카에 발을 들일 때는 신중해야 한다는 것을 직관적으로 알아차렸다. 이 대륙이 미국에 지정학적으로 가장 중요한 곳이라는 이유도 있었지만, 다른 한편으로는 중국으로부터 가장 멀리 떨어진 곳이라는 사실도 큰 이유로 작용했다. 이러한 중국의 오랜 신중함을 내던져버린 인물은 시진핑이었으나, 이 지역에 중점을 두기 시작한 이는 그의 전임자 후진타오였다. 시진핑이 라틴아메리카와 카리브해를 다섯 차례 방문한 반면 트럼프는 임기 중 단 한 차례 방문했다. 그조차 부에노스아이레스에서 열리는 G20

정상회의에 참석하기 위해서였다.

중국-라틴아메리카 관계의 제도적 장치는 중국이 이 지역의 다자간 회의에 적극 참여함으로써 공식화되었다. 2014년 시진핑은 브라질리아에서 열린 제1차 중국-CELAC(라틴아메리카 카리브해 국가공동체) 연례 정상회의에 참석했다. 라틴아메리카와 카리브해의 33개 회원국으로 구성된 이 포럼은 무역, 투자, 금융에서 에너지 및 자원 관리, 교육, 과학기술, 농업, 스포츠, 항공 우주 산업, 빈곤 퇴치, 보건 및 재난 위험 관리에 이르기까지 거의 모든 분야에서 중국과 CELAC 간의 협력을 촉진하기 위해 마련되었다. 2018년에 중국은 남미와 북미의 모든 정상이 3년마다 모이는 미주 정상회의에 옵서버 자격으로 처음 참석했다. 반면 트럼프는 라틴아메리카에 전혀 흥미가 없다는 표시로 회의에 참석하지 않았다. 결국 중국이 이 지역에서 확인한 것은 정신 산만한 미국이 이제 더 이상 서반구에 적극적으로 나서지 않는다는 사실이었다. 이에 따라 중국은 미국의 빈자리를 차지하고자 부단히 움직이고 있다.

중국이 이 지역에서 당면한 이해관계 중 가장 중요한 것은 바로 타이완의 외교적 고립이다. 2016년 타이완 총통 선거에서 반통일 성향의 민주진보당이 승리(이어서 2020년에도 압도적 득표로 재선)하자, 시진핑은 본격적으로 소매를 걷어붙였다. 그는 중국의 정치적, 경제적 힘을 총동원하여 그나마 남아 있던 타이완의 외교 파트너들을 타이완으로부터 멀리 떨어뜨리고 있다. 그리하여 2020년에는 도미니카공화국, 엘살바도르, 파나마가 추가로 중국 편으로 돌아섰다. 특히 파나마운하를 장악하고 있는 파나마와의 국교 수립은 중국에 중요한 외교적 성과였다. 이에 따라 세 나라 모두 중국으로부터 새로운 투자를 제안받았으며, 여기에는 이집트의 수에즈에서 이미 진행 중인 것처럼 운하를 따라 새로운 경제특구를 개발하려는 계획이 포함되었다. 2020년 코로나19 팬데믹이 시작되면서 중국은 값싸고 빠른 백신 공급을 앞세워 이 지역의 타이완 동맹국들이 타이완에 대한 신의를 저버리도록 조장하는 포섭 활동에 박차를 가했다. 결과적으로 꽤 효과가 있었다. 그제야 뒤늦게 투입된 타이완의 긴급 의료 지원 패키지와 앤서니 블링컨 신임 미 국무장관의 다급한 전화는 그나마 파라과이가 중국 편으로 돌아서는 것을 간신히 막을 수 있었다. 그러자 2021년 5월, 온두라스의 카를로스 알베르토 마데로 에라소 수석 내각 조정관(총리와 유사한 위치)은 타이완의 동맹국들이 절박한 순간에 정작 서방의 지원이 부족해서 "우리를 매우 어려운 상황에 처하게 했다"며 공개적으로 경고하고 나섰다. 그는 또한 "온두라스 국민은 중국이 동맹국들을 돕고 있다는 사실을 깨달았고, 왜 우리 편은 우리를 돕지 않는지 자문하기 시작했다"라며, 이것은 "확실히 외교 정책의 변화로 이어질 수 있다"라고 지적했다. 급기야 바이든 행정부는 라틴아메리카에 대한 백신 지원을 서둘러 시행하며 중국의 외교적 쿠데타를 잠시 막아낼 수 있었다.

타이완 문제를 제외하면 중국의 라틴아메리카에 대한 주요 관심사는 아프리카에서와 마찬가지로 경제다. 중국은 수출과 투자를 위해 이 지역의 방대한 소비 잠재력을 눈여겨보고 있다. 그 결과 중국은 불과 20년도 채 되지 않아 라틴아메리카의 두 번째로 큰 무역 파트너로 떠올랐으며, 2002년 180억 달러에 불과했던 쌍방향 무역액은 2020년에 3150억 달러로 증가했다. 미국은 2020년에 7560억 달러 규모로 여전히 이 지역 최대의 무역 파트너로 자리매김했다. 세계경제포럼은 미국이 여전히 상당히 유리한 위치에 있는 것은 사실이지만, 현재의 추세대로라면 2035년경에는 중국이 미국을 제치고 이 지역 최대 무역 파트너가 될 것이라 예상했다.

하지만 다른 지역과 마찬가지로 FDI와 같은 패턴은 아직 유지되지 않고 있다. 중국의 총투자액은 2017년 약 2000억 달러에 달했지만, 이는 라틴아메리카에 투자된 전체 FDI의 8퍼센트에 불과했다. 그렇더라도 라틴아메리카 및 카리브해 정부에 대한 공식 차관에 있어서는 중국이 단연코 가장 큰손이다. 2020년 기준으로 이 지역에서 이루어진 중국의 신용 거래는 약 1500억 달러로, 대체로 베네수엘라(620억 달러), 브라질(420억 달러), 아르헨티나(180억 달러), 에콰도르(170억 달러)에 집중되어 있다. 이 중 베네수엘라가 사실상 채무불이행 상태가 되자, 중국은 베네수엘라 전체 석유 수출량의 최대 3분의 1을 중국에 제공함으로써 그 부채를 갚아야 한다고 주장하며 어떠한 경우에라도 상환 유예는 있을 수 없음을 밝혔다. 브라질과 아르헨티나가 중국에 갚아야 할 채무액은 현 단계에서 감당할 수 있는 수준이지만, 에콰도르의 경우 전체 국가 부채에서 무려 3분의 1을 차지한다. 상대적인 규모로 봤을 때, 라틴아메리카 대륙 전체에 걸친 중국의 공식 차관 규모는 세계은행과 미주개발은행IDB을 합친 것보다 크다고 할 수 있다.

다른 개발도상국에서도 그랬듯이 중국의 무역과 FDI, 라틴아메리카에 대한 공적 융자금 흐름의 패턴은 중국이 에너지 안보, 원자재 및 인프라 투자를 얼마나 중시하는지를 보여준다. 중국의 수입품 대부분은 석유, 철광석, 구리, 대두 네 가지 품목에 집중되어 있다. 중국 FDI의 약 90퍼센트는 에너지, 광업, 특히 인프라에 집중되어 있으며, 2020년 기준으로 약 83개의 주요 엔지니어링 프로젝트(도로, 철도, 항만, 공항, 교량, 운하, 준설, 도시 교통)가 대부분의 라틴아메리카 국가에서 진행 중이다. 부분적으로는 화웨이의 글로벌 5G 네트워크 출시를 뒷받침하기 위해 통신 인프라에도 투자하고 있으며, 이로써 중국은 더 광범위한 지역에서 자국의 주도하에 전자상거래 혁명이 일어나기를 바라고 있다. 한편 베네수엘라의 채무불이행 사태로 라틴아메리카에 대한 막대한 대출의 위험도가 커지면서 중국 내부에서 일부 불만이 제기되었지만, 시진핑은 최근 라틴아메리카를 방문해 무역과 FDI 연계 확대를 위한 과감하고 새로운 목표를 발표했다. 여기에는 2025년까지 무역 규모를 5000억 달러로 확대하고 중국의 투자 규모를 2500억 달러로 늘리겠다는 약속이 포함되었다.

그러나 앞서 언급한 바와 같이, 베네수엘라의 채무불이행은 중국 내부에서 해외투자에 대한 정치적 비판을 불러일으키는 계기가 되었다. 중국이 최근에 펼친 대출 전략의 지속 가능성을 공개적으로 비판하는 논문이 등장했으며 중국의 수많은 블로거 사이에서는 아프리카, 라틴아메리카, 유라시아 전역에 대한 대규모 대출이나 투자보다는 국내 문제를 더 우선시해야 한다는 요구가 제기됐다. 사면초가에 빠진 니콜라스 마두로 베네수엘라 대통령이 2019년 베이징을 방문했을 때 이례적으로 환영받을 수 있었던 이유는 중국이 사실상 내부적으로 언론을 통제했기 때문인데, 이는 중국이 베네수엘라에서 단행하는 모험을 비판하는 중국 내부의 정치적 민감성을 잘 보여주었다.

라틴아메리카에서 베네수엘라를 "전천후 동맹국"으로 만들고 싶었던 중국은 파키스탄의 사례를 베네수엘라에 적용하기도 했다. 그러나 극도로 불안정한 국내 상황과 인권 유린에 대한 심각한 비난, 만성적인 경제 관리 부실 등으로 정권 유지가 점점 더 어려워진 마두로 정부는 그 대가를 혹독히 치렀다. 이에 따라 라틴아메리카의 다른 민주주의 국가 전역에서 마두로 정부에 대한 중국의 지원을 반대하는 정치적 목소리도 커졌다. 이 지역의 주요 정부(중국의 BRICS 파트너인 브라질도 포함)들은 마두로를 퇴출시키기로 결의했지만, 정작 중국은 국경을 넘어 밀려 들어오는 수백만 명의 베네수엘라 난민을 맞이하게 된 주변국들의 요구에는 무관심한 태도를 보였다. 게다가 중국은 라틴아메리카의 좌파 정부를 재정적으로 지원하여 우파 도전 세력에 맞서 정치권력을 유지하도록 의도적으로 돕는다는 비난을 받아왔다.

하지만 중국은 정권의 불안정성에 대처하는 고도의 정치적, 외교적 전술을 이미 마련해두었다. 파키스탄과 미얀마의 경우와 마찬가지로, 중국의 우선순위는 장기적인 전략적 이익을 보존하고 극대화하기 위해 언제나 당시의 집권 정부가 아닌 국가 자체와의 관계를 유지하는 것이었다. 이에 따라 중국은 베네수엘라의 정권 교체에 대비해 베네수엘라 야당과 교류하기 시작했다.

라틴아메리카에서 이러한 균형 전략은 가장 중요한 지역 파트너인 브라질과의 관계에서 두드러졌다. 자이르 보우소나루는 중국에 대한 공개적 적대감에 힘입어 2018년 브라질 대통령에 당선되었다. 아울러 한 우익 지도자가 야당 대통령 후보 자격으로 타이완을 방문하는 이례적인 행보를 보였고, 그곳에서 "중국은 브라질에서 물건을 사지 않는다. 대신에 그들은 브라질을 사고 있다"라고 발언하기도 했다. 이로 말미암아 브라질 전역에서 엄청난 포퓰리즘 광풍이 불었고, 덕분에 그는 선거에서 압도적인 승리를 거둘 수 있었다. 그러나 취임 12개월 만에 국빈으로서 베이징을 방문한 보우소나루는 두 경제가 사실상 "함께 나아가기 위해 태어났다"라고 외쳤다. 이는 중국의 정치적, 경제적 외교의 힘이 최대로 발휘되었음을 보여준다. 이윽고 그는 2019년 BRICS 정상회의에 참석하기 위해 브라질을 재방문한 시진핑을 두 팔 벌려 환영했다. 중국이 브라질의 최대 무역 파트너이면서 브라질 공채를 상당량 보유하고 있다는 점은 보우소나루로 하여금 경제적 현실에 직면하여 무릎을 꿇을 수밖에 없게 만들었다. 이렇게 중국이 외교적 역경을 정치적 기회로 바꾸는 데는 1년도 채 걸리지 않았다.

중국은 보우소나루를 관리하는 데 있어 특유의 노련함을 보여주었다. 그가 대선 기간에 정치적으로 어떻게 중국을 공격하더라도 대응하지 않았으며, 오히려 소통 창구를 열어둠으로써 노선을 바꿀 기회를 제공했다. 한편 보우소나루가 당선되자 트럼프 행정부는 "브라질의 트럼프"와의 새로운 전략적 파트너십을 예고하며 공공연한 승리론을 펼쳤지만, 브라질이나 라틴아메리카에서 대대적으로 부상하고 있는 중국의 경제적 영향력에 대해서는 별다른 대응을 하지 못했다. 사실 트럼프의 전략은 상대가 미국 보호주의라는 새 시대를 받아들일 때까지 불필요한 지정학적 경고 외에 아무런 대응도 하지 않는 것이었다. 그는 멕시코로 제조 시설을 이전한 미국의 기업들을 질타하며 북미자유무역협정NAFTA의 규칙을 폐기하겠다고(궁극적으로 재협상하기 전에) 위협했다. 특히 멕시코는 전통적으로 이 지역에서 중국과 연결 고리가 가장 약한 나라 중 하나였다. 멕시코에 대한 중국의 FDI 규모는 중국의 중남미 투자액 전체의 2퍼센트도 안 되며, 2019년 멕시코의 대중국 수출량은 전체 수출 규모의 1.6퍼센트에 그쳤던 것이다. 그러나 중국은 2021년 1월 당시 팬데믹으로 심각한 타격을 입은 멕시코에 수천만 회분의 백신을 공급하며 능숙한 "백신 외교"를 펼쳤고, 그 결과 마르셀로 에브라르드 멕시코 외무장관은 중국과 "전략적 파트너십"을 확대할 것을 약속했다. 또한 지역 내 영향력 면에서 지각 변동을 인식한 아르헨티나와 여러 카리브해 국가는 군사 장비를 조달하기 위해 중국으로 눈을 돌리는 중이며, 아르헨티나의 경우 10억 달러어치의 중국 전투기를 구매하려 하고 있다.

그러나 아프리카에서처럼 라틴아메리카에서도 약간의 차질이 생겼다. 베네수엘라의 부채 문제 외에도 세간의 이목을 끈 중국 프로젝트들이 환경을 파괴하고 현지 주민들에게 막대한 피해를 끼치면서 지역의 분노를 사게 된 것이다. 콜롬비아의 히드로이투앙고 수력 발전 프로젝트를 예로 들면 이 댐 때문에 무려 2만5000명의 주민이 삶의 터전에서 쫓겨났고, 터널 붕괴로 인한 환경 및 사회적 재앙과 비용 폭등 같은 심각한 건설 문제가 대두되면서 대대적인 민중 운동이 일어났다. 이 밖에도 중국은 이러한 프로젝트에 자국민 노동력을 대거 투입했으며, 그나마 현지인이 고용된 곳에서도 현지의 노동 기준을 위반하곤 해 논란이 일기도 했다. 게다가 현장에서의 재정 비용이 냉정하게 평가되지 않은 상태에서 새로운 거대 프로젝트(파나마에 필적하는 규모로 중앙아메리카를 가로지르는 두 번째 운하 계획이나 페루를 통해 브라질과 태평양 연안을 연결하는 500억 달러 규모의 해양 철도 계획 등)가 연이어 공개되었다. 그러나 어느 것도 중국이 더 많은 분야에 개입하기를 바라는 라틴아메리카의 욕구를 막지는 못했다. 2019년을 기준으로 CELAC의 32개 회원국 중 19개국이 중국의 일대일로 이니셔티브에 서명했다. 역사적으로 중국의 실크로드가 라틴아메리카 대륙으로부터 1만 킬로미터 이내에 도달한 적이 없다는 사실을 생각하면 대단한 아이러니가 아닐 수 없다.

중국의 라틴아메리카 개입이 좌파와 우파 정권 교체기에도 버젓이 살아남았다는 사실에 긴장하기 시작한 미국은 이 지역을 향해서 "새로운 제국주의 세력"의 약탈은 별 도움이 안 될 거라고 경고했다. 2018년 당시 미 국무장관 렉스 틸러슨은 중국의 "제국적" 야망에 대해 경고하면서 다른 서반구 강대국의 접근을 물리친 먼로 독트린의 "성공" 사례를 공개적으로 들먹였다. 이는 일반 미국인들이 생각하는 것보다 훨씬 더 시대에 뒤떨어진 발언이었다. 2017년 미국 국가안보전략 보고서와 남부사령부는 항구 등의 주요 경제 인프라를 중국이 소유하고 통제하는 경향이 강해지고 있음을 지적하며 "반구"에서 중국의 영향력이 확대되고 있다고 경고했다. 미국의 이 모든 공갈에도 불구하고, 시진핑은 지난 10년 동안 라틴아메리카 대륙 전역에서 전략적 성과를 거둔 것에 대해 흡족해하고 있을 것이다.

북극을 향한 야망

중국은 극지방의 만년설과 지리적으로 멀리 떨어져 있음에도 오랫동안 북극에서 일정 역할을 확립하는 데 큰 관심을 보여왔다. 이러한 관심은 적어도 2008년으로 거슬러 올라간다. 당시 중국은 북극이사회 회원국(캐나다, 덴마크, 스웨덴, 핀란드, 아이슬란드, 노르웨이, 러시아, 미국)으로부터 영구적인 옵서버 지위를 부여받기 위해 외교적 환심을 사는 캠페인을 벌이기 시작했다. 2013년 마침내 중국은 목적을 이루었고, 곧이어 시진핑은 2014년 연설에서 "극지 강대국"이 되는 것은 "중국이 해양 강대국으로 발전하는 과정에 있어 중요한 구성 요소"라고 선언했다. 그로부터 5년 후, 중국은 첫 번째 공식 북극정책백서에서 "근₸북극 국가"를 자칭하며 극지방에서의 새로운 협력과 공동 개발을 공표했다.

　북극에 대한 중국의 전략적 관심과 해양 세력과의 관계는 두 가지 주요인으로 설명할 수 있다. 첫째, 북극에는 아직 개발되지 않은 에너지와 광물이 상당량 매장되어 있다. 실제로 전 세계 미개발 천연가스의 30퍼센트와 미개발 석유의 13퍼센트 이상이 매장되어 있는 것으로 추정된다. 지구의 기후변화가 전 세계의 극지방을 급속히 데우면서(북극은 빠르면 2030년까지 여름에 빙하가 완전히 없어질 것으로 예측된다), 이전에는 접근조차 할 수 없었던 자원들을 곧 손에 넣을 수 있게 된 것이다. 이에 따라 북극권 국가들은 경쟁국들보다 먼저 자원을 찾아내고 소유권을 주장하기 위해 쟁탈전을 벌였다. 둘째, 중국에 더 중요한 것은 북극의 빙하가 빠르게 녹아내리고 있다는 점이다. 이는 수 세기 동안 꿈꿔왔던 대서양과 태평양을 잇는 북극해 항로가 현실이 되고 있음을 의미한다(2018년 머스크 선박은 러시아와 노르웨이 해안을 따라 북동항로를 통해 동아시아에서 유럽으로 화물을 운송하는 최초의 대형 컨테이너선이 되었다). 해상 교역 시 수에즈 운하를 통과하는 것보다 거리가 8000킬로미터 이상 줄어드는 북동항로는 아시아에서 유럽으로의 운송 시간을 최대 15일까지 단축함으로써 중국과 러시아 모두에게 비용 절감의 이점을 안겨줄 것이다. 전략적으로 이 항로는 말라카해협처럼 미국과 동맹국 해군에 노출될 수 있는 해상 요충지를 포함, 중동과 인도양 해역을 우회할 수 있게 해줌으로써 훨씬 더 큰 판도를 바꿀 수 있다. 중러 관계가 긴밀하게 유지되는 한, 지정학적으로 점점 더 불안정해지고 있는 상황에서 동북항로는 중국에 더 안전한 대안이 될 수 있다.

이러한 이유로 중국은 이 항로를 북극 실크로드라고 부르며 러시아와의 공동 개발에 자원을 쏟아붓고 있다. 중국은 2012년부터 2017년까지 900억 달러 이상을 투자해 항구와 해안 경비 허브를 건설하고 육로를 연결했으며 러시아, 핀란드, 노르웨이에 연구 기지를 세웠다. 또한 혹독한 기상 조건에서 무역로를 운영하고 유지하는 데 필요한 인프라를 구축하기 위해 애쓰고 있다. 2019년부터 중국은 아이슬란드, 그린란드 및 기타 북부 지역의 중요한 위치에 새로운 연구 기지를 건설하는 동시에 쇄빙선을 점점 더 많이 건조해 배치하고 있다. 2019년 당시 폼페이오 미 국무장관은 북극이 "세계적 권력과 경쟁의 장이 되었으며" "새로운 남중국해로 변모"할 위험이 있다고 경고했다. 그러나 미국은 또다시 정치적인 미사여구만 번지르르하게 늘어놓을 뿐, 실제로 행동에 옮기는 속도는 느렸다. 그들은 이 지역에 노후화된 쇄빙선 두 척을 배치했는데, 그중 한 척은 2017년 남극 여름 임무에서 거의 침몰할 뻔했다.

하지만 중국은 북극보다 남극에 더 큰 야망을 품고 있다. 다른 국가와 마찬가지로 중국은 남극에서 주로 과학활동에 집중하는 것으로 보인다. 1985년 이전까지만 해도 남극 대륙에서 모습을 보이지 않았던 중국은 현재 무려 다섯 번째 연구 기지를 건설하면서 다른 어떤 정부보다 더 많은 비용을 투입하는 등 남극의 과학 강국으로 급부상하고 있다. 중국의 이러한 움직임은 다른 오랜 남극조약 국가들 사이에서 경계심을 불러일으켰다. 국제법에 따르면 남극 대륙은 누구의 소유도 아니며, 세계 환경 보호 구역으로서 채굴이 금지되어 있다. 그러나 2017년에 처음 발간된 중국의 남극 백서와 민간 및 정부 연구 보고서는 중국이 잠재적인 자원이 풍부한 이 땅과 바다를 그냥 내버려둘 생각이 없음을 드러내며 국제 사회의 우려를 자아냈다. 중국 극지연구소는 오래전부터 남극을 중국의 경제성장에 잠재적으로 매우 중요한 "글로벌 자원의 보고"로 묘사해왔다. 2014년에 호주를 방문한 시진핑은 국제적인 우려를 누그러뜨리기는커녕, 당시 총리였던 토니 애벗과 함께 중국은 "남극을 더 잘 이해하고, 보호하며, 이용할 준비가 되어 있다"고 발표했다. 이후 중국 관영 언론들은 이 발언의 공식 번역을 수정하여 "이용"을 "탐색"으로 대체했지만 이미 메시지는 전해진 뒤였다. 다른 강대국들은 남극에서 활동하는 중국을 계속 의심의 눈초리로 바라보고 있다. 2017년 호주 전략정책연구소ASPI(정부에 자문을 제공하는 독립 싱크탱크)는 중국이 대륙에서 신고 없이 군사, 광물 탐사활동을 벌이며 국제법을 위반하고 있다고 비난했다. 이에 대해 중국은 과학적인 의도라고 주장하며 항의를 무시해버렸다.

결론

미국의 압박에도 불구하고 중국은 전반적으로 자신들의 세계적 영향력, 특히 경제적 영향력이 나날이 커지고 있다는 사실을 잘 알고 있다. 비록 코로나19 팬데믹 때문에 중국의 홍보활동은 최악의 상태에서 시작되었지만, 개발도상국에서의 두드러진 "백신 외교"와 미국의 늑장 대응을 포함해 국내의 방역 조치에 비교적 선방하면서 중국의 영향력은 상승했다. 유럽은 중국에 있어 여전히 풀리지 않는 숙제다. 하지만 상당히 민첩한 중국의 외교 정책은 이익을 증진하기 위해 계속 방향을 조정할 것이다. 한편 중국은 미국의 입지가 매우 약한 틈을 타 아프리카 대륙과의 관계를 발전시켜나가고 있다. 만약 중국이 향후 15년간 라틴아메리카에서 지난 15년과 같은 유형의 발전을 이룰 수 있다면, 서반구에서 힘을 뽐내던 미국의 독점적 역할에도 변화가 생길지 모른다. 마찬가지로 중국은 러시아와 긴밀한 전략적 관계를 쌓고 여타 북극권 국가에 대한 영향력을 확대하면서 북극 전략을 강화하고 있다. 특히 개발도상국에서의 성적표는 트럼프 행정부가 여러 국제기구에서 광범위하게 철수한 것에 힘입어 중국에 유리하게 움직이고 있는 것으로 보인다. 시진핑이 2017년 당대회 공식 연설에서 말했듯이 중국은 그러한 미국의 공백을 메우고 "세계 중심에 더 가까운 위치"를 차지하기 위해 서두르는 중이다. 중국 지도부는 오랫동안 예측해온 "다극화를 향한 일반적인 추세"가 실현될 뿐만 아니라 시진핑이 "한 세기 동안 볼 수 없었던 심오한 변화를 겪고 있는 세계"라고 자주 묘사하던 상황을 마주하고 있다. 이는 미국의 쇠퇴가 중국의 부상으로 대체될 것이라는 암호문이다.

기본적으로 중국 지도부는 미국과의 "기나긴 투쟁" 동안 미국의 "봉쇄 정책"에 대체로 불만을 품었지만, 한편으로는 국제적으로 "전략적 기회의 시기"가 계속되고 있다고 보고 있다. 이러한 상황에서 중국은 전 세계 국가들이 중국에 편승하지 않으면 뒤처질 수밖에 없다고 판단하도록 설득하거나 강요할 여지가 있다고 생각한다. 이에 많은 나라는 이미 최대의 경제 파트너가 된 중국과 중국의 강압에 맞서 안보를 지킬 유일한 희망인 미국 사이에서 갈림길에 놓여 있다. 특히 강대국의 영향력에서 벗어날 대안을 제공하도록 만들어진 국제 시스템이 트럼프 집권 시기 미국의 탈퇴로 무력화되자, 세계 여러 나라는 그러한 상황에 분개하면서도 어쩔 수 없이 선택을 내리게 되었다. 여기서 문제는 바이든 대통령이 이러한 제도를 되살리고 미국의 도덕적 권위를 재천명함으로써 국제적 규칙기반시스템을 중국의 힘과 이익, 가치에 맞게 재구성(미국 또한 1945년 이후에 마찬가지의 행보를 보였다고 주장하는 것처럼)하려는 시진핑의 목표를 좌절시킬 수 있는가이다.

열 번째 원..

국제 규칙 기반 질서 뒤집기

13
장

시진핑의 야망을 이루는 마지막 원은 세계 질서 자체의 미래에 관한 것이다. 제2차 세계대전의 승리자로서 미국과 동맹국들은 전후 자유주의적 국제 규칙기반질서의 기본 구조를 구축했다. 이러한 골조는 1944년 브레턴우즈협정에서 만들어진 것으로, 이 회의에서 IMF, 세계은행, 관세 및 무역에 관한 일반협정GAAT(후에 WTO가 됨)이 탄생했다. 장제스 휘하의 중화민국이 있을 뿐, 마오쩌둥의 공산주의자들은 분명 존재하지 않을 때였다. 한편 소련은 이 협정을 "또 하나의 월스트리트 지사"라고 부르며 비준을 거부했다. 그 뒤로 1945년 샌프란시스코회의에 이어 UN이 설립되었으며, 소련과 중화민국은 모두 초대 회원국으로서 독점적으로 거부권을 행사할 수 있는 UN안전보장이사회 상임이사국이 되었다. 1948년에는 인도와 중화민국의 대표들이 속한 단체가 초안을 작성한 세계인권선언문이 발표되었다. 미국은 이 모든 제도의 창설을 주도했으며 유럽의 NATO와 동아시아 전역의 양자 및 다자간 안보 동맹과 같은 글로벌 동맹 네트워크를 통해 자신들이 만든 질서를 수호하고자 했다. 이로써 미국은 전후 기간과 냉전을 거쳐 그 이후까지도 정치적, 경제적, 군사적으로 세계를 지배하는 초강대국이 되었다.

중국은 그렇게 확립된 질서의 규범과 규칙에 내재한 서구 자유민주주의 모델의 정치적 합법성과 정책 유효성에 도전하고 있다. 민주주의 국가와 국제기구들이 지지하는 가치와 이에 기반해 만들어진 규칙들은 중국의 정치적, 규범적 장애물이 되기 때문이다. 이에 맞설 방편으로 중국은 서구 식민지 열강 승전국들이 만들어낸 전후 질서에서 탈피하여 새로운 다자간 제도를 만들려 하고 있다. 당시 민족주의 정부 아래 있던 중국이 바로 그러한 질서를 만드는 데 참여했음에도 말이다.

그렇지만 중국의 정치의식 깊숙한 곳에는 혼돈보다 규칙에 기반한 글로벌 시스템이 더 바람직하다는 생각이 자리 잡고 있다. 중국의 고대 철학자들은 질서가 아니면 혼돈뿐이라고 경고했다. 전쟁, 마오쩌둥, 문화대혁명의 혼란을 겪은 중국인들은 이 사실을 마음 깊이 새겼다. 그러나 중국이 염두에 두고 있는 질서는 미국이 만든 질서나 자유주의적 국제 질서와는 다르다는 점을 기억해야 한다. 중국이 기대하는 미래 세계의 질서란 중국의 이익과 가치를 위해 필요에 따라 변화하는 질서다. 현 단계에서 중국의 정치적 열망은 명확해지고 있지만 중국이 실제로 얼마나 빠른 속도로, 얼마나 큰 변화를 원하는지, 그리고 다른 국제 사회가 이러한 변화에 동의할지 여부는 확실치 않다.

분명한 것은 중국의 영향력 확대가 3대 주요 국제 규약과 UN인권이사회에 기반을 둔 현재의 국제적 인권 규범에 영향을 미치리라는 점이다. 특히 미국과의 무역 전쟁 이후에는 WTO의 구조와 운영 등 앞으로의 국제 경제 질서에도 영향을 미칠 것이다. 또한 UN안전보장이사회에 기반을 둔 국제 안보 질서의 미래 지형은 매우 불안정해 보이는데, 이는 상임이사국인 중국이 집단 안보 행동에 대해 거부권을 행사할 수 있는 특권적 지위를 계속 만끽하는 한 계속될 것이다.

아웃사이더로서의 중국

2014년까지만 해도 중국은 국제적 규칙기반질서와 이를 뒷받침하는 제도의 미래에 관여하는 것에는 거의 관심을 두지 않았다. UN과 브레턴우즈 기구같이 평화와 안보, 경제 개발, 인권을 전문적으로 다루는 기관들에 대한 중국의 태도는 대체로 방어적이었다. 중국의 목표는 이러한 기관의 회원 자격을 활용해 국내외적으로 정치적 정당성을 확립하고, 타이완을 고립시키며, 핵심 국익을 해칠 수 있는 국제기관들의 모든 조치를 차단하는 것이었다. 이는 중국이 비교적 최근까지 그러한 시스템에 도전하거나 그것을 변화시키기에는 자신들의 영향력에 한계가 있다고 보았기 때문이다. 서방이 타이완보다 중국을 인정하기 시작하자 중국은 중화민국으로부터 물려받은 체제의 틀 안에 있기로 마음먹었다. 또한 중국 경제를 빠르게 발전시키고 국민을 빈곤에서 구해내어 중국을 강대국으로 만들려 했던 덩샤오핑은 목표를 이루는 데 있어 일부 다자간 기구들이 도움이 될지도 모른다고 생각했으며, 이는 개혁개방 정책의 첫 10년 동안 세계은행 및 IMF와 협력하는 것으로 이어졌다. 중국의 이러한 관점은 2001년 WTO 가입에서도 분명하게 드러났다. 앞 장에서도 언급했듯이, 중국에 있어 WTO 가입은 세계시장으로 진출할 엄청난 기회였다.

그러나 이 모든 것이 2014년에 바뀌어버렸다. 그해 11월 시진핑이 소집한 중국공산당 중앙외사공작회의는 중국의 새로운 다자주의 시대를 여는 정치적 분수령이 되었다. 당과 국가의 전반적인 향후 외교 정책 방향을 결정하는 이 회의는 보통 4~5년마다 열리며, 여기서 국가의 전체 외교, 안보 및 국제 경제 정책이 수립된다. 이처럼 중대한 회의에서 시진핑은 완전히 새로운 접근 방식을 제시했다. 그는 공식적으로 수십 년 동안 이어져왔던 덩샤오핑의 도광양회 전략을 내던지고 국제 정책의 기조를 새로운 행동주의 전략으로 대체했다. 특히 시진핑은 세계 질서의 미래를 위해 새롭게 전개되는 "투쟁"을 지목하며 그 질서 속에서 "성취를 이루기 위해 고군분투해야 한다"라고 주장했다. 그 연장선상에서 그는 3년 후 다른 당 회의에서 "(이제는) 중국이 무대의 중심으로 더 가까이 다가가 인류에 더 크게 공헌하는 시대가 될 것이다"라고 말하기도 했다.

시진핑의 발언에는 국제 시스템의 구조를 수동적으로 받아들이기보다는 중국이 시스템의 미래를 직접 만들어가야 한다는 견해가 담겨 있다. 그는 다자간 기구를 적극 활용하는 것이 국제 시스템 내에서 국익과 가치를 분명히 드러내고 발전시킬 기회라고 보았다. 회의에 참석한 관계자들은 중국 외교관들이 마침내 신흥 강대국에 걸맞은 다자간 세계에서 중국에 훨씬 더 큰 국제 무대를 안겨줄 수 있을 것으로 생각했다.

중국공산당은 또한 UN 체제를 대체로 지지해온 중국의 접근 방식이 UN 세계인권선언의 자유민주주의적 가정을 정당화하는 결과를 가져왔으며, 이에 따라 중국의 국내 정치 질서가 오히려 비합법화되었다며 우려를 표했다. 그러나 2014년 이후 중국은 다양한 다자간 동맹을 통해 민주주의, 인권, 법치주의의 핵심 개념을 중국의 국내 관행에 더 부합하는 방식으로 재정의했다. 그렇게 중국은 자유주의적 인권 규범에 대한 지지가 약해지고 있던 중동, 아프리카, 아시아 및 라틴아메리카 일부 지역에서 그간 공들인 만큼 지지를 얻어낼 수 있었다. 그 결과, 중국이 행동에 나설 땐 좌파 우파 할 것 없이 전 세계의 권위주의 국가들이 한데 뭉쳐서 중국을 향한 끈끈한 결속을 보여준다.

중국은 이미 2014년의 중대한 당 공작회의 이전에 UN과 브레턴우즈 체제 밖에서 다수의 글로벌 및 지역 사업을 시작해왔다. 여기에는 아시아인프라투자은행^{AIIB}, 신개발은행^{NDB}(BRICS 국가와 함께 설립), 그리고 앞서 논의한 일대일로가 포함된다. 그러나 2014년 이후, 기존의 다자간 체제 내에서 중국이 전개한 적극적이면서도 한층 더 비판적인 새 접근 방식이 그 대상 범위를 빠르게 넓혀갔다. 한편 트럼프 행정부는 다자간 체제에 대대적인 공격을 가했다. UN에 미국이 지원하는 자금을 삭감하고 여러 UN 기구와 브레턴우즈 기구로부터 철수하는 등의 결정은 시진핑이 더 대담하게 행동할 수 있는 계기가 되었다. UN에 대한 연간 지원 자금을 삭감하기로 한 미국은 심지어 미납 회비 10억5000만 달러도 함께 없애버렸다. 이처럼 미국은 여러 UN 기구와 사업에서 탈퇴하거나 탈퇴 절차를 밟기 시작했는데, 여기에는 UN인권이사회^{UNHRC}, UN 교육과학문화기구^{UNESCO}, 기후변화에 관한 UN 기본 협약에 따른 파리협정이 포함된다. 또한 WTO 상소기구$^{Appellate\ Body}$의 구성원 신임을 거부함으로써 WTO의 분쟁 해결 시스템을 무력화하기도 했다. 1944~1945년에 그러한 시스템을 만든 당사자인 미국이 스스로 그 안의 정치적, 외교적, 재정적 공백을 만들어냈다는 점에서 중국의 지도자들은 굴러들어온 행운을 믿기 힘들었을 것이다. 더욱이 중국은 별다른 공을 들이지도 않고 그러한 제도적 공백을 차지해 환호성을 질렀다.

시진핑의 새로운 다자 전략은 크게 두 가지로 나뉜다. 첫 번째는 기존의 글로벌 거버넌스 기관에 대한 자금 지원을 강화하고, 주요 다자 기구의 고위 지도부에 중국인을 임명하며, UN 시스템 전반에서 과거의 방어적 태도를 넘어서는 일련의 적극적인 외교 행동을 시작함으로써 영향력을 빠르게 확대하는 것이다. 2010년에서 2020년 사이에 UN과 브레턴우즈 기구에 대한 중국의 연간 기여금이 총 300억 달러 증가한 것을 그 예로 들 수 있다. 중국은 또한 UN의 식량농업기구FAO, 경제사회국DESA, 산업개발기구UNIDO, 국제민간항공기구ICAO, 국제전기통신연합ITU과 인터폴의 리더십을 확보하는 등, UN에서 더 적극적인 역할을 수행했다.

UN안전보장이사회에서 중국은 비유럽 및 비중동 문제에 있어 미국, 영국 또는 프랑스의 입장이 난처해질 때면 러시아와 달리 직접 주도권을 잡곤 한다. 한편, 총회에서 신장 지역의 인권에 대한 중국의 입장에 이의를 제기하는 목소리를 포함한 서방의 결의안을 무산시키기 위해 세계 모든 지역에서 회원국들의 대규모 지지를 모으는 중국의 능력에 대해서는 누구나 인정할 수밖에 없다. 마찬가지로 중국은 특정 외교 정책을 추진하는 데 있어 UN 회원국과 사무총장 모두로부터 상당한 지지를 받아왔다. 일대일로에서부터 시진핑이 의도적으로 애매하게 표현한 "인류운명공동체" 제안, 그리고 중국이 주도하기로 한 세부 제안들에 이르기까지 그런 정책은 매우 다양하다. 중국은 또한 2017년 6월 미국의 탈퇴 결정에도 불구하고 파리협정에 변함없이 전념했다. 만약 중국이 미국의 뒤를 따랐다면 협정 자체가 파기되었을 것이다. 또한 시진핑은 2020년 UN을 통해 중국의 탄소 배출량을 2030년에 정점으로 하고

2060년 이전에 탄소 중립에 도달한다는 목표를 발표함으로써 기후 행동에 대한 중국의 글로벌 리더십을 주장하고자 했다. 한편, UN 평화유지활동의 주요 기여국인 중국은 2015년 10억 달러의 기금을 조성해 진 세계에 신속하게 배치할 수 있는 8000명의 중국 UN 평화유지군 상비군과 장비를 지원함으로써 기여도를 더 높였다.

UN 외에도 중국은 2010년 이전 3퍼센트 미만이었던 세계은행 지분을 2019년에는 5퍼센트를 웃도는 수준으로 거의 두 배 가까이 늘렸고, 더불어 세계은행 부총재와 이사, 재무관(620억 달러나 되는 은행의 자금을 운용한다) 자리에 중국인을 앉혔다. IMF의 경우 중국의 할당량(기여금, 자금 조달 접근성, 의결권)이 2010년에서 2019년 사이에 거의 3퍼센트 증가했지만, 중국 경제의 실제 규모에 비해 IMF 내 의결권은 계속 불균형하게 적은 상태다. WTO 연구 사무국 중에서 두 번째로 큰 기여국인 중국은 WTO의 전반적인 정책 의제에 대해서도 영향력을 행사하고 있다. 또한 현재의 WTO 개혁 과정에서 중국의 이익에 불리한 결정을 막기 위해, 중국은 미국과 마찬가지로 기관의 중요한 분쟁 해결 과정을 아예 무력화하기로 한 것으로 보인다. 결과적으로 지난 5년간의 미국의 공백을 다자간 체제를 통해 채워나간 중국의 발전상은 사라지는 미국의 존재감만큼이나 주목할 만하다.

다자간 체제에서 중국의 영향력을 강화하려는 시진핑 전략의 두 번째 축은 미국 대신 중국이 조직의 중심이 되는 새로운 제도를 구축하는 것이다. 2013년에 시작된 일대일로는 계획 당시 프로젝트를 수락하거나 아이디어를 승인한 139개 참가국을 유치했으며, 이탈리아, 스위스, 동유럽 대부분의 국가와 같은 OECD 경제국이 여기 포함된다. 2014년 중국은 유라시아 전역의 인프라 개발을 위해 실크로드 펀드를 시작했다. 2015년에는 BRICS 회원국들이 출자한 NDB가 뒤따라 설립되었지만, 중국은 단연 대주주로서 투표권을 장악하고 있다. 그러던 중 2016년에 중국이 출범시킨 AIIB는 아시아개발은행ADB 및 세계은행과 자금 조달을 놓고 경쟁하고 있다. 2020년 말 기준으로 AIIB는 이미 회원국이 103개국인 반면 ADB의 회원국은 68개국이다.

중국이 통제하는 기관의 확산에 대해 국제 사회의 많은 국가가 우려하는 바는 명확하다. 바로 국제조약에 따라 설립된 기존의 다자 기구가 축소되는 것이다. 이는 투명성 부족을 포함해 일부 새로운 기관(AIIB 제외)의 내부 구조적 약점이 될 수 있으며, 저탄소 및 지속 가능한 개발 원칙에 대해 지키지 못할 약속이 남발되거나 가난한 개발도상국을 새로운 부채의 덫에 휘말리게 할 수도 있다. 또한 중국의 글로벌 정치 및 안보 이익을 더욱 공고히 하기 위해 지정학적 의제를 의도적으로 숨길 위험도 있다.

시진핑이 최근 노력을 기울이기 전부터 중국은 IMF라는 공식적인 제도를 벗어나 국제 금융을 개혁하려는 행동을 취해왔다. 실제로 1997년 아시아 금융위기 이후 중국이 치앙마이 이니셔티브CMI를 설립하기로 한 것은 기존의 다자간 질서에서 탈피하기 위한 첫걸음이었다. CMI는 아시아통화기금AMF으로 발전할 가능성이 있으며, 이는 CMI의 현재 방식보다 훨씬 더 중국 중심적일 것이다. AIIB의 창설이 기존의 ADB와 세계은행의 국제적 지위에 도전했던 것처럼, AMF는 IMF의 위상 자체에 심각한 타격을 줄 것이다. 다만 중국이 그 정도까지 나아갈 것인지는 아직 확실치 않다. 어떻게든 AMF의 막대한 자금은 중국에서 나올 수밖에 없을 것이다. 중요한 점은, 상황이 이렇게 되면 향후 AMF로부터 자금을 빌릴 수 있는 조건을 IMF가 아닌 중국이 정해야 한다는 것이다. 스리랑카와 베네수엘라의 부실채권과 관련된 중국의 경험에 비추어볼 때 이는 특히 중국의 재정적 이익과 명성에 영향을 미칠 것이다. 중국은 이러한 다자간 금융 이니셔티브 외에도 아프리카, 라틴아메리카, 동부 및 중부 유럽은 물론, 개별 페르시아만 국가들을 대상으로 다양한 지역별 투자 펀드를 출시했다. 이러한 광범위한 계획들은 또한 주로 미국과 같은 서구의 민간 자본시장에 대한 대안을 제공하도록 설계되었다.

기존의 UN과 브레턴우즈 체제를 뛰어넘는 시진핑의 제도적 혁신은 경제에만 국한되지 않았다. 안보와 관련된 여러 문제에 있어서 중국은 또한 기존의 다자간 체제하에 수립된 협정에서 벗어났다. 시진핑은 상하이협력기구SCO와 아시아교류신뢰구축회의CICA를 옹호하며 BRI 회원국의 공통 안보 의제를 점진적으로 발전시켜왔다. 이러한 모든 제도적 장치는 중국 중심의 개념을 강조하고, 미국을 제외하며, 필요한 경우 러시아를 포함하도록 설계되었다. UN과 브레턴우즈 기구처럼, 현 국제 체제의 구조를 뛰어넘는 중국의 다자적 행동주의는 국제 사회에 강한 인상을 남겼다. 미국이 작전 중 사라졌기에 가능한 일이었다.

미래의 글로벌 기술 표준 결정

더욱 광범위한 국제 질서 내에서 이러한 지정학적 게임과 더불어 진행 중인 또 다른 형태의 경쟁은 미국의 글로벌 영향력이 중국으로 이동하고 있음을 여실히 드러낸다. 바로 차세대 이동 통신 기술과 인터넷, 디지털 결제 시스템을 다루는, 디지털 세계의 미래를 둘러싼 투쟁이다.

미래의 주요 기술 시스템을 위해 국가적, 국제적, 다자간 표준 설정 및 기술 규제 체제를 수립하려는 경쟁이 여기에 포함된다.

첫 번째는 5세대(또는 5G) 통신이다. 5G 데이터 네트워크는 중대역 및 고대역 무선 주파수를 결합하여 4G 네트워크보다 20배 빠른 속도로 데이터를 전송할 수 있다. 5G는 거시적으로 자율 주행차와 같은 AI 시스템을 전 세계적으로 배치하는 데 있어 새로운 주요 플랫폼이 될 것이다. 중국이 이러한 5G 기술과 인프라, 시스템에서 세계적 리더라는 것은 누구도 부인할 수 없는 사실이다. 중국 정부는 2014년부터 5G 기술 개발에 약 1800억 달러를 투자한 것으로 추정된다. 이는 중국을 글로벌 5G 리더로 만들기 위한 2013년의 구체적인 국가 계획에 기반한 것이다. 고대역 주파수의 아낌없는 할당, 전국에 35만 개의 기지국 건설, 거대 통신 기업인 화웨이와 같은 국가적 챔피언에 대한 직접적인 국가 지원도 이 계획에 포함된다.

중국은 그러한 이점을 바탕으로 2019년에 글로벌 5G 네트워크를 출시했는데, 이는 전략적, 안보적 측면에서 미국에 상당한 불안감을 안겨 주었다. 미국 국방혁신위원회는 "중국은 미국이 4G에서 했던 일을 5G에서도 할 수 있는 궤도에 올랐다"라고 말했다. 중국의 국내 5G 프로그램에 대한 보조금은 해외로 확장되어 점점 더 많은 일대일로 참여국에 디지털 실크로드를 구축하고 있다. 중국의 보안 및 정보 서비스는 휴대전화, 인터넷, 기타 디지털 서비스 등의 5G 네트워크를 통해 현지 데이터에 접근할 수 있는데, 중국은 이 기술을 디지털 세계를 통제하기 위한 수단으로 활용할 가능성이 크다.

미국이나 그 동맹국이 화웨이의 5G 기술을 대체할 만한 기술을 확보하지 못했다는 중국의 주장은 꽤 신빙성 있다. 게다가 서방은 그러한 네트워크를 지원하는 데 필요한 해저 케이블과 모바일 기지국의 글로벌 시스템을 구축할 의향은 있지만, 그것을 실행할 만한 능력은 갖고 있지 않다. 그러나 국가안보상의 이유를 내세웠던 미국과 마찬가지로 중국도 외국의 통신업체가 국내 통신시장에 진출하는 것을 허용하지 않았는데, 이에 대한 미국의 지적에 중국은 그다지 설득력 있는 답변을 내놓지 못하고 있다. 유사시 중국은 중국 시스템에 의존하는 5G 네트워크를 소유해버리고 규제할 것이며, 그렇게 되면 세계 전역에 걸친 미국의 군사, 안보 또는 정보 통신은 안전성을 보장받을 수 없게 될 것이다.

2019년 5월 미국이 화웨이를 국가안보 이익에 반하는 기업으로 공식 지정함에 따라, 미 상무장관이 구체적인 사례별로 승인을 내리지 않는 한 미국 기업들은 추가적인 글로벌 네트워크 출시에 필수적인 마이크로프로세서를 화웨이에 판매하는 것이 금지되었다. 화웨이뿐만 아니라 그 밖의 다른 중국 기업들도 판매 금지 목록에 여럿 등재되었다. 오로지 두 개의 중국 기업과 두 개의 북유럽 기업으로 이루어진 제한된 분야에서 화웨이가 시장을 선도하자, 관련 분야에 내로라할 기업이 없는 미국이 5G에 대한 글로벌 산업 표준을 설정하는 중국의 능력에 훼방을 놓은 것이다. 여러 면에서 2019년 5월의 기업 목록은 새로운 글로벌 기술 전쟁에서 미중 간 적대 행위가 공식적으로 시작되었음을 의미한다.

한편 화웨이, 차이나텔레콤, 차이나유니콤, 중국 산업정보기술부[MIIT]의 관계자로 구성된 중국의 엔지니어 팀은 2019년 9월 UN 국제전기통신연합 회의에서 글로벌 거버넌스 기구에 새로운 아이디어를 제안했다. 뉴IP(인터넷 프로토콜)라는 새로운 표준 네트워크 구조로 인터넷 핵심 구조를 대체한다는 아이디어다. 서구에서 오늘날의 인터넷으로 발전한 현재의 TCP/IP 기술 표준은 국경에 상관없이 개방적이고 중립적인 정보 전달자 역할을 하지만, 뉴IP는 근본적으로 다르다. 뉴IP는 중앙 집중적인 톱투보텀top-to-bottom식 설계로, 개별 사용자들이 인터넷을 통해 접근할 수 있는 정보를 국영 인터넷 서비스 제공 업체가 세밀하게 제어할 수 있다. 여기에는 화웨이 엔지니어가 설명한 "셧다운 명령"이 포함되어 중앙 네트워크가 개별 장치 간 또는 전체 네트워크 간의 통신을 차단할 수 있다. 또한 네트워크에 내장된 추적 기능을 통해 기업과 정부 간은 물론, 개인 간 네트워크 활동에 대한 데이터가 쉽게 공유될 수 있다. 러시아, 이란, 사우디아라비아 등 각국의 대표단은 화웨이가 이미 수립 중이라고 밝힌 새 표준안에 대해 강력한 지지를 표명한 것으로 알려졌다.

2014년부터 중국의 자오허우린이 수장을 맡게 된 국제전기통신연합이 만약 뉴IP를 표준으로 지정한다면, 국가 인터넷 사업자들은 개방된 서구의 월드와이드웹WWW과 중국이 주도하고 중국 통신 회사들이 구축한 국가 통제 네트워크 중 하나를 선택할 수 있게 될 것이다. 중국의 모델을 채택한 국가는 자국 인터넷의 경계와 규칙을 더 쉽게 정의할 기술적 능력을 갖추게 된다. 여기서 나타나는 것은 인터넷의 미래를 놓고 대립하는 규범적 이상형인데, 중국은 이 문제에서 사이버 주권을 내세워왔다. 국제전기통신연합의 한 영국 대표는 회의 후 『파이낸셜타임스』와의 인터뷰에서 "인터넷이 어떤 모습일지를 놓고 거대한 싸움을 벌이는, 두 가지 상충하는 비전이 있다"며, "하나는 매우 자유롭고 개방적이며, 다른 하나는 정부에 의해 강하게 통제되고 규제되는 것"이라고 말했다. 이러한 갈등은 개별 기술과 정보 생태계, 거버넌스 시스템 분야에서 중국과 서방 간의 대대적인 디커플링을 가속한다. 국제 질서의 미래를 둘러싼 지정학적 투쟁과 여러모로 흡사한 모습이다.

그러나 뉴IP는 중국의 글로벌 파워를 강화하기 위한 핵심 구성 요소 중 하나일 뿐이다. 중국공산당은 여기서 더 나아가, 중국의 거대한 시장 지배력과 잠재력, 성장하는 기술력을 활용해 인공지능, 5G, 사물 인터넷, 게놈 생명 공학 등 주요 신흥 기술의 기초가 될 표준을 설정하고 싶어한다. 중국은 2017년 신세대 인공지능 개발 계획에서 "AI 개발에서 중국이 우위를 선점하기 위해서는" 중국의 "AI 기업들이 국제 표준 개발에 참여하거나 이를 주도"하는 것이 중요하다고 강조하며, "해외 애플리케이션에 AI 제품과 서비스를 홍보하기 위한 기술 표준 접근 방식"으로 세계에 진출한다고 선언했다. 한편, 12장에서 논의한 바와 같이, 중국은 유럽과 훨씬 더 밀접하게 결합할 수 있는 데이터 관리 표준을 구현하기 위해 과감히 움직이고 있으며, 홀로 외딴 표준을 쓰는 미국은 제외시켰다.

국제 표준과 규범이라는 것이 막연해 보일 수 있지만, 사실 중국은 인터넷이든 해양법이든 간에 지금까지 자유세계 질서의 핵심적인 요소들을 지배해온 표준을 정하는 일에 거의 참여해보지 못했다. 따라서 중국은 새로운 기술 분야에 대한 표준을 정하는 데 있어 힘의 지속력이 얼마나 중요한지를 잘 알고 있으며, 21세기를 지배할 차세대 기술 표준을 형성하는 것이야말로 진정한 권력이라고 인식하고 있다. 과거 서방 세력들이 그랬던 것처럼 중국은 이것이 장기적으로 중국의 세계적 영향력을 키우고, 가능하다면 세계를 지배까지 할 수 있는 토대가 된다고 여기고 있다.

오랫동안 현대의 국제 표준을 세운 나라인 미국은 이러한 현실을 누구보다 잘 알고 있다. 사실 미국이 화웨이의 해외 진출에 강력하게 반발한 것도 바로 이 때문이다. 따라서 기술 표준을 둘러싼 충돌은 당분간 세계 질서를 둘러싼 미중 전략 경쟁의 핵심 격전지가 될 가능성이 크다. 미국에는 안타까운 일이지만, 이러한 전투가 벌어질 전쟁터는 미국이 최근 몇 년간 등한시했던 바로 그 다자간 기구가 될 것이다.

중국 특색의 국제 질서?

중국의 핵심 지도부는 중국이 주도하는 국제 체제가 최종적으로 어떤 모습일지에 대해 세세한 청사진을 가지고 있는가? 나는 이 부분에 의구심이 든다. 앞 장에서도 언급했듯이, 중국은 국내외를 막론하고 과거 대규모 정책 프로젝트를 추진하는 데 있어 그런 식으로 접근하지 않았다. 그들이 선호하는 접근법은 시행착오를 겪으며 반복하는 것이다. 중국은 현실 세계에서 일련의 시험을 시작하기 전에 먼저 포괄적인 개념을 발표한 다음, 싱크탱크에 추가적인 분석을 맡기는 경향이 있다. 중국공산당은 국내 정책을 전국적으로 도입하기 전에 먼저 다양한 지역에서 시범 적용해보면서 반응을 모니터링하고 때로는 실수로부터 교훈을 얻는다. 제대로 정립되지 않은 일대일로 이니셔티브가 2013년 처음 출범했을 때도 마찬가지의 접근이 이루어졌다. 당시 일대일로는 아이디어에 지나지 않았지만, 그 잠재적 효과에 열광한 신임 UN 사무총장 안토니우 구테흐스의 지지에 힘입어 2016년에는 UN 결의안에 포함되기에 이르렀다. 그렇게 중국은 일대일로에서 비롯된 여러 계획에 대한 국제적 반응을 시험해보고, 실행 과정에서 발견된 실수를 기꺼이 인정하면서 나름의 교훈을 얻어갈 것이다. 즉, 점차 시행착오를 거치며 초반에는 진흙과 같았던 프로젝트를 점점 더 세련된 도자기의 형태로 다듬어가는 것이다.

중국이 앞으로 어떠한 유형의 국제 체제를 구축하고자 하는지를 묻는 더 광범위한 질문에 대해, 시진핑은 2013년부터 지금까지 중국이 "모든 인류를 위한 운명 공동체"를 구축하는 과정에 있다는 애매한 답변만 내놓고 있다. 서양인들에게 이것은 별 실용성 없는 중국 고전의 고상한 개념처럼 들린다. 그러나 이 개념은 중국에 있어 자신이 선택한 국제 체제를 만들어가기 위한 노력을 한데 모을 수 있는 또 다른 큰 아이디어의 시작, 혹은 중앙 조직화 원칙의 출범을 뜻한다. 2018년 중국 헌법에 공식적으로 통합된 인류운명공동체 개념은 그 규범적 위상을 강화하고자 다양한 UN 결의안과 수많은 국제회의에서 활용될 수 있는 방안을 모색 중이다. 그럼에도 중국은 이 단계에서 인류운명공동체에 정확히 무엇이 통합될 것인지에 대해서는 자세한 설명을 내놓지 않고 있다. 일대일로와 마찬가지로, 개념 발전 초기 단계의 불분명함은 우연이 아니라 다분히 의도적인 것으로 보인다. 보통 중국은 외교 정책을 수립할 때 확실히 단언하기 이전에 자신들이 어디까지 도달할 수 있는지, 국제적 반응은 어떨지를 사전에 알아보곤 한다. 중국이 제안서 개발 단계에서부터 외교적 노력을 기울이는 이유는 더 냉혹한 정책 실행의 단계에서 자신들이 내놓은 제안이 실질적인 의미를 얻기 이전에 국제 사회에서 그 개념을 합법화하기 위함이며, 그러기 위해서는 UN 체제의 완전한 규범적 언어를 활용해 논쟁에서 우위를 점해야 하기 때문이다. 따라서 가까운 미래에 이 인류운명공동체는 "하늘 아래 모든 것"이라는, 다국적 영역을 한층 더 광범위하게 개념화하는 중국의 전통 우주론이 흐릿하게 섞인 구호에 지나지 않게 될 것 같다. 이 구호는 겉으로는 협력과 협동, 수렴하는 공동체적 이익을 강조하는 서구의 칸트적 이상주의를 표방하지만, 그 중심에는 레닌주의 권력 정치가 자리하고 있다.

사실 제20차 당대회 이후로 시진핑의 인류운명공동체론이 더 마르크스주의적인 분석 틀을 전제할 수도 있음을 예상해야 한다. 알다시피 시진핑은 이데올로기를 중시하는 사람이기 때문이다. 따라서 이 새로운 개념을 마르크스주의적 기준틀 안에 놓고, 과거 서구 열강의 실패한 구조에 맞서 새로운 형태의 변증법적 투쟁에 참여하던 국제적 진보 세력의 일부로 보는 것은 시진핑이 그리는 용감한 신세계와도 무관하지 않다. 그의 마르크스주의적 싱크탱크는 이와 관련한 작업을 하고 있음이 분명하다. 그러나 그들의 작업이 공개적으로 언제, 어떻게, 어떤 수준의 정치적 권위로 표현될지는 두고 볼 일이다.

중국이 염두에 두고 있는 새로운 국제 질서의 유형 중 한 가지 구체적인 아이디어는 바로 세계 전역에서 중국의 발전 모델을 주장하는 것이다. 시진핑이 2017년 제19차 당대회에서 처음 제시한 이 아이디어는 이후 계속해서 추진되고 있다. 그는 중국이 "글로벌 거버넌스 시스템의 개혁과 발전에 적극적으로 참여할" 뿐만 아니라 "인류가 직면한 문제를 해결하는 데 중국의 지혜와 접근 방식을 제공할 것"이라고 말했으며, 이 과정에는 "다른 개발도상국이 현대화를 달성할 수 있도록 새로운 길을 개척"하는 것도 포함된다. 시진핑이 자유민주주의 발전론의 대안으로 중국의 권위주의적 자본주의 체제를 옹호한 것은 이때가 처음이다. 중국은 경험을 통해 축적한 지혜를 공유해야 하며 "중국 특색 사회주의"는 세계의 마르크스주의에 새롭게 기여해야 한다는 등, 그

후로 시진핑의 언어는 계속 넓어지고 있다. 따라서 서방이 인정하든 말든 시진핑의 세계관에는 국가사회주의와 민주적 자본주의 사이에서 전개되는 새로운 이데올로기적 투쟁이 있으며, 중국은 이 투쟁에서 반드시 승리하고자 하는 것이다. 이는 또한 시진핑이 새로운 글로벌 질서를 만들기 위한 비전을 수립하는 데 있어서 그 최종 내용을 결정짓는 데에도 영향을 미칠 것이다.

그러나 만약 중국이 어물쩍거리는 미국과 분열된 유럽, 그리고 점점 더 협조적인 개발도상국을 상대로 결국 승리한다면, 중국 주도의 국제 질서가 어떤 형태를 띠게 될지는 그저 추측 외에는 알 길이 없다. 사실 중국이 요구하는 것의 핵심에는 다극화된 세계에 대한 열망이 있다. 중국은 미국의 일방주의에 대해 국제 사회가 느껴왔던 분노에 호소하고 있다. 가장 단적인 예는 미국의 어리석은 판단에서 기인한 제2차 이라크전쟁과 최근 트럼프의 예외주의를 거론하는 것이다. 중국의 내부 담론에서 다극성은 매우 단순한 명제다. 즉, 현 다자 체제의 심의 과정에서 미국의 힘을 떨어뜨리고 자신들의 힘을 키우는 것이다. 놀랍게도 중국은 다시 한번 문호 개방을 추진하고 있는 스스로를 발견한다.

그러나 중국의 관점에서 다극성은 미국의 해석처럼 핵심 이익과 가치를 UN이나 WTO 프로세스의 정치적 관념에 복종시키는 것을 의미하지 않는다. 실제로 지금까지의 행동으로 볼 때, 중국은 다자간 심의 과정을 받아들이는 데 있어 과거의 미국처럼 매우 취사선택적일 가능성이 크다. 중국은 남중국해의 남해구단선 영유권에 대한 자신들의 주장을 기각한 UN 상설중재재판소의 결정을 전면 거부했다. 가장 최근에 벌어진 일이면서도 가장 생생한 사례다. 마찬가지로 중국은 WTO의 자유무역 정책을 열렬히 환영하면서도, 핵심 경제 이익과 상충될 때는 가입국으로서의 의무를 철저히 무시해왔다. 예를 들어 중국은 글로벌 시장에서 활동하는 중국 기업에 대한 국가 보조금의 범위를 명시한 적이 없다. 중국만 규칙을 선택적으로 따르는 것은 아니다. 그러나 자칭 새로운 세계 질서의 설계자인 중국이 기존 국제 표준을 준수하지 않는 것은 대체 시스템의 창시자로서 스스로의 정치적 정당성을 위협하는 일이다.

결론

이 시점에서 우리는 중국이 인권 기구의 간섭을 최소화하면서 권위주의 정치 체제를 더 잘 받아들이는 미래 질서를 지지할 것이라고 결론지을 수 있다. 대신 중국은 자신들의 빈곤 퇴치 성공 사례와 G77의 지속 가능한 개발 목표 이행에 대한 불만을 들먹이며 개발권의 우선순위와 자국 내 인권에 대한 입장을 점점 더 강하게 내세울 것이다. 중국은 또한 "국제 인도주의적 개입"을 이유로 드는 내정간섭을 절대 용인하지 않을 것이며, 이에 따라 국제형사재판소ICC와 같은 국제기구의 영향력은 앞으로 더 축소될 것이다. 군비 통제와 군축에 있어 중국은 최근 몇 년간의 미국과 러시아보다 더 적극적일 것 같지는 않다. 하지만 핵클럽 확대에 대한 우려는 중국이나 러시아, 미국 모두 마찬가지인 것으로 보인다. 중국의 핵심 국가안보 이익의 관점에서, 북한의 핵 개발은 중단시키기에 이미 늦었다고 여길 가능성이 크다. 여기에는 사실 북한이 중국을 겨냥할 일은 거의 없다는 점도 영향을 미쳤다.

글로벌 경제의 측면에서, 중국은 일대일로 국가 등에서 인터넷, 통신 및 디지털 결제 시스템을 출시하여 유럽이나 미국의 모델보다 자신들의 국가 주권 모델에 대한 선호도를 강화하면서 국제 디지털 거버넌스의 선두를 노릴 것이다. 마지막으로 기후 문제에 있어서 중국은 더 큰 기후 행동을 촉구함으로써 러시아, 브라질, 인도 및 남아프리카의 전통적인 BRICS 파트너들과 다른 길을 갈 수도 있다. 특히 중국은 온실가스 배출량을 상당량 줄이지 못할 경우 국가의 미래에 극단적인 결과가 초래될 것을 두려워하고 있다. 따라서 기후변화를 제외한다면 중국 특색의 새로운 국제 질서 또는 반자유주의적 국제 질서는 지난 70년 동안 우리가 익숙해진 질서와는 상당히 다를 가능성이 크다.

규칙기반질서의 미래에 대한 시진핑의 계획이 구체적인 데 비해 미국의 반응은 여러모로 여전히 모호하다. 이는 미국의 비일관성과 취약점으로 여겨져왔지만, 한편으로는 유연한 대처가 가능하다는 장점도 있다. 게다가 지난 몇 년 사이에는 세계 질서의 미래를 꿈꾸는 중국의 야망에 대한 미국의 반응이 나타나기 시작해 점차 응집되고 추진력을 얻고 있다.

시진핑 시대의 중국을 향한

미국의 새로운

전략적 대응

20세기의 역사는 미국의 힘이 일단 한번 완전히 발휘되면 과거의 그 어떤 강대국 못지않게 강력할 수 있음을 말해준다. 1917년과 1941년 두 차례의 세계대전에 미국이 참전해 결정적인 역할을 한 것과 1945년 전후 국제 질서를 확립한 것, 그리고 1948년부터 1991년까지 이어진 냉전을 무사히 종식한 사례에서 이를 알 수 있다. 또한 1957년 소련이 세계 최초의 인공위성인 스푸트니크를 발사하자 미국이 보인 반응에서도 그 힘은 드러났다. 1970년까지 인간을 달에 착륙시키겠다는 존 F. 케네디의 선언과 함께 미국은 대담한 맹세를 훌륭히 이행해냈다. 마지막으로, 베트남에서 참패한 지 겨우 10년밖에 안 된 상황에서 대규모 군비 경쟁을 통해 소련을 경제적으로 격파하고자 했던 로널드 레이건의 결의에서도 미국의 저력을 확인할 수 있었다. 오늘날 우리의 핵심 질문은 미국이 중국의 부상을 충분히 인식하고 있는지, 그리고 지역 및 글로벌 패권에 대한 중국의 심상치 않은 도전에 잘 대처할 만큼 충분한 정치적 결의와 전략적 통찰력을 갖추고 있는지 여부다. 이것을 판결해줄 배심원은 아직 없다. 그렇다고 해서 미국이 계속 산만하게 전략에 집중하지 않을 것이라거나 미국의 상대적인 쇠퇴는 불가피하다고 가정하는 것은 매우 어리석은 일이다. 실제로 시진핑이 중국의 전략을 극적으로 바꿔버린 이후에 다른 증거가 나왔다. 바로 미국이 움직이기 시작한 것이다.

전략적 휴식기에서 깨어난 미국

오늘날 중국에 대해 강경한 태도를 보이는 정치인들은 미국 국민으로부터 대대적인 지지를 받을 수 있다. 최근 몇 년간 실시된 여론 조사는 정치적 노선과는 상관없이 중국에 대한 미국인의 감정이 급격히 날카로워지고 있음을 보여준다. 2021년에는 미국인의 76퍼센트가 중국에 대해 부정적인 시각을 드러냈는데, 이는 2019년 60퍼센트, 2017년 47퍼센트, 2012년 40퍼센트에서 증가한 사상 최고치다. 미국의 여야 의원 63퍼센트가 중국의 힘과 영향력을 미국의 이익에 대한 중대한 위협으로 지목했다. 2019년 46퍼센트에서 증가한 수치다. 더욱이 중국을 미국의 가장 큰 적으로 분류하는 미국인의 수는 2020년부터 2021년까지 불과 1년 사이에 22퍼센트에서 45퍼센트로 두 배나 증가했다. 이 수치는 코로나19 팬데믹이 미국인의 삶과 가족, 경제에 미친 영향 때문에 국민 정서가 꽁꽁 얼어붙었음을 확연히 드러낸다. 그러나 중국으로부터의 위협이 계속됨에도 불구하고, 중국이 팬데믹을 "잘" 억제했다고 평가하는 미국인의 수는 갈수록 점점 늘어났으며, 2021년에는 전체의 42퍼센트에 달했다. 중국의 부상이 미국에 대한 도전이기에 중국의 역량을 과소평가해서는 안 된다는 대대적인 전략적 위기감이 미국인의 심리를 관통한 것으로 보인다. 그러나 미국 전역에서 이렇게 굳어지고 있는 여론이 정계 전반에서 충분하고도 지속 가능한 정치적 의지로 해석되어 중국에 대한 '스푸트니크 순간'*이 되어 미국에 자극을 줄 것인가? 그럴 수도 있겠지만, 확실하다고 볼 수는 없다. 전쟁이 없거나 적어도 전쟁의 심각한 위협이 없는 상황에서 이 정도 규모의 새로운 국가 임무를 위해 국민의 마음을 하나로 모으는 것은 쉬운 일이 아니기 때문이다. 특히 중국과 달리 분할된 정부, 분산된 권력, 분열된 국가 연합을 자랑스럽게 여기는, 미국과 같이 거대하고도 일 처리가 더디게 진행되는 민주주의 국가에서는 더욱 그렇다.

중국 지도부는 미국과의 갈등 관계가 완전히 들끓어오르는 것을 피하고자 신중을 기해왔다. 특히 힘의 균형이 여전히 미국 쪽으로 치우쳐 있는 상태에서는 그렇게 집결된 반응을 유발할 필요가 없음을 염두에 두었다. 하지만 미국 정치 계층의 상당수가 별다른 관심을 보이지 않는 반면, 미국의 대중과 다수의 정치 기득권층은 시진핑의 중국이 도를 넘는다고 여기고 있다. 미중 관계에 있어 주기적으로 위기가 발생했음에도 불구하고, 이전의 미 행정부는 대체로 중국 지도자들의 말을 믿어주는 편이었다. 그러나 이제는 더 이상 그렇지 않다. 비록 중국이 제기하는 위협에 맞서 정확히 무엇을 해야 하는지에 대해서는 민주당원과 공화당원 간에 의견이 분분하지만, 적어도 중국이 가하는 위협

* 역량을 발휘하게 하는 큰 자극이 주어지는 순간. 소련이 세계 최초로 발사한 인공위성 '스푸트니크 1호'가 미국을 자극하여 미국이 우주과학에서 앞서는 계기가 된 데서 유래.

에 대한 인식만큼은 서로 일치되어 있다. 이 장은 트럼프 행정부 4년 동안 그 인식이 어떻게 모습을 드러냈고 바이든 행정부에까지 어떻게 지속되었는지 등 미국이 현실을 자각해가는 과정을 추적한다. 그리고 시진핑의 중국을 다루는 미국의 미래 전략의 형태에 관한 첨예한 내부 논쟁 속에서 등장한 단층선을 살펴본다. 또한 바이든 행정부가 전략적 진로를 확정하면서 전임자들로부터 물려받은 "중국 논쟁"의 정치적, 정책적 매개변수도 추출하고자 한다.

제1막: 중국의 대심판

2018년 『포린어페어스』는 "미국은 중국을 잘못 파악하고 있는가?"라는 주제를 놓고 세계에서 가장 저명한 중국 전략가들과 함께 세간의 이목을 끄는 토론을 벌였다. 이 토론은 2009년부터 2013년까지 미 국무부 동아시아태평양 담당 차관보였던 (더 최근에는 바이든 행정부의 국가안보 회의에서 인도태평양 지역의 백악관 조정관을 지낸) 커트 캠벨과 2015년부터 2017년까지 당시 부통령 바이든의 국가안보 부보좌관이었던(최근에는 바이든 밑에서 인도태평양 안보 담당 국방부 차관보를 역임한) 엘리 래트너가 발간한 "중국의 심판"이라는 제목의 글에서 시작되었다. 그 글에서 캠벨과 래트너는 오바마 행정부 기간 중국을 포용하는 전략에 대해 점점 더 환멸을 느꼈다고 서술했다. 미 행정부는 시진핑의 권력 중앙집중화가 중국의 정치적 자유화를 향한 애초의 희망을(언제나 환상에 불과할지라도) 무너뜨리는 것을 지켜보았다. 그들은 일대일로와 중국의 금융기관이 개발에 대한 자유주의적 합의에 어떻게 도전했는지, 어떻게 중국 해커가 미국에 일련의 사이버 공격을 시작했는지, 그리고 중국이 어떻게 남중국해에서 총 일곱 개의 인공섬을 꾸준히 준설하고 건조한 다음 군사화했는지를 모두 목격했다. 특히 2016년 여름, 중국의 광범위한 해양 영유권 주장이 불법이라는 UN 상설중재재판소 판결을 중국이 무참히 거부하자, 미국인들은 중국과의 30년간의 전략적 관계가 실패로 끝났다고 판단했다.

캠벨과 래트너가 글에서 집중 조명한 것처럼, 중국과의 관계를 관리하는 전략으로서 '관여'에 가치를 두었던 미국의 시대정신은 외교 정책과 국가안보에 대한 합의가 산산이 부서지면서 중대한 변화를 맞았다. 중국 문제 전반에 대한 미국의 여론이 현저히 수렴되는 현상과 유사하게, 이 시점부터 미국은 새롭고도 더 어려운 접근 방식으로 전환했다. 좌파든 우파든, 기업이든 노동계든, 강경파든 인권 옹호자든, 그들은 미국이 지난 30년간 중국에 관여한 결과에 대해 집단적 환멸을 느꼈다. 시진핑이 중국 정치에 대한 통제를 강화하고 2013년 이후로 예정되어 있던 경제 개혁을 철회하면서, 미국의 재계는 중국이 시장을 개방하지 않고 진정한 외국 자본의 경쟁을 허용하지 않는 것에 점점 더 실망했다. 그렇게 오랫동안 미중 관계를 가장 적극적으로 지지했던 재계의 지원이 사라지자, 양국 관계는 점점 불안정해졌다. 한편, 값싼 중국산 수입품 때문에 미국 공장들이 문을 닫게 되자 미국 대중의 분노는 극에 달했다. 그러한 분노는 좌파와 우파 양측에서 포퓰리스트의 물결을 일으켰고, 2016년 민주당 경선에서 힐러리 클린턴 후보가 민주사회주의 진영의 후보 버니 샌더스를 압도적인 표차로 이기게 만들더니, 급기야 미국의 대중정책의 취약성을 비판한 도널드 트럼프가 대통령 선거에서 충격적인 승리를 거두는 데 결정적인 도움을 주었다.

이 모든 것은 트럼프 집권 첫해가 끝날 무렵, 중국에 어떻게 접근할 것인가에 대한 미국의 새로운 전략적 합의로 이어졌다. 그 내용은 트럼프 행정부가 몇 달 사이에 차례로 발행한 세 가지 핵심 전략 문서에 요약되어 있다. 트럼프의 백악관이 2017년 12월에 발표한 미국 국가안보전략NSS, 국방부가 2018년 1월에 발표한 국방전략NDS, 그리고 같은 달에 미국무역대표부USTR가 중국의 WTO 준수 현황에 대해 의회에 제출한 특별 보고서가 그것이다. NSS는 워싱턴의 새로운 분위기를 반영하듯, "수십 년간 미국의 정책은 중국의 부상을 인정하고 그들이 전후 국제 질서로 통합되도록 지지하면 중국이 자유화될 것이라는 믿음에 기반"했지만, 이러한 가정은 "틀린 것으로 판명됐다"라고 지적했다. 대신 NSS는 중국을 가리켜 "인도태평양 지역에서 미국을 대체하고, 국가 주도 경제 모델의 범위를 확장하며, 지역을 자신들에게 유리하게 재정렬"함으로써 "미국의 가치와 이익에 반하는 세계를 형성"하는 것을 목표로 하는 "라이벌"이라고 선포했다. 마찬가지로 NDS는 "국가 차원의 장기 전략을 통해 권력을 장악하고 경제적, 군사적 우위를 유지하는 중국은 단기적으로 인도태평양 지역의 패권을 추구하며 미국을 대체하는 군 현대화 프로그램을 계속 추진하면서 세계적인 명성을 얻고자 할 것이다"라고 밝히면서, 이런 결과를 막기 위해 "미국은 세계 최강의 군사력을 유지해야 한다"라고 경고했다. 또한 이 두 전략 문서는 중국과의 "장기적, 전략적 경쟁"의 재부상을 "미국의 번영과 안보에 대한 중대한 도전"으로 묘사했다. 당시 국가안전보장회의NSC의 아시아 담당 선임 국장이었던 매슈 포틴저는 기자회견에서 "미국에서 경쟁은 나쁜 말이 아니다. 트럼프 행정부는 경쟁 개념을 전면에 내세우기 위해 대중 정책을 업데이트했다. (…) 새 정책은 대통령의 국가안보 전략의 최상위에 있다"라고 밝혔다. 전략적 경쟁은 구체적인 개념이라기보다 태도에 더 가깝긴 하지만 이내 트럼프 행정부의 중국을 대하는 방식을 일컫는 별명이 되었고, 이는 이후 바이든 행정부에도 지침이 되었다.

한편 USTR의 2018년 1월 보고서는 중국이 WTO 가입 조건의 하나로 약속한 여러 경제 구조 개혁이 잘 이행되지 않고 있다고 크게 혹평했다. 대신 보고서는 중국이 "국제 무역 시스템과 양립할 수 없는" 관행을 유지했다고 비난하며, "미국이 중국의 WTO 가입을 지지한 것은 분명한 실수인 것 같다"라고 결론지었다. 더욱이 보고서는 "WTO 규정이 중국의 시장 왜곡 행위를 제한하기에 충분치 않다는 것이 이제 분명해졌다"라며 국가안보를 위해 강력한 무역 관세를 부과할 것을 백악관에 권고했다. 이처럼 트럼프 행정부가 출범한 지 3년 만에 미중 관계의 상당 부분을 규정하는 무역 전쟁의 발판이 마련되었다.

제2막: 무역 전쟁에서 기술 전쟁으로

트럼프 대통령은 취임하면서 특히 대중 무역에 대한 접근 방식을 바꾸기로 결심했다. 국가 무역 적자를 진정한 해악이자 취약성의 신호로 본 그는 "우리를 경제적으로 죽이고 있는" 중국을 상대하는 데 실패한 워싱턴 기득권층에 반대하는 캠페인을 벌였다. 그는 2016년 캠페인 초반에 "우리는 나쁜 무역 거래 때문에 중국을 부유한 나라로 만들었다"라며 "중국이 우리를 빨아먹고 있다. 그들이 우리 돈을 가져가고 있으며, 우리 일자리를 빼앗고 있다. 우리에게서 뺏은 것으로 나라를 재건했다"라고 주장했다. 그러나 그는 대중에게 "우리는 중국을 압도하는 엄청난 경제력을 갖고 있다. 엄청난 힘이 있다. 바로 무역의 힘이다"라고 말하기도 했다.

트럼프에게 있어 그다지 새로운 견해는 아니었다. 변덕스러운 트럼프가 정치적, 문화적 문제에 있어서는 여러 차례 공식 입장을 바꾸고 정당을 옮긴 것과 달리, 중국과의 무역에 대한 그의 의견은 수십 년 동안 놀라울 정도로 일관되었다. 그는 2011년 저서 『트럼프, 강한 미국을 꿈꾸다』에서 "미국을 다시 위대하게 만들려면 중국에 강경하게 대처하는 법과 중국과의 협상에서 이기는 법, 그리고 그들이 매번 우리를 골탕 먹이지 못하도록 하는 법을 아는 대통령이 있어야 한다"라고 주장했다. 그는 심지어 2000년에는 냉전 이후 "게임이 바뀌었기" 때문에 중국이 미국 외교관들을 이기고 있다고 했다. "이제 선수가 뛰는 시대는 끝났다. 외교 정책은 협상가의 손에 맡겨져야 한다"라고 말이다.

따라서 2017년 4월에 트럼프의 별장 마러라고를 처음 방문한 시진핑에게 트럼프의 손녀가 중국어로 시를 낭송하면서 중국 네티즌의 마음을 흔들어놓고, 그해 11월에는 트럼프의 베이징 국빈 방문이 이어졌음에도, 이듬해 봄이 되자 트럼프가 대선 당시 중국에 대한 전면적인 무역 전쟁을 시작하겠다고 위협했던 대로 후속 조치를 이행한 사실은 그다지 놀랍지 않다. 2018년 3월에 중국의 무역 관행에 대한 USTR의 보고서가 발표되자 트럼프는 모든 철강과 알루미늄 수입품에 각각 25퍼센트와 10퍼센트의 관세를 부과하는 동시에, 다른 중국 상품들에도 추가로 500억 달러의 관세를 부과하라고 USTR에 지시했다. 그는 또한 트위터에서 "한 나라(미국)가 사실상 모든 국가와 거래하면서 수십억 달러의 무역 손실을 보고 있을 때야말로 무역 전쟁을 일으키기 딱 좋으며, 또한 이기기도 쉽다"라고 호기롭게 말했다. 다른 때와 마찬가지로 이러한 트럼프의 생각은 틀렸다.

관세 부과를 지시하는 과정에서 트럼프는 게리 콘 국가경제위원회 NEC 위원장의 조언을 무시했으며, 스티븐 므누신 재무장관과 렉스 틸러슨 국무장관, JP모건체이스의 제이미 다이먼, 인텔의 브라이언 크러재니치, 테슬라의 일론 머스크와 같은 저명한 CEO들로 구성된 비즈니스 자문 위원회의 의견도 대수롭지 않게 여겼다. 대신 트럼프는 중국에 훨씬 더 강경한 태도를 보이고 세계화와 개방형 시장, 자유무역 전반에 회의적인 시각을 가진 지지 세력의 말에 귀를 기울였다(밥 라이트하이저 USTR 대표, 피터 나바로 백악관 무역제조업정책국장, 윌버 로스 상무장관, 그리고 당시 CIA 국장이었다가 나중에 틸러슨을 대신해 국무장관이 된 마이클 폼페이오가 여기에 속한다). 라이트하이저는 "경제를 발전시키고, 보조금을 지급하며, 챔피언 상품을 만들고, 기술 이전을 강요해서 전 세계 시장을 왜곡하려는 중국의 엄청난 규모의 조직적인 노력"은 미국에 대한 "전례 없는" 위협이며, 이는 과감한 조치를 정당화한다고 주장했다.

중국은 이에 자체 관세로 보복했고, 그 결과 무역 전쟁이 빠르게 확대되면서 트럼프가 약속했던 빠르고 쉬운 승리는 불가능해졌다. 결국 양측은 2018년 말부터 휴전을 위한 공식 협상에 들어갔고 2019년 봄까지 150쪽 분량의 무역 합의 초안을 작성했다. 하지만 그해 5월 중국 정치국이 이를 거부하면서 협상은 결렬되었다. 그렇게 협상이 지지부진한 가운데 무역 전쟁은 2019년 여름에 금세 재개되었다. 그리고 가을이 되자 미중 무역 대부분의 항목에 관세가 부과되었다. 당시 무역 전쟁의 규모는 중국과 미국은 물론, 세계 경제의 성장에도 영향을 미치고 있었다. 심지어 트럼프조차 언론을 통해 관세를 "다시 검토해보고 있다"라고 인정할 정도였고, 중국의 수석 협상가인 류허는 서로 냉정을 되찾고 협상에 복귀할 것을 호소했다.

마침내 2019년 10월에 이르러서야 양측은 1단계 무역 협정에 합의했음을 발표했고, 2020년 1월 15일에 최종 서명했다. 나는 당시 양국 대표단의 초청으로 백악관에서 열린 서명식에 참석했는데, 내가 몸담고 있던 뉴욕의 싱크탱크가 이 어렵고도 장기적인 협상을 타결할 방법을 어언 2년 동안 모색해오던 차였기 때문이다. 하지만 당시의 백악관 행사는 여느 때와 달랐다. 중국에서 코로나19가 발생했다는 소식이 미국에 전해졌기 때문이다. 시진핑의 신임을 받는 경제 수석인 류허 부총리가 이끄는 중국 대표단은 이번 합의가 굴욕적인 후퇴로 해석될 것을 우려해 중국 국영 TV에 사실상 아무런 보도도 하지 않은 채 최대한 태연한 척했다. 중국은 서명식에서 따로 연설을 하지 않았지만, 라이트하이저 USTR 대표는 정중하고 품위 있는 연설을 했다. 트럼프도 이 자리에서 연설하긴 했지만, 그에게서는 어떤 예의나 우아함도 찾아볼 수 없었다. 그는 이 행사를 국내 정치인에게 자신의 정치적 승리를 마구 드러내는 자리로 바꾸려 했다. 그날 트럼프의 행동은 팬데믹의 정치적 역학이 전개되기 훨씬 전부터 이미 문제가 있었던 양국 관계를 더 악화시켰으며, 나중에 가서는 이러한 관계 전체를 뒤죽박죽으로 만들어놓았다. 협정 내용만 본다면, 미국이 관세를 일부 철회하는 대가로 2단계 협상을 모색하는 동안 중국은 제조품 780억 달러, 에너지 540억 달러, 농산물 320억 달러, 서비스 수입 380억 달러 등 2000억 달러 규모의 미국산 제품을 추가로 구매하기로 약속했다. 트럼프는 자신의 "승리"를 미국 농민과 공장의 큰 승리로 치켜세우며 "중대하고도 양국에 엄청난 이익을 가져다줄 혁신적인 거래"라고 발표했다.

그러나 1단계 무역 협정은 비록 지식재산권과 기술 이전 일부를 용인하고 있지만, 트럼프 행정부 관리들이 원래 달성하고자 했던 중국의 경제 구조 개혁에 대한 중요한 양보는 얻어내지 못했다. 심지어 중국이 미국산 농산물과 에너지 제품을 구매하기로 한 약속도 코로나19 팬데믹의 발발로 인해 상당히 지연되었다. 하지만 이보다 더 중요한 것은 트럼프의 무역 전쟁이 중국의 무역 지배력에 흠집을 내기에는 역부족이었다는 점이다. 2016년 미국의 대중 무역 적자는 3470억 달러였지만, 2019년에는 관세 부과에도 불구하고 3450억 달러로 감소하는 데 그쳤다. 게다가 2020년 8월(1단계 합의 8개월 후)까지 중국의 세계 수출은 이미 9.5퍼센트 급증했고, 세계 수출에서 중국의 시장 점유율은 2019년의 13.9퍼센트에서 사상 최대인 17.2퍼센트로 상승한 터였다. 바이든이 취임한 2021년 초에는 팬데믹으로 인해 세계 무역이 현저히 둔화했음에도, 미국의 무역 적자는 여전히 3100억 달러에 달했다.

트럼프 행정부의 마지막 해인 2020년까지 USTR을 제외하고는 백악관에서 누구도 무역에 크게 신경 쓰지 않는 것 같았다. 대신 그들이 생각한 것은 바로 기술이었다. 앞 장에서 언급한 바와 같이, 2015년 중국 산업을 업그레이드하고 신흥 기술 분야에서 글로벌 리더십을 달성하기 위한 중국의 MIC 2025 계획 발표는 미국에 심각한 경각심을 불러일으켰다. 미 항공우주국NASA에서 인터넷, 미국의 전쟁 방식을 특징짓는 첨단 화력에 이르기까지, 기술 우위는 미국의 국가적 정체성과 힘의 현실을 드러내는 가장 핵심적 요소였다. 미국인들은 여태껏 자신들의 기술적 우위가 결코 심각하게 도전받는 일은 없을 것이라고 여겨왔다. 그런데 중국이 MIC 2025를 통해 미국에 공개적인 도전장을 내밀겠다고 선언한 것이다.

이러한 위협은 중국이 강제 기술 이전과 지식재산권 도용, 상업적인 사이버 첩보활동의 소굴이라는 인상과도 맞아떨어졌다. 오바마 행정부 내내 미국 기업과 정부로부터 대량의 데이터를 훔쳐온 뻔뻔스러운 대규모 사이버 공격은 미국으로 하여금 중국이 기술 평준화에 슬쩍 도달하기 위한 장기적인 전략을 펼치고 있다고 여기도록 만들었다. 미국 정부는 이미 2014년에 "경제적 이익을 얻기 위해 사이버 첩보활동을 노골적으로 사용하려 했다"라며 다수의 사이버 절도 혐의로 인민해방군 61398부대와 같은 정보 부대를 포함해 중국 정부를 기소한 바 있다. 미국의 이러한 우려는 중국의 "군사-민간 융합" 정책과 더불어 중국의 민간 기업과 기관들이 중국의 국가안보에 잠재적으로 이익이 될 수 있는 기술을 인민해방군과 자동으로 공유해야 한다고 미국에 법적으로 요구해오면서 더욱 고조되었다. 미국의 지도자들은 미국의 기술 데이터, 혁신, 상업 및 군사 기밀의 상당수가 민간 부문 판매, FDI, 연구 협력 또는 단순한 절도를 통해 중국으로 유입되어 군의 현대화를 위해 쓰인다는 점을 우려했다. 하지만 이러한 우려가 어제오늘의 일만은 아니었다. 2012년 오바마 행정부는 사이버 보안상의 이유로 화웨이를 미국 정부 계약에서 배제했다. 그러나 트럼프 행정부 초기에는 무역 적자와 철강, 제조 및 농업 생산과 같은 저기술 산업에 몰두하면서 중국 기술 기업에 관한 관심이 잘 드러나지 않았다.

2018년 4월, 미 상무부가 이란과 북한에 관련된 제재 위반을 이유로 중국 통신업체 ZTE와 모든 미국 기업과의 거래를 금지하면서 상황은 급변하기 시작했다. 회사의 거의 모든 부품 공급이 중단된 상황을 두고 업계 분석가들은 이 금지 조치가 ZTE에 대한 상업적 "사형 선고"나 다름없다고 평가했다. 하지만 그로부터 한 달 뒤, 양국 간의 무역 적자를 줄이기 위해 끊임없이 중국과의 무역 협상에 몰두하고 있음을 보여주고자 했던 트럼프는 극적인 반전의 조치로 상무부에 금지를 철회할 것을 지시했다. 그는 트위터에서 "시진핑과 나는 중국의 거대 통신업체 ZTE가 신속하게 사업을 재개할 수 있도록 협력하고 있다. 중국에서 너무 많은 일자리가 사라졌기 때문이다"라고 해명했다. 그리하여 6월, ZTE는 금지 조치를 면하는 조건으로 14억 달러의 벌금을 내며 미 정부와 합의에 이르렀다. 그러자 백악관 관계자들과 미 의회의 강경파는 트럼프의 조치에 경악을 금치 못했고, 일부 초당파 의원들이 ZTE에 대한 처벌을 복원하고자 했지만 결국 실패로 돌아갔다.

그러나 무역 전쟁이 2019년까지 이어지자 좌절한 트럼프는 협상 카드로 사용하고자 중국 기술 기업을 표적으로 삼았다. 2019년 5월 양자 무역 협상이 결렬된 지 며칠 후, 트럼프는 미국 네트워크에서 화웨이를 금지하는 행정 명령에 서명했다. 앞서 논의한 바와 같이, 미 상무부는 미국 기업이 정부 승인 없이 화웨이에 부품을 판매하는 것을 사실상 금지했다. 실제로는 거래 유형에 따라 화웨이와 계속 거래할 수 있도록 미국 기업에 라이선스를 부여했지만, 중국의 기술 분야에 대한 압박은 강해졌다. 이로써 반도체와 슈퍼컴퓨팅 분야의 선두 주자였던 중국 기술 기업 다섯 곳이 블랙리스트에 추가되었으며, 화웨이 계열사 수십 곳이 그 뒤를 이었다. 2019년 말에 1단계 무역 협정이 체결되면서, 이러한 제한은 트럼프의 무역 전쟁에서 협상 카드의 역할을 하며 ZTE의 경우와 마찬가지로 완화될 수 있을 것으로 보였다. 하지만 2020년에 전개된 이례적인 사건들이 미중 관계를 벼랑 끝으로 내몰면서 이 제한 조치들은 본격적인 기술 전쟁으로 변모했다.

제3막: 코로나19와 새로운 대분열

코로나19 팬데믹은 트럼프와 중국의 관계에 변화를 일으켰다. 트럼프는 취임 첫 3년 동안은 무역 전쟁이 한창인데도 개인적인 유대를 비즈니스와 외교에서 일을 성사시키는 열쇠로 보면서 "아주 아주 좋은 친구"인 시진핑과의 관계를 우선시했다. ZTE의 경우와 마찬가지로 이러한 인식은 트럼프의 행동을 종종 자제시켰다. 1단계 무역 협정이 최종적으로 체결된 2020년 1월에도 트럼프는 여전히 시진핑과 함께 더 큰 2단계 협정에 도달하기를 희망했다. 2019년 말에 코로나19가 우한에서 처음 발생하고 2020년 1월에 전 세계적으로 확산됐을 때, 초반에 바이러스를 과소평가한 트럼프는 시진핑의 위기 대응 능력에 대해 거듭 신뢰를 표명했다. 당시 그는 트위터에서 "중국은 코로나바이러스를 억제하기 위해 매우 열심히 노력하고 있다"라며 "미국은 중국의 노력과 투명성을 높이 평가한다. 모든 게 잘될 것이다. 특히 미국 국민을 대표하여 시진핑 주석에게 감사를 표한다!"라고 전했다. 그다음 달인 2월에도 코로나바이러스가 미국을 포함해 전 세계적으로 계속 퍼지자, 그는 "시진핑은 코로나바이러스에 대한 반격을 주도하는 데 있어 지독히도 예리하고 강력하게 집중했다"라고 덧붙였다. 2020년 3월까지만 해도 트럼프는 시진핑과의 관계가 여전히 "정말 좋다"라고 주장하며 중국과의 긴밀한 협력을 칭송했다.

그러나 2020년 봄 미국 내에서 팬데믹이 급속도로 퍼지면서 미국인이 서둘러 물품을 비축하고 S&P500 지수가 3분의 1 가까이 폭락하자 트럼프의 어조는 급격히 바뀌었다. 그는 "조금 더 일찍 알려줬더라면 해결책을 마련할 수 있었을 텐데"라며 불만을 토로했다. 그해 3월 19일에 열린 백악관 브리핑에서 "코로나는 사전에 막을 수 있었다"라고 말한 트럼프는 "하지만 유감스럽게도 중국은 초반에 상황을 공개하지 않았고, 그로 인해 전 세계가 고통을 겪고 있다"라고 덧붙였다. 그는 코로나19를 "차이나 바이러스"라고 불렀는데, 이러한 표현을 3월 16일부터 3월 30일까지 무려 스무 번도 넘게 썼다. 더불어 마이크 폼페이오 국무장관은 한 언론 브리핑에서 "우한 바이러스"라는 용어를 여섯 차례나 사용하기도 했다. 두 사람은 미군이 우한에 바이러스를 퍼뜨렸다고 비난한 중국의 대표적인 늑대 전사*인 자오리젠 외교부 부대변인의 발언에 격분했다. 4월이 되자 트럼프는 세계보건기구^{WHO}에도 분노를 표출하며 "WHO가 의료 전문가를 중국으로 데려오기 위해 제 역할을 했다면" 바이러스를 억제할 수 있었겠지만 "대신 WHO는 중국의 확신을 기꺼이 액면 그대로 믿었다"라고 지적하기도 했다. 그러고 나서 미 정부는 마침내 WHO에 대한 자금 지원을 중단한다고 발표했다. 폼페이오는 WHO와 그 지도자가 "중국 정부에 매수되었다"라고 비난했으며, 그해 5월 미국은 WHO에서 완전히 탈퇴하겠다고 발표했다.

당시 트럼프 행정부 관리들은 바이러스가 우한의 바이러스 연구소에서 의도치 않게 유출되었거나 심지어 생물 무기로 만들어진 것이라는 추측을 공개했다. 트럼프는 미 정보기관에 조사를 촉구했고, 언론에 그 가능성을 "매우 강력하게 검토하고 있는 사람들이 있다"라고 언급했다. 그는 또한 2020년 선거에서 "중국은 나를 패배시키기 위해 할 수 있는 모든 일을 할 것"이라는 말을 덧붙였다. 이로써 트럼프와 시진핑의 특별한 관계는 끝났다. 트럼프는 취재진에게 "지금은 그와 대화하

---

* 중국의 공격적인 외교 스타일을 가리키는 '늑대 전사 외교^{戰狼外交}'에서 나온 말로, 이를 수행하는 중국 외교관을 일컫는다.

고 싶지 않다"라고 말하며, 시진핑이 "이런 일이 일어나도록 내버려두지 말았어야 했다"라고 지적했다. 그는 또한 "큰 거래를 성사시켰는데 (…) 잉크가 채 마르지도 않은 상태에서 전염병이 찾아왔다. 따라서 관계가 예전 같을 수는 없을 듯하다"라고 심정을 토로했다. 그 무렵은 게리 콘, 렉스 틸러슨, 제임스 매티스 국방장관 등 대다수의 대중 포용 정책 지지자들이 행정부에서 물러난 상태였다. 스티븐 므누신과 재러드 쿠슈너만이 1단계 무역 협정을 성사시킨 로버트 라이트하이저와 함께 남아 미중 간 분열이 극도로 심해져 합의가 무산되는 것을 막기 위한 안정화 세력이 되려고 고군분투했다.

그리하여 디커플링에 찬성하는 백악관 파벌이 정책을 결정하게 되었다. 마침내 트럼프를 자기편으로 끌어들일 수 있게 된 이 분리주의자들은 모든 면에서 중국에 맞서기로 결심했고, 크리스토퍼 레이 FBI 국장은 중국과 맞서기 위한 "사회 전체"의 접근 방식을 구현했다. 이들의 디커플링 선언은 사실상 코로나19 팬데믹이 발생하기 1년여 전인 2018년 10월 마이크 펜스 부통령의 중요한 연설에서 시작되었다. 펜스 부통령은 연설에서 중국의 노골적이고 은밀한 경제, 군사, 기술, 정치, 외교, 미디어 행태에 대한 미국의 불만을 열거하면서 한층 더 일반적인 디커플링 정책으로의 전환을 예고했다. 그는 비즈니스 리더들에게 "중국 시장에 뛰어들기 전에" 그리고 "지식재산을 넘겨주거나 중국의 억압을 부추기기 전에" 신중히 생각해볼 것을 촉구했다. 빌 바 법무장관은 한발 더 나아가 "중국 통치자들의 궁극적인 야망은 미국과 무역하는 것이 아니라 미국을 습격하는 것"이라며 중국의 "경제 전격전"을 비난했다. 그는 기업 리더들을 향해 "중국에 굴복했다"라고 비난하면서 "중국에 굽신대면 단기적인 보상을 얻을 수 있을지 모른다. 하지만 중국공산당의 목표는 결국 여러분을 대체하는 것이다"라고 경고했다.

이미 2024년 공화당 대선 후보 지명에 눈독을 들인 폼페이오는 개중에서 가장 멀리 나아갔다. 2020년 7월 연설에서 그는 "중국과의 맹목적인 관여라는 낡은 패러다임"을 조롱하며, "대화를 위해 대화의 모델을 유지해야 한다"라고 주장하는 사람들을 비난했다. 대신 폼페이오는 중국과의 "전략적 경쟁"에 대한 전면 대응 전략을 옹호하고 중국공산당 자체를 전복하는 것이 바람직하다고 암시하면서 "우리가 허용하지 않는 한, 시진핑은 중국 안팎에서 영원히 폭정을 펼칠 수 있는 운명이 아니다"라고 선언했다. 끝으로 그는 "모든 국가의 모든 지도자는 미국이 해온 일부터 시작"할 것을 요구하며 연설을 마무리했다.

그해 4월 미 상무부는 중국과의 디커플링을 주장하는 이들이 확고히 자리 잡은 상황에서 중국 기업이 "민간인 신분으로" 군사 또는 감시 용도로 사용될 수 있는 미국 기술을 구매하지 못하게끔 수출 통제를 확대했다. 더 중요한 것은, 5월이 되자 미 상무부가 미국 기술을 활용해 해외에서 칩을 생산하는 모든 회사에 라이선스를 요구함으로써 화웨이의 글로벌 반도체 공급을 차단하려는 움직임을 보였다는 점이다. 이 때문에 화웨이의 주력인 스마트폰 사업의 생사가 당장 위기에 처했다. 8월에 미 행정부는 38개의 화웨이 계열사를 법인 목록에 추가했으며, 이어서 28개의 중국 기업이 남중국해에서의 섬 간척 사업에 적극적으로 참여했다고 주장했다. 또한 폼페이오는 "신뢰할 수 없는 중국의 통신업체가 미국 통신망 사업에 참여하지 못하도록" 하는 클린 네트워크 프로그램을 발표했다. 이 프로그램에 따라 미국의 동맹국과 파트너들은 화웨이 등 중국 기술 회사를 통신 네트워크에서 배제해야 했다. 폼페이오는 가장 가까운 동맹이라 하더라도 화웨이를 퇴출하지 않으면 그들과 정보를 "공유하지 않을" 것이라고 위협했다. 한편 트럼프는 중국 앱인 틱톡과 위챗의 국내 배포를 금지하는 행정 명령에 서명했다. 그 후 9월에 미국은 중국 최대 반도체 제조업체^{SMIC}에 수출 라이선스 요건을 부과하는 등 중국의 첨단 마이크로칩 공급을 직접적으로 위협하는 조치를 다시 확대해갔다.

이와 동시에 트럼프 행정부는 남은 임기 몇 달 동안 다국적 기업들이 제조업 공급망을 중국 밖으로 이전하도록 유도하는 캠페인을 시작했다. 미 국무부는 미국이 주도하는 공통 기준에 따라 제조업체를 초청하기 위해 "신뢰할 수 있는 파트너"로 구성된 "경제 번영 네트워크"를 구축하는 사업을 "가속"하고 있다고 발표했다. 폼페이오는 호주, 인도, 일본, 뉴질랜드, 한국, 베트남을 포함한 지역 국가들과 "세계 경제를 발전"시키기 위해 "공급망을 어떻게 재구성하여 [무역 전쟁 및 팬데믹과 관련한 무역 혼란이] 다시는 일어나지 않도록 할 것인가"에 대한 대화를 시작했다. 특히 미국과 타이완은 공급망을 타이완으로 이전하기 위한 협력을 확대하기로 합의했으며, 그 대가로 세계 최대의 반도체 칩 제조업체인 타이완반도체제조회사^{TSMC}가 미국 산업에 칩을 공급하기 위해 미국 내에 120억 달러 규모의 제조 공장을 건설하기로 합의했다.

그렇게 중국을 향한 세 번째 전선을 열어젖힌 트럼프 행정부는 미국과 중국 금융권의 디커플링을 위한 조치도 취했다. 2020년 5월, 트럼프는 중국 기업이 포함된 주가지수에 6000억 달러 규모의 미 연방정부 연기금을 투자하지 못하도록 명령했다. 8월에는 미국의 감사 규정을 준수하지 않는 중국 기업을 미 증권거래소에서 퇴출시킬 수 있는 새로운 규제를 통과시키라고 규제 당국에 촉구했으며, 11월에는 신흥 시장 펀드의 일환으로 미 거래소에 상장된 여러 기업을 포함해 국방부가 중국군과 관련 있다고 지정한 35개 중국 기업의 주식에 대한 투자를 금지하는 행정 명령에 서명했다. 그럼에도 이러한 조치는 중국으로의 투자 유입을 한동안 막지는 못했다. 미국의 민간 투자자들은 지정학적 긴장과는 상관없이 중국 내수시장의 규모가 너무 큰 나머지 놓칠 수 없는 경제적 기회라고 판단했기 때문이다.

2020년 여름, 트럼프 행정부는 신장에서의 인권 침해에 연루된 것으로 알려진 중국 관리들과 그 가족들에게 대대적인 비자 및 재정적 제재를 가함으로써 보복 조치를 확대했다. 이 목록에는 중국공산당 정치국 위원인 신장 당서기 천취안궈에 대한 제재가 처음으로 포함되었다. 이 제재는 미 의회에서 단 한 표의 반대표로 통과되고 트럼프가 서명한 2020년 위구르 인권 정책 법안에 따른 것으로, 이 법안은 신장 내 무슬림 소수 민족의 "생명, 자유, 안전에 대한 권리"를 부정하는 데 책임이 있는 중국 관리들을 제재할 것을 촉구했다. 미국은 2018년부터 개별 공무원에 대한 제재를 검토하고 있었지만, 당시에는 트럼프의 무역 협상 전략과 맞지 않는다는 이유로 거절당했다. 그러나 중국이 신장 자치구 전역의 대규모 재교육 캠프에 최대 100만 명의 위구르족 무슬림을 구금했다는 증거가 나오자, 이 제재 정책은 재검토되었다. 중국은 대테러 조치라고 둘러댔지만, 이는 중국 전역에서 무슬림과 기독교인들의 종교적 자유를 탄압하는 것이었다. 그 결과 트럼프 행정부는 중국의 인권 침해에 대한 국제적인 메시지와 함께 집단적인 정책 행동을 강화했다.

중국이 2020년 홍콩에서 새로운 국가보안법을 시행해 홍콩 내 언론과 집회의 자유를 종식한 데 이어, 미국은 민주화 시위와 정치적 반대를 탄압하는 일에 연루된 10명의 중국 및 홍콩 관리들에 대해서도 제재를 가했다. 여기에는 캐리 람 홍콩 행정장관도 포함됐으며, 2020년 11월에 홍콩 관리 네 명이 추가되었고, 12월에는 중국 전국인민대표대회 상무위원 열네 명이 추가되었다. 제재의 근거는 2019~2020년에 통과된 두 개의 의회 법안이었다. 첫째 법안은 시위가 홍콩을 뒤덮은 2019년 말 의회에서 거의 만장일치로 통과되고 트럼프가 서명한 홍콩 인권 및 민주화 법안으로, 홍콩의 자치권에 대한 연례 검토를 의무화하고 대통령이 홍콩의 인권 침해에 책임 있는 본토 및 홍콩 관리들을 제재할 것을 촉구했다. 둘째는 2020년 7월 만장일치로 통과된 홍콩자치법으로, 홍콩의 자치권을 훼손하는 중국의 개인과 단체, 금융기관에 대해 의무적으로 제재를 가할 것을 규정했다. 2020년 9월에는 남중국해 섬의 "매립"에 관여한 혐의로 다른 몇몇 중국 관리도 표적이 되었다.

동시에 트럼프 행정부는 미중 간의 인적 접촉을 제한했다. 앞서 중국에서 미국 기자들이 괴롭힘을 당하고 추방된 사건에 대응하는 조치로 미국은 중국 기자에 대한 취재 비자 발급과 중국 유학생에 대한 비자 발급을 축소했다. 그리고 사전 승인 없이 중국 외교관이 미국의 대학을 방문하거나 미국 정부 관리와 만나는 것을 금지하는 등 새로운 제한을 부과했으며, 중국공산당원의 미국 이민도 금지했다(당원 수가 9500만 명이라는 엄청난 규모를 생각하면 실제로 시행하는 것은 불가능했지만). 그중 가장 극적인 조치는 트럼프 행정부가 텍사스 휴스턴에 있는 중국 영사관의 폐쇄를 명령하고 그곳 외교관들이 대대적인 경제 스파이 활동에 연루되었다는 혐의를 씌운 것이다. 그러자 중국은 보복으로 청두 주재 미국 영사관의 폐쇄를 명령했다. 미국 외교관들이 건물을 떠나는 모습을 지켜보며 야유를 보냈던 중국 민족주의 시위대의 행동은 경찰이 투입되어야 할 정도로 걷잡을 수 없이 과격했다.

마지막으로 2020년 트럼프 행정부는 남중국해와 타이완에 대한 외교 및 군사적 압박을 강화하고 중국의 남중국해 영유권 주장에 도전하는 미 군함의 항행의 자유 작전^{FONOP}에 박차를 가했다. 2017년에 6회, 2018년에는 5회 수행된 이 작전은 2019년에 긴장이 고조되면서 9회로 수행 횟수가 늘어났다. 이는 2020년까지 계속 증가 추세에 있었는데, 트럼프 행정부는 오바마 전 대통령의 두 번째 임기 동안에 수행된 만큼의 FONOP를 임기 첫 6개월 만에 단숨에 실시해버렸다. 2020년에만 아홉 번의 FONOP를 실시한 것으로만 본다면 연간 신기록을 세운 것 같지만, 트럼프 행정부가 그저 오바마보다 더 목소리 높여 작전을 공표한 것이었을 가능성도 없지 않다. 트럼프는 예측 불가능성을 키우기 위해 2020년 4월 이틀에 걸쳐 연속으로 FONOP를 실시하는 등 작전의 속도와 강도를 높이는 듯했다. 이러한 작전은 2020년 4월 중국 함정이 파라셀제도 인근 해역에서 미국 유도 미사일 구축함을 추격하던 중 100미터 이내로 접근한 사건 등 미국과 중국 해군이 밀접하게 접촉하게 만들어 여러 차례 아찔한 충돌을 유발했다. 이 사건은 2018년에 중국 군함이 다른 구축함 40미터 이내로 접근해 거의 충돌할 뻔한 상황에서 회피 기동을 해야 했던 일을 떠올리게 한다.

2020년 7월, 폼페이오 장관은 미국이 처음으로 남중국해에 대한 외교적 태도를 바꾼다고 발표하면서 중국의 해양 영유권 주장은 동남아시아 이웃 국가들의 권리를 침해하는 불법적인 행위라고 직접적으로 표현했다. 미국이 이전에는 남중국해 분쟁의 그 어떤 주장에 대해서도 공식적인 태도를 보이지 않았다는 점을 고려할 때, 이는 중요한 변화였다. 그런 다음 미국은 한때 9개 항공모함 타격대 중 3개를 동시에 배치하는 등 이 지역에서 해군 훈련과 기동의 빈도 및 강도를 높이기 시작했으며, 최종적으로는 동남아시아 어딘가에 주둔할 원정 1함대를 신설할 계획이라고 발표했다.

한편 타이완과의 안보 협력을 강화한 미국은 타이완해협으로 점점 더 많은 군함을 파견했다. 2020년에는 무려 10회나 군함을 파견하기도 했다. 타이완에 대한 미국의 무기 판매는 2019년 말에 F-16 전투기 66대를 80억 달러에 판매한 것을 시작으로 급증했다. 또한 2020년까지 미사일, 어뢰, 드론 및 기타 무기 시스템에 대한 추가 50억 달러 규모의 거래가 이어지면서 총 170억 달러가 넘는 판매 수치를 기록해 트럼프 전임자 대부분이 판매한 수치를 능가했다. 그 후 미국은 무기 판매를 통한 전통적인 형태의 군사 협력을 40년 만에 처음으로 미 해병대와 타이완 특수부대의 연합 훈련 형태로 전환했다. 또한 미국의 정찰기도 타이완에 기착한 것으로 알려졌다. 이처럼 트럼프 치하의 미국이 타이완과의 군사적 접촉을 늘리고 타이완해협에서의 해군 작전을 수행하는 광경은 과거와는 전혀 다른 모습이었다.

그러나 중국을 가장 도발한 것은 2020년 미국 관리들의 잇따른 타이완 방문이었다. 2020년 5월 차이잉원 총통의 두 번째 임기 취임식에 참석한, 전직 관료와 대사들로 구성된 대규모 대표단이 그 시작이었다. 폼페이오도 국무장관으로서는 최초로 공식 축하 메시지를 전했다. 그 후 2020년 8월에는 앨릭스 에이자 미 보건복지부 장관이 타이베이에서 차이잉원과 만나면서 40년 만에 타이완을 방문한 미국 최고위급 관리가 되었으며, 중국은 에이자 장관이 타이완 관리들과 회담하는 동안 타이완해협을 넘어 전투기를 파견했다. 9월에는 미 국무부 최고위 관리인 키스 크라크 경제차관의 방문이 이어졌으며, 이와 동시에 켈리 크래프트 UN 주재 미국 대사는 뉴욕에서 타이완의 고위 관리와 전례 없는 회담을 가졌다. 마지막으로 미 인도태평양 사령부의 최고 군사 정보 관리인 마이클 스튜드먼 후방제독은 11월에 예고 없이 타이완을 깜짝 방문하기도 했다. 중국은 이러한 방문이 이어질 때마다 트럼프 행정부의 타이완에 대한 행동이 중국의 레드라인에 점점 더 가까워지고 있다고 경고하며 분노를 강화했다.

트럼프에서 바이든으로

2021년 1월에 취임한 바이든 대통령은 중국 정책을 제외한 트럼프 행정부의 거의 모든 정치적 우선순위를 뒤집거나 폐기하겠다는 선거 공약을 빠르게 이행하기 시작했다. 바이든 행정부는 중국에 대한 전임 행정부의 세부적인 접근 방식과 전략적 추진력을 유지하면서 놀라운 정책 연속성을 보여주었다. 실제로 바이든 팀은 말뿐인 대중 정책을 조정하기 위해 민첩하게 움직였다. 여기서 가장 중요한 점은 미국의 국제 무대 복귀와 신뢰성을 어필하며 전 세계 동맹국들과 여러 파트너 국가를 안심시키고자 외교적 공세를 펼친 반면, 중국에 대한 작전상의 접근 방식에 대해서는 여전히 강경함을 고수했다는 것이다.

"중국에 관대하다"라는 국내 정치계의 비판에 민감한 바이든 정부는 트럼프 정부가 무역과 기술, 금융, 비자에 가한 제재 등을 즉각적으로 축소하지는 않았다. 앤서니 블링컨 신임 국무장관은 인준 청문회에서 바이든 정부는 기존의 조치를 유지할 뿐만 아니라 신장 지역의 인권 유린이 대량 학살에 해당한다는 트럼프 정부의 공식 입장에도 동의한다고 밝혔다. 또한 미 관리와 타이완 간의 더 많은 접촉을 장려하는 폼페이오 장관의 규칙을 거의 조정하지 않을 것이라고 했다.

바이든이 취임한 지 몇 주가 지나자, 그가 중국과의 관계를 재설정할 것이라는 중국의 희망은 근거가 없는 것으로 판명되었다. 바이든 팀은 고위급 대화를 조속히 재개해달라는 중국의 간청을 철저히 무시했으며, 대신 중국에 대해 균형을 잡고자 다자간 연합을 구축하는 외교에 집중했다. 10장에서 설명한 대로 새 행정부는 2021년 3월에 획기적인 고위급 정상회담을 개최하는 등 쿼드를 더욱 활성화했으며, "중국 문제"를 G7, NATO, EU 및 파이브아이스 동맹과의 관계의 핵심으로 끌어올리기 위해 발 빠르게 움직였다. 곧이어 바이든은 공개적으로 "21세기 민주주의의 효용과 독재 국가들 사이의 새로운 국제적 전투"에 대해 언급했다.

2021년 3월, 미국과 중국이 마침내 알래스카 앵커리지에서 고위급 외교 회담을 열었을 때는 가까운 미래에 양국의 관계가 꽁꽁 얼어붙을 수 있다는 것이 분명해졌다. 양측은 이 회의에서 상대방을 공개 비난하는 데 열을 올렸다. 블링컨 장관과 제이크 설리번 국가안보보좌관이 이끄는 미국 측은 "신장, 홍콩, 타이완을 대하는 태도와 미국에 대한 사이버 공격, 동맹국에 대한 경제적 강압" 그리고 "국제적 안정을 유지하는 규칙기반질서"를 직접적으로 위협하는 중국의 행동에 깊은 우려를 드러냈다. 그들은 "우리는 갈등을 추구하지 않지만 치열한 경쟁은 반긴다"라는 견해를 밝혔다. 블링컨은 회의 직전 연설에서 "중국과의 관계는 경쟁해야 할 때는 경쟁하고, 협력할 수 있을 때는 협력하며, 적대적이어야 할 때는 적대적일 것"이라면서 중국에 대한 새 정부의 전반적인 태도를 세 부분으로 구성된 전형적인 공식으로 요약했다.

양제츠 외교 담당 정치국원이 이끄는 중국 측은 앵커리지 회담을 불과 이들 앞두고 미국이 중국과 홍콩 관리들에게 새로운 제재를 부과한 것에 특히 분노했다. 그들은 미국이 "월권을 행사하며 억압했다"라고 공격했고, "미국은 세계를 대표하지 않는다"는 것을 상기시키면서 블랙 라이브스 매터Black Lives Matter 운동을 인용해 미국 정부가 국내 소수 민족의 인권을 "심각하게" 침해하고 있다고 규탄했다. 마지막으로 양제츠는 "미국은 이제 강자의 위치에서 중국에 대해 말할 자격이 없다"라고 선언하며 "동양은 부상하고 서양은 쇠퇴한다"라는 시진핑의 민족주의 구호에 대한 충성심을 드러냈다.

결론

이처럼 앵커리지에서의 대결은 관계의 전환점이 되지 못했다. 그러나 이 회담은 현재 워싱턴의 집권 정당이 어디인지와는 상관없이 미중 관계가 2017년 이전과 근본적으로 다른 길을 걷고 있음을 최종적으로 확인시켜주었다. 2021년 11월, 바이든과 시진핑은 첫 번째 (가상) 정상회담을 개최했으며, 양측은 대화를 복원하고 관계를 더 잘 관리하기 위한 "가드레일"을 구축하고자 하는 열망을 드러냈다. 그러나 양국을 경쟁으로 이끄는 근본적인 역학을 고려할 때, 이것이 관계의 돌파구로 이어질 수 있을지는 좀더 지켜봐야 알 수 있을 것이다.

바이든이 냉전을 연상시키는 언어로 동맹국들을 한데 결집시키자, 시진핑은 2021년 3월 베이징 중앙당교 연설을 통해 "미래를 쟁취하려면 투쟁밖에 방법이 없다"라고 경고했다. 곧이어 같은 달 전국인민대표대회 연례 회의에서 그는 군 대표들에게 "우리 나라의 현재 안보 상황이 대체로 불확실하고 불안정"하기에 군은 전투 태세를 강화해야 한다고 경고했다. 같은 회의에서 웨이펑허 국방부장은 미국과의 전략적 대결이 "장기적으로 억지와 반격이 양국 관계의 주요 주제가 될" 시기로 접어들었다며 시진핑에게 동의했다. 한편 중앙군사위원회 부위원장인 쉬치량 장군은 (군 관계자로서는 처음으로 공개 석상에서) "투키디데스의 함정에 직면해 군사력 증강에 더욱 박차를 가해야 한다"라며, 구조적 긴장이 지속되는 상황에서 미국과의 군사적 충돌 가능성이 심각할 정도로 크다는 것을 시사했다. 이러한 정치적, 군사적 결의에 대한 새로운 정서는 2021년 9월 1일 시진핑이 전례 없이 강경한 연설을 하며 더욱 강조되었다.

> 우리가 직면한 위험과 도전은 확실히 커졌다. 늘 평화로운 삶을 살고 싶어 하면서 싸우고 싶어하지는 않는다는 것은 비현실적이다. 희망적인 생각을 버리고, 용감하게 싸우고, 원칙의 문제에 대해서는 한 치도 양보하지 말아야 한다. 유례없는 의지와 품성으로 국가의 주권, 안보 및 개발 이익을 보호해야 한다. 우리 공산주의자들은 오류에 휘둘리지 않기 위해, 유령을 두려워하지 않기 위해, 그리고 나약한 겁쟁이가 되지 않기 위해, 항상 기상과 성실함, 담대함을 유지할 것이다.

중국은 미국의 대중 전략 변화가 심층적이고도 지속적인, 근본적으로 투키디데스적인 구조적 대응이라고 결론지었다. 바이든 행정부가 거의 40년간 유지해온 관여 전략을 버리고 독자적인 대중 전략을 계속 개발해나가겠다는 것은 정책 전반에 걸쳐 전략적 불신이 극에 달하고 경쟁이 고조되는 환경에 처했다는 뜻이다. 2021년 말 기준으로, 바이든 정부의 전반적인 중국 전략을 검토한 기관들은 아직 합의된 결론에 이르지 못했다. 그러나 지금까지 공개된 모든 징후는 그들의 전반적인 대응이 트럼프 행정부와 마찬가지로 강경할 것임을 시사한다. 하지만 트럼프 때처럼 일시적인 강경책이 아닌, 체계적인 대응일 가능성이 크다. 그렇다고 해서 미국의 2020년대 대중 전략이 구체적으로 정해져 있거나 한 방향으로만 움직인다는 뜻은 아니다. 공통의 관심 분야에서 중국과 협력할 기회가 있는 것처럼, 전략적 현실주의 내에서라면 정책적 창의성을 발휘할 여지는 여전히 많다. 실제로 시진핑이 중국의 미래를 위해 다른 전략적 방향을 제시한다면, 즉 중국이 미국의 새 행정부가 출범할 때 으레 제시해오던 통상적인 전술 조정을 넘어선다면, 미국은 그에 따라 자체적으로 전략을 조정할 것이다. 그러나 현재로서는 둘 중 어느 쪽도 그들 앞에 펼쳐진 전략적 경쟁에서 기꺼이 벗어날 뜻이 있는지는 확실치 않다.

15
장

시진핑이 집권하는

2020년대 : 제20차 당대회

그렇다면 "위태위태한 10년"의 새벽을 여는 이 시기에 중국 정치는 어디로 가고 있나? 앞 장에서 살펴본 바와 같이, 시진핑의 세계관이 어떻게 변화해가는지를 이해하는 것은 중요하다. 특히 그는 정치, 경제, 사회를 좌파적으로 밀어붙이고 민족주의를 더욱 우경화시키면서 전 세계를 상대로 중국의 정치적 입지를 강화하고 있다. 트럼프와 바이든 체제에서 미국이 지금까지 시진핑 현상을 어떻게 바라봤고 이에 어떻게 대응해왔는지를 이해하는 것 또한 중요했다. 미국 정계는 시진핑의 중국이야말로 냉전 이후 미국이 거머쥔 세계와 지역에서의 권력에 가장 큰 위협이라는 결론을 내렸다.

하지만 양국이 앞으로 어떻게 행동할지, 그리고 위기, 갈등, 전쟁을 피할 방법은 무엇인지 등 향후 10년간의 위험한 상황을 예측하기에 앞서, 2020년대가 시작되는 지금 중국 정치의 현주소를 살펴보는 것이 중요하다. 2022년 후반으로 예정된 제20차 당대회를 앞두고 공산당 정치의 불투명한 내부 세계를 파헤쳐보는 것은 특히 더 중요하다. 이유는 간단하다. 정치국과 중앙위원회, 군부, 안보 및 정보 기관, 그리고 원로 정치가들의 일부 정제된 의견이 의회에서 다루는 세 가지 중대한 질문의 답을 정해버리기 때문이다. 시진핑이 2027년까지 기록적인 3선 연임에 성공할 수 있을까? 만약 그렇다면, 그가 2027년 이후에도 중국의 최고 지도자 역할을 계속한다는 것은 무엇을 의미할까? 결과적으로 그의 미래 권력이 점점 더 견제받지는 않을까?

이 세 가지 질문에 대한 나의 대답은, 현재까지 드러난 증거를 바탕으로 몇 가지 주의 사항을 제외하고는, 모두 긍정형이다.

정치의 거장 시진핑

국내외를 막론하고, 도전에 직면했을 때 시진핑이 택하는 정치적 운영 방식은 돌파하거나 무너지거나, 둘 중 하나를 각오하고 더 완강히 밀어붙이는 것이다. 무모하지는 않지만 계산된 위험은 감수하는 인물이라는 점에서 시진핑은 전임자들과 다르다. 그의 주요 기술은 바로 정치적 또는 정책적 공백을 식별해 다른 사람들보다 먼저 채우는 것이다. 시진핑은 중국공산당의 거추장스러운 내부 조직에 정치적 추진력을 덧입히는 데 탁월한 전술가다. 그는 핵심 인력을 요직에 배치하고, 당의 선전기관을 동원하며, 자신의 세계관을 하나의 포괄적인 이데올로기 틀에 고정해서는 당과 국가가 역사적이고 정의로우며 "올바른" 대의의 중요한 부분임을 확신시켰다. 시진핑은 또한 마오쩌둥 이후 볼 수 없었던 무자비함을 지닌 당내 정치의 대가이기도 하다. 이러한 이유로 중국 정당 정치의 내부 성역에는 그와 비슷한 정치적 위상을 가진 신뢰할 만한 경쟁자가 남아 있지 않거나, 적어도 우리가 아는 한 존재하지 않는다.

시진핑은 문화대혁명 이후의 정치 규범을 깨뜨렸다. 문화대혁명이라는 재앙을 겪은 후, 덩샤오핑이 이끄는 당 엘리트들은 30년 이상 마오쩌둥이 계속해온 정치적 숙청이 이제는 중단되어야 한다는 데 동의했다. 따라서 지도자들은 정치범으로서가 아니라 계급적 부패로 인해 투옥되곤 했다. 하지만 시진핑 치하에서는 마오쩌둥 이후의 전임자들을 합친 것보다 더 많은 중국 고위 지도자가 투옥되었다. 그러한 일을 단행하는 데 있어 시진핑은 정치적인 이유보다는 반부패를 이유로 들어 적을 쓰러뜨리고자 당 차원의 캠페인을 조심스레 전개해갔다(시간이 갈수록 "여전히" 처리해야 할 "당파적인 파벌"의 존재를 더 직접적으로 암시했지만 말이다). 그가 2013년에 시작한 반부패 캠페인은 8년 넘게 계속되었고, 전 직급을 통틀어 수십만 명의 당 간부가 공식적인 조사와 처벌을 받았다. 하지만 시진핑은 반대파들이 캠페인의 수명이 다했다고 여길 것에 대비해 최근 다시 더 세게 밀어붙였다. 2020년에 그는 1942년 항일 전쟁 동안 마오쩌둥이 옌안의 게릴라 기지에서 사용했던 공식적인 정당 시정 캠페인을 도입했다. 이때는 마오쩌둥이 충성을 의심한 당 간부 수천 명을 물리적으로 제거하거나 정치적으로 숙청한 시기였다. 따라서 제20차 당대회를 앞둔 2년 동안 시진핑의 최측근 지지자들이 이러한 캠페인을 벌이고 있는 것은 우연이 아니다. 중국공산당의 피비린내 나는 역사에서 시정 캠페인은 확실히 시선을 집중시킨다. 그러는 사이에 시진핑은 하던 일을 계속해나갔다.

그러나 시진핑이 이러한 가혹한 조치에 계속 집착하는 이유는 자신이 정치와 정책 방향상 급진적인 변화를 일으킨 탓에 당 내부에 강력한 적들이 생겼음을 절실히 깨닫고 있기 때문이다. 숙청된 각 지도자는 친구, 가족, 지지자들로 구성된 광범위한 인맥을 가지고 있다. 시진핑은 대체로 적들의 제자와 진영 추종자들을 제거하거나 그들이 침묵 또는 무력감에 빠지도록 철저하게 위협했지만, 그럼에도 정치적으로 소외된 이들은 그들만의 비공식 네트워크를 결성해가고 있었다. 이들은 인민해방군 내에서 불만을 품은 장교들의 대열에 합류했다. 적절한 퇴직금도 주지 않고 실시한 대규모 숙청과 급진적인 구조조정, 인민해방군의 대규모 병력 감축은 많은 전직 군인을 크게 소외시켰다. 게다가 시진핑은 당의 기관에 대항 세력이 있다고 오랫동안 의심해왔다. 예를 들어 공안부MPS 숙청만 해도 그러한 세력을 감별해내는 것이 목표였다. 공안부는 시진핑이 가장 최근에 벌인 시정 캠페인의 명백한 표적이 된 소위 법률 및 정치 기구 내의 여러 기관 중 하나일 뿐이다. 이와 유사하게, 시진핑이 초기에 인민무장경찰을 (국무원의 행정 기구 아래에 두지 않고) 당의 직접적인 통제하에 두기로 한 것은 자신에 맞서는 준군사 세력에 대한 편집증을 드러낸 것이다. 그는 2012년 당 지도부를 인수하기 직전 보시라이와 저우융캉 같은 강력한 내부 라이벌과 맞섰을 때도 그러한 모습을 보였다고 한다. 마지막으로 초고령의 장쩌민과 주룽지, 빠르게 늙어가는 후진타오와 원자바오를 포함한 이전의 당 지도자들도 정책 유산을 지속적으로 거부하는 시진핑을 경멸하는 집단이다. 그러나 이 모든 그룹의 문제는 이러한 정치적 저항을 효과적으로 통합할 수 있는 인물이 없다는 것이다. 당에서 위상이 높고 최근 시진핑과 정치적으로 소원해졌다는 점에서 때때로 왕치산 현 부주석(한때 시진핑이 신뢰하는 동반자였지만 이제는 공개 석상에서 모습을 거의 드러내지 않는)이 거론되기도 한다. 또한 왕치산의 전 보좌관인 동홍이 숙청되는 등 왕치산과 시진핑 사이가 멀어졌음을 의미하는 몇 가지 증거도 최근 들어 나오고 있다. 그러나 시진핑에 대항하기를 고려하기 시작한다면 왕치산의 정치 생명은 극단적으로 끝나버릴 것이다.

2022년 말 시진핑의 재임을 반대하는 정치 세력이 효과적으로 결집되려면 일련의 촉매가 될 수 있는 재앙적 사건이 발생해야 한다. 이는 다양한 형태로 나타날 수 있는데, 가장 확실한 것은 자체적인 경제 위기나 쇠퇴, 또는 금융 붕괴다. 중국공산당은 대약진운동과 이후 문화대혁명의 경제 붕괴를 거친 후 비교적 최근에야 국내에서 신뢰성과 정치적 합법성을 재건했다. 1978년 이후 수십 년 동안 오랫동안 빈곤한 사회주의 낙원이었던 중국의 생활 수준을 당이 끌어올린 덕분이다. 어떤 식으로든 당과 인민 사이의 암묵적인 사회 계약(즉, 경제적 번영을 대가로 한 정치적 통제)을 해제하는 것은 시진핑에게 좋지 않은 반응을 불러일으킬 것이다.

둘째, 팬데믹을 포함한 자연재해가 당의 리더십을 불안정하게 만들 가능성이 있다(중국 역사에서 재난은 일반적으로 지도자가 "하늘의 신임"을 잃었다는 의미로 받아들여져왔다). 2020년 상반기에 우한에서 코로나19가 발생하고 지도부가 초기에 미온적으로 대응함으로써 국내 정치가 특히 격렬해진 것도 바로 이 때문이다. 또한 바이러스의 중국 기원설에 대한 외국의 공격에 당이 민감하게 반응하는 것은 국제적 체면 손상과 더불어 그것이 중국 내부 담론의 일부가 될 것을 우려한다는 뜻이기도 하다. 특히, 용서할 줄 모르는 독재자라는 시진핑에 대한 두려움 때문에 지방 고위 관리들이 팬데믹 초기에 상황을 보고하지 않았으며, 국가 및 전 세계에 팬데믹을 즉각 통보하도록 합의해온 오랜 프로토콜을 따르기보다는 현지에서 이를 자체적으로 억제하고 싶어했다는 비판이 제기되었다.

세 번째는 규모가 크든 작든 미국이나 일본에 군사적으로 패배하는 것이다. "동양의 부상과 서양의 쇠퇴"에 대한 시진핑의 국가적 정치 내러티브는 중국이 어떤 직접적인 경쟁에서도 승리할 것을 전제한다. 이 내러티브는 미국 또는 동맹국과의 무력 대결에서 압도적인 승리를 거두지 못한다면 정치적 생명이 위태로워질 수 있다고 판단한 시진핑이 군사력을 중시하는 행보(전투복을 착용하고, 병력을 수시로 점검하며, 끊임없이 성장하는 중국의 종합 국력에 대해 공개석상에서 거듭 언급하는 등)를 보이면서 더 공고해졌다. 만일 시진핑이 "중국몽"의 일환으로 타이완을 중국의 통치하에 두겠다고 공언한 상태에서 그러한 패배가 발생한다면 그의 위치는 한층 더 위태로워질 것이다.

이에 따라 시진핑은 전술적 정치에 대해서 (앞서 언급했듯이) 훨씬 민첩하고 대담하게 접근했던 것과는 달리, 이렇게 중요한 전략적 위험에 대해서는 대체로 신중하게 접근하는 모습을 보였다. 그는 팬데믹을 다루는 데 있어 국내의 반대론을 모두 묵살하고 바이러스 자체에 대한 무관용 전략을 채택했다. 국제 사회의 비판을 적극적으로 반박하기 위해 당의 선전기관을 동원하는 동시에 늑대 전사 외교관들로 구성된 글로벌 팀을 활용하는 한편, 바이러스의 발원지가 실제로 중국인지에 대한 의구심을 불러일으키려고도 했다. 앞 장에서 언급했듯이, 시진핑은 자신이 중국의 영토라고 언급한 곳에 미국과 일본 군대가 침입한다면 적극적으로 대응할 수 있다. 그러나 중국군이 절대적으로 우세한 상황이 아닌 한, 혹은 눈치만 보다가 물러서면 국내에서 치를 정치적 대가가 너무 크다고 확신하지 않는 한, 그는 어떠한 사건도 돌이킬 수 없는 지경으로까지 확대되도록 내버려두지는 않을 것이다.

하지만 시진핑의 진정한 정치적 취약성은 경제에 있다. 앞 장에서 언급했듯이, 그의 경제 정책은 그리 탄탄하지 않다. 그는 금융시장이나 거시경제 관리의 복잡성에 대해 잘 알지 못한다. 따라서 6장에서 설명한 국내 경제성장 모델을 최근 상당히 조정한 것(시장보다 국가를 다시 강조하는 등)과 중국 민간 부문에 새로운 규제를 시행한 것은 성장, 고용 또는 생활 수준이 정체될 경우 그의 리더십에 대한 실질적인 정치적 위험으로 이어질 수 있다. 특히 그를 비판하는 당 지도부 엘리트들이 중국의 미래를 위해서 이전에는 다른 경제 정책을 옹호했다는 점을 고려할 때, 정체가 온다면 시진핑의 책임이 가장 클 것이다.

시진핑이 당을 장기적으로 장악하기 위해 오직 강압적인 수단만 사용한 것은 아니다. 그는 일반 당원과 중국 대중의 눈에 "없어서는 안 될 핵심 지도자"로 부각되기 위해 개인 숭배에도 노력을 기울였다. 그는 '인민 영수'와 국가의 미래를 조종하는 '조타수' 등 상징적으로 중요한 새 칭호를 부여받았는데, 이는 과거 마오쩌둥에게만 주어졌던 칭호다. 그러나 무엇보다 놀라운 것은, 시진핑이 단 한 번의 임기로 '시진핑 사상'을 당헌과 국가 헌법에 명기했다는 점이다. 2021년 11월 제6차 당 전체 회의에서 통과된 공식 역사 평가는 시진핑 사상의 "결정적인 중요성"을 선언했으며, 덩샤오핑이 정의한 지난 수십 년을 공식적으로 대체하고 새 시대를 맞는 당의 유연한 이념적 정통성으로서 그의 사상을 성문화했다. 시진핑 사상은 이전의 무제한적인 자본주의 성장 시대의 "불균형"과 "불충분" "불평등"에 대처하는 새로운 길을 따라 당과 국가를 이끌기 위해 고안되었다. 실제로 시진핑 사상은 그가 정치, 경제,

사회 정책을 전반적으로 당 친화적인 국가 개입주의 방향으로 전환할 이론적 근거를 마련하고자 특별히 만든 것이다. 시진핑 사상은 또한 외교 및 군사 정책 지침으로까지 그 영역을 확장하여, 중국이 다음 강대국 지위를 차지하기 위해 따라야 할 새로운 길과 중국 중심의 신국제질서를 구축하기 위한 새 원칙과 틀(13장에서 논의한)을 제시하고 있다.

이론적 일관성이나 마르크스주의에 대한 21세기적인 새로운 해석 등은 시진핑 사상에서 그다지 중요하지 않다. 시진핑 사상은 정치적으로 탄력성을 갖도록 설계되었다. 즉, 새로운 정치 및 정책의 발전이 있을 때마다 그것을 흡수하기 위해 확장하거나 축소하며, 결과적으로는 시진핑 사상의 좌우명을 갖다 붙임으로써 이념적으로 정당화하기 위한 것이다. 그렇다고 해서 실질적인 내용이 없다는 말은 아니지만, 시진핑 사상은 크게 세 가지 핵심 명제로 제한된다. (1) 중국의 이념적 정통성은 마르크스-레닌주의, 중국 전통, 중국 민족주의의 융합에서 찾아야 하며, 당 지도부가 필요에 따라 융합의 정확한 가중치를 수시로 정의해야 한다. (2) 이러한 정통성은 정치와 경제에 있어서는 좌파, 민족주의에 있어서는 우파를 지향하는 현재의 움직임을 포용한다. (3) 이 새로운 이데올로기는 지적 인식 제고와 도덕적 정당화 외에도, 국내외에서 진보를 실현하기 위한 실질적인 행동 수단으로서 투쟁을 정당화한다. 여기서 중요한 것은 중국 공산주의 정치 용어로 투쟁은 폭력과 비폭력을 포함해 다양한 형태를 가진다는 점이다.

이러한 이유로, 2022년 말 제20차 당대회를 앞둔 시진핑의 국내 정치적 입지는 비교적 견고하다. 게다가 딱히 도전자도 없다. 그는 또한 만약 자리에서 물러난다면 자신이 숙청하거나 내친 사람들이 무력해진 자신에게 복수하지는 않을까 두려울 것이다. 시진핑의 당 재건 운동은 반대자들을 불안과 공포, 그리고 무엇보다 침묵의 상태로 몰아넣었다. 또한 2013년부터 그는 당과 군부 전반에 걸쳐 주요 지지자들을 요직에 배치했다. 따라서 대내외적으로 불안정한 대규모 사건이 발생할 가능성은 적지만, 2022년의 경제 성과가 향후 어떤 정치적 방향으로 흘러갈지는 항상 예의주시해야 한다. 가장 중요한 것은 시진핑이 이념적으로 당의 "지휘권"을 장악했다는 점인데, 이는 9500만 중국공산당원들의 규범적 담론을 다루는 수단으로서 매우 중요한 의미를 지닌다. 여기서 시진핑은 (마오쩌둥처럼) 당의 "최고 사상가"가 되었으며, 모든 학생이 의무적으로 공부해야 하는 시진핑 사상 교과서에는 "행복은 오직 투쟁을 통해서만 쟁취할 수 있다"라는 부제가 붙어 있다.

그러나 마르크스-레닌주의가 시진핑이 이미 도입한 중대한 변화에 대해 설득력 있는 내러티브를 제공하지 못하고, 더 중요하게는 경제정책조차 실패하더라도, 그는 여전히 리더십을 정당화하는 궁극적인 힘으로 중국 민족주의라는 고대 연금술을 활용할 수 있을 것이다. 시진핑의 공적 발언은 검은 백조*과 회색 코뿔소**에 대한 우려로 가득차 있는데, 이는 그를 무너뜨릴 수 있는 세력에 대한 그의 뿌리 깊은 집착을 반영한다. 그러나 그가 2022년 당대회에서 최고 지도자로 재임명되지 않게 하려면, 지금쯤에는 백조와 코뿔소의 조합이 나타나야 한다. 예를 들어 마오쩌둥의 옛 직책인 당 주석직의 재개 여부 등, 그의 공식 직함이 이후에 무엇이 될지는 별개의 문제다. 그러나 우리가 아는 바에 따르면 시진핑의 실질적인 힘은 앞으로도 계속 유지될 가능성

* 전혀 예측할 수 없었던 일이 일어나는 현상.
** 위험 신호를 무시하고 간과하다가 큰 위험을 겪게 되는 현상.

이 크다. 따라서 미국의 대통령들은 시진핑이 조기 사망하지 않는 한 앞으로 10년 가까이 그를 상대하게 될 것이라고 가정하는 게 현명할 것이다.

2020년대 시진핑과 중국 경제

앞서 여러 차례 언급했듯이, 경제 실패 가능성은 앞으로의 중요한 10년, 즉 미중 간의 세력 균형을 결정할 10년 동안 시진핑에게 가장 중대한 정치적 위협이 될 것이다. 경제에 대한 대중의 관심을 돌리고자 시진핑이 가장 최근에 내건 도박은 기본적으로 정치적 책략이다. 시진핑의 신발전이념NDC(6장에서 설명)의 모든 기본 요소는 그와 당의 권력 장악력을 높이기 위한 것이다. 여기에는 소득 불평등을 줄이고, 국가 기술 자립을 달성하며, 가장 중요하게는 경제 대부분 영역에 시장에 대한 국가 리더십을 적용함으로써 공동 번영에 초점을 맞추는 것이 포함된다. 그의 비전에 따르면 이는 동시에 인민을 자기편으로 끌어들이고, 외부 압력에 대한 중국의 취약성을 줄이며, 먼 미래 중국 "실물 경제"의 지속 가능한 성장을 위해 강한 새 동력을 제공할 것이다. 그러나 이것은 지나친 낙관이다. 중국의 최근 경제 전환의 검증된 성장 동력인 민간 부문을 제쳐두고 경제를 더욱 중앙집권적으로 통제하는 것은 가장 중요한 시기에 성장 모멘텀을 저해할 위험이 있다. 민간 부문의 신뢰도 하락을 반영하듯 실제로 민간 고정자본 투자는 감소하고 있다.

이미 중국의 경제성장은 둔화하고 있다. 중국의 GDP는 팬데믹을 떨쳐내고 2021년 1분기에 18.3퍼센트의 강한 초기 회복세를 보였지만,

2분기에 7.9퍼센트로 둔화했고, 3분기에는 4.9퍼센트에 그치며 예상을 크게 밑돌았다. 또한 산업 생산 증가율은 2분기에 8.9퍼센트, 3분기에는 3.1퍼센트로 1분기의 24.5퍼센트에서 크게 떨어졌다. 이러한 경기 둔화는 팬데믹 이후 기대했던 V자형 회복이 중단되었음을 의미하며, 앞으로 10년간의 경제성장 전망의 기저에 깔린 근본적인 구조 문제를 암시했다.

2021년 중국 경제성장의 상당 부분은 순수출, 제조 및 정부 투자라는 오랜 성장 동력에 기반했다. 그러나 팬데믹, 미중 무역 전쟁, 글로벌 공급망과 관련된 혼란으로 인해 수출을 주요 성장 동력으로 삼기가 힘들어졌다. 실제로 2020년 성장의 상당 부분은 정책 중심의 공공 부문 투자로 주도된 산업 생산에 힘입어 이루어졌음에도, 시진핑의 미래 성장 전략은 여전히 내수와 혁신, 생산성 향상에 의지하고 있다. 그러나 이러한 각 영역에서 주요 정책 문제는 균형적으로 성장을 촉진하기보다는 오히려 저해할 가능성이 크다.

시진핑의 새로운 발전 모델은 향후 10년간 중국 경제성장의 상당 부분을 내수가 이끌 것으로 예상한다. 비록 지금까지는 민간 소비의 회복력이 비교적 충분한 것으로 입증되긴 했지만, 높은 가계 저축률이 민간 소비의 걸림돌이 되고 있기에 중국의 소비 수요 전망은 그다지 밝지 않다. 팬데믹 동안 빈부 격차가 크게 벌어진 상황에서 전반적인 국내 소비 증가세가 이전의 모멘텀을 유지할 수 있을지는 확실치 않다. 코로나19로 억눌렸던 수요가 다 풀려난 후에는 지금까지 나타났던 소비 성장세는 둔화할 것으로 예상된다. 전자상거래는 팬데믹 기간과 직후에 비교적 높은 성장세를 보였지만, 시진핑의 반독점 캠페인이 강력히 단속하고 있는 분야이기에 성장에 어떤 영향을 미칠지는 아직 알 수 없다. 계속되는 실업난 때문에 소비자 수요가 위축될 가능성도 크다. 이 글을 쓰는 시점을 기준으로 최근 발표된 공식 수치에 따르면, 중국의 도시 실업률은 약 5퍼센트다. 그리 높은 수치는 아니지만(일부 분석가들은 실제 실업률이 이보다 훨씬 더 높으리라 추측한다), 여기에는 16~24세의 실업률이 13.8퍼센트로 상승했다는 2021년 7월의 공식 수치가 가려져 있다. 신규 고용 증가의 약 90퍼센트를 제공하는 중국 민간 부문에 대한 시진핑의 단속은 이들의 고용 전망을 더욱 어둡게 할 뿐이다.

시진핑은 MIC 2025 전략과 다양한 후속 정책 등으로 국가 주도의 혁신에도 주력해왔다. 그러나 지정학적 긴장으로 인해 해외 기술 접근이 점점 더 제한되고 있기에 전망은 갈수록 암울해지고 있다. 이후 중국은 반도체를 필두로 한 미래 우선 산업 분야 열 가지에 대규모 국가 연구, 개발 및 혁신 기금을 출범했다. 이러한 투자는 대규모 벤처 캐피털 펀드와 마찬가지로 막대한 손실이 예상되지만, 이를 통해 큰 돌파구가 마련될 것이라는 기대는 여전하다. 중국의 이러한 군사 및 산업 단지 변형이 1950년대 미국의 선례처럼 성공할지, 아니면 기존의 자본 배분 효율성만 악화시킬지는 두고 봐야 할 것이다.

그러나 중국 경제에서 가장 취약한 부분이자 시진핑의 새로운 경제 시대가 직면한 가장 큰 도전은 바로 전반적인 생산성 향상이다. 세계은행에 따르면 2008년 이후 중국의 총요소생산성은 연간 1.1퍼센트 성장에 그쳤다. 이는 지난 30년간의 3분의 1에도 미치지 못하는 수준이다. 글로벌 금융 위기 이후 2009~2018년 중국의 총노동생산성은 위기 이전인 1999~2008년의 9.0퍼센트에서 연간 7.4퍼센트로 감소했다. 게다가 지난 몇 년간 경기 침체를 겪은 모든 부문 중 가장 큰 타격을 입은 것은 시진핑이 경제 동력으로 삼고 있는 서비스 부문으로, 지난 10년 동안 생산성이 8.1퍼센트에서 4.6퍼센트로 떨어졌다. 게다가 전반적인 개혁 속도가 둔화하면서 하향 추세가 계속되었다. 중국 경제는 상대적으로 다른 선진국 경제와 비할 바가 못 된다. 중국 경제의 생산성은 여전히 미국, 일본, 독일 경제의 30퍼센트에 불과한데, 그 이유에 대해서 경제학자 대부분은 국가 부문의 규모와 지속적인 영향력, 비생산적인 투자 때문이라고 입을 모은다. IMF는 은행 자본에 우선적으로 접근할 수 있는 중국 국영 기업의 생산성이 민간 기업의 약 80퍼센트에 불과하다고 평가했다. 2015년 이전에 시진핑은 오로지 국고로만 유지되는 좀비 국유 기업들을 없애겠다고 공약했다. 하지만 이러한 노력은 시진핑이 신발전이념에 따라 국유 부문을 더 확장하겠다고 결심하는 바람에 상당히 둔화했다. 장기적인 생산성 향상에는 좋지 않은 소식이다. 경제학자들은 저생산성 기업을 정리하기 위한 주요 국가 부문 개혁이 향후 5년간 연간 생산성 증가율을 0.6퍼센트에서 약 1.4퍼센트로 두 배 이상 높일 수 있다고 주장한다. 이 0.8퍼센트의 개선은 전체 GDP 성장률도 같은 수준으로 끌어올릴 수 있으나(5.7퍼센트라는 IMF의 2022년 전망치에서 6.5퍼센트로), 시진핑은 이러한 방향으로 나아가는 데 별다른 관심을 보이지 않고 있다.

이러한 다양한 동향은 2021년 하반기에 중국의 부동산 대기업 헝다(에버그란데)그룹의 3000억 달러 규모 채무불이행을 시작으로 위기에 이르렀다. 헝다의 뒤를 이어 다른 소규모 부동산 개발업체들도 부도를 내기 시작했다. 중국의 은행 부문 자산 약 45조 달러 중 약 41퍼센트가 어떤 식으로든 부동산시장에 노출된 것으로 추정되는 가운데, 중국이 리먼브러더스 사태와 같은 더 대대적인 금융 위기를 겪을 수 있다는 우려도 있었다. 이 글을 쓰는 시점에서 헝다 문제는 중국이 매수자들에게 자산을 질서 있게 분배함으로써 해결될 것으로 보이며, 대부분의 분석가들은 IMF의 표현대로 "중국은 이 사태가 시스템적 위기로 발전하는 것을 막을 수 있는 도구와 정책적 공간을 가지고 있다"라고 확신하고 있다. 그러나 당장 위기를 모면한다고 해서 시진핑이 직면한 중대하고도 장기적인 문제가 해결되는 것은 아니다. 2020년 말 기준으로 부동산 부문은 중국 GDP의 약 29퍼센트, 중국 전체 은행 대출의 41퍼센트, 중국 도시민이 투자한 부의 78퍼센트를 차지했다. 그러나 중국은 인프라와 부동산 투자를 바탕으로 한 성장에 집착한 나머지 부채 축소를 더디게 진행하고 있으며, 로디엄그룹은 2020년 기준으로 이미 독일 전체 인구보다 많은 9000만 명 이상이 거주할 수 있는 공실이 중국에 적체되어 있다고 추산했다. 이렇게 헝다 사태는 중국 경제가 더이상 기존의 투자 주도 모델로 운영될 수 없다는 종언을 고했다. 대신 막대한 부동산 부문은, 시진핑이 민간 부문을 등짐으로써 중국의 미래 경제 효율성에 엄청난 불확실성을 안긴 것과 같이, 관리 여부와 관계없이 중국의 GDP 성장에 상당한 걸림돌이 될 가능성이 크다.

이러한 이유들을 종합해볼 때 중국은 2021년에 6퍼센트의 경제성장률 목표를 달성할 것으로 보이지만, 그들의 고성장 시대는 이제 막을 내렸다. 사실 시진핑의 민간 부문 탄압과 헝다 사태 이전에도 세계 경제학자들 사이에서는 중국의 경제성장률이 2025년까지 4퍼센트 안팎으로 둔화할 것이라는 견해가 지배적이었다. 중국의 고령화, 노동력 감소, 생산성 성장 약화, 부정적인 무역 환경, 높은 수준의 공식 부채에 기반한 예측이다. 추가로 시진핑의 거시경제 정책이 정치 및 경제 전반에 걸쳐 대중에게 미칠 영향은 아직 알려지지 않았다. 그의 정책은 지금까지 주목할 만했던 중국 민간 부문의 역동성을 잠재적으로 희생시킬 수 있다. 또한 국내외로부터의 민간 부문 투자는 시진핑의 국내 공동 번영 캠페인과 미중 디커플링의 위협으로 불확실성이 커짐에 따라 더 둔화할 가능성이 크다.

다년간 경제학자들은 총생산성 향상만이 궁극적으로 중국을 중진국의 함정에서 구할 수 있으며, 국가의 개입이 적은 경제에서만 그것이 가능하다고 경고해왔다. 앞으로의 10년은 이렇듯 어렵게 얻은 공동의 지혜가 여전히 옳은지, 아니면 중국이 새롭게 전개 중인 경제 모델이 미래에 진정으로 효과를 발휘할 만큼 독창적인지 여부를 판단하게 될 것이다. 지정학적 리스크가 확산하는 가운데 경제 정책 모델을 바꾸는 것이 도박과 같은 행위임을 시진핑이 충분히 인지하고 있다면, 전반적인 전략적 계산에 또 다른 위험을 더하지 않도록 어느 정도 주의를 기울일 수 있을 것이다. 그러나 그가 편협하게도 경제 정책 브리핑의 기술적 세부 사항에 대한 지식 부족으로 이를 인지하지 못한다면, 중국은 국내 경제가 어려워지는 상황에서 국제적 공세도 강화되는 10년에 접어들 수 있다.

시진핑과 새로운 사회 통제의 도입

2020년대까지 중국 엘리트 정치권에서 시진핑의 입지가 굳혀지리라는 점을 인정하더라도, 중국 사회 전반에서는 어떨까? 시진핑의 리더십을 뒤흔들거나, 적어도 방향을 바꿀 만한 사회적 움직임이 일어나고 있는가? 이 부분은 특히나 데이터를 구하기 어렵기 때문에 예측하기가 더 힘들다. 그럼에도 주의 깊게 지켜봐야 할 여러 사회 현상이 중국 전역에서 전개되고 있다. 당 지도자들은 국내외를 막론하고 중국 관측가 중 누구도 1989년의 톈안먼 시위를 예측하지 못했음을 회상한다. 물론 이제 중국공산당은 여론 조사와 사회적 태도 조사, 악명 높은 사회 신용 점수 시스템, 정부의 알고리즘 제어 등 다양한 방법으로 사회 변화를 주의 깊게 모니터링하고 있다. 그들은 정치적 안정을 저해하거나 당의 지속적인 통치를 위협할 수 있는 부정적인 동향을 파악하고, 필요한 경우 신속히 움직여 그러한 일을 사전에 방지하거나 방해하곤 한다.

당이 최근 직면하고 있는 문제 중 하나는 환경 보호에 대한 사회적 움직임이다. 특히 대기 오염의 경우, 정부의 조치를 요구하는 대중의 불만이 커지자 정책 방향을 바꾸기 위해 시진핑이 조기에 개입했다는 점이 주목할 만하다. 점점 더 많은 사람이 자신과 자녀의 건강을 염려하게 되면서 주요 도시(특히 베이징)의 대기질 기준은 한층 강화되었다. 시진핑은 대중의 움직임을 단순히 억누르기보다는 정책에 변화를 주는 방식으로 대응했다. 그럼에도 중국공산당은 한편으로 당의 권위 구조 밖에서 정책 의제를 개발하려는 환경 NGO를 면밀하게 감시해왔다. 환경적 지속 가능성을 위해 당이 취한 조치는 통제를 완전히 벗어나는 사회 운동에 휩쓸리기는커녕 오히려 이를 앞서서 치고 나가려는 시진핑의 열망을 반영한다.

앞서 언급했듯이 시진핑이 실제 도전에 직면한 두 번째 영역은 중국의 민간 기업가 계층이다. 중국 주류 사회에서는 중국의 억만장자 엘리트 계층을 억압하려는 움직임(가장 극적으로는 시진핑의 공동 번영 캠페인을 통해)이 널리 퍼졌다. 심지어 리커창 총리조차 6억 명에 달하는 중국인이 여전히 월 1000위안(155달러) 미만의 급여로 생활하고 있다고 토로했다. 한편 시진핑이 실시한 부유층 단속은 중국 민간 부문 전반에 싸늘한 메시지를 던졌다. 그가 직면한 현실은 국영 기업같이 안정적이고 보수가 좋은 일자리가 부족해서 긱경제*에 뛰어든 중국의 대학 졸업생들이 시간이 지나면서 직접 소규모 기업을 설립하는 것이다. 문제는 중국에서 가장 성공한 기업가들(최근까지 출세를 꿈꾸는 중국 젊은이들의 본보기로 여겨진)에 대한 이번 조치를 둘러싸고 중국의 방대한 기업가 계층이 어떤 반응을 보이느냐다. 또한 저장성 같은 특정 지방 경제에서는 국유 경제 부문보다 민간 기업이 지배적인 역할을 해오기도 했다. 따라서 사회적 불평등을 줄이려는 정부의 관점에서는 정치적으로 합리적인 조치도 지방 전역의 기업가 계층으로부터 반작용을 부를 요인으로 비칠 수 있다.

현실적으로 문제시되는 세 번째 중요한 사회적 반대 영역은 종교다. 신장, 간쑤, 닝샤 및 기타 지역의 이슬람교 관습뿐만 아니라 기독교, 특히 개신교(2장과 4장에서 논의됨)의 관습도 이에 해당한다. 시진핑은 종교를 훨씬 더 직접적으로 국가 통제하에 두기 위해 새로운 억압 조치를 대대적으로 시행했다. 시진핑이 저장성의 원저우와 닝보에서 무허가 교회 건물을 불도저로 공개 철거한 사실은 종교기관에 대한 광범위한 탄압의 상징이 되어 전국 교회 단체로부터 격렬한 저항을 불러일으켰다. 게다가 중국 애국교회의 틀 밖에서 활동하는 개신교 목사들이 대거 체포되면서 상황은 더 심각해졌다. 일부 추산에 따르면 중국의 전체 기독교인 수는 1억 명에 육박하는 공산당원 수와 맞먹는데, 바로 이 때문에 시진핑은 강경한 탄압 정책을 계속할 가능성이 크다. 결국 이러

---

* gig economy. 기업들이 정규직을 채용하는 대신, 필요할 때마다 필요한 사람과 임시로 계약을 맺고 고용하는 경제 형태.

한 탄압이 더 근본적인 정치 및 정책 변화를 요구하는 광범위한 사회 운동을 초래해, 억압적인 종교 정책을 설계한 시진핑을 향해 과연 어느 정도까지 분노가 표출될 수 있을지는 앞으로 지켜봐야 할 것이다.

시진핑은 또한 중국 최초의 국가 NGO 법을 도입하여 외국 자금이 투입된 NGO와 국내 NGO 모두를 당과 보안기관의 엄격한 통제하에 두도록 명시적으로 설계했다. 그는 또한 중국공산당 정부를 전복하려는 외세의 대리인 역할을 하는 NGO에 대해 깊은 우려를 드러냈다. 시진핑이 그리는 중국 정치의 미래 비전에서 당이 절대적인 중심을 차지하고 있다는 점을 고려할 때, 이는 향후 중국 내 NGO 활동에 대한 더 강력한 제한으로 이어질 것이다. 시진핑이 지도자가 되어 NGO 법을 통과시키기 전에는 7000개가 넘는 외국 NGO와 100만 개에 달하는 국내 NGO 및 사회단체가 전국 방방곡곡에서 다양한 형태의 자선활동에 참여했다. 이러한 활동의 상당수가 와해될 정도로 중단되었다는 사실은 정치적으로 불만을 품은 사람들이 늘어나는 데도 일조할 것이다.

중국 대학에서도 이와 유사한 억압과 함께 학문의 자유를 축소하려는 완강한 태도가 이어졌다. 실제로 마르크스-레닌주의 이데올로기에 대한 강의가 다시 강조되었을 뿐만 아니라, 과목과 커리큘럼 자료에 대한 새로운 규제도 생겼다. 더 근본적으로 학자들, 특히 외국에서 교육받은 학자들은 교실에서 정당이나 정치적 정통성에 도전하는 발언을 할 경우 정부로부터 더 집중적인 감시를 받으며 때에 따라서는 해고될 수도 있다. 학계라는 존재 자체가 시진핑에 대한 도전을 의미하지는 않지만 시진핑과 그의 동료들은 대학이 1989년 시위 운동의 발단이 되었다는 사실을 아주 잘 알고 있다. 하지만 최근에 이러한 변화를 맞은 중국 대학 캠퍼스가 과연 어떠한 반응을 보일지는 아직 분명치 않다.

아울러 당 선전부는 중국 전역에서 허가되지 않은 언론 매체의 활동을 통제하기 시작했다. 이에 독립적인 "진실의 옹호자"로 성장했던 지역 신문들이 조용히, 때로는 요란하게 폐간되었으며 관영 언론은 보도, 분석 및 의견에 있어 정치와 정당의 정통성을 준수해야 한다는 새로운 규제를 받게 되었다. 시진핑은 (공개된 당 선전사업 회의 연설 녹취록을 통해) 서구식 미디어가 NGO 및 버릇없는 학자들과 함께 중국공산당의 권위를 근본적으로 위협하고 있다고 지적한 바 있다. 그러나 이러한 형태의 언론 탄압이 시진핑 정부에 대한 반발을 불러일으키고 대체 정보원에 대한 더 창의적인 검색을 촉진할 수 있을지는 아직 미지수다. 중국공산당은 그들이 인터넷에 구축한 거대 방화벽을 뚫고 전 세계에서 정보를 얻어내는 중국인들의 뛰어난 능력에 직면해 있다.

점점 더 억압적으로 변해가는 시진핑 정책으로부터 직격탄을 맞는 또 다른 그룹은 법조계다. 시진핑 집권 초기에 중국 형법 및 헌법의 개혁을 지지한 죄로 수백 명의 변호사가 징역형을 선고받은 악명 높은 사건이 있었다. 사실 시진핑은 당을 국가 헌법과 국회에 종속시키는 새로운 형태의 입헌주의를 지지하는 법조계와 학계의 노력에 반대해 왔다. 이들이 벌인 운동은 장쩌민과 후진타오가 통치한 23년 동안 상당한 추진력을 얻었지만, 시진핑은 다시 한번 이에 급제동을 걸었다. 이로써 개헌에 대한 논의는 전면 금지됐으며 당은 법원, 인민 검찰원, 변호인 모두 당의 뜻에 복종하도록 하는 것만이 그들에게 필요한 법적 개혁이라고 선포했다. 법조계가 중국공산당 내부의 변화 또는 시진핑의 개인적 리더십에 반대하는 보편적인 운동을 구성할 능력을 갖추기까지는 먼 것처럼 보일 수 있다. 그러나 수십 년 동안 점진적으로 개혁을 추진해온 시진핑의 법조계 탄압은 명료하고 활동적인 법조계의 집단적 분노를 불러일으키고 있다.

마지막으로, 시진핑 정권이 새로 도입한 청년 정책이 의도하지 않은 훨씬 더 광범위한 반응을 불러일으킬 수 있다. 최근 중국 정부는 학령기 아동의 게임 시간을 제한하면서 인터넷 영역 전반에서 젊은이들의 엄청난 반발을 불러일으켰다. 이에 따라 여가를 보내는 방식에 대해 매우 다른 생각을 가진 시진핑 세대의 당 원로들과 젊은 중국인들의 세대 간 격차는 더욱 커졌다. 중국의 밀레니얼 세대는 디지털 네이티브가 되었으며(대체로 제한적인 중국의 시스템 내에서도), 중국에서 게임은 서방에서보다 훨씬 더 큰 인기를 얻고 있다. 그렇다고 해서 중국 게이머들이 모두 드러나지 않은 자유주의 개혁가라는 뜻은 아니다. 오히려 정반대다. 게임의 본질은 종종 가장 저속한 민족주의 정서에 직접적으로 호소한다. 하지만 스트레스가 많고 경쟁이 치열한 입시 시스템에서 학생들이 이용할 수 있는 몇 안 되는 창조적인 배출구 중 하나를 금지함으로써 청년들을 적으로 만드는 것이 그리 현명한 조치는 아닌 것 같다. 게다가 시진핑 정부 관리들이 신세대의 청년들을 "남자답지 못하다"라거나 "완전히 계집애 같다"라고 공격하는 것 또한 상황을 악화하는 길이다. 이는 당국이 중국의 LGBT 커뮤니티를 은밀히 단속하거나 그들이 대학 캠퍼스와 인터넷에서 주최하는 공개 행사에 대해 새로운 제한법을 시행하기 시작하면서 더 심각해졌다. 이 모든 것은 교육 시스템 전반에 시진핑 사상 입문서가 등장하면서 중국의 청년들이 선조들의 혁명적인 업적을 모방하도록 장려하는 시기에 일어난 일이다.

이러한 억압 조치 중 그 어느 것도 단독으로는 시진핑을 끌어내리지 못할 것이다. 그러나 특히 경제, 자연재해, 또는 국가안보와 관련된 여타 촉매 사건이 발생한다면, 중국 전역의 다양한 사회 집단이 시진핑의 정치적 방향에 불만을 품고 있다는 사실은 정권에 문제가 될 수 있다. 실제로 이들은 하나의 주요 사건이나 일련의 사건을 중심으로 결집함으로써 정권을 놀라게 할 수 있다. 그러므로 사회 변화를 예리하게 관찰하는 시진핑은 지속적인 사회 태도 조사뿐만 아니라 방대한 안보 및 정보 기관의 감시 보고서에 의존하며 이러한 움직임에서 발생하는 새로운 위협을 모니터링할 것이다. 시진핑의 전력을 고려할 때, 그는 이러한 움직임이 실제 문제가 되기 전 조기에 강력한 조치를 취하는 전술적 민첩성을 발휘할 가능성이 크다.

시진핑의 민족주의

시진핑이 2022년 말 국가주석직 재임에 무난하게 성공할 것이라는 게 지배적인 전망이다. 그렇다고 해서 사회 곳곳에서 부는 정치적 역풍을 무시해버리는 것만큼 어리석은 일도 없을 것이다. 정치 계급의 권리를 박탈하고 민간 부문에 새로운 압력을 가한 결과로, 정치적 역풍은 경제 분야에서 또는 탄압당한 시민 사회와 청년 그룹에서 발생한다. 위에서 언급한 바와 같이 시진핑이 역풍에 대처하는 방법은 체제에서 문제아라고 불리는 사람들에 대해 개별적인 조치를 취하는 동시에 더 강력한 규제를 도입하겠다고 위협하면서 역풍을 강하게 밀어내는 것이다.

그러나 주변의 정치적, 사회적 불안을 겨누는 시진핑의 활에는 또 다른 치명적인 결점이 있다. 바로 정치적 입지를 공고히 하기 위해 여론에 기대어 중국 민족주의를 불러일으키는 것이다. 실제로 민족주의는 당과 시진핑 개인의 정치적 정당성을 받치는 핵심 기둥이 되고 있으며, 당은 민족주의를 방대한 선전기관의 중심에 두고 있다. 이에 민족주의는 이미 위태위태한 10년을 앞둔 중국에 추가적인 위험 요소가 되고 있다. 따라서 2020년대의 중국을 생각할 때, 2022년 당대회와 시진핑 재선의 역학 관계, 중국 경제의 변동, 그리고 중국 사회에 가해지는 통제의 강화 외에도 시진핑의 중국이 점점 더 민족주의화될 것이라는 점 또한 이해할 필요가 있다. 이는 중국이 이미 복잡한 대외 관계를, 특히 미국과의 관계를 어떻게 풀어나갈 것인지에도 큰 영향을 미칠 것이다.

최근의 중국 역사에서 민족주의는 종종 양날의 검이 되고 있다. 당은 "우리도 국내 정치 여론을 관리해야 한다"라고 주장하며 외국 정부에 메시지를 보내고자 민족주의적 여론 표출을 허가하곤 했다. 하지만 호리병에서 한번 빠져나온 민족주의를 다시 병 속에 집어넣기란 여간 어려운 일이 아니다. 이 문제는 중국 선전기관이 점점 더 민족주의적 호소에 중점을 두기 시작하면서 더욱 불거지고 있다. 특히 중국의 국가적 성취에 대한 자부심이 모든 뉴스 게시판을 도배하는 중이다. 올림픽 성과는 물론이고 국제 우주 경쟁, 중국의 경제 규모, 중국 군대의 새로운 능력 등 여러 가지를 그 예로 들 수 있다. 이 모든 것은 민족주의 축하 행사를 공식적으로 승인할 명분이 되었다.

물론 중국의 민족주의 정서가 어느 정도로 강해질지는 가늠하기 어렵다. 비록 그 방법론에 있어 학문적 논쟁의 여지가 있긴 하지만, 일부 사회 태도 조사에서는 중국의 청년층에서 민족주의적 정서가 점점 더 거세지고 있는 것으로 나타났다. 그러나 평범한 중국인들의 실제 감정이 무엇이든 당은 정치 및 선전 도구로 민족주의 테마를 적극 활용하고 있다. 만일 그러한 조치들이 당의 정당성을 강화하는 데 별 효과가 없다고 판단되면 더 이상 그러한 전략을 사용하지 않을 것이다. 민족주의를 새로 강조하는 것은 시진핑이 당의 중앙 선전사업 회의에서 분명히 지시한 바이며, 당의 중심 임무는 인민이 당의 업적에 자부심을 느끼도록 하고 중국이 중국공산당의 지도하에서만 부유하고 강해질 수 있었다고 결론짓게 하는 것이다. 게다가 국가의 힘을 시진핑의 개인적 리더십과 연관시키는 것은 특히 시진핑이 추진하는 프로젝트 일부가 저항에 부딪힐 수 있는 상황에서 그의 정치적 입지를 더욱 공고히 하는 효과적인 수단이 될 수 있다.

물론 중국에서 민족 감정이 전개되는 데 주요한 촉매는 미국이다. 역사적으로 일본이 그러한 역할을 해오곤 했는데, 특히 제2차 세계대전 당시 중국에서 만행을 저지른 것이 그 예다. 그러나 한국전쟁 이후, 그리고 최근에는 트럼프 행정부와 바이든 행정부 아래 미중 관계가 틀어진 이후로, 미국은 중국의 민족주의 논쟁에서 공공연한 총알받이가 되었다. 중국의 민족주의적 태도는 미국의 약세를 주장하는 것으로 귀결되며 당이 제시한 분석의 일부를 공고히 하는 데 쓰이고 있다. 최근 몇 년간 중국의 뉴스 보도는 미국 민주주의의 역기능, (특히 트럼프 행정부가) 코로나19를 억제하지 못한 것, 그리고 2021년 8월 카불 함락 등 미국의 국력이 쇠퇴하고 있다는 징후에 초점을 맞추고 있다. 중국의 민족주의적 관점에서 이 모든 것은 서방의 전반적인 쇠퇴를 나타내며, 서방의 쇠퇴는 곧 미국의 쇠퇴를 가리키는 중국 정치의 비밀 언어이기도 하다. 중국 선전기관의 이러한 실질적인 분석과 공개 발표는 정치적 상황에 따라 강도가 달라질 뿐 앞으로도 계속될 것으로 보인다. 다만 정권의 주요 청중은 국민이며, 중국 정권의 주요 목표는 정치적 합법성을 유지하는 것이다.

시진핑 체제의 중국에서 민족주의가 필요에 따라 흥하기도 쇠하기도 할 수 있다는 점을 인정한다면, 민족주의가 평소와 달리 미국에 대해 강경한 태도를 견지하도록 당을 몰아가는 데 더 강한 힘이 될 것인지는 의문이다. 과거에도 이런 일이 일어났다는 증거는 없다. 중국의 관료 계급은 역사적으로 국내의 정치적 충동에 휩쓸리지 않을 만큼 매우 강했기 때문이다. 그러나 모든 정책 분야와 마찬가지로, 국제 정책 결정의 중심이 점차 당 중앙과 시진핑의 개인 사무실로 이전됨에 따라 중국의 전통적인 외교 정책 수립 능력은 그 어느 때보다 약해졌다. 따라서 중국인들의 민족주의 정서는 국내의 정치적 합법성을 구축하는 도구로서 과거보다 더 큰 역할을 할 가능성이 크며, 이는 고전적인 외교 정책 논리에 반하는 경우가 많을 것이다. 중국의 외교 정책이 단순히 국내 정치를 홍보하는 대안적 수단이 되고 있다고 말하는 것은 너무 성의 없는 표현일 수 있다. 당은 중국 외교 정책 수립의 새로운 역동성을 보여주는 근본적인 민족주의 정서에 점점 더 자주 호소함으로써 국내에서 정치적 합법성을 지속해서 추구하고 있으며, 이러한 외교 정책의 결과에 대해 비판적 질문을 던지는 목소리들이 점점 더 커지고 있다.

앞서 논의한 바와 같이, 중국공산당에는 마르크스-레닌주의 이데올로기, 경제적 번영, 중국 민족주의(중국 고전 전통에서 선별적으로 발췌한 내용도 포함된다)라는 정치적 합법성의 근본적인 세 원천이 남아 있다. 세 원천이 모두 원활하게 작동한다면 당의 전반적인 정당성은 강화될 것이다. 하지만 당이 총력을 기울임에도 불구하고 현실은 그렇게 녹록지 않다.

첫째, 마르크스-레닌주의가 당내에서 정당화와 규율의 도구로서 아무리 강력할지라도, 이데올로기 자체가 당이나 지도자의 장기적인 정치적 입지를 장기적으로 편안하게 유지할 만큼 충분히 합법적인 힘을 제공하지는 못할 것이다. 둘째, 어떤 이유로든 앞으로 10년간 경제적 번영이 위태로워진다면 시진핑으로서는 정치적, 사회적 통제를 유지하기 위해 강압으로 되돌아갈 수밖에 없을 것이다. 셋째, 당의 합법성을 뒷받침하는 이데올로기적, 경제적 기반이 모두 무너졌을 때 만약 민족주의가 효과적으로 활용된다면, 향후 중국 정치에서 가장 중요한 정당화 동력이 될 수 있다. 더욱이 정권 입장에서는 민족주의를 이용한다면 효과적으로 정치적 통제력을 유지하는 데 필요한 강압적인 조치를 (완전히 제거하지는 못하더라도) 줄일 수 있다.

따라서 시진핑이나 중국공산당 지도부가 경제 실패의 책임으로 국내에서 심각한 압박을 받고, 애초에 (당의 통제력 강화로 복귀함으로써) 경제 쇠퇴를 불러오는 결정을 내리도록 만든 이데올로기적 실패가 더해진다면, 민족주의는 당의 정당성 확보에 쓰일 유일한 정치적 카드가 될 것이다. 정말로 중국의 경제가 무너질지는 알 수 없다. 확률을 따져보고 시진핑 경제팀이 과거 위기(2008년과 2015년)에 대처한 전례를 고려해보면, 중국은 위기를 헤쳐나갈 가능성이 크다. 이러한 상황에서 시진핑처럼 정치적으로 강력하고 이념적으로 확고한 지도자와 경쟁하는 것은 과거보다 더 큰 문제가 될 수 있다. 게다가 그는 언제라도 민족주의 카드를 꺼내들 수 있다.

이것이 바로 앞으로 10년 동안 나타날 역학 관계다. 민족주의는 향후 중국 정치 엘리트들이 미국에 대응하는 방식을 바꾸고, 잠재적으로 더 불안정하게 만들 것이다. 따라서 중국의 외교 정책은 미국의 눈에 과거처럼 합리적으로 보이지 않을 것이다(즉, 서방에서 중국의 이익이라고 정의한 것을 합리적으로 추구하지 않을 것이다). 그리고 과거처럼 예측이 가능하지 않을 수도 있다. 따라서 중국의 민족주의는 2020년대 미중 관계에서 다분히 위험한 와일드카드로 새로이 떠오르고 있다.

결론

2020년대를 내다볼 때, 이변이 없는 한 시진핑은 2027년은 물론 그 이후에도 중국의 최고 지도자로서 우리와 함께하게 될 것이다. 또한 정치적 반대와 경제의 불확실성, 잠재적으로 문제가 될 수 있는 다양한 사회 운동에도 불구하고 그는 이데올로기적이고 강압적인 통제 도구를 사용해 지배적인 위치를 유지할 것이다. 설사 그러한 방법들이 실패하더라도 중국의 민족주의는 시진핑의 권력 장악을 위한 강력한 선전 도구로 남아 있을 것이다.

그러나 이미 살펴본 바와 같이, 민족주의는 전반적인 미중 관계에서 이미 새로운 문제로 대두되고 있다. 예를 들어 중국의 최고 외교 정책 고문인 양제츠가 2021년 3월 앵커리지에서 전한 공개 발언은 바로 이 민족주의 청중을 대상으로 한 것이었다. 앤서니 블링컨 국무장관에 대한 양제츠의 열정적인 강연은 미국 청중을 위해 고안된 것이 아니다. 중국 청중을 위한 강연이었으며, 더 구체적으로 말하자면, 시진핑 체제 하의 중국 정치에서 활기를 띠고 있는 민족주의적 역학을 다루기 위해 고안된 강연이었다.

이 책에서 지금까지 살펴본 모든 요인이 2020년대 실제 미중 관계의 지정학적 역학 관계 속에서 서로 어떻게 결합하는지는 살펴볼 필요가 있다. 이는 양국의 복잡한 역사, 서로의 정책에 대한 깊은 인식, 시진핑이 바꾼 중국공산당의 공식 세계관, 지금까지의 시진핑에 대한 미국의 전략적 대응, 향후 10년간의 중국 정치와 경제 전망 등을 통합하는 것을 의미한다. 다음 장에서는 앞으로 10년이 어떻게 전개될지를 이해하는 데 있어 그 틀이 되어줄 여러 구체적인 시나리오에 대해 간략히 설명할 것이다. 이어서 마지막 장에서는 우리 모두가 직면한 실질적인 과제, 즉 미중 간 위기와 무력 충돌의 위험이 고조되고 있는 상황에서 파국적인 전쟁 발발의 가능성을 줄여줄 공동 전략 틀(관리된 전략 경쟁)을 수립해가는 방법에 대해 다룰 것이다.

미중 관계의 미래 시나리오

위태위태한 10년..

그렇다면 이처럼 위태로운 10년 동안 무슨 일이 일어날까? 중국의 군사력 증강, 시진핑 장기 전략의 광범위한 윤곽, 전략적 경쟁의 심화 등 미중 관계에 작용하는 고정 요인은 비교적 명확할 수 있다. 하지만 변수는 여전히 방대하다. 가장 중요한 변수는 바이든이 이끄는 미국 전략의 내용과 연속성, 실행 여부, 그리고 2024년과 2028년 대선에 걸친 정치적 장기 지속 가능성이다. 또한 이 전략이 트럼프 트라우마 이후 국내에서 군사력과 경제력을 재건하고 해외에서 동맹을 되찾는 데 얼마나 효과적일지도 의문이다.

예측할 수 없는 제3국의 변수도 있다. 한 예로 2021년 1월 트럼프 행정부 말기에 EU 집행위원회가 중국과 새로운 투자 조약을 체결하기로 한 것을 들 수 있다. 또한 2020년 10월 미국의 주요 아시아 동맹국들이 미국과 인도를 제외한 채 중국과 역내포괄적경제동반자협정RCEP에 참여하기로 한 것도 같은 맥락이라고 볼 수 있다. 이 두 가지 상황은 미국이 중국 경제의 장기적인 유혹에 맞서 여전히 어려운 과제를 안고 있음을 시사한다. 바이든 행정부가 출범하기 전에도, 거대 경제 국가인 중국이 글로벌 시장에서 발하는 중력은 시진핑의 예측대로 저항할 수 없는 힘처럼 보였다. 반면, (중국이 신장 정책에 반대한 EU 의원들을 협박한 것으로 인해) 2021년 5월 유럽의회가 중국과의 투자 조약 비준을 거부한 것은 정치적으로 중국의 외교 및 경제 관계가 얼마나 불안정해졌는지를 보여준다. 사실 이 책 전반에서 언급된 중국의 성장 모델에도 문제가 있긴 하다. 민간 부문을 상대로 시진핑이 당의 통제권을 재확립하려 하면서 중국 기업의 신뢰 지수가 하락하고 있는데, 이것이 중국의 장기적인 경제성장에 어떤 영향을 미칠지는 아직 알 수 없다. 그러나 오랫동안 세계에서 지정학적 패권을 주장해온 중국의 근본적인 국내 경제 기반을 무너뜨릴 가능성은 다분하다.

따라서 신뢰할 수 있는 시나리오 하나만으로 2030년까지 미중 관계가 어떻게 변할지 예측하는 것은 위험하다. 미래를 예측하는 가장 좋은 방법은 다양한 가정에 기초한 잠재적 시나리오를 개략적으로 설명하고 향후 몇 년간 각 시나리오하에서 발생할 가능성이 큰 결과에 대해 일부 지표를 제공하는 것이다. 이는 적어도 오늘날 정책 입안자들이 앞으로 닥칠 거센 파도를 헤쳐나가는 데 있어 주의할 점에 대한 지침을 제공할 수 있다.

시나리오 1.
미국이 군사 개입을 하지 않기로 결정하자
중국이 무력으로 타이완을 점령하다:
미국의 "뮌헨의 순간"

이 시나리오에 따르면, 시진핑은 타이완 독립파의 도발 여부와는 상관 없이 2020년대가 끝나기 전에 타이완 문제에 대한 군사적 해결책을 마련하기로 결정한다. 그 정치적 동기로는 2024년 타이완 대선 이후 타이완 내 정치의 급격한 변화, 제21차 또는 제22차 당대회(각각 2027년 과 2032년)를 앞두고 최고 지도자로서 지속적인 지위를 확보하려는 시진핑의 욕구, 또는 미국의 무력 개입 위험이 최소화될 정도로 타이완 내 정치가 구조적 혼란에 빠지는 상황 등을 들 수 있다.

중국이 타이완에 취할 수 있는 군사적 또는 준군사적 전술은 최근 몇 년간 중국이 보여준 위게임 패턴과 일치할 수 있으며, 다음 중 하나 이상을 포함할 것이다: 타이완 내에서 국내 반란을 조직(중국에 부정적인 타이완의 여론을 고려할 때 단독으로 성공할 가능성은 적지만)한다. 타이완의 민간 또는 군사 인프라에 대한 대규모 사이버 공격을 감행한다. 타이완에 조건을 요구하기 위해 타이완 연안에 있는 섬 중 하나 또는 여러 개를 군사적으로 점령하여 경고한다. 타이완 경제를 봉쇄한다. 타이완 군대에 대한 선제 장거리 공격 또는 본토에 대한 전면적인 공중 및 수륙 양용 공격을 가한다.

시나리오는 미국의 군사적 대응이 미미하며 동맹국의 대응은 존재하지 않는다고 가정한다. 이 경우 서방은 통상적으로 무역, 투자, 금융 제재를 가함으로써 대응하겠지만, 제재를 예측한 중국은 충격을 완화하기 위한 비상 계획까지 이미 수립해놓은 상태다. 시나리오대로라면 달러화의 힘이 약해지고 달러화 중심의 국제 시스템을 이용하는 미국의 징벌적 금융 제재 능력도 약화되어 있을 것이기에, 이를 버텨낼 만반의 준비를 갖추는 것도 그런 계획에 포함된다. 중국의 지도자들은 2020년에 홍콩에서 이런 일이 일어날 것을 우려했지만 현실화되지는 않았다. 중국은 선진국 등 점점 더 많은 회원국을 교섭해 UN안전보장이사회와 총회에서 입지를 확보해나갈 것이며 UN은 이에 침묵할 것이다. UN은 타이완 문제가 중국 국민이 해결해야 할 내부 문제라고 결론 내릴 것이며, EU에서는 특히 영국의 탈퇴 후 독일과 프랑스가 중국-타이완 문제에 대해 지정학적 양면성을 보이며 중립을 유지할 가능성이 크다.

미국의 지정학적 지위와 국제 사회에서의 도덕적 권위는 약 75년 동안 사실상의 동맹국이었던 작지만 활기찬 민주주의 국가를 방어하지 못함으로써 무너져내릴 것이다. 미국의 조약 동맹국들은 미국의 안보 보장을 불신하게 될 것이며, 이는 본래 글로벌 강대국이었던 대영제국이 사실상 종말을 고했던 것처럼, 미국의 "뮌헨의 순간"으로 간주될 것이다.

그러나 이 시나리오에서 중국이 직면한 문제는, 정교한 기술과 무기 그리고 중국공산당에 대한 깊은 적대감을 갖고 산악 지형의 섬에 사는 2500만 명의 인구를 통제하기 위해서는 군사작전에 잔인성이 수반될 수밖에 없다는 점이다. 중국의 타이완 점령은 티베트에 가해진 폭력과 신장에서 취해진 조치도 비교적 평화롭게 보이게 만들 것이며, 그렇게 타이완은 남은 21세기 동안 국제 여론의 재판장에서 중국에 아픈 상처가 될 것이다. 중국이 국제 사회에서 여태껏 유지하고 있던 도덕적 권위도 무너질 것이다. 결국 정당하면서 효과적으로 힘을 발휘하는 국제기구는 헛된 꿈에 불과하다는 것을 깨달은 세계는 글로벌 규칙기반질서가 무너진 전근대적 시대로 돌아갈 준비를 해야 할 것이다.

시나리오 2.
미국이 타이완에서 중국군을 물리치다:
제2의 미드웨이

중국은 타이완에 공격을 감행할 경우 미국이 전면적으로 대응할 가능성은 거의 없다고 본다. 그러나 전략적으로 신중을 기하는 인민해방군은 두 번째 시나리오에 대해서도 적극 대비할 것이다. 미국과 중국의 워게임에 대한 공개 보고서는 미국이 실제로 그러한 전쟁에서 결정적으로 "승리"할 가능성은 다른 대안들보다 적다고 전망한다. 그러나 이 시나리오에는 그러한 "승리"를 어떻게 명확히 규정해야 하는지에 대한 문제가 남아 있다. 즉, 타이완해협에 배치된 모든 중국군 자산의 "패배", 타이완에 대한 중국의 (준)군사적 행동 중단, 타이완에서의 중국군 철수, 시진핑 체제의 붕괴, 또는 그러한 극적인 군사적 실패로 국내에서 정치적 정당성을 완전히 잃어버린 중국공산당 정권 자체의 붕괴 등 여러 방식으로 승리를 규정할 수 있다.

이들 각각의 가능성은 중국군의 핵심 지휘 시스템을 무력화하지 않고도 미국이 어떻게 중국을 물리칠 수 있을지와 같은 더욱 다양한 상황의 대비책을 요구한다. 그러려면 베이징 중앙군사위원회와의 통신 라인을 적어도 부분적으로는 차단해야 하는데, 이는 사태를 급격히 전면전으로 확대시킬 위험이 있다. 그렇게 되면 핵 대결 위협 등 대규모 재래식 전쟁으로의 확전이라는, 생각만 해도 끔찍한 난관에 직면한다.

이 시나리오의 결론은 이렇다. 타이완에서 승리한다는 데에 중국 내부 정치적으로 1949년 이래 가장 큰 판돈이 걸릴 것이며 당의 최우선 과제가 항상 권력 유지라는 점을 고려할 때, 민족주의자들의 지지를 유지하고자 하는 시진핑은 미국과의 군사적 충돌이 한번 시작되면 이를 확대할 가능성이 크다는 것이다. 또한 중국은 미국의 군사적 개입에 대한 한국, 베트남, 이라크, 시리아, 아프가니스탄의 여론을 자세히 살피는 동시에, 해외 전쟁에 대한 미국 대중의 욕구가 억눌려 있다는 것도 깊이 인식하고 있다. 한국전쟁 당시 미군은 지상군을 중국에 투입시키는 대신 교착 상태에서 철수하기를 원한 적이 있는데, 시진핑은 이런 주한 미군에 맞서 어떤 조치를 취할 수 있는지 연구하고 있다. 따라서 그는 중국이 쓸 수 있는 모든 수단을 동원해 타이완해협을 둘러싼 미국과의 전쟁을 최대한 길게 끌고 많은 비용을 강요하는 한편, 중국 내에서는 민족주의 정서를 결집하고 현장에서의 군사적 패배를 은폐하는 효과적인 국내 정치 내러티브를 개발하고 퍼뜨릴 가능성이 크다. 시진핑은 만약 중국의 타이완 침략 전쟁에서 미국이 승리하거나 타이완이 베이징의 손아귀에서 벗어나는 교착 상태가 발생한다면 자신의 리더십에 치명상이 될 수도 있다는 것을 누구보다 잘 알고 있다. 타이완을 중국 영토로 되돌리려는 시진핑의 정치적 사명과 임무는 마오쩌둥 이후의 그 어떤 전임자보다 더 큰 비중을 차지하고 있기에, 만약 이 작전이 실패할 경우 그는 엄청난 정치적 대가를 치르게 될 것이다.

시나리오 3.
중국의 타이완 침공에 개입한 미군이 패배하다:
미국의 워털루 전투

위에서 언급한 바와 같이, 현재의 세력 균형과 가장 최근에 발표된 양측의 워게임 보고서에 따르면, 중국의 타이완 침공에 맞서 미국이 대규모 군사 개입에 나설 경우 현재로서는 미국이 질 확률이 더 높다. 미 국방성과 군사 싱크탱크 랜드연구소에서 정기적인 시뮬레이션을 실행하는 분석가 대부분은 중국이 타이완, 오키나와, 괌에 있는 타이완과 미국의 항공기, 선박, 인프라를 겨냥해 대규모 미사일 공격을 퍼붓는다면 미국의 미사일 방어 시스템을 압도할 거라는 시나리오를 내놓았다. 특히 랜드연구소 분석가들은 미국이 "엄청난 수준"의 손실을 입을 것이라 예상하며, 기지 인프라가 파괴되면 이 지역에 전력을 투사하는 것이 "기하급수적으로 어려워질 것"이라고 말한다. 만일 미국의 공격용 잠수함이 이에 대응할 수 있을 정도로 타이완에 근접해 있다면 유리할지도 모른다. 하지만 중국 공수부대와 헬기부대의 기습 공격에 이어 약 22만 명의 인민해방군 상비군을 타이완의 15~20개 해변에 상륙시키는 중국의 수륙양용함대에 맞서게 된다면, 그 잠수함마저 함정 몇 척을 침몰시키는 게 전부일 것이다. 그 결과에 대해 미 국방부 차관보를 거쳐 현재 랜드연구소 소속인 데이비드 오크마넥은 "블루팀"*이 "수년 동안 궁지에 몰릴 것"이라고 말했다. 일반적으로 타이완군은 훈련도와 무기가 부족하고 조직이 빈약하다고 간주되기에 미국은 불과 1~2주 만

---

* 미국 정치계에서 중국에 대한 강경책을 선도하는 비공식 모임.

에 상당한 병력을 투입할 것이며, 이로써 그들은 중국 본토를 공격하지 않고는 타이완을 방어하기 어렵다는 사실을 알게 될 것이다. 최근의 워게임 결과는 지난 20년간 중국이 미국과의 군사력 격차를 좁히는 데 상당한 전략적 성공을 거둔 점, 괌이나 호놀룰루 혹은 워싱턴에서 전쟁을 치르는 것과 달리 타이완 시나리오에 가장 적합한 무기 시스템에서 중국이 수적 우위에 있다는 점, 그리고 지리적 근접성이라는 중국의 압도적 이점을 강조하고 있다.

그러나 이 시나리오는 중국에도 실질적인 위험을 초래한다. 중국이 군사적 성공을 거두기 위해서는 괌 등의 주요 미군 기지를 타격해야 하는데, 이는 미국의 주권 영토에 대한 공격으로 여겨질 수 있기 때문이다. 그렇게 되면 결국 타이완 분쟁을 서태평양의 전면전으로 전환하면서 미국의 대규모 군사 행동을 유발하고 일본 등 미국의 아시아 조약 동맹국(특히 오키나와 주둔 미군도 공격받을 가능성이 높다는 점을 고려할 때)을 참전하게 만들 수도 있다.

미국은 핵선제불사용 원칙(재래식 전쟁에서 패배 가능성이 있더라도 핵무기를 사용하거나 사용하겠다는 위협을 허용하지 않는 원칙)을 고수하지는 않지만, 역사적 증거를 봤을 때 미국이 실제로 핵무기로 대응할 가능성은 희박하다. 미국이 핵 보복의 위험이 거의 없던 1950년대 한국, 베트남, 타이완해협 위기에서 핵무기를 사용하지 않았다면, 그때보다 확전의 위험이 훨씬 더 큰 2020년대 타이완에서는 더더욱 핵을 사용하지 않을 것이다.

이 시나리오에서 어떤 식으로든 중국군이 미군을 패배시킨다면 결론적으로 아시아를 넘어 전 세계를 향해 미국의 종말을 알리는 신호가 될 것이다. 그러면 미국의 군사력이 더 이상 차세대 글로벌 초강대국에 효과적으로 대응할 수 없다고 판단한 미국의 조약 동맹국과 안보 파트너들이 중국과 다양한 수준의 전략적 협력을 모색하려 할 것이다. 이에 따라 시진핑은 동중국해, 남중국해, 인도에 대한 미해결 영유권을 더 대담하게 주장할 것이다. 역사적으로 중국의 안보를 유럽이 아닌 아시아의 문제로 간주하면서 중국에서 경제적 이익을 극대화해오던 유럽은 중국을 향한 장기적인 전략적 표류의 입장으로 재빨리 돌아갈 것이다. 실제로 중국이 러시아가 아닌 독일, 프랑스, 벨기에를 주요 파트너로 보고 있다는 점을 고려할 때, 유럽은 중국을 러시아에 대한 최고의 장기적인 전략적 카드로 여길 수 있다. 러시아는 대담하고 자신감 넘치는 중국이 차르 시대에 빼앗겼던 영토를 되찾으려 할지도 모른다는 불안감을 가질 것이다. 이 시나리오에서 세계는 조약 동맹국과 파트너 대신 중국을 기반으로 하는 글로벌 질서로 빠르게 끌려갈 것이며, 이와 더불어 글로벌 기관들은 중국의 이익과 중국적 가치에 점점 더 순응할 것이다. 미국이 타이완에서 당한 패배는 시간이 지남에 따라 미국의 워털루 전투로 간주되어, 새롭고 불확실한 중국의 세기가 시작됨을 알릴 것이다.

시나리오 4.
타이완을 둘러싼 군사적 교착:
새로운 한국식 교착 상태

이는 시나리오 2의 연장으로, 대규모 사상자와 손실을 동반한 일진일퇴의 전투를 3년 이상 장기적으로 벌였던 한국전쟁을 참고한 것이다.

미군에 대한 중국의 공해 접근 거부 전략은 해양에서 더 큰 영향력을 미치기에, 교착 상태가 어떤 모습일지는 예측하기 어렵다. 그러나 일부 군사 이론가는 미국이 유사한 원거리 지역 제압 무기(장거리 대함 및 대공 미사일과 같은)에 계속해서 투자한다면 이 지역의 해면과 영공이 무인 지대로 전락해 제1차 세계대전의 참호전과 유사한 해상전이 만들어질 수 있다고 주장한다.

그럼에도 공산당에게는 생존이라는 정치적 명제가 있기에 패배를 공식적으로 인정하지 않을 것이다. 한 세기에 걸친 역사 동안 여러 차례 위기를 겪어온 혁명군으로서 풍부한 경험을 갖춘 중국공산당은 일단 전략적 상황이 바뀌면 다시 전열을 가다듬고 전투를 계속할 것이다. 게다가 대규모 전장에서 승리할 필요가 없는 게릴라전으로 성장해온 중국군은 시간이 갈수록 적을 지치게 만들 수 있다. 따라서 중국에 있어 군사적 교착 상태는 비록 바람직하지는 않지만 받아들일 수 있는 결과다. 그러나 공산당이 살아남는다 해도 그러한 위기 상황에서 시진핑이 오래 살아남으리라 보기는 어렵다. 반면 미국은 처지가 다르다. 특히 아프가니스탄과 이라크에서의 뼈아픈 경험으로 인해 미국의 정치 시스템과 문화는 한번 문제를 마주하면 완전히 마무리 짓는 쪽으로 향하게 되었으며 모호한 상황이나 장기적인 분쟁을 견디기 힘들어졌다. 하지만 미군 지휘관들은 중국의 완전한 승리를 막을 장기적이고 가벼운 수준의 무력 충돌(중국 주요 선박을 봉쇄하는 등)을 일으킬 수 있을 것으로 보인다.

시나리오 5.
미국과 타이완이 함께 중국의 타이완 침공을 저지할 경우:
미국의 관점에서 최상의 시나리오

미국과 현 타이완 정부 모두에게 가장 좋은 시나리오는 미국과 타이완이 경제력과 기술력, 군사적 대비, 외교적 결합을 통해 중국의 타이완 점령 시도를 성공적으로 억제하는 것이다. 이는 미국이 코로나19 이후 경제를 다시 일으키고 군에 막대한 재정을 지원함으로써 타이완해협을 가로지르는 공해상에서 미국의 지배력을 재확인할 수 있는지에 달려 있다. 또한 타이완은 본토의 공격이나 내부 전복에 맞서 탄탄한 국가적 억지력을 제시하기 위해 무기를 확보하고 훈련을 실시하며(필요한 경우 미국 무기 판매의 지원도 받으며), 사이버 및 민간 방어를 고도화해야 할 것이다.

이러한 시나리오가 실현되려면 타이완의 대중 외교가 더 능숙해져야 하며, 민주주의 체제와 절대적인 정치적 자율성을 유지하면서도 중국과 새로운 형태의 장기적인 관계를 맺을 가능성을 모색할 수 있어야 한다. 또한 중국은 국가적 하드파워* 사용에 제약이 있음을 깨달아야 한다. 이러한 제약에는 중국의 경제성장이 둔화되는 것, 사회 균형을 유지하는 데 필요한 국내 지출의 우선순위에 밀려 미래 국방 예산이 제한되는 것, 그리고 미국이 개발한 획기적인 군사 신기술에 보조를 맞추지 못하는 것 등이 포함될 수 있다.

그러나 또 다른 가능성도 있다. 미국과 타이완은 중국의 침공을 저지

---

* 군사력이나 경제적 제재 등으로 외교적 목적을 달성하는 능력.

하는 데 성공하더라도, 타이완의 주요 인프라를 무력화하는 포괄적인 사이버 공격을 막는 데는 실패할 수 있다. 이는 결국 미국과 타이완이 그러한 시나리오 안에서 전면전으로의 확대를 피하면서도 중국에 어떻게 보복할 수 있을지에 대한 문제로 이어질 것이다. 따라서 이 시나리오에서 성공적인 억지 전략은 물리적 무력 공격이나 상륙 공격, 침공, 점령뿐만 아니라 타이완에 대한 모든 군사적, 준군사적 행동까지 막는 것이다.

시나리오 6.
중국과 미국이 남중국해에서 국지전을 벌이는 경우:
또 하나의 통킹만 사건

이를 의도하진 않겠지만, 남중국해에서 미중 간의 해군 함정 충돌로 국지전이 발생하는 것은 가능성이 가장 큰 시나리오 중 하나다. 실제로 최근 몇 년 사이 중국 해군 지휘관들이 미국 구축함 근처에서 전속력으로 기동하다 충돌을 일으킬 뻔한 적이 여러 차례 있다. 이때마다 미국 함정은 충돌을 피하고자 항로를 변경했지만, 그러한 충돌이 다시 발생하지 않으리란 법은 없다. 미국은 오바마 시절부터 해상에서의 충돌 사고를 피하고 관리하고자 양국 간의 군사 프로토콜을 시행해왔지만, 앞으로 일어날지 모를 충돌(특히 선박 침몰 또는 인명 손실과 관련된 충돌)은 더 넓은 지역에서 전투원 간의 확전으로 이어질 수 있다.

두 번째 가능성은 중국 선박이 남중국해에서 항행의 자유 작전을 수행하는 미 동맹국의 해군 함정을 고의로 들이받거나 다른 방식으로 공격하는 것이다. 『환구시보』와 같은 중국의 비공식 매체들은 이미 호주 해군 함정에 이런 일이 발생할 수 있다고 위협한 바 있다. 그러한 공격 은 미국이 아시아 동맹국들과 맺은 공식적인 방위조약에서 상호 원조 조항을 발동할 가능성이 크지만, 중국은 이것이 미국 해군 함정을 직 접 공격하는 것보다는 덜 위험하다고 여길 수 있다. 게다가 이러한 공격 은 피해 함정이 사고의 고의성을 증명하기 힘들 정도로 모호할 수 있 기에(혹은 일이 커질 것을 고려해 증명을 원하지 않을 수도 있다), 미국이 보 복에 나서기가 더 어려워질 수 있다. (2001년 남중국해에서 발생한 EP-3 사건처럼) 중국 군용기가 미국 또는 동맹국 항공기와 충돌하는 등 공중 에서도 유사한 상황이 벌어질 수 있지만 이는 실제 사고일 가능성이 훨씬 더 크다.

남중국해에서 영유권을 더 확고히 주장하기 위해 회색 지대에서 활 동하는 중국 해안 경비대와 세관, 어업 및 정보 선박 수가 급증하면서, 향후 이러한 해양 사고가 발생할 가능성은 점점 더 커지고 있다. 실제 로 이 지역에서 이러한 활동을 하는 중국 선박들은 한 번에 수백 척씩 움직이는데, 이는 해상에서 사고가 발생할 확률이 기하급수적으로 증 가하고 있다는 뜻이다. 베트남에 이어 중국과 가장 크게 영유권 분쟁을 겪고 있는 필리핀처럼 미국의 조약 동맹국도 사고를 당할 수 있다(이들 국가에게는 중국의 영유권 주장이 실질적으로 현지 어업에서 중요한 지역을 중심으로 하는 경우가 많기 때문이다). 필리핀 선박은 이러한 중국의 행동 에 대응하는 데 있어 중국 해군과의 해상 조우 프로토콜을 사용하는 미 해군의 제지에 응할 것 같지 않다. 2021년 은퇴 의사를 밝힌 중국 친 화적인 두테르테 대통령을 대신해 2022년 필리핀 대선에서 반중 포퓰 리스트가 승리한다면 필리핀과 중국 간의 대립은 더 심해질 것이다.

중국이 남중국해에서 더 많은 "섬"을 메운다거나 이미 건설한 일곱 개의 섬을 추가로 군사화하는 활동을 재개한다면 또 다른 가능성이 발생한다. 중국의 마지막 매립활동은 바이든이 부통령으로 재직하던 오바마 대통령 시절에 시작되었으며, 중국은 미국의 별다른 군사적 저항 없이 일을 마칠 수 있었다며 기뻐했다. 중국이 다시 한번 선을 넘으려 할 수 있겠지만, 그 후 워싱턴의 대중 정치 환경이 급격히 변화한 것을 고려했을 때, 앞으로는 미국이 군사적으로 대응할 가능성이 매우 크다.

이러한 모든 하위 시나리오에서 중요한 점은 사건 자체를 넘어 그 궤적과 결과가 모두 불확실하다는 것이다. 앞서 언급한 대로 오바마 행정부가 공중 및 해상 충돌 관리에 대해 중국과 협정을 맺은 것은 이러한 불확실성을 해결하기 위한 노력이었다. 하지만 이는 양국의 정치적 관계가 그나마 안정적이었기에 가능한 일이었다. 이제 더 이상 그런 상황은 오지 않는다. 게다가 이러한 사건 중 하나라도 무기 시스템 배치 등의 확전으로 이어진다면, 남중국해에서 작전을 수행하는 전투원들 간의 군사적 충돌은 차단할 수 있겠지만, 전쟁을 양측의 통합 전구戰區 지휘 구조 아래 엄격히 제한시키기는 힘들 것이다. 양국에서 발생할 민족주의 정서와 모든 정치적, 군사적 변수는 이러한 갈등을 억제하기보다는 확대하는 방향으로 이끌 것이다.

시나리오 7.
동중국해 영유권을 둘러싼 중국 대 일본 및 미국의 갈등

이 시나리오에서는 동중국해 센카쿠열도에 대해 영유권을 주장하는 두 국가, 중국과 일본이 직접적인 전투 주체가 된다. 그러나 미국은 이미 센카쿠열도에서 분쟁이 발생할 경우 일본과의 상호방위조약이 가동될 것이라고 공개 선언한 바 있다. 따라서 중국과 일본 사이에서 발생하는 모든 선박 및 항공기 충돌 사건은 특히나 더 위험하다. 확전의 위험은 현실적이고 즉각적이다. 만약 미국이 중국과의 전쟁에서 일본을 군사적으로 지원하지 못한다면 이는 자동으로 미일방위조약의 파기를 예고하는 것이며, 일본은 상대적으로 제한되어 있던 군사비를 빠르게 늘리거나 중국에 대한 유일한 효과적인 장기 안보 보장책으로 자체적인 핵 억지력 확보를 논의할 수 있다.

중국은 미국의 개입이 없는 상황에서도 현 일본의 군사력, 특히 해군력을 경계하고 있다. 중국공산당이 오랜 적국인 일본과의 전쟁에서 압도적 승리를 거두지 못한다면 정치적으로 치명적인 결과를 초래할 수 있기 때문이다. 한때 일본과 그 해군에 의해 굴욕의 세기를 보냈던 중국이 또다시 그들 손에 패배하는 것은 강대국으로 부활했다는 수십 년간의 승전주의 선전과 대치되면서 당의 정당성을 무너뜨릴 수 있다. 따라서 일본의 해군 및 공군력 확대는 상호방위조약에 따른 미국의 군사 개입이라는 실질적 위험과 결합해 이 지역에 대한 중국의 선제적 군사 행동을 효과적으로 억지할 수 있을 것이다.

그럼에도 해군과 공군, 해안 경비대 등에 대한 중국과 일본의 배치 범위 및 강도는 계속해서 더해가고 있다. 그 규모는 남중국해의 미중 간 군사 배치 규모보다 훨씬 더 크다. 한편 센카쿠열도 인근에서 일본 영해를 침입하는 중국 선박의 수가 빠르게 늘고 있다. 2012년 이전에는 사실상 0척이었던 것이 2018년에는 67척, 2020년에는 총 88척이었으며, 2020년 11월에 이르러서는 중국 해경 함정이 일본 인접 수역으로 진입해 연속으로 283일 운항하는 신기록을 세우기도 했다. 일본 관리들은 중국과 일본이 외교적 교전 상태임에도 불구하고 중국의 이러한 행동 패턴이 계속되고 있다고 강조한다.

중국의 전략가들은 동중국해보다 타이완과 남중국해를 영유권 주장의 우선순위에 둘 수 있겠으나, 센카쿠열도는 여전히 중국 전략 문헌에서 중국의 핵심 이익 중 하나로 언급되고 있다. 중국에 가장 이상적인 것은 타이완과 남중국해에서 미국이 행사하는 힘의 한계가 입증될 때까지 일본과의 동중국해 문제는 시간을 갖고 기다리는 것이다. 단, 이는 타이완과 남중국해라는 두 지역에서 미국이 전략적으로 실패하면 동중국해 지역에서 싸우려는 일본의 정치적 결의도 자연스레 사그라들 것이라는 앞의 가정에 기반한다. 그러나 국제 관계의 역사를 보면 문제가 그렇게 깔끔하고 순차적으로 해결되는 경우는 드물다.

중국은 전략상 여러 전선에서 동시에 도발적 사건을 일으키려 하지 않는다. 하지만 2020년 중국이 국내(신장, 내몽고, 홍콩)뿐 아니라 모든 분쟁 지역(동중국해, 남중국해, 타이완해협, 인도 국경)에서 전략적 활동에 박차를 가한 것에 대해서는 우리 모두 경각심을 가질 필요가 있다. 실제로 2020년의 경험은 중국 정치와 지정학에 한층 더 근본적인 요인이 작용하고 있음을 시사한다. 즉, 만약 중국 당국이 국내 입지가 위태롭다고 판단한다면(2020년 상반기에 코로나19 때문에 그랬던 것처럼), 그들은 본능적으로 중국의 전략적 의지가 어떠한 내부 정치적 압력에도 흔들리지 않을 것이라는 메시지를 세계에 전달하기 위해 해외에서 힘을 과시할 것이다.

20세기에 형성된 중국과 일본 간의 오랜 악감정이 양측의 원초적인 민족주의를 촉발할 수 있다는 점을 고려할 때, 역사는 두 나라 사이에서 발생하는 어떠한 사건도 정치적으로 급격하게 확대될 수 있음을 시사한다. 단순히 외교적 차원에서만 본다면 동중국해에서의 중일 갈등은 비교적 잘 관리되고 있기에 타이완이나 남중국해에 비해 미국이나 서방의 관심을 덜 받는 편이긴 하다. 그러나 이 시나리오에서 말하고자 하는 핵심은 동중국해가 본질적으로 불안정하다는 사실이다. 만약 동중국해에서 전쟁이 일어난다면 세계 3대 경제 대국이 개입할 가능성이 크다. 그 전쟁이 전 세계에 미치는 영향은 가히 엄청날 것이며, 아시아 경제는 10년간 침체기를 겪을 것이다.

시나리오 8:
북한을 둘러싼 미중 갈등

2018년 싱가포르 정상회담에서 드러난 트럼프와 김정은의 보여주기식 외교로 북핵 프로그램에 대한 국제 언론의 관심이 시들해졌지만, 그렇다고 북한 문제가 근본적으로 해결된 것은 아니다. 또한 중공군이 미군과 싸운 것은 한반도에서 단 한 번뿐이었는데, 당시 중국은 국경 근처까지 다가온 미군 때문에 자국의 안보가 위태로워졌다고 판단했다. 영토를 위협할 수 있는 적에 대한 고질적인 신경통에 시달리고 있는 중국의 관점에서는, 한반도와 관련해 고려해야 할 불변의 전략적, 지리적인 원칙이 있다. 이러한 관점은 한반도가 고대 유교 문화권에 속해 있었으며 이제는 현대 중국의 합법적인 영향권 안에 있다는 중국의 역사관 때문에 더 확고해졌다. 따라서 중국은 북한에 대한 미국의 새로운 전략에 대하여 일종의 레드라인을 유지하고 있을 가능성이 크다.

그러나 이제 트럼프와 김정은의 화려한 곡예는 끝났다. 이에 따라 중국은 북한이 핵 또는 미사일 프로그램을 해체하도록 촉구하는 미국의 압력 조치를 돕거나, 적어도 돕는 흉내라도 낼 수 있다. 만약 북한이 이를 거부한다면, 중국은 실질적인 에너지 공급 제재 등을 가하면서까지 북한의 정책 변화를 강요하지는 않을 것이다. 중국은 과거 시진핑과 김정은과의 관계가 좋지 않았을 때도 이러한 제재를 거부한 바 있다. 또한 몇 년에 걸쳐 두 지도자 간의 관계가 개선되고 나면, 시진핑은 힘들게 회복한 김정은과의 관계를 다시 악화시키는 그 어떤 극단적 행동도 하려 하지 않을 것이다. 시진핑은 김정은이 미사일을 중국에 겨누지 않는 한 북한의 무기 프로그램은 중국의 광범위한 안보 이익에 근본적으로 해를 끼치지 않는다고 본다. 북한의 핵 능력은 미국, 일본, 한국, 심지어 호주 같은 중국의 전략적 적대국만을 겨냥할 가능성이 크다. 이러한 국가들에 대한 위협적 상황을 복잡하게 만드는 것은 오히려 중국에 전반적인 이익이 될 수 있다.

특히 중국은 한반도가 통일되는 것에 결사적으로 반대하고 있다. 현재 중국은 러시아를 제외하고는 자신들의 안보와 외교 정책, 또는 경제적 이익에 도전할 만큼 강력한 이웃 국가는 없다고 생각한다. 중국은 한반도의 정치적 상황을 바꾸는 데는 관심이 없지만, 중립적인 한국도 아닌 친미적인 통일 한국이 수립되어도 상관없다는 입장은 결코 아니다. 설사 통일 한국이 미국과 더 이상 공식 동맹을 맺지 않는다 해도 중국의 관점은 변하지 않을 것이다. 중국은 향후 경제적 지원을 지속하는 대가로 북핵 확장을 제한하는 노력을 기울이면서도 북핵 위협에 대한 한국의 최고 안보 보장국으로 자리매김하려 할 수 있다. 이렇게 되면, 아이러니하게도 미국이 아닌 중국이 한국을 핵으로부터 지켜주게 될 것이다.

이처럼 북한이 정치적으로 붕괴하지 않은 상황에서 중국에 대한 별다른 협상 카드가 없는 미국은, 북한의 기존 핵무기와 미사일 프로그램 제거라는 핵심 문제를 해결하는 데 시진핑은 별 도움이 되지 않는다는 사실을 깨달을 것이다. 실제로 2018년 이후 미중 관계가 전반적으로 악화된 것을 고려할 때, 시진핑은 김정은과의 관계를 개선함으로써 미국의 북핵 문제 해결을 적극적으로 방해하려 할지도 모른다. 이는 미중 관계가 한 발짝 퇴보하는 것을 의미하지만, 그 자체로 한반도에서 어떠한 충돌이 발생하지는 않을 것이다.

그러나 김정은이 핵 또는 장거리 미사일 실험 프로그램을 재개한다면 미국과의 관계는 즉각 새로운 위기로 치달을 것이다. 그렇게 되면 미국은 북한이 본격적인 핵 보유국이 되어 미국뿐만 아니라 한국, 일본, 호주 등 동맹국들을 상대로 핵 협박을 할 수 있다는 현실에 직면한다. 결국 미국 핵우산의 신뢰성이 부족하다고 판명된다면 아시아 전역에서 독자적인 핵 억지력 개발의 필요성에 대한 논쟁이 촉발될 것이며, 중국에는 또 다른 전략적 악몽이 될 것이다. 따라서 북한의 핵미사일 실험 재개는 아시아 전역에 예상치 못한 다양한 결과를 초래할 수 있다.

또 다른 시나리오는 본격적인 핵미사일 능력을 확보하려는 북한을 미국이 선제 타격하는 것이다. 그러나 이럴 경우 남한에 대한 북한의 대규모 군사 행동으로 이어져 제2의 한국전쟁이 발발할 위험이 있다. 다시 한번 강조하건대, 중국의 직접적인 군사 개입은 남한과 그 동맹국인 미국에 맞서는 북한을 지원하는 형태로 나타날 수 있다. 2020년에는 이러한 시나리오가 비현실적으로 보일 수 있지만, 북한이 핵을 완전히 폐기하는 동시에 핵탄두 미사일을 대량으로 생산하지 않는다고 가정해야 그렇다. 만일 미국의 대북 강경 외교가 재개된다면 이러한 시나리오는 바로 현실이 될 수 있다. 따라서 바이든의 임무는 중국이 북한의 그러한 행동을 막도록 설득하는 것이다.

시나리오 9.
중국이 미국과의 군사적 대치 없이
지역 및 글로벌 전략을 성공으로 이끌다:
시진핑이 바라는 최적의 시나리오

이 시나리오에 따르면, 시진핑은 앞으로 10년도 채 남지 않은 2032년 제22차 당대회가 열리는 시점이면 중국의 지역적, 세계적 우위를 확립하는 데 필요한 국내외 주요 정책 목표를 대부분 달성할 것이다. 또한 그 목표를 달성하는 데 어떠한 심각한 정치적 또는 경제적 어려움에도 직면하지 않을 것이며, 따라서 무력을 사용하는 일도 없을 것이다. 바로 시진핑이 바라는 최적의 시나리오다. 이를 위해서는 미국과 아시아, 유럽의 미 동맹국들이 가파르게 강해지는 중국의 영향력을 막을 수 없음을 인정하고, 그 상승세를 막거나 늦추려면 막대한 혈세와 재정을 지출해야 함을 깨달을 필요가 있다.

이 시나리오에서 시진핑이 생각하는 성공은 무엇일까? 물론 시진핑의 정치적 입지는 상당히 안정적일 것이다. 마치 마오쩌둥이 집권 당시 당내 잠재적 적수를 모두 "바로잡고" 빈틈없는 감시 체제를 구축했던 것처럼 말이다. 시진핑의 경제 모델은 비록 경제를 최대한으로 성장시키지는 못하겠지만, 민간 소비와 공공 투자 증가를 통해 중진국의 함정을 간신히라도 피하며 역사상 가장 큰 소비시장을 창출함으로써 전세계를 중국의 경제로 끌어들일 수준은 될 것이다. 또한 시진핑의 중국은 국내 경제 생산에 영향을 주지 않으면서 2025년까지 조기에 탄소 배출량의 정점을 찍고, 2050년까지 탄소 중립에 도달하는 궤도를 구축함으로써 기후변화 대응의 후발주자가 아닌 세계적 리더가 될 수도 있을 것이다. 국가보안법으로 진정된 홍콩은 중국의 규정을 따르게 될 것이고, 홍콩의 경제는 선전과 주강 삼각주의 나머지 지역을 포함하는 대만구大灣區 경제 구역의 한 부분으로 흡수될 것이다. 신장 역시 서방의 별다른 간섭 없이 사태가 진정될 것이다.

미국이 자신들을 지켜주지 않을 것이라고 판단한 타이완은 중국에 맞설 연맹을 구축하기 위해 비밀 협상을 진행할 것이다. 중국은 남중국해에서 ASEAN과 행동 강령 협상을 마무리하고 동남아시아 개별 국가들과 처음으로 주요 해양 자원에 대한 공동 채굴 프로젝트를 가동함으로써, 당장 법적 구속력은 없더라도 사실상의 남중국해 통제권을 확보할 것이다. 중국은 또한 2013년 동중국해에 선포한 것과 같은 유형의 남중국해 방공식별구역을 선포할 것이다. 이러한 복합적인 조치는 역내 국가들이 중국의 전반적인 해양 및 영유권 주장에 점점 체념하게 되면서 향후 이 지역에서의 '항행의 자유 작전'을 점점 더 무의미하게 만들 것이다. 부분적으로는 일본의 정치적, 군사적 회복력과 센카쿠에 대한 중국의 지속적인 군사 배치 확대가 있겠지만, 동중국해에서는 전반적으로 충돌 없는 긴장이 계속될 것이다.

중국의 전략적, 경제적 궤도에 더욱 깊숙이 편입된 한국은 국내 정치에서 좌우 분열이 더 심해질 것이고, 시진핑은 북한의 군사적 위협 대상을 서울에서 도쿄와 워싱턴으로 재편하도록 설득하는 데 성공할 것이다. 북한은 미국의 선제타격이 없다면 독자적인 핵 억지력을 달성할 것이며, 한국의 중도 좌파 정부는 주한 미군의 감축을 요구할 것이다. 인도와의 접경지대에서 중국의 기준에 따라 국경을 확보하고자 하는 시진핑은 전면적인 군사 행동의 가능성을 갖고 위협하며 인도 지도자와 국경 협상을 타결할 것이다. 그런 다음에는 인도를 새로운 대중 소비시장으로 전환하는 동시에 미국, 일본, 호주와의 전략적 관계에서 이탈시키기 위해 중국 시장을 인도에 개방하는 새로운 자유무역협정을 맺을 것이다.

중국은 상당히 큰 격차를 벌리며 세계 최대 경제 대국이 될 것이고, 이에 따라 국제 사회는 중국이 차세대 글로벌 경제 강국이라는 현실을 빠르게 받아들일 것이다. 또한 중국은 군 현대화 프로그램의 속도를 유지하고, 지역 재편을 완료하며, 해군 확장 계획을 지속하면서 동아시아 및 서태평양 전역에서 미국에 대한 군사적 우위를 확보할 것이다. 더 나아가 중국은 아시아 전역에서의 영향력을 활용하여 CPTPP 가입에 성공하는 반면, 미국은 계속되는 보호무역주의 정치 정서로 인해 대외적으로 부진을 면치 못할 것이다. 만약 10년 안에 중국 경제가 미국 경제를 능가한다면 시진핑은 위안화를 변동환율제로 바꾸고 디지털 위안화를 전 세계에 완전히 개방하고 유통하는 등 중국 자본계정을 자유화하며, 위안화가 글로벌 전자상거래에서 선호되게끔 발돋움시킬 것이다. 또한 일대일로 이니셔티브의 재정적 범위를 축소해 더욱 지속 가능한 인프라 투자 프로그램으로 전환하는 동시에 일대일로 경제를 중국의 디지털 세계로 끌어들이는 데 활용할 것이다.

한편 중국은 유럽이 무역, 투자, 기술, 자본시장은 물론, 궁극적으로는 전자상거래 분야에서 미국과 다른 길을 가도록 만들면서 CAI(그때까지 분위기가 해빙되고 비준이 완료될 것이다)를 기반으로 포괄적인 자유무역협정을 맺을 것이다. 세계의 다른 지역과 마찬가지로, 아프리카는 점진적으로 중국의 장기적인 필수 원자재 공급원이자 인도 다음으로 큰 소비시장이 될 것이다. 중국은 미국과 긴밀한 안보 관계에 있는 호주가 더 이상 안전하지 않다고 판단하고, 브라질을 장기적인 철광석 공급처로 개발할 것이다. 또한 아프가니스탄과 중앙아시아의 상황이 안정된다면 그곳의 막대한 광물 매장량도 중국 경제에 이바지할 수 있을 것이다. 마지막으로 중국은 UN과 브레턴우즈 기구 등 대부분의 글로벌 다자 체제에서 가장 큰 단일 재원이 될 것이며, 그 결과 다자 기구들은 중국의 이익과 가치에 점점 더 순응할 것이다. 결과적으로 UN인권위원회는 권위주의 국가의 정치적 과잉을 조사하기보다는 미국과 서구의 실패에 초점을 맞추게 될 것이고, 중국은 개인의 권리보다 집단적 경제 발전을 우선시하는 일련의 세계 인권 규범을 확립하는 데 성공할 것이다.

이러한 시나리오가 실현될 가능성은 얼마나 될까? 확률적으로 볼 때, 시진핑의 성공은 꽤 가능성이 있어 보인다. 하지만 이 결과는 중요한 변수 세 가지에 따라 달라진다. 첫째, 시진핑의 국내 경제 모델 조정이 사회적 혼란을 잠재우고, 군대에 대규모 자금을 투입하며, 장기적으로 지속 가능한 성장을 충분히 이루어낼 수 있을지의 여부. 둘째, 미래의 중요한 기술, 특히 인공지능과 반도체 및 양자 컴퓨팅 기술에서 미국과의 격차를 좁히고자 하는 새로운 국가 기술 전략의 성공 여부. 마지막으로, 미국의 분열된 민주 정부 체제가 중국의 도전에 대응하고자 국내 권력을 성공적으로 재건하고 동맹국들의 집단적 에너지를 활용할 수 있을지의 여부.

　세 변수 중 첫 번째와 두 번째는 아직 판가름 나지 않았지만, 세 번째는 적어도 이 글을 쓰는 시점에서는 중국에 승산이 있는 것으로 보인다. 미국을 포함해 여러 서방 국가는 스스로에 대해, 그리고 국가적 사명과 미래에 대해 자신감을 잃은 것처럼 보인다. 이러한 공동 목적 상실은 중국의 무자비한 레닌주의식 규율이 세계 최대 시장에 대한 접근성이라는 경제적 유혹과 대비될 때 그 위험성이 더욱 뚜렷해진다. 여러 면에서 중국공산당의 가장 큰 자산은 실제보다 훨씬 더 크고 강력하며, 재정도 넉넉하다며 전 세계에 허세를 부리는 능력이다. 이를 통해 중국은 국내에서 벌어진 많은 실패와 그들의 취약점을 전 세계에 드러내지 않을 수 있었으며, 이러한 은폐 전략은 항상 잘 속아 넘어가는 서방 덕분에 오늘날에도 어느 정도 성공을 거두고 있다. 비록 지금은 중국 권력의 이미지와 현실의 격차가 예전보다 훨씬 좁혀졌지만, 여전히 상당한 격차가 존재하는 것이 사실이다.

시나리오 10.
국가와 지역, 세계를 향한 시진핑의 야망이 무너지다:
패배로 난처해진 시진핑

이 시나리오가 단순히 이전 시나리오의 정반대라고 오해하기 쉽다. 물론 어느 정도는 맞는 말이다. 그러나 여기에는 시진핑이 더 광범위한 국내외 정책 목표를 달성하지 못한 책임으로 가혹한 평가를 받는 일이 뒤따를 것이며, 2013년 이후 시진핑이 주도한 일련의 당내 숙청에 대한 반작용으로 당내 파벌주의가 발생할 수도 있다. 하지만 더 중요한 것은 한때 활기를 띠었던 기업가 계층이 경제 침체와 더불어 소득 수준이 정체되고 실업률이 증가하면서 현재 민간 투자 파업을 벌이고 있다는 점이다. GDP 대비 총부채 비율이 이미 약 300퍼센트에 달한다는 점을 고려할 때, 금융 시스템 안정은 중국의 장기적 숙제가 될 것이다. 성장 둔화는 지속 불가능한 기업 부채 문제를 더 악화시킬 것이며, 은행 유동성과 개별 금융기관의 붕괴를 견뎌내기에는 시스템의 역량이 부족할 것이다. 이는 부채 주도의 성장 탓에 중국 금융 시스템에서 오랫동안 시한폭탄이 되어온 문제이며, 중국 경제의 미래를 순진하게 낙관적으로 전망해온 사람들을 위협하고 있는 문제이기도 하다. 이러한 금융 위기가 발생한다면 세계 각국의 정부는 중국이 이룬 경제 기적의 규모와 지속 가능성을 재평가할 것이며, 이에 따라 외교 정책과 안보 정책의 판단도 달라질 것이다. 또한 중국의 정치 지도부가 자본계정과 통화 거래를 10년 안에 자유화하지 않는다면, 글로벌 금융 시스템의 중심지로 인정받는 미국을 대체하기 위한 중국의 노력은 물거품이 될 것이다. 만약 시진핑의 대표적인 개인 프로젝트 중 하나인 일대일로가 재정적으로 지속 불가능해진다면 시진핑에게 또 다른 큰 타격이 될 수 있다.

한편 외교 및 안보 정책에서도 시진핑의 야망은 이루어지지 못할 것이다. 미국이 중국의 압력에 효과적으로 대응하여 인도, 인도네시아, 멕시코와 같은 주요 조약 동맹국과 주요 경제국을 포함하는 실질적이고도 포괄적인 국제 전략을 실행한다면 나타날 결과다. 실제로 바이든 행정부는 2021년 6월 G7 회의에서 긴밀한 대중 공조를 두고 이들 국가와 한층 더 가까워졌다. 그러한 상황에서 시진핑은 덩샤오핑의 전략적 지혜를 어기고 자신감을 섣부르게 드러냄으로써 중국이 실제로 우위를 점하기도 전에 미국의 전략적 반응을 야기했다며 비판받을 것이다. 또한 미국으로 하여금 쿼드를 본격적인 4자 안보 조약으로 전환해 중국을 가두는 전략적 포위망을 구축하도록 만들었다는 점 또한 마찬가지 논리로 정치 엘리트들로부터 비판받을 것이다. 그리고 수십 년 동안 중국이 전략적 자유를 누릴 수 있었던 전제는 러시아와 인접한 북쪽 국경 지역의 안정이었다는 점에서, 러시아와 미국 간의 화해가 중국에 매우 큰 경각심을 불러일으킬 것이다.

여러 소수 민족, 특히 신장 지역의 소수 민족에 대한 처우와 관련해 중국이 국제 재판소에 기소되면서 인권 문제도 불거질 것이다. 이는 크나큰 체면 손상으로 이어질 것이며, 만약 홍콩이나 다른 지역에서 발생한 대규모 시위를 정부가 유혈 진압한다면 더 큰 낭패를 볼 수 있다. 중국 지도부의 합법성은 2022년 베이징 동계 올림픽에 대한 국제적 반응에도 영향을 받을 것이다. 중국 정치계에 있어 2008년 베이징 올림픽은 존경받는 강대국으로서 국제적 데뷔 파티를 성공적으로 치른 기억으로 남았다. 2022 베이징 동계올림픽은 국제 사회에서 2008년의 성공과 비교 및 대조될 것이다. 국제적인 보이콧을 불러일으키는 시진핑의 정책에 대한 국제 사회의 부정적인 반응은 2008년에 비해 중국의 국제적 명성을 불필요하게 훼손한 시진핑에 대한 내부 비판의 도구로 사용될 것이다.

그러나 앞에서 언급했듯이, 시진핑의 궁극적인 실패는 어떠한 형태로든 미국에게 군사적으로 패배할 때 찾아올 것이다. 특히 타이완에서 그런 일이 발생한다면 더욱 치명적이다. 정치적, 전략적 재앙을 일으켰다는 이유로 동료와 경쟁자들이 그를 맹비난할 것이기 때문이다. 남중국해에서 위기가 심각하게 고조되는 경우도 마찬가지다. 따라서 중국의 확전 결정은 중국의 성공 가능성 또는 미국의 후퇴 가능성에 따라 심도 있게 조정될 가능성이 크다. 시진핑이 이와 관련하여 심각한 오판을 한다면, 그의 정치 인생은 끝나거나 그보다 더 나빠질 수 있다. 하지만 시진핑이 실패한다는 가설에 확률을 부여하는 것은 불가능하다. 실패는 수많은 현상의 조합으로 일어날 수 있기 때문이다. 게다가 이 단계에서의 전면적인 실패는 확률보다는 가능성에 가깝다고 볼 수 있다. 그럼에도 모든 것이 실패로 돌아갔을 경우 냉혹한 현실을 마주해야 한다는 점에서, 이는 중국의 정치 지도자 전부를 괴롭히고 있다.

결론

이러한 시나리오들 중에서 확정된 것은 아무것도 없다. 향후 10년간 과연 어떤 시나리오가 실현될지, 또는 어떤 시나리오들이 조합될지 예측은 불가능하다. 전략 방정식에는 대체로 변수가 너무 많다. 그러나 앞으로 미국 행정부가 힘을 효과적으로 재건하고 동맹에 활력을 불어넣으며 중국 시장의 장기적인 영향력에 대한 신뢰할 수 있는 국제적 경제 대안을 만드는 일에 실패한다면, 전반적인 추세는 시진핑의 중국에 유리하게 작용할 것이다.

이러한 시나리오들에는 더 면밀하게 분석해야 할 변수가 네 가지 있다. 중국 내부의 경제적 요인 세 가지와 외부적 요인 한 가지로, 미국보다는 주로 중국의 손에 그 귀추가 달려 있다. 첫 번째는 시진핑의 좌편향 경제 정책이 민간 부문의 기업 신뢰도에 미칠 불확실성을 고려할 때 중국의 신흥 경제성장 모델이 장기적으로 지속 가능하느냐는 것이다. 두 번째는 중국의 급격한 인구 감소가 예상보다 일찍 내수시장과 임금 비용, 정부 재정에 가져온 결과다. 세 번째는, 실리콘 칩이 인공지능 혁명 등의 세계 디지털 경제와 군사 기술의 미래 동력을 뒷받침한다는 점에서, 중국의 반도체 제조 격차 좁히기의 성공 여부다. 마지막으로, 중국 외교가 어떻게 수행되어야 하는지를 두고 신흥 늑대 전사 세대와 전통적인 전문 외교관 간부들 사이에서 벌어지는 내부 갈등 문제다. 이 갈등이 어떻게 종결되느냐에 따라 중국이 자유민주주의 세계를 계속 단결시킬지, 아니면 이전보다 더 긍정적인 글로벌 외교 패턴을 보여줌으로써 자유민주주의 연합을 와해시킬지가 결정된다. 이러한 다섯 가지 요인은 가장 중요한 변수인 미국의 대중 전략이 미래에 그려나갈 궤적과 결합하여, 향후 10년간 미중 전략 경쟁의 결과를 결정하는 데 큰 영향을 미칠 것이다.

이제까지 설명한 열 가지 시나리오 중 무려 다섯 가지가 어떠한 형태로든 대규모 무력 충돌을 수반한다는 점에서, 이는 분명 전 세계적인 문제다. 전쟁은 인류의 역사를 근본적으로 변화시키며, 종종 예측할 수 없는 방향으로 흘러가게도 한다. 이를테면 세계대전의 발발로 세 제국이 붕괴하면서 파시즘과 볼셰비즘이 부상한 것처럼 말이다. 전후 몇 년 동안의 국제적 무정부 상태는 국제 시스템의 부재로 이어져 결국엔 제2차 세계대전을 일으켰고, 제2차 세계대전과 냉전에서 승리한 미국에 의해 규칙기반질서가 부상했다. 이러한 규모의 국제적 발전은 사전에 어떤 식으로든 예측할 수 없었으며, 대신 전장의 혼란에 따라 전개되었다.

따라서 이 같은 극심한 지정학적, 군사적 예측 불가능성은 미국과 중국의 의사 결정권자들의 마음을 무겁게 짓누를 것이다. 그들은 전쟁에 드는 막대한 인적, 재정적 비용을 고려해야 한다. 또한 세계가 두 진영으로 급속히 양극화되고 위기, 갈등, 전쟁으로 치달을 때 세계 경제 발전에 어떤 영향이 가해질지도 따져보아야 한다. 국제적으로 기업 신뢰도가 하락하고, 무역과 투자 흐름이 중단되며, 국제 금융시장이 붕괴하는 등 미중 간 파국은 실물 경제와 고용, 생활 수준에 심각한 결과를 초래할 것이다. 이러한 이유만으로도 양국 지도자들은 어떻게 해야 뿌리 깊은 경쟁 충동을 잘 관리하여 지속적인 평화의 가능성을 극대화할 수 있을지 생각해볼 필요가 있다.

17장

관리된 전략 경쟁의 사례

불확실한 미래의 탐색··

이 책은 서로 다른 시점에 나라를 이끌었던 두 정부에 조언한다기보다는, 중국인과 미국인이라는 두 친구에게 편지를 보낸다는 마음으로 쓰기 시작했다. 반세기 가까운 시간을 보내면서 나는 두 나라 모두를 존중하고 존경하게 되었다. 그러한 존경의 대상에는 두 나라의 역사, 기술, 예술, 문학, 미학, 더 넓게는 사상, 철학, 인류 영성의 세계에 대한 기여뿐만 아니라 그들의 결점까지 포함된다. 물론 외국인의 관점에서 다른 나라를 아주 잘 안다고 자신 있게 말할 수는 없다. 하지만 외국인도 상대방의 언어와 문화를 이해하고자 노력하고 그들과 함께 생활하고 일하면서 시간을 보냈다면, 상대를 알아가기 시작해볼 수는 있다. 나는 거의 반평생 동안 중국어와 중국사 공부에 전념해왔다. 정치 활동 초기에는 중국 본토와 홍콩, 타이완에서 3년을 보냈으며, 마지막 7년은 미국에서 지냈다. 또한 외교, 비즈니스, 정치, 학계는 물론, 여러 개인적인 우정을 통해 두 나라와 다양한 분야에서 교류해왔다. 나는 내가 다년간 양국 정부로부터 정직하고 솔직하며 건설적인 대화 상대로 인정받아 왔다고 생각한다. 내 의견이 언제나 환영받았던 것은 아니지만, 대체로 잘 받아들여지곤 했다. 두 위대한 국가가 서로 간의 차이점을 이해하고 공동의 미래를 탐색하는 데 내 조언도 미약하게나마 도움이 되었을지 모른다. 몇 년 전 베이징대학 연설에서도 말했듯이, 나는 이 가장 중요하고도 불가능한 관계에서 양측 모두의 '쟁우諍友'(공개적으로 망신을 주려 하지 않으면서도 사적으로 자기 생각을 말할 준비가 된 정직한 친구) 역할을 하려고 노력해왔다.

나를 비판하는 사람들은 내가 상황에 따라 다른 편을 든다고 공격해왔지만, 나는 중국과 미국을 오가면서 그 어느 쪽에도 정치적으로 포획된 적이 없다. 호주인들은 본성상 강인한 독립심, 권위에 굴하지 않는 기질을 가지고 있다. 죄수들로 시작된 호주의 역사와 영국 교도관들에게 끊임없이 반항하던 습성이 전해 내려온 탓인지도 모르겠다. 비록 반항적인 호주인 중 최고봉은 아니더라도 나는 그동안 때때로 중국과 미국을 크게 비판했다. 특히 중국이 정치적 극단으로 치닫는 시기에는 더욱 그랬다. 중국과 미국의 미래를 바라보는 내 견해는 양국의 과거에 기반한 막연한 추측보다는 현재 그들이 맞이한 불완전한 현실을 근거로 한다. 내 시각은 동서양에 대한 신화적인 또는 가공된 개념들을 조합하거나 억지로 균형을 끼워 맞춘 결과가 아니다. 국제정치의 현실은 그보다 훨씬 복잡하다.

대신, 내 견해는 근본적으로 다른 두 문화에 대한 평생의 관찰과 경험에 기반한다. 내가 발견한 한 가지 놀라운 점은 두 문화권의 사람들 모두가 비슷한 미래를 열망하고 있다는 사실이다. 즉, 그들은 가족이

번영하고 자녀가 최고의 교육을 받을 수 있기를 원하며, 최소한의 정부 간섭으로 그들의 사업을 구축할 수 있기를 바라고, 개인이나 국가가 이룬 탁월한 업적에 대해 존경받고 싶어하며, 이웃과 비교적 평화로운 분위기 속에서 살기를 간절히 바란다.

세계의 여러 나라와 달리 두 나라 모두 유럽인들이 500년에 걸쳐 완성한 광대한 식민 제국에 의해 다양한 트라우마를 겪거나 자의적인 분열 혹은 내전의 위기에 처한 적이 없다. 역사상 서로 다른 시기에 지구상에서 가장 강력했던 중국과 미국이 해안 너머의 세계를 식민지로 삼지 않고 그저 무역에 집중했다는 사실은 대단한 일이 아닐 수 없다. 물론 두 나라 모두 이따금 폭력적인 방식으로 세력을 확장하기도 했으며, 핵심 국익에 부합하는 이웃 국가들을 가능한 한 주변에 두려고 했다. 그러나 대체로 중국과 미국은 국경 너머의 더 큰 영토를 꿈꾸기보다는 정치적, 경제적 에너지 대부분을 국경 내부에 쏟았다. 영토가 충분히 방대한 데다 내부 문제도 복잡했기 때문이다.

그러나 나는 이러한 유사성에도 불구하고 양국 간의 공동의 전략적 미래를 구축하는 데 현실적으로 어려움이 있다는 사실을 잘 알고 있다. 과거에 존재했을 수도 있는 전략적 신뢰는 이미 사라진 지 오래다. 시진핑의 영향력이 변덕스럽거나 일시적이어서, 혹은 절대적이어서가 아니다. 더 구조적인 문제다.

전략적 인식의 충돌

미국인들은 세계에 대한 중국의 공식적인 전략적 접근 방식이 시진핑의 집권으로 인해 급격히 바뀌었다고 생각한다. 중국이 미국식 민주주의로 향하고 있다는 생각이 서방의 환상에 지나지 않는다는 사실을 이해하지 못하는 것은 의도적인 맹신이라고밖에 볼 수 없다. 시진핑은 중국공산당이 중국을 더 자유로운 민주주의 국가로 변화시킬 의도가 전혀 없음을 분명히 했다. 대신에 그는 전임자들이 택했던 것보다 더 엄격하게 통제되고, 덜 시장 중심적이며, 더 중상주의적인 권위주의적 자본주의 모델을 채택했다. 게다가 시진핑은 점점 더 노골적으로 반미를 표방하는 중국 민족주의의 불길을 부채질하고 있다. 미국인들은 중국의 지도자가 서태평양의 전략적, 영토적 상황을 바꾸고, 동반구 전역에 영향력을 확립하며, 더 넓은 지역에서 미국의 군사적 존재감을 약화시키다가 결국에는 제거해버릴 것이라고 보고 있다.

미국은 시진핑이 중국의 정치 모델을 개발도상국에 수출하고 세계적 경제력을 활용하여 모든 지역에서 정치와 외교 정책의 영향력을 극대화하고 있다고 결론 내렸다. 중국은 또한 향후 자국의 이익과 가치를 더욱 잘 수용하면서도 서방에는 적대적인 태도를 보일 국제 체제에 지원을 아끼지 않고 있다. 미국은 중국의 강대한 경제력, 군사력, 기술력이 이러한 행동을 뒷받침하고 있으며, 그 목적은 궁극적으로 중국을 글로벌 초강대국으로 만들려는 시진핑의 중국몽을 이루는 것이라 여기고 있다. 즉, 미국이 보기에 시진핑의 중국은 미국과의 충돌을 스스로 선택했다. 따라서 미국은 전략적 논리로 접근하여 중국의 이익에 복종하고 이를 받아들일지, 혹은 그들을 적극적으로 물리쳐야 할지를 선택해야 한다.

물론 중국의 관점은 미국과 근본적으로 다르다. 그들은 중국의 정치 경제 모델에 아무런 문제가 없으며, 다른 개발도상국들이 모방할 수 있도록 본보기를 제공할 뿐 그 모델을 "강요"하지는 않는다고 주장하고 있다. 한편 중국은 서구 민주주의 국가들이 팬데믹과 정치적 양극화, 반反세계화 추세와 같은 핵심 과제를 제대로 처리해내지 못했다고 지적한다. 중국은 자위권을 확보하기 위해 군대를 현대화한 것이며, 자위권에는 당연히 오래 주장해온 영유권, 특히 타이완에 대한 영유권이 포함된다. 중국은 국익을 전면적으로 증진하기 위해 경제적 영향력을 이용한 것에 대해서는 사과하지 않는다. 또한 국제 체제와 그 기관들의 규칙을 다시 작성하기 위해 새로 획득한 국제적인 힘을 휘두른 것에 대해서도 사과하지 않고 있다. 중국은 이것이 바로 제2차 세계대전에서 승리한 미국이 했던 일이라고 주장한다.

중국의 관점에서 볼 때, 향후 10년간은 전략적 주의가 필요하다. 그러나 지역과 국제적인 힘의 균형이 점차 중국에 유리하게 변화함에 따라 안보 위기와 충돌, 심지어 전쟁이라는 불확실한 위험을 감수하지 않고도 미국과 그 동맹국의 한계를 뛰어넘을 기회는 점차 많아질 것이다. 시진핑은 그러한 진전을 위해 조바심을 내면서도, 힘의 상관관계가 중국에 점점 더 유리해짐에 따라 시간과 모멘텀이 중국 편에 있다고 믿고 있다. 중국은 무력을 사용하지 않고도 시진핑의 목표를 달성할 수 있으며, 혹시라도 군사 행동이 꼭 필요하다면 승리가 확실할 때만 행동한다는 의미다.

전략적 신뢰의 종말

분명한 사실은, 미중 관계의 회복은 둘째 치고 두 나라 간의 전략적 신뢰조차 어느 날 갑자기 마법처럼 생겨날 수는 없다는 것이다. 양국의 핵심 이익과 가치가 정면으로 충돌하고 있기 때문이다. 아무리 선의의 제3자들이 나서서 부시와 오바마 시절에 확립했던 소통과 상호 관여 패턴을 재개하라고 촉구하더라도 정작 두 당사자는 귀담아듣지 않을 것이다. 양측의 대화가 진전되면 서로의 능력이나 의도, 행동에 대한 오랜 오해가 어느 정도 풀리리라 기대하는 것은 사실 순진한 희망에 불과하다. 두 나라의 고위급 정치인들이 외교적 접촉을 재개한 지 50년이 지난 지금, 그들은 상대방의 전략적 의도를 냉철하게 바라보기로 결론지었다. 즉, 상대방이 공개석상에서 말하는 내용에 좌지우지되지 않고, 물리적으로 관찰할 수 있는 구체적인 행동에만 반응하겠다는 것이다. 이러한 결론은 양국이 정상회담을 연다 해도, 언론 성명 혹은 그 어떤 새로운 외교 공동성명을 발표한다 해도 변하지 않을 것이다. 힘의 균형에 대한 냉정한 계산과 상대방이 그러한 현실을 바꾸기 위해 벌이는 행동에 대한 혹독한 평가를 기반으로 하는 국제 관계의 근본 작동 원리를 외교적 노력으로 숨길 수는 없다.

오랫동안 미국은 중국의 모든 외교활동에 속임수가 깔려 있다고 생각해왔다. 이 관점으로 보자면, 중국이 미국과의 전략적 또는 경제적 긴장을 완화하기 위해 동의하는 모든 의정서는 결국 쓸모없는 휴지 조각으로 판명될 것이다. 시진핑에게 직접 보고할 정도로 군부의 입김이 센 중국공산당은 대미 관계의 장기 전략에 착수했으며, 이는 중국 외교부와 미국 국무부 사이에 새로운 이해가 성립했기 때문은 아닐 것이다. 오히려 진로를 바꾸지 않겠다는 뜻이다. 그러한 전략들은 외관상으로 또는 기껏해야 전술적 목적을 위해 고안된 것으로 추정된다. 미국의 강경파들은 중국공산당이 성공적인 두 번째 내전을 일으키기 1년 전인 1946년에 민족주의자들과 권력을 분담할 것을 미국과 약속한 일까지 거슬러 올라가며, 다양한 국내외 파트너들과의 합의를 깨뜨려온 오랜 역사를 지적한다. 이러한 기만행위는 레닌주의 정당의 제도적 특징으로 여겨진다. 그들은 승리하기 위해 거짓말하는 것쯤은 대수롭지 않게 여길 뿐만 아니라 그러한 언행에 심지어 찬사를 보내기도 한다. 따라서 전략적 신뢰를 회복해야 한다는 높은 수준의 요구가 두 나라에서 이루어질 전략에 대한 실제 결정에 미치는 영향은 미미할 것이다.

어려운 정책 결정

지금까지 이 책은 매우 위험하고 경쟁적인 전략 관계가 된 상황에서 두 나라가 직면한 어려운 정책 결정을 파악하는 데 중점을 두었다. 즉, 어떤 선택이 이들 국가를 위기나 분쟁 또는 전쟁으로 몰아넣을지, 혹은 반대로 깊은 수렁에서 빠져나오게 할지 살펴보았다. 이 책의 목적은 전쟁을 막기 위해서 두 나라가 최소한 어떤 전략적 틀을 구축할 수 있는지를 파악하는 것이다. 나는 이것을 '관리된 전략적 경쟁'이라고 부르며, 여기에는 핵심 명제가 세 가지 있다.

1. 서로 간의 오산誤算으로 인한 갈등을 방지하려면 양국은 상대방이 더이상 물러설 수 없는 전략적 레드라인이 무엇인지 명확히 이해해야 한다. 즉, 전략적 예측 가능성을 키우는 것이 양국 모두에게 유리한 반면 전략적 속임수는 헛수고일 뿐이며 전략적 기습은 명백히 위험하다고 판단하도록 서로를 설득해야 한다.

2. 그러고 나면 양측은 전략적 경쟁의 부담을 군사, 경제, 기술 역량을 강화하기 위한 경쟁으로 전환할 것이다. 이렇게 적절히 제한된 경쟁은 한쪽이 예측 불가의 결과를 초래하는 위험하고도 피비린내 나는 전쟁의 모든 위험을 감수하도록 유도하기보다는, 무력 충돌을 저지하는 것을 목표로 한다. 또한 양측은 전략적 경쟁을 통해서 나머지 세계에 대한 각자의 정치적, 경제적, 이념적 호소력을 극대화할 수 있을 것이다. 그 전략적 근거는 아마겟돈을 만들지 않고도 세계 최고의 자리에서 군림하는 권력이 궁극적으로 가장 경쟁력 있는 권력이라는 사실이다.

3. 이 구조는 두 나라가 여러 합의된 영역에서 전략적 협력을 지속하는 데 필요한 정치적 공간을 창출할 것이다. 양국의 세계적, 국가적 이익은 협력을 통해 증진될 수 있다. 단, 협력의 방법을 합의하지 못한다면 실제로는 효력이 떨어질 수 있다.

물론 현실을 직시하는 것은 중요하다. 어떤 공동 전략도 홀로 전쟁을 막을 수는 없다. 그러나 명확성, 투명성, 그리고 가장 중요한 신뢰성이 있는 억지력을 바탕으로 규칙을 적절하게 구축한다면 전쟁 발발의 위험을 크게 줄일 수 있을 것이다. 또한 이러한 전략적 체계는 21세기라는 복잡한 세계에서 양측의 정치적 변화와 세계관의 진화를 불러올수 있다. 그리고 개념적, 기술적으로 오래 풀지 못한 문제를 해결할 새로운 사고방식을 탄생시키거나 강대국과의 관계를 더 잘 관리하는 데도 도움이 될 것이다. 가장 중요한 점은, 중국과 미국이 여러 형태의 정치적 관여를 150년 이상 지속한 후에 비로소 전쟁할 운명이 아니었다는 것을 깨닫게 할 수도 있다는 것이다.

관리된 전략적 경쟁이라는 개념

안정성을 극대화하고, 우발적인 확전을 방지하며, 양국 간에 경쟁과 협력의 역학 모두를 허용하는 한도 내에서 외교 관계와 군사작전, 사이버 활동을 관리하는 체계. 미국과 중국의 지도자들이 이런 체계를 과연 제대로 확립해나갈 수 있을지 많은 이가 의심할 것이다. 그러나 나는 쿠바 미사일 위기 이후 미국과 소련이 관계를 관리하기 위해 절차와 원칙을 마련한 것처럼, 미국과 중국도 유사한 것을 고려할 필요가 있다고 생각한다. 물론 양국이 전쟁 일보 직전까지 가는 아찔한 순간을 겪지 않고도 그러한 결론에 다다를 수 있다면 더할 나위 없을 것이다. 관리된 전략적 경쟁은 분명 각국의 안보 정책에 엄격한 한계를 몇 가지 설정할 것이다. 또한 외교, 경제, 이데올로기 영역에서 완전히 개방적인 경쟁을 허용할 것이며, 양자 간 협정과 다자 포럼을 통해 특정 분야에서는 협력할 수 있게 될 것이다. 이러한 전략적 체계를 구축하기가 결코 쉽진 않겠지만, 불가능한 일도 아니다. 다른 대안들은 상당히 파국적인 결과로 이어질 가능성이 크다는 점을 알아야 한다.

미국과 중국 모두에게 제기되는 진정한 문제는 위기와 무력 충돌의 위험을 줄일 수 있도록 합의된 범위 내에서 이러한 높은 수준의 전략적 경쟁을 제대로 수행할 수 있는지 여부다. 물론 이론적으로는 가능한 얘기지만, 두 나라 사이에 신뢰가 거의 완전히 무너지면서 실제로는 난도가 상당히 높아졌다. 앞서 언급했듯이 미국 국가안보 커뮤니티의 많은 이는 중국공산당이 적을 속이기 위해 거짓말을 하는 등 진의를 숨기는 데 아무 거리낌이 없다고 생각한다. 이러한 관점에서 중국의 외교는 우위를 점하고 새로운 현실을 확립할 때까지 시간을 벌기 위해 잠시 상대의 손발을 묶어놓는 것을 목표로 할 뿐이다. 따라서 관리된 전략적 경쟁이 미국의 외교 정책 엘리트들로부터 폭넓은 지지를 얻으려면 상호 검증 관행에 기초한 새로운 규칙이 그 안에 포함되어야 할 것이다.

관리된 전략적 경쟁이라는 개념은 세계 질서에 대한 지극히 현실적인 관점에 기반을 두고 있다. 바로 국가가 자국에 유리한 힘의 균형을 구축함으로써 계속 안보를 추구하리라는 점을 인정하면서도, 그 과정에서 근본적인 불이익을 받는 다른 국가에 안보 딜레마를 일으킬 수 있다는 점도 인식하는 관점이다. 이럴 때 요령은 전쟁을 방지하는 데 도움이 될 만한 공동의 규칙을 몇 가지 만들어서 과도한 경쟁과 함께 고조되는 위험을 줄이는 것이다. 그리고 이러한 규칙을 기반으로 했을 때 비로소 양측이 모든 영역에서 치열하게 경쟁 가능하도록 하는 것이다. 하지만 한쪽이 그 규칙을 위반하면 모든 것은 백지화되고, 전략적 정글의 법칙에 따라 관계는 다시 위험한 불확실성을 띠게 될 것이다.

전략적 레드라인

이러한 틀을 구축하기 위한 첫 번째 단계는, 실질적인 대화를 진행하기에 앞서 양측이 취할 수 있는 즉각적인 조치를 파악한 다음 엄격한 제한에 합의하는 것이다. 예를 들어 양측은 주요 인프라를 겨냥하는 사이버 공격을 자제하기로 합의할 수 있다. 특히 미국은 트럼프 행정부 고위급 인사들의 도발적인 타이완 방문을 중단함으로써, 하나의 중국 정책을 엄격히 인정하는 입장으로 돌아갈 수 있다. 한편 중국은 최근 타이완해협에서의 도발적인 군사 훈련과 배치, 기동 패턴을 자제할 수 있다. 또한 남중국해에서 더 이상 섬을 메우거나 군사화하지 않으며, 항행과 비행의 완전한 자유를 존중하겠다고 약속할 수 있을 것이다. 그러면 미국과 그 동맹국들도 이 지역에서 작전 횟수를 줄일 수 있다. 마찬가지로 중국과 일본은 향후 상호 합의를 통해 동중국해에 배치된 군사력을 줄일 수 있다. 단, 이러한 합의들은 공개적인 선언보다 민간 외교를 통해 발전될 필요가 있다. 합의의 목표는 시간이 지남에 따라 서로가 이 중요한 네 가지 안보 영역에서 상대방이 더 이상 물러날 수 없는 레드라인이 무엇인지를 내부적으로 명확히 파악하는 것이며, 가장 중요한 것은 그 레드라인을 위반할 경우 대규모 보복 조치가 뒤따를 수 있음을 인지하는 것이다. 일부 사람들에게는 직관적이지 않은 방식으로 보일 수 있지만, 레드라인이 무엇인지를 공개적으로 보여주는 교리적인 설명은 없어야 한다. 레드라인을 드러내는 것은 그 국가 스스로 한계를 만들고 자멸의 길로 들어서는 것이며, 각국의 내부 정치 여론에 아주 큰 파장을 일으킬 수 있다.

전략적 경쟁

만약 양측이 이러한 규정에 합의할 수 있다면, 그때부터는 상대 국가가 합의된 전략적 가드레일을 넘지 않는 선에서 자국의 이익을 극대화하려 할 것임을 서로 받아들여야 한다. 미국과 중국은 전 세계 여러 지역에서 각자 전략적, 경제적 영향력을 확보하기 위해 앞으로도 계속 경쟁할 것이다. 양국은 서로의 시장에 대한 호혜적 접근을 계속 추구할 것이며, 접근이 거부될 때는 보복 조치를 가할 것이다. 해외투자시장, 기술시장, 자본시장 및 통화시장은 양국의 각축장이 될 것이다. 또한 미국은 민주주의와 개방경제, 인권의 중요성을 강조하면서, 중국은 권위주의적 자본주의의 이점과 소위 중국 발전 모델을 강조하면서 전 세계의 마음을 사로잡기 위해 치열한 경쟁을 벌일 것이다.

전략적 협력

경쟁이 심화하는 와중에도, 여러 주요 분야에서 협력을 도모할 만한 정치적 공간은 여전히 남아 있다. 심지어 냉전이 한창이던 미국과 소련 사이에서도 그런 일은 종종 있었다. 적어도 현 단계에서는, 이해관계가 그리 긴밀하지 않은 미국과 중국 사이에서도 분명 협력이 가능할 것이다. 기후변화에 대한 협력 외에도, 양국은 포괄적핵실험금지조약CTBT의 상호 비준을 포함한 양자 간 핵무기 통제 협상을 진행하고 인공지능의 군사적 활용 수준에 대해 합의해나갈 수 있다. 아울러 북핵 군축과 이란의 핵무기 획득 방지를 위해 협력할 수 있으며, 인도태평양 지역에서 자연재해 대응과 인도주의적 임무를 공동으로 수행하는 등 일련의 신뢰 구축 조치를 취할 수 있다. 특히 자연재해나 질병으로 큰 타격을 입은 개발도상국의 부채를 재조정하기로 합의함으로써 글로벌 금융 안정성을 개선하기 위해 협력할 수도 있다. 또한 향후 백신을 개발도상국에 배포하는 더 나은 시스템을 공동으로 구축할 수도 있다.

관리된 전략적 경쟁을 작동시키는 외교 채널

물론 여기서 가능성 있는 레드라인과 잠재적인 경쟁 및 협력 분야를 전부 나열한 것은 아니다. 그러나 세 가지 의제 각각에 대한 전략적 근거는 모두 동일하다. 두 나라가 규칙도 없이 관리되지 않는 경쟁을 하는 것보다는 관리되는 공동의 틀 안에서 경쟁하는 것이 더 낫다는 논리다. 그러한 경쟁의 틀은 바이든이 지명하고 신뢰하는 미국의 고위급 대표와 시진핑의 측근인 중국 대표 간의 협상으로 수립되어야 한다. 이런 종류의 직접적인 고위급 채널만이 양측 모두가 존중할 수 있는 기밀 합의를 이끌어낼 수 있다. 또한 두 대표는 협정이 지켜지지 않았을 때(때때로 발생할 수밖에 없는 일이다) 연락할 창구가 되며, 위반에 따른 대응 조치를 지시하는 담당자가 될 것이다. 이처럼 양국 간에 최소한의 예측 가능성을 확보한다면, 이를 토대로 최소한의 전략적 신뢰가 다시 생길 수 있다. 그런 뒤에는 기후변화처럼 전 지구적인 인류 공통의 문제에 대해 지속적으로 협력함으로써 양국 관계에서 더 어려운 영역도 서로 해결해나갈 수 있다는 자신감을 얻을지 모른다.

어떤 이들은 순진한 접근법이라고 비판할 수 있다. 그렇다면 그들은 이보다 더 나은 방법을 생각해내야 할 텐데, 나는 아직 그런 대안을 보지 못했다. 미국과 중국은 각국의 정부 인사들이 공개 석상에서 뭐라고 말하든 간에 앞으로 다가올 위태로운 시기에 대비해 양국 관계를 관리할 방안을 모색하고 있다. 냉엄한 현실은, 그러한 관리 조건에 대해서 당사자들 간의 기본적인 합의가 이루어지지 않는다면 어떠한 관계도 관리될 수 없다는 사실이다.

관리된 전략적 경쟁 접근법의 성공 또는 실패의 척도

이러한 공동의 전략적 접근법의 성공(또는 실패)을 가늠할 수 있는 척도는 무엇일까? 2030년까지 미국과 중국이 타이완해협에서 군사적 위기나 충돌, 또는 사이버 공격을 피할 수 있다면 그것이 성공의 신호가 될 수 있겠다. 만약 다양한 형태의 로봇 전쟁을 금지하는 협약이 체결된다면 이는 그러한 전략적 체계의 명백한 승리가 될 것이며, WHO와 함께 다음 팬데믹에 대비하는 즉각적인 행동에 나서는 것도 마찬가지다. 그러나 가장 중요한 성공의 신호는, 두 나라가 국제 사회에 자국의 시스템에서 나온 아이디어와 가치, 문제 해결 접근법을 강요하는 대신, 공개적이면서 적극적으로 캠페인을 전개함으로써 정당한 지지를 얻고자 할 때 나타날 것이다.

관리된 전략적 경쟁이 제대로 가동되지 않은 가장 대표적인 사례가 바로 타이완이다. 혹시 시진핑이 미국과의 비공개 합의를 일방적으로 파기함으로써 미국에 엄포를 놓을 수 있다고 생각한다면 전 세계는 고통의 나락으로 떨어질 것이다. 그러한 위기는 세계 질서의 미래를 단숨에 다시 쓰게 할 것이다.

중국은 관리된 전략적 경쟁으로
어떻게 미국과의 관계를 모색할 수 있을까?

그렇다면 중국은 관리된 전략적 경쟁이라는 틀에 어떻게 대응할 수 있을까? 그에 대한 간단한 답은 "조금 어렵긴 하다"이다. 특히 중국의 전략적 레드라인을 다루는 문제, 즉 타이완, 남중국해 및 동중국해, 사이버 공간과 관련된 중국의 작전활동에 새로운 제약을 걸게 될 때 더욱 그렇다. 중국은 이처럼 다양한 안보 영역에서 오랫동안 회색 지대 전술을 대대적으로 전개해왔으며, 인민해방군(또는 준군사 조직)은 오랜 시간에 걸쳐 미국, 타이완, 일본 및 기타 동맹국의 대응 패턴을 시험하고 조사해왔다. 여기에는 세 가지 목표가 있다. 첫째, 중화인민공화국이 탄생한 이래로 실전 경험이 없는 해군에게 적극적인 훈련 기회를 제공한다. 둘째, 잠재적 적대국들이 실제로 위기나 갈등을 겪을 경우 어떻게 행동하고 대응할지 파악한다. 셋째, 여러 영유권 분쟁에서 영토와 해양 영유권을 합법화하기 위해 현장 상황을 계속해서 조정한다. 중국은 이러한 분쟁에 대한 그 어떤 국제적 중재도 따르지 않을 것이기에, 장기간에 걸쳐 인식되고 수용되는 "현실" 자체를 바꿔온 것이 영유권 주장에 힘을 싣기 위한 중국의 접근 방식이었다. 또한 중국은 남중국해의 분쟁 해역에 어업 민병대를 대거 배치하는 등 자신들이 이 지역에서 점차 압도적인 자원을 보유하게 되리라는 인상을 심어줌으로써 결국엔 저항이 무의미하다는 판단을 유도하고자 한다.

게다가 중국은 정부 시스템 내에서 외교와 (준)군사작전을 거의 완벽하게 분리하는 데 익숙해져 있다. 이는 중국이 전반적인 양자 및 지역 정치 관계를 관리할 때 가능한 한 합리적으로 보이도록 하는 동시에, 군이 지상에서 국가안보 목표를 달성하기 위해 작전상 필요하다고 판단되는 모든 것을 실행할 수 있도록 하기 위함이다. 실제로 중국 내부의 의사 결정 과정에서 외교부 고위 관료들은 중앙군사위원회 직원들이 하는 일에 대해 지시를 내리기는커녕 방해할 힘도 없다. 대체로 이 두 조직은 별개의 두 우주인 것으로 보인다. 하나는 군사를, 다른 하나는 외교를 담당하며, 이들은 시진핑의 개인 집무실이라는 최종 결정 장소에서만 한데 모인다.

중국의 우려: 관리된 전략적 경쟁은
실질적인 전략적 이득의 가능성을 제한하며 중국의 손발을 묶는다

이러한 모든 요소를 고려했을 때, 만약 중국이 관리된 전략적 경쟁이 설정한 제약을 따르고 과거의 행동 방식에서 손을 뗀다면 어떠한 이점이 있을까? 이는 점점 더 제약 없이 행동함으로써 발생할 위험을 중국이 어떻게 평가할지에 따라 좌우될 것이다. 미군과 마찬가지로, 인민해방군은 군사 영역에 외교관이 선의로 개입하여 작전의 자유가 침해당하는 것을 그다지 달가워하지 않는다. 하지만 중국 지도부나 인민해방군은 중국이 난공불락의 존재가 되지 않는 한 미국과 직접적인 관련이 있는 해상 지역에서 섣부른 무력 충돌을 일으키고 싶어하지 않을 것이다. 중국에게는 아직 그럴 만한 힘이 없다. 하지만 미국과의 충돌 위험은 여전히 매우 높아 보인다. 중국의 군사 배치에 대응하는 미국과 일본의 작전 변화로 더 커져버린 위험성은 중국으로 하여금 가까운 미래에 선박과 항공기의 운항을 상호 제한하는 조치를 진지하게 고려해보도록 할 수 있다.

이것이 타이완과 남중국해, 동중국해에 구체적으로 어떤 의미를 지닐지 추측하기는 쉽지 않다. 현재 중국의 행동 패턴은 미국과 (동중국해의 경우) 일본의 대응과 마찬가지로 세 전구戰區 모두에서 매우 다르게 나타난다. 그러나 여기서 중요한 점은 상호 합의하에 관리된 전략적 경쟁

체계가 현재 별다른 규칙 없이 매우 불안정하게 돌아가는 지역의 상황을 진정시킬 수도 있다는 것이다. 가드레일이 없다면 모든 전구에서 작전 빈도와 강도가 계속해서 증가할 것이다. 이는 앞으로 중국, 미국 또는 일본의 군함이나 항공기가 의도치 않게 충돌할 경우 책임이 중국에 있는지를 따지기보다는 중국이 사건 자체에 얼마나 신속히 대처하는지가 중요해진다는 뜻이다.

사이버 공격은 중국에 다양한 보안상의 위험과 도전 그리고 기회를 제공한다. 이는 현재 중국이 미국 정부, 기업, 민간인, 그리고 전 세계 미국 동맹국을 표적으로 어느 정도까지 공격을 감행하는지와 공격을 통해 얻는 이득이 무엇인지에 따라 결정될 것이다. 또한 미국이 얼마나 똑같이 대응하는지, 중국은 그에 따른 자신들의 대응 조치가 충분하다고 생각하는지, 그리고 중국 지도부가 이것을 얼마나 관심 있게 보는지에 따라 결정되기도 한다. 이러한 문제들은 미중 안보 관계에서 가장 어둡고도 불투명한 부분이다.

미국 내 표적에 대한 중국의 공격은 지난 10년간 여러 차례 보고되었다. 그중 가장 눈에 띄는 것은 앞서 설명한 2013년 인사 시스템 침투 사건으로, 중국은 그곳의 모든 직원에 대한 기밀 파일과 보안 허가 신청에 필요한 세부 정보를 탈취했다. 그전에 이미 미국 민간 기업에 대한 중국의 사이버 공격과 관련된 우려를 중국 지도부에 제기했던 오바마 행정부는 모든 상업적 사이버 공격을 중단한다는 합의에 이르고자 애썼다. 그러나 미국 측 주장에 따르면 합의는 몇 달 동안만 유지되었을 뿐, 사이버 공격은 이내 재개되었다. 또한 미국과 중국의 학술기관이 상호 사이버 보안 프로토콜에 대해 논의하는 초기 2단계 노력도 있었지만, 이 역시 부분적인 성공만을 거두었을 뿐이다.

이러한 배경에서 다음과 같은 질문이 또다시 제기된다. 중국은 바이든 행정부와 사이버 공격을 제한하거나 없애는 구속력 있는 합의에 동의함으로써 어떠한 이익을 얻을 수 있으며, 그들은 과연 이를 얼마나 잘 준수할 수 있을까? 결국, 많은 중국인은 특히나 미국의 사이버 시스템에 쉽게 침투할 수 있는 표적이 많다는 점에서 현재의 사이버 공격(또는 공격까지는 아닌 무언가)이 비대칭 전쟁의 한 형태로 중국에 큰 이익을 가져다주었다고 주장할 것이다. 그러나 중국은 자신들의 주요 공공 인프라 등이 미국의 사이버 공격에 얼마나 취약한지를 나름 인지하고 있을 것이다. 따라서 중국은 자기네 혁신 프로그램의 범위가 확대됨에 따라 주요 기업이 외부 사이버 침투에 노출될 가능성에 더욱 주의를 기울이게 될 것이다. 특히 중국공산당은 개인 자산 규모와 같은 중앙 지도부의 정보가 도용되어 공공 영역으로 유출될 가능성에 대해 깊이 우려할 것이다. 이러한 이유로 중국 내부에서는 미국과 사이버 프로토콜에 대해 다시 논의하게 된다면 무엇이 이득일지를 둘러싸고 논쟁이 벌어질 것으로 보인다.

관리된 전략적 경쟁과 중국 경제의 우선순위 회복

관리된 전략적 경쟁 체계가 중국의 전반적인 이해타산과 관련될 수 있는지를 따져볼 때 한 가지 유념해야 할 사항은, 중국의 궁극적인 관심은 여전히 장기적인 경제성장이라는 점이다. 중국 지도부가 보기에 국력을 이루는 모든 요소의 근간은 바로 경제의 성장 규모와 고도화 그리고 영향력이다. 거의 20년간 중국의 역대 행정부는 현시대를 전략적 기회의 시기로 정의했다. 이는 중국이 심각한 국제적 갈등을 겪지 않고 국가 경제 개발 과제에 거의 전적으로 집중할 수 있었음을 의미한다. 중국공산당은 현재의 국제 정세에 대한 이러한 평가를 아직 공식적으로 바꾸지 않았지만, 2022년 11월에 열리는 제20차 당대회에서 이것을 변경할 수 있다.*

2021년 현재, 국내외적으로 야심찬 태도를 보인 중국 지도부는 현 단계에서 자신들이 처한 적대적인 전략 환경을 그리 달갑게 생각하지 않는다. 결국 중국의 정치권은 2017년 이후 미국이 새롭게 내놓은 날카로운 대중 전략을 피하고 싶었을 것이다. 이는 중국이 전반적인 양국 관계의 안정을 위해 이전의 정기적 고위급 정치 대화 채널을 재개하라고 바이든 행정부에 거듭 요청한 데서 이미 입증되었다. 따라서 중국의 정치 체제 내에서는 지도부가 경제 모델의 장기적인 변화에 다시 집중할 수 있도록 미중 관계가 어느 정도 안정화되길 바라는 욕구가 있다. 하지만 중국은 미국과의 관계를 이전 상태로 되돌리는 것이 불가능하다고 여길 만큼 매우 현실적이다. 2018~2019년 무역 전쟁과 2020년 팬데믹을 겪으면서 너무 많은 일이 일어난 데다, 2021년 이래 바이든 행정부의 대중 정책도 나날이 강경해지고 있어 이미 망가질 대로 망가진 양국 관계가 하룻밤 만에 복구되기는 힘들 것이다. 그렇다고 해서 중국이 미국과의 관계를 더 이상 악화시키지 않는 데 관심이 없다는 뜻은 아니며, 다만 내부적으로 발견된 정권의 취약성을 극복하는 데에 (현재 이를 기대하고 있음에도 불구하고) 다소 시간이 걸릴 뿐이다.

따라서 중국으로서는 현재 미국과의 사이에서 고조되고 있는 안보

---

* 한국어판 서문에서 언급되었듯이, 제20차 당대회에서는 "국가안보"의 비중이 늘어나는 등 주목할 만한 변화가 나타났다.

및 외교 긴장과 끓어오르는 위기를 통제할 수 있는 관리된 전략적 경쟁이라는 틀이 그래도 꽤 반가울 것이다. 중국의 장기적인 게임은 항상 경제력과 기술력에 힘입어 승리하는 것이다. 중국의 계산에 따르면, 관리된 전략적 경쟁은 다른 안보와 외교 목표를 달성할 만한 국력을 갖출 때까지 경제력과 기술력을 계속 강화하는 데 도움이 될지도 모른다. 그리고 관리된 전략적 경쟁은 고조된 양국 간의 온도를 낮추는 데도 도움이 될지 모른다.

관리된 전략적 경쟁과 중국 외교 정책의 이해관계

한편 관리된 전략적 경쟁이라는 틀이 중국이 외교적 영향력을 놓고 미국과 치열하게 경쟁하는 것을 막지는 못할 것이다. 실제로 일부 사람들은 관리된 전략적 경쟁이 향후 10년간 전반적인 안보 정책에 있어 그 긴장을 완화할 수 있다면, 특히 다른 나라들이 근본적인 안보를 이유로 미국과 중국 사이에서 더 이상 이분법적인 결정을 내리지 않아도 된다면, 중국의 외교적 영향력이 커지는 것쯤은 그리 큰 문제가 아니라고 생각할 수 있다. 사실 중국 지도부에는 만약 중국의 외교 정책이 타이완, 남중국해, 신장 문제로 자신들의 심기를 건드린 국가를 응징하기보다 지난 수십 년간 이룬 성공적인 경제 개발 정책을 뒷받침하는 데 주력한다면 국제 사회에서 정치적 입지가 훨씬 더 강화될 것이라는 견해도 있다. 그러나 만일 중국이 중국 발전 모델을 옹호함으로써 미국, 서방 및 나머지 민주주의 세계와의 이데올로기 전쟁을 계속 원한다면, 그것을 막기는 힘들 것이다. 중국의 내부 선전기관이 주장하는 것처럼 만약 실제로 중국이 체제의 우월성을 확신한다면 그렇게 하도록 장려해야 한다. 최근 수십 년간 자유자본주의 체제가 겪은 몇 가지 엄청난 실패(2008년 글로벌 금융 위기와 2020년 코로나19 팬데믹 대응의 초기 관리 실패 등)를 고려할 때, 중국은 한때 모든 것을 정복하는 것만 같았던 워싱턴 컨센서스 내에 악용될 만한 심각한 시스템적 취약점이 있다고 판단할 수 있다. 따라서 중국은 그러한 대립 상황이 중국의 전반적인 이데올로기적 대의에 도움이 될지, 아니면 방해가 될지 판단해야 할 것이다. 그러나 여러 측면에서 이념적, 관념적 경쟁은 관리된 전략적 경쟁 구조의 핵심이 될 것이다. 사상과 체제, 통치의 세계에서는 최고의 팀만이 승리를 거머쥘 수 있다.

관리된 전략적 경쟁을 기반으로 하는 중국의 다자 외교

또한 관리된 전략적 경쟁은 공통의 관심 분야에서 협력을 지속할 여지를 제공할 것이다. 특히 향후 10년간 중국이 미국과 협력함으로써 국익을 증진할 수 있는 몇 가지 정책이 있다. 예를 들어 중국과 미국이 이미 참여 중인 G20, 금융안정위원회, 바젤위원회, IMF를 통한 글로벌 금융 안정성 유지가 그에 해당한다. 중국은 최근에 발생한 글로벌 금융 위기가 반복되는 것을 원하지 않는다. 또 다른 위기는 중국을 장기적인 경제 궤도에서 이탈시킬 수 있기 때문이다. 게다가 2020년 경기 침체 이후 전례 없는 수준의 국가 부채가 글로벌 채권시장에 투입된 상황에서, 중국은 더 큰 금융 위기를 촉발할 수 있는 국가 채무불이행 위험을 막고자 상당한 노력을 기울일 것이다. 2021년 중국은 일대일로 이니셔티브에 따라 급격히 늘어난 채무의 재조정이 필요하다며 파리클럽과 협상을 진행했는데, 이는 글로벌 금융 안정성을 유지하는 복잡하고도 섬세한 일에 있어 국제 협력이 갖는 중요성을 더욱 강조하고 있다.

기후변화와 관련하여 중국의 경제 및 환경을 보호하기 위해서는 국제 협력이 필수다. 중국은 세계 최대의 온실가스 배출국이며, 중국의 국가적 감축 목표는 전 세계 기후변화에 매우 중요하지만, 향후 10년간 미국, 유럽, 일본, 특히 인도가 여기에 동참하지 않는다면 궁극적으로 별 효과가 없을 것이다. 다시 말해 기후 문제에 있어서 중국이 국제적 해결책을 추진하려면 미국과 협력하는 것 외에 다른 선택지가 없다.

또한 세계적인 핵 확산 위험이 있다. 이란과 북한이 가장 큰 위험 국가이지만, 두 국가의 핵무기가 중국을 겨냥할 가능성은 거의 없다. 하지만 중국의 진짜 관심은 이란과 북한의 핵 위협으로부터 안보를 유지하려는 다른 국가(일본 등)의 핵 개발을 막는 것이다. 이렇게 다시 한번, 중국의 이익은 기존의 다자간 비확산 체제의 무결성을 유지하는 데 달려 있으며, 미국과 잘 협력해야 그것이 가능하다.

따라서 관리된 전략적 경쟁은 향후 10년간 미국과의 전반적인 관계를 관리할 수 있는 허용 가능하고 대안적이며 전략적인 틀을 중국에 제공할 것이다. 현재 중국의 싱크탱크 커뮤니티는 2017년 이후 미국의 전략적 현실을 고려한 미중 관계의 새로운 구성 원칙을 모색하고 있다. 앞서 언급했듯이 미중 관계가 미국에서 전략적 관여라고 불렸던 시대로 되돌아갈 가능성은 없으며, 중국이 통상적으로 상생 협력의 원칙이라 부르던 시대로 돌아갈 일도 없다. 이미 너무 많은 시간이 흘렀기 때문이다. 중국에 중요한 문제는 국익과 가치, 전략의 관점에서 그러한 틀이 내거는 제약들을 수용할 여력이 충분한지다. 나는 아직 여기에 대한 적절한 답을 가지고 있지는 않지만, 생각해볼 가치가 있다고 본다.

관리된 전략적 경쟁 안에서 전개되는 미국의 대중국 정책

전략적 방정식의 다른 당사자인 미국은 어떨까? 미국의 정책 입안자들은 관리된 전략적 경쟁이라는 틀 안에서 미중 전략의 진화를 어떻게 받아들일까? 그것이 미국에 도움이 될까, 아니면 방해가 될까? 미국의 군사 전략가들은 (중국의 전략가들과 마찬가지로) 외교 정책의 추상성, 특히 어려운 군사적 대비 업무에 방해가 되는 추상성 때문에 불필요하게 손발이 묶이기를 원치 않을 것이다. 미 국방성은 관리된 전략적 경쟁이 향후 10년간 중국에 실질적인 전략적 "휴가"를 제공함으로써 군사적 위협이 없는 상황에서 중국이 경제와 군사력을 계속 강화할 시간을 벌어줄 것이라고 주장할 수 있다. 이 말대로라면 중국이 10년 안에 갑자기 정책을 바꿔 타이완이나 다른 목표물에 대해 더 강한 군사력을 발휘하기로 할 때 훨씬 더 유리한 위치에 놓일 것이다. 더욱이 미 정보 기관은 중국이 (타이완, 동중국해, 남중국해, 사이버 분야에서) 어떠한 안보 정책 프로토콜에 동의하든 실제로 그러한 규칙은 쓸모 없을 것이라고 주장할 수 있다. 과거 사례를 봤을 때 군사작전 수준에서 중국이 약속을 지키지 않을 것이기 때문이다. 그 증거로 그들은 오바마 행정부가 시진핑과 맺었던 사이버 프로토콜이 금세 단명했던 사례와 남중국해에서 매립한 섬을 군사화하지 않겠다던 시진핑의 거짓 약속을 지적할 수 있다.

관리된 전략적 경쟁, 힘의 균형, 전쟁 억지

이러한 반대를 설득하는 방법에는 여러 가지가 있다. 미국의 관점에서 10년이라는 세월은 결코 사소하지 않다. 미국도 경제, 군사, 기술력을 재건하거나 강화함으로써 중국과의 힘의 균형에서 우위를 차지할 수 있기 때문이다. 중국은 시간이 자기편이라고 주장할지 모르나, 시간은 오히려 미국에 유리한 쪽으로 기울 수 있다. 미국 군사 계획가에게 중요한 점은 미국이 10년 안에 중국의 군사적 압박을 억지할 수 있는 위치에 도달하리라 생각하는지, 아니면 더 불리한 위치에 처할 거라 생각하는지다.

중국의 "속임수" 문제에 대해 앞서 언급했듯이, 중국은 외교적, 군사적 전술과 전략에 있어서 속임수를 사용하는 데 아무 거리낌이 없었다. 특히 지난 2세기 동안 중국을 모욕했던 자본주의와 제국주의 적대국들을 상대할 때는 더욱 그랬다. 그러나 중국만 기만행위를 저지르는 것은 아니다. 국가들 사이에 자행되는 부정행위는 체결된 모든 합의에 대한 상호 검증이 얼마나 중요한지를 뚜렷이 보여준다. 미중 안보 관계에서 가장 관련성이 높은 네 가지 작전 분야(우주전이 지닌 전략적 맹목성의 위험을 고려한다면, 다섯 번째 작전 분야는 우주 기반 시스템이 될 것이다)의 경우, 전략적 약속은 신뢰와 안보 구축 조치뿐만 아니라 기술적인 조치로도 대체로 검증할 수 있다. 즉, 미중 관계에서 발생할 수 있는 가장 위험한 안보 시나리오와 그에 따르는 조치의 특성을 고려한다면, 중국도 남중국해에서 더 많은 섬을 건설하는 것과 같은 행위에 대해 대규모 속임수를 쓰기는 힘들 것이다. 향후 어떤 수준의 정치적, 외교적, 전략적 신뢰도 재건할 수 있는 중요한 열쇠가 바로 검증이라고 설파했던 로널드 레이건의 말은 시대가 다른 오늘날의 상황에서도 유효하다.

이러한 현실적인 우려들이 양측에 가져다줄 복잡한 문제는 차치하고서라도, 관리된 전략적 경쟁을 실행했을 때 미국에게 압도적으로 유리한 점은 향후 10년간 중국과의 우발적 혹은 의도적인 무력 충돌의 위험을 줄일 수 있다는 것이다. 미국은 전쟁을 원치 않는다. 전쟁의 결과는 예측하기 힘들며, 확전되기라도 한다면 몹시 위험하다. 게다가 미국은 세계 최고의 강대국으로서 잃을 게 너무 많다. 현재 미국은 단 한 번의 사건으로도 글로벌 리더십을 잃을 수 있다. 또한 이러한 충돌이 미국의 군사력과 경제력에 미치는 파괴력은 상상을 초월할 것이다. 현 중국 지도부도 이런 우려를 느끼고 있다. 이러한 이유만으로도 전쟁 발발의 위험을 줄이기 위해 필요한 모든 예방 조치를 지금 당장 취해야 한다는 주장이 대세를 이루고 있다. 관리된 전략적 경쟁은 바로 이 지점에서 시작된다.

미국과 중국의 일부 민족주의 정치인들과 그들에게 초현실적인 정책을 조언하는 사람들은 이 모든 노력이 다 쓸모없다고 주장할지 모른다. 물론 내가 제안한 방법들에는 현실적인 문제가 있긴 하지만, 그렇다고 해서 모두 틀린 것은 아니다. 나는 이 깡통(즉, 전쟁)을 멀리 걷어차는 일이 비겁하기는커녕 잘못된 일도 아니라고 생각한다. 누군가는 이러한 접근 방식을 회유책의 한 형태라고 공격할 수도 있다. 하지만 유럽에서 말하는 회유책의 본질은 영토가 하나씩 병합되는 것을 별다른 대응 없이 지켜보는 것으로, 여기서 제안된 강제력 있는 전략적 레드라인과는 정반대 개념이다. 미중 간의 근본적인 정치적 대립을 더 즉각적인 국지전을 통해 해결하려는 것은 어리석은 일이다. 이는 제1차 세계대전이 발발했을 때 유럽의 여러 나라가 품었던 망상 중 하나였다. 역사적으로 국지전에서 그친 전쟁은 거의 없었다. 대신 역사는 전쟁이 한번 터지면 통제 불능으로 확대될 가능성이 훨씬 더 크다는 것을 말해준다. 하지만 만약 전쟁이라는 깡통을 차버린다면 시간이 지남에 따라 변화하는 외교적 정서를 수용할 정치적 타협의 여지가 생겨나며, 이는 현재 21세기의 두 강대국이 벌이고 있는 포괄적인 전략적 경쟁을 장기적이고도 평화롭게 해결하도록 만들어줄 수 있다. 현재 우리의 정치적 능력으로는 이런 해결책이 있으리라 상상할 수 없지만, 시간이 지나면 가능해질 수도 있다. 그러나 전쟁이 발발하는 순간 그 가능성은 완전히 사라진다. 만약 누군가 전쟁의 신호를 감지하고 이에 대응한다면 최악의 시나리오가 가동되고 무력이 투입되면서 평화적 해결의 가능성은 영원히 사라지고 이성은 마비될 것이다. 중국과 미국 지도부의 정치적, 개인적 미래는 피비린내 나는 무력에 의해 결정될 것이다. 관리된 전략적 경쟁이 그러한 전쟁을 막을 수 있는 안전장치는 아니지만, 전쟁을 막을 기회를 최대한 제공할 것이다.

타이완과 남중국해 및 동중국해에서의
관리된 전략적 경쟁과 미국의 전략적 이해관계

그렇다면 관리된 전략적 경쟁이 타이완, 남중국해, 동중국해에 대한 미국의 핵심적 레드라인에 어떠한 영향을 미칠 수 있을까? 중국에서와 마찬가지로, 관리된 경쟁은 미국에도 기회이자 제약이 될 수 있다. 바이든 행정부는 타이완의 안보를 지원하는 데 필요한 모든 자원을 충분히 융

통해줄 수 있을 것이다. 2021년 6월, 미 행정부가 타이완 문제에 있어 오랫동안 유지해온 전략적 모호성을 재확인하면서 미국과 중국과의 관계는 안정화되고 있다. 이듬해 10월 바이든이 이에 대해 명확한 입장을 밝혔지만 말이다. 미국은 그러한 전략적 모호성 때문에 향후 타이완 시나리오에 대한 군사적 개입 여부와 정도를 선뜻 결정하지 못하고 있다. 이 모호성에는 두 가지 목표가 있다. 첫째, 미국의 타이완 지원 여부를 확신할 수 없는 중국이 타이완 공격을 아예 엄두도 내지 못하도록 억지하는 것이다. 둘째, 향후 타이완 정부가 중국에서 독립하는 문제를 공식화하는 등 무모한 행동을 하지 못하도록 막는 것이다. 타이완이 그런 식으로 행동하면 미국은 지지를 표하지 않을 것이다. 만약 타이완이 무모한 행동을 할 경우, 중국이 군사적 행동을 취할 것이 거의 확실하기 때문이다.

그러나 관리된 전략적 경쟁은 하나의 중국 정책을 고수하는 중국의 정치적 민감성에 미국이 경계를 강화할 것을 요구한다. 트럼프 정부 때 확장되기 시작해 바이든 정부에서도 계속된 타이완군과의 직접적인 군사 협력, 미국 고위급 인사와 타이완 정부 간의 공식적인 접촉 등은 이로써 중단될 것이다. 타이완에 대한 미국의 최우선적인 전략 목표가 향후 타이완에 대한 중국의 강압적인 군사 행동을 억지하는 것이라면, 굳이 하나의 중국 정책의 골조를 건드릴 필요는 없다. 이를 위해서는 미국이 현재의 군사 조직과 능력의 격차, 취약점을 개선하여 동아시아 전역에서 중국과의 군사력 균형을 회복해야 한다. 또한 타이완은 수십 년 동안 누적된 데다 국내 정치권의 어느 쪽도 여태껏 해결할 의지를 보이지 않았던 군대의 취약성 문제도 심각하게 고려해야 할 것이다. 미국, 일본, 타이완은 또한 다른 파트너 및 우방, 동맹국들과 협력하여 향후 중국의 경제적 강압 위험에 맞서 타이완 경제의 장기적인 회복력을 구축해야 한다. 하나의 중국 정책의 근간이 중국에 그대로 남아 있다는 것을 파악한 미국은 이러한 조치들이 중단되지 않도록 할 것이다. 사실 하나의 중국 정책의 운용 또는 중국의 선언적 조건을 가지고 장난치는 것은 미국의 국가안보 정책의 냉철한 면이라기보다는 미국의 정치적 방종과 전략적 어리석음을 보여주는 것이라 할 수 있다. 중국을 향한 다소 거리낌 없는 행동은 미국의 일부 지역에서는 정치적 지지를 얻을 수 있겠지만, 지난 반세기 동안 역대 행정부가 성공적으로 해내왔던 것처럼, 미국은 냉정한 자세로 타이완에 대한 전략적 현상 유지라는 한층 더 근본적인 목표에 초점을 맞출 필요가 있다.

관리된 전략적 경쟁의 광범위한 규칙 틀 내에서 인민해방군의 남중국해 회색 지대 작전 패턴을 제한할 수 있다면 미국으로서는 무척 환영할 만한 일이다. 중국은 미국과의 약속에도 불구하고 이미 조성한 7개 "섬"에서의 군대 철수에 대해서는 동의하지 않을 것이다. 설사 그렇다 하더라도, 중국으로부터 더 이상 섬을 메우지 않겠다는 합의를 이끌어내는 것은 미국에 유익한 출발점이 될 것이다. 이때 중국이 남중국해의 다른 육지 지역을 추가적으로 군사화하지 못하도록 막아야 할지도 모른다. 최근 몇 년간 중국 선박이 이 지역에 몰려들었다는 점에서, 중국 선박의 배치 수와 관련해 합의할 수 있는 모든 제한은 긍정적이고 안정적인 조치가 될 것이다. 미국은 보답으로 향후 남중국해에서 항행의 자유 작전의 시행 횟수를 적절히 조정하고 정례화할 수 있다. 또 다른 대안은 중국의 회색 지대 작전이 계속 확대되면 남중국해 상공에서의 미군 비행과 항행의 자유 작전의 빈도와 강도, 범위도 그에 상응해 증가하리라는 점을 명시적으로 경고하는 것이다.

그러나 이 모든 가능한 조치를 넘어 중국이 필리핀(남중국해에서 중국과 영유권 분쟁을 벌이고 있는 유일한 미국의 조약 동맹국)을 상대로 추가 영토 및 해상 영유권을 주장하는 데 있어 군사 및 준군사 자산까지는 사용하지 않기로 합의한다면, 이는 관리된 전략적 경쟁 내에서 이루어지는 가장 중요한 잠재적 합의가 될 것이다. 물론 중국은 반발할 것이다. 하지만 최근 바이든 행정부가 필리핀과의 조약 의무의 무결성을 재확인한 데다 2022년 필리핀 대선에서 이전의 두테르테보다 중국에 훨씬 덜 우호적인 행정부가 집권할 수 있다는 사실을 고려한다면, 필리핀에 대한 영유권 주장을 벼랑 끝으로 몰고 있는 대담한 군사 전략을 축소하는 편이 오히려 중국의 이익에 부합할 것이다.

동중국해의 전략적 상황은 남중국해와는 크게 다르다. 이 책의 앞부분에서 논의했듯이, 중국이 중시하는 세 해상 구역 중 국익에 가장 핵심이 되는 곳은 타이완이며, 그 뒤를 잇는 곳은 남중국해(중국의 영유권 분쟁 규모가 방대한 데다 미국과 직접 대치하고 있는 곳)다. 비록 동중국해는 그보다 덜하지만, 실제로 여전히 중요한 지역임에는 틀림없다. 게다가 일본이 주장하는 센카쿠열도 주변의 200해리 배타적경제수역에서 중국의 침범이 발생할 경우 일본 자위대가 모든 대응을 맡는 등, 미국은 동중국해의 분쟁 지역에 직접적으로 군을 투입하는 데 항상 제한이 있었다. 그럼에도 중국이 이 지역에서 일본을 상대로 실시하는 회색 지대 활동은 남중국해에서의 활동과 부분적으로 유사하다. 확실히 중국은 일본의 대응 패턴을 시험하기 위해 해상 및 공중 출격을 꾸준히 늘리고 있으며, 이를 통해 모든 개별 사건에 효과적으로 대응할 수 있는 일본 방위 자산의 능력을 갈수록 고갈시키고 있다.

그럼에도 중국은 일본과 미국이 서로 더 가까워지게 만들기보다는 관리된 전략적 경쟁의 범주 안에서 향후 10년간 일본과 정치적 긴장을 완화하는 구도에 눈을 돌릴 수 있을 것이다. 한 예로 중국은 쿼드가 애초 예상보다 더 빠르게 다자 안보 및 외교 정책 메커니즘으로 발전하고 있는 점을 우려하고 있다. 중국은 또한 늑대 전사를 통한 외교 실험과 그들의 점점 더 대결적인 접근 방식이 많은 아시아 및 유럽 민주주의 국가에서 중국에 대한 적대감을 불러일으키고 있는 것을 전반적으로 우려하게 되었다. 때마침 바이든 행정부는 필리핀과 마찬가지로 센카쿠열도에 대해서도 상호방위조약이 가동될 수 있음을 재확인시켜주었다. 이는 중국과 일본의 선박 또는 항공기 충돌이 미국과의 갈등으로 즉각 확대될 수 있음을 의미한다. 최근과 같이 중국의 출격이 계속해서 잦아진다면 사고 발생 가능성은 갈수록 커질 것이다. 이런 이유로, 미국은 중국이 일본과의 전반적인 관계에서 긴장감을 낮추고 싶어한다는 것을 알게 될 것이다.

중국은 정상적인 상황에서는 한 번에 여러 외교 전선에서 싸우고 싶어하지 않는다. 또한 가장 중요하지는 않은 지역에서 일본 및 미국과의 불필요한 무력 충돌을 굳이 앞당겨 겪고 싶지도 않을 것이다. 게다가 중국은 일본이 주장하는 배타적경제수역에 대한 위협의 빈도와 강도를 줄이는 것이 일본과의 긴장을 실질적으로 줄일 유일한 방법이라는 것도 잘 알고 있다. 따라서 중국은 관리된 전략적 경쟁이라는 더 넓은 틀 안에서 일본에 대한 군사 및 준군사활동의 전반적인 수준을 낮출 수 있을 것이다. 이로 인한 결과는 앞으로 적어도 몇 년간 일본과 미국 모두에 이익이 될 것이다. 만약 중국이 이를 거부한다면 미국은 중국의 침략 속도와 강도가 높아지는 것에 더 효과적으로 대응하고자 분쟁 중인 섬과 그 주변에 직접 파병하는 등 다른 방안을 고려할 것이다. 중국 입장에서 그리 달가워할 만한 국면은 아니다. 실제로 이러한 위험은 더 관리하기 좋은 정치 및 군사적 변수 내에서 미국과의 전략적 경쟁을 유지하려는 중국이 비교적 온건한 접근 방식을 채택하도록 유도하는 크나큰 동기가 될 수 있다.

사이버 공간과 우주에서의 관리된 전략적 경쟁과 미국의 이익

사이버 공간과 우주에 관해서는 미국과 중국 모두 실질적인 조치를 통해 장기적인 전략적 안정성을 향상시킬 여지가 있다. 앞서 언급했듯이, 양측이 보유한 상당한 능력으로 봤을 때, 미국에 있어 사이버는 양날의 검이다. 그러나 중국과 사이버 보안 프로토콜을 체결함으로써 민간 기업(특히 기술 기업)과 주요 공공 인프라에 대한 사이버 공격을 막을 수 있다면 미국의 전반적인 안보 이익도 향상될 것이다. 만약 그러한 협정이 불가능하다면, 미국은 중국 기업에 대한 전면적인 사이버 공격과 중국 인프라의 주요소에 대한 시위성 공격을 대안으로 선택할 수 있다. 이렇게 되면 미중 사이버 분쟁의 위험이 상당히 커지겠지만, 두 나라는 이를 계기로 양자 간 프로토콜을 재고하게 될 수도 있다. 러시아의 사이버 능숙도는 급속히 긴밀해지는 러시아와 중국의 안보 관계와 더불어 새로운 형태의 비대칭 전쟁에 대한 미국의 우려를 한층 더 높이고 있다. 러시아와 중국이 미국과 동맹국으로부터 수집한 정보를 어느 정도까지 공유하는지는 아직 알려지지 않았지만, 러중 관계의 궤적은 2014년 이후 끊임없이 변화하고 있다. 따라서 중국과의 사이버 프로토콜이 효과를 발휘하려면 중국과 러시아가 맺은 것과 유사한 협정을 따라야 할 것이다. 하지만 안타깝게도 이러한 협정에 러시아를 포함하게 되면 당분간 중국과 사이버 분야에서 전반적인 관계 진전을 기대하기는 어려울 것이다.

미중 관계에서 사이버 문제와 우주 기반 시스템 문제 사이에는 많은 유사점이 있다. 중국의 현재 정책은 (5장에서 설명한 바와 같이) 일반적인 전략에 따라 우주 기반 정보, 추적 및 감시 시스템, 위성항법 네트워크, 대^{對}위성 전쟁에 대한 취약성을 가능한 한 빨리 극복하는 것이다. 중국이 미국과 동등한 수준에 이르기 전까지는 중국을 이 분야의 협상 테이블로 끌어들이기가 쉽지 않을 것이다. 한 가지 예외는 대위성전인데, 이는 지상의 주요 통신 인프라에 대한 사이버 공격과 마찬가지로 중대한 안보 위기 상황에서 양측의 눈을 멀게 할 수 있다. 또한 공격받을지도 모른다는 두려움 때문에 결국 한쪽의 선제적인 군사 행동을 유발할 수 있다. 다행히 중국과 미국, 러시아 모두 이러한 대위성전이 본질적으로 불안정하다고 인식하고 있으며, 이는 이 분야에서 조심스레 진전을 이룰 근거가 될 수 있다.

중국과 러시아는 우주에 무기를 배치하는 것을 방지하는 조약인 '우주 물체에 대한 위협 또는 무력 사용 금지에 관한 조약^{PPWT}'을 UN에 제출했다. 이 조약에 서명한 국가들은 "우주 공간에 어떠한 무기도 두지 않으며 우주 물체에 대한 위협 또는 무력 사용에 의지하지 않기로" 약속한 것이다. 그러나 미국의 협상가와 정책 입안자들은 양국이 평화적인 목적이라고 주장하면서도 위성 공격용 무기로 사용될 수 있는 이중 용도 시스템(레이저 시스템 또는 대형 위성을 요격할 수 있는 로봇 팔이 장착된 "청소부" 위성 등)을 반복적으로 시험했다는 점을 지적하면서 이 조약을 거의 신뢰하지 않고 있다. 그들은 또한 중국과 러시아가 "규범과 규칙에 기반한 책임 있는 행동 원칙으로 우주에서의 위협을 줄이자는"
2020년 12월 UN 결의안에 서명을 거부한 12개국에 속한다는 사실에
주목한다. 그럼에도 미국은 첫 단계로서 더욱 제한적이고 구체적인 대
위성 무기 사용에 관한 양자 또는 3자 간 합의에 도달할 수 있으며, 최
소한 그 논의를 위해 대화 메커니즘을 구축할 수 있다. 그러나 대위성
시스템을 제외하고는 중국의 우주 기반 시스템 확장과 군사력 증강을
제한하는 데 있어 상당한 진전을 이룰 가능성은 희박해 보인다. 중국이
이 분야에서 미국을 따라잡기 위해 아무런 제약 없이 경쟁을 계속하는
한 이러한 상황은 지속될 것이다.

2020년대의 관리된 전략적 경쟁과 미국의 대중국 경쟁력

미국은 중국과의 관리된 전략적 경쟁 체제를 장기적으로 유지함으로
써 경제와 외교 정책, 인권 분야에서 주요 이익을 얻을 수 있다. 합리적
으로 관리할 수 있는 안정적인 전략적 가드레일 내에서 미중 관계의
근본적인 안보 문제를 억제할 수 있다면, 미국은 국력의 장기적인 펀
더멘털에 집중할 수 있을 것이다. 이는 세 가지 중요한 우선순위를 기
반으로 한다. 첫 번째는 미국 경제의 부흥과 재설계로, 특히 차세대 인
프라, 기술, 연구, 개발 및 교육에 대한 투자다. 두 번째는 광범위하고
정치적으로 지속 가능한 국제 연합의 일환으로 전 세계 우방, 파트너
및 동맹국과의 외교, 무역, 투자, 기술 및 안보 정책 관계를 재건하는
것이다. 세 번째 우선순위는 권위주의 체제를 억압성, 취약성, 부패로
정의하던 이전과는 반대로, 민주주의의 회복력과 변혁성, 개인 자유의

보편성, 자유민주적 통치의 장기적 효과를 기반으로 국내외에서 새로운 이데올로기 공세를 시작하는 것이다. 이 장의 앞부분에서 언급했듯 미국이 이 중요한 임무들을 달성하려면 시간이 필요하다. 실제로 미국이 효과적인 대중국 전략을 수립하려면, 2020년대가 **미국의 권력을 재건하는 10년**이 될 수 있도록 집권 정당이 국내 정치의 양쪽 모두에게서 충분한 동의를 얻어야 한다. 이를 위해서는 미국 대통령이 바뀔 때마다 전략이 단절되지 않도록 행정부 전반에 걸쳐 전략적 연속성을 보장하기 위한 전례 없는 초당적 합의가 필요하다.

문제는 경제야, 이 바보들아!

미국이 가진 글로벌 파워의 원천은 경제 규모, 혁신, 효율성, 경쟁력, 국제 표준에 대한 영향력, 글로벌 무역 및 투자에 대한 영향력, 자본시장의 깊이, 그리고 달러의 지속적인 국제적 위상 등에 있다. 이러한 오랜 경제력 중 변하지 않는 것은 아무것도 없으며, 현재는 모든 것에서 문제가 발생하고 있다. 예를 들어 중국과 효과적으로 경쟁하기 위해서는 무역 자유화에 대한 새로운 접근 방식을 통해 국제 시장을 확대해야 하는 것처럼, 국내 시장을 계속 성장시키기 위해서는 대규모 이민 정책을 재개하는 개혁이 필요하다. 그러한 혁신은 세금, 산업, 교육, 혁신 정책의 새로운 조합으로 뒷받침되어야 할 것이다. 경제 분야에서 계속해서 경쟁력을 유지하려면, 좌우파 모두의 이념적 열정이 미국을 경제 강대국으로 이끈 전통적인 초석 중 하나를 훼손하지 않도록 균형 잡힌 세금 정책을 신중히 펼쳐야 한다. 또한 효율성을 위해서는 연방

정부와 주 정부가 붕괴하고 있는 국가 인프라를 현대화하는 데도 힘써야 한다. 미국은 글로벌 금융시장을 휩쓸고 있는 핀테크 혁명의 선두 자리를 되찾아야 할 것이다. 미국 연방준비제도이사회는 달러화의 특권적인 국제 위상을 관리함으로써 달러가 더 이상 정치나 외교를 위해 무기화되지 않도록 하고, 새롭게 부상하는 디지털 화폐 및 광범위한 대체 통화 문제에도 효과적으로 대응해야 할 것이다. 무엇보다 미국은 중산층을 두텁게 하고 국내 전역에서 총소득 불평등 수준을 낮춤으로써 장기적인 경제 개혁 프로그램에 대한 정치적 내부 지지를 유지할 필요가 있다. 이 모든 것은 어느 정부에게나 어려운 과제다. 이런 과제들을 달성하기 위해서는 국내 정책에 대한 대대적인 개편이 지속적으로 (때에 따라서는 급진적으로) 요구되며, 그러자면 시간이 걸린다. 앞으로 10년간 잠재적으로 파멸을 초래할 만한 주요 분쟁이나 전쟁을 피할 수 있다면 그러한 목표들을 더 쉽게 달성할 수 있다는 건 말할 필요도 없다.

하지만 이는 단순히 국내 경제 정책만의 문제가 아니다. 무역 정책, 전자상거래 혁명, 글로벌 디지털 거버넌스와 관련된 국제 경제 정책의 과제이기도 하다. 전 세계 주요 파트너들에게 미국 경제를 더 크게 개방하는 일은 미국이 대중 전략을 전개해나갈 때 가장 어려운 일일 것이다. 미국은 오랫동안 자신들이 가장 개방적이고 세계화된 경제국이라고 자부해왔다. 하지만 실상은 심지어 트럼프의 보호무역주의 광란이 시작되기 전부터도 그렇지 않았다. 미국의 자유무역, 투자, 자본, 기술, 인재에 대한 관세 및 비관세 정책은 가장 가까운 동맹국들에게조차 만만치 않은 장벽이다. 미국이 자유세계의 중심으로 남아 있으려면 북미, 유럽, 아시아의 주요 파트너와 동맹국들의 국경을 넘어 더 원활한 국제 시장을 만드는 것은 필수다. 이는 나아가 중동, 라틴아메리카, 아프리카에 있는 파트너들에게도 적용될 수 있다. 이러한 국가들에 단순히 (이미 최대 무역 파트너인) 중국과의 핵심적인 경제적 이해관계를 무시하고 미국의 대의에 지속적인 정치적 충성을 맹세하도록 요구하는 것은 점점 더 이분화되고 있는 세계에서 경제적 이득 없는 어리석은 외교 정책으로 여겨질 것이다. 물론 그러한 의제는 미국 전역에서 보호무역주의가 확산하도록 정치적 벌집을 쑤셔놓았고, 트럼프는 특유의 포퓰리즘식 선동으로 이를 교묘하게 악용했다. 분열된 의회와 이러한 국내 정치의 소용돌이를 헤쳐나가는 것은 거의 불가능에 가깝다. 그럼에도 바이든이 풀어야 할 가장 큰 과제는 미국이 범대서양무역투자동반자협정 TTIP 및 환태평양자유무역협정에 가입하도록 유도하는 것이며, 이는 시간이 지남에 따라 북미자유무역협정과 함께 전 세계 대부분에 걸쳐 거대 자유시장을 창출할 것이다. 만약 이것이 실패한다면 세계 여러 나라가 자유와 안보에 대해 타협하더라도 결국엔 경제가 정치와 가치관을 능가하게 될 것이다. 그러면 시진핑이 의도한 대로 중국의 거대한 권위주의적 자본주의 시장의 "중력"이 우세해질 가능성이 크다.

시진핑의 정치적 성공이 중국 인민을 만족시키는 데 달려 있듯이, 미국도 무역 자유화를 통해 국민을 위한 경제적 평등을 실현하고 기회의 장을 넓혀가야 한다. 근로 가정은 더 낮은 물가와 좋은 일자리, 더 높은 임금과 근본적으로 개선된 보편 교육, 의료 및 환경 기준으로 자신들의 삶이 나아지지 않는 한, 그 어떤 무역이나 투자 자유화 의제도 지지하지 않을 것이다. 지난 수십 년 동안 미국의 전성기에는 고용주와 직원들 간에 묵시적 사회 계약이 매우 공고했다. 그러나 최근 수십 년 동안 근로 빈곤층이 늘어나고 부의 편중이 심해지면서 사회적 신뢰도는 하락하고 인종 간 분열이 극심해졌다. 여기에 환경까지 황폐해지면서 그러한 암묵적 계약은 모두 산산조각 나고 말았다. 이러한 문제들은 한데 결합되어 결국 국가의 중심이 되는 사회 구조를 무너뜨리고 있다. 따라서 21세기까지 국력을 유지할 수 있는 효과적인 국가 전략을 세우려면 미국은 국내 경제력의 기초뿐만 아니라 사회 계약도 수리해야 할 것이다. 그리고 다시 한번 말하지만, 여기에는 시간이 요구된다.

관리된 전략적 경쟁과 미국 대외 정책 이해관계

중국에 대한 미국의 대응은 경제, 특히 미국 정부가 당면한 광범위한 경제 정책 과제에 잘 대처할 수 있을지에 달려 있지만, 전통적인 외교적 참여 또한 매우 중요한 부분이 될 것이다. 미국 외교 정책의 이해관계에 작용하는 핵심 전략 원칙은 사실상 미국의 모든 우방과 파트너, 동맹국이 점점 더 이분화되고 있는 세계가 가져올 결과에 신경을 곤두세우고 있다는 것이다. 이들 국가 대부분은 경제적인 이유로, 때에 따라서는 안보 정책상의 이유로, 미국과 중국 사이에서 최종 선택을 강요당하고 싶어하지 않는다. 심지어 드러내놓고 선택해야 한다면 말할 필요도 없다. 아프리카 대륙은 여러 측면을 고려해 전략상 중국을 지지한다. 그러나 유럽, 동아시아, 동남아시아, 남아시아의 상당수, 중동, 라틴아메리카의 국가들도 그와 비슷한 선택을 내릴 수밖에 없다는 압력을 느끼고 있다. 관리된 전략적 경쟁이라는 틀이 2020년대에 미중 관계의 지정학적 갈등 온도를 낮출 수 있다면, 트럼프 행정부의 양극화 정책이 영향력을 잃은 것과 결합해 미국의 외교 재개에 더 유리한 환경을 조성할 수 있을 것이다.

인도태평양 지역에서 외교 및 안보 정책 조정의 한 방식이 될 수 있는 관리된 전략적 경쟁이 쿼드의 진전을 방해하는 일은 없을 것이며, 쿼드가 향후 한국이나 인도네시아 등으로 확장되는 것을 가로막지도 않을 것이다. 또한 NATO와 EU의 공식 외교 및 안보 정책 의제에서 중국을 공공의 문제 대상으로 삼으려는 미국의 노력을 훼손하지도 않을 것이다. 사실 최근 몇 년 사이에 중국은 이미 스스로 국제적 문제아가 되었다. 사이버 공격과 인권 유린, 유럽을 동서로 분열시킨 행태, 그리고 호주에 대한 무역 제한은 모두 중국에 대한 국제적인 반발을 불러일으켰다. 그 결과, 각국은 향후 중국의 경제적 강압 가능성에 맞서 더 큰 영향력을 행사하기 위해 미국과의 이해관계를 재조정하고자 했다. 또한 관리된 전략적 경쟁은 G7의 자연스러운 발전상으로 제안된 D10(열 개의 주요 민주주의 국가 그룹)의 출현을 막지 않을 것이다. 실제로 여기에 인도, 한국, 호주, 남아프리카공화국이 포함되면(인도네시아와 멕시코가 최종적으로 포함될 경우 D12로 확대될 수도 있음), 유럽에서 시작된 G7을 뛰어넘어 실질적인 세계화를 가져올 것이다. 물론 중국은 글로벌 외교를 통해 그러한 노력을 분열시키고자 정반대 방향으로 밀고 나갈 것이다. 그러나 외교 정책의 영향력 경쟁은 관리된 전략적 경쟁에서 필수 요소다.

바이든은 본능적으로 미국을 더 넓은 테이블로 되돌리려 했다. 이에 따라 미 행정부는 전통적인 다자간 참여 패턴을 재활성화하기 위한 전략에 이미 착수했으며, 그중 어느 것도 관리된 전략적 경쟁의 원칙에 의해 훼손되거나 방해받지 않을 것이다. 다시 한번 강조하지만, 관리된 경쟁은 중국과의 이분법적 안보 정책 긴장을 줄임으로써 다자간 참여를 강화할 가능성이 더 크다. 미국은 UN뿐만 아니라 세계은행, IMF, WTO, APEC, 동아시아정상회의EAS, G20에도 다시 참여할 것이다(아르헨티나, 브라질, 튀르키예가 특정 영역에서 잠재적 파트너로 남아 있긴 하지만, 러시아가 중국의 유일한 G20 동맹국이 될 것이다). 특히 인권, 지속 가능한 개발, 핵 안보, 무역, 기후 문제에 있어 트럼프 행정부의 외교적 잔해가 여전히 있음을 고려할 때, 세계의 국가들 대부분이 미국의 활동 재개를 환영할 것이다. 전후 국제 질서의 핵심 기제로서 공들여 만든 다자 기구들을 4년이라는 시간 동안 대혼란에 빠뜨린 미국은 세계 무대에서 브랜드 이미지를 상당히 실추시켰다.

앞서 언급했듯이 이 모든 것을 하루아침에 고칠 수는 없으며, 시간도 꽤 걸릴 것이다. 또한 과거에는 거의 볼 수 없었던 지적인 겸손함을 갖춘 리더십이 요구될 것이다. 게다가 WTO의 분쟁 해결 메커니즘의 개혁, 파리협정 재가입, 세계은행과 IMF의 자본 확충(아시아인프라투자은행과 일대일로 이니셔티브에 대한 개발도상국의 대안으로서)이 미국의 주요 우선 과제로 떠오르고 있다. 중국이 이미 두 번째로 큰 재정 지원국이 된 UN의 핵심 기관에 대한 재원 조달도 마찬가지다. G20의 경우, 미국은 자신이 만든 또 다른 기구를 무시하기보다는 다른 국가들과 협력해 역사적으로 공식 다자간 거버넌스 기구의 효과를 약화시켜오던 정치적, 정책적 교착 상태를 타개할 수 있다. 이러한 다자 기구들은 미국(또는 중국)의 소프트파워의 도구가 될 뿐만 아니라, 북한, 이란, 핵 확산, 자율 무기 시스템, 기타 군비 통제 분야에서 미국 하드파워의 미래에 실질적으로 영향을 미칠 협상을 이끌어낼 잠재력도 가지고 있다. 미국이 다자 체제의 미래를 위해 적극적으로 나서지 않는 한, 중국의 재정과 인력 그리고 G77에서 동원할 수 있는 막강한 투표권을 바탕으로 UN은 갈수록 중국의 관할구로 변모할 것이다. 다시 한번 말하지만 미국과 중국 사이에서 관리된 전략적 경쟁의 틀은 다자주의에 대한 미국의 새로운 책무를 수용할 뿐만 아니라 그것을 적극적으로 장려한다.

대중의 지지를 얻기 위한 전투

관리된 전략적 경쟁의 핵심에는 아이디어와 시스템의 효율성에 대한 근본적인 경쟁도 있다. 두 가지 상충하는 세계관이 서로 경쟁하는 것으로도 볼 수 있다. 하나는 자유민주주의 자본주의의 원칙과 제도, 궁극적으로는 미국의 지정학적 힘에 기반한 세계관이다. 다른 하나는 마르크스-레닌주의, 권위주의적 통치, 그리고 중국 민족주의의 힘에 기반한 세계관이다. 자유자본주의와 이를 뒷받침하는 미국 주도하의 질서는 1948년 UN 세계인권선언에 가장 잘 표현된 보편적 인간 자유의 개념을 표방한다. 시진핑이 이끄는 중국은 경제성장과 정치 안보라는 집단적 의무를 위해 정치적 자유의 억압을 정당화하는 발전 모델을 세계에 제시하고 있다. 중국이 보기에 이 모델은 지난 40년 동안 중국이 이룩한 엄청난 경제적 성과 덕분에 새로운 국제적 정당성을 갖게 되었다. 이러한 경쟁적 내러티브는 미국이 이끄는 자유민주주의 세계와 중국 사이에서 벌어지는 이데올로기적 논쟁의 중심에 있다. 그 경쟁이 얼마나 치열한지는 시진핑이 국제 질서와 글로벌 거버넌스의 미래에 있어 중국의 투쟁이 갖는 중요성을 거듭 강조한 것만 봐도 알 수 있다.

2017년 19차 당대회 이후 중국의 선전기관은 이러한 이데올로기 논쟁에 전적으로 관여해왔다. 미국과 자유민주주의 동맹국들은 논쟁에 뒤늦게 합류했다. 그럼에도 관리된 전략적 경쟁 구조가 가진 장점은, 만약 미중 관계 전반에 걸친 군사적 발화점 주변의 긴장을 즉각적으로 줄이는 데 성공할 경우 이 세계적인 이데올로기 경쟁이 비교적 평화롭게 전개될 수도 있다는 것이다. 즉, 이데올로기 투쟁이 무력 투쟁으로 분출되거나 오랜 냉전 기간 동안 미국과 소련 사이에서 일었던 불안정한 대리전으로 번질 위험은 없다. 사실 이러한 세계적 사상 경쟁의 결과가 각 사상의 본질적인 장점과 성취, 실적, 그리고 전 세계인의 대중적 지지도에 따라 결정된다면, 아마 가장 좋은 체제가 승리할 것이다. 실제로 자유민주주의-자본주의 세계는 그러한 경쟁에서 승리할 수 있다고 확신해야 한다. 시진핑은 자신이 만든 중국의 체제에 대해 확실히 자신하고 있다.

지속적인 미중 전략적 협력의 세계적 이점

미중 관계의 규칙으로서 관리된 전략적 경쟁이 가지는 가장 큰 강점은 양국의 이익에 부합할 경우 양국 간의 지속적인 국제 협력을 가능케 한다는 것이다. 만약 신냉전 체제가 한창이었더라면 이는 불가능했을 것이다. 사실 정해진 협력 분야를 계속 적극적으로 수용하는 양자 관계는 전면적인 냉전으로의 전환을 막거나 어쩌면 아예 냉전의 출현 자체를 막을 가장 좋은 수단일 수 있다.

미국과 중국은 물론이고 국제 사회가 지속해서 협력할 수 있는 분야는 매우 다양하다. 양국 관계와 다자간 정책, 그리고 규제기관에 대한 참여에 있어서도 마찬가지일 것이다. 예를 들어 미국 연방준비제도이사회와 재무부, 중국인민은행의 참여는 글로벌 통화, 채권 및 주식시장이 원활하게 작동하는 데 매우 중요하다. 미국과 중국 금융시장의 총규모, (지난 몇 년간의 양국 간 정치적 갈등에도 불구하고 사라지지 않은) 현재의 상호작용 범위, 그리고 서로의 관할권에서 여전히 경제가 더 성장할 것이라는 전망은 두 나라의 규제 당국이 긴밀히 협력하는 데 큰 관심이 있다는 것을 의미한다. 향후 양국 관계가 정치적으로 더 문제가 될 가능성이 있다면 이러한 수준의 협력은 더 중요해질 것이다. 특히 미국과 중국이 서로의 국가에 있는 특정 표적에 금융 제재를 가한 지금은 더욱 그렇다. 미국의 수출 통제 세부 기업 목록과 중국의 수출통제법 등 양측에서 시행 중인 공식 법률에 그 표적들이 명시되어 있다.

또한 향후 글로벌 채권시장의 안정에 대한 중국과 미국의 이해관계와 국가 또는 기업의 채무불이행으로 촉발되는 또 다른 금융 위기를 피하고 싶어하는 두 나라의 공통된 열망을 고려할 때, G20 재무장관, 금융안정위원회, 바젤위원회 등을 통한 다자간 금융 협력은 갈수록 그 중요성이 줄어들기보다 오히려 더 커질 것이다. 이에 따라, 미중 간 글로벌 금융 분야에는 5조 달러 규모의 자본 결합을 완전히 해제하기는 매우 어려운 일이며 실제로도 위험할 수 있다는 상호 신뢰 관계가 형성되어 있다. 이러한 이유로, 향후 미중 글로벌 상품 공급망의 디커플링에 어떤 일이 발생하든, 양국의 금융 서비스 산업에서까지 디커플링이 진행되면 훨씬 더 큰 문제가 될 것이다.

기후변화에 대한 미중 협력은 양국의 이익에도 부합한다. 시진핑 정권과 바이든 행정부는 향후 세계 온실가스 감축이 자국에서 정치적, 환경적, 경제적으로 얼마나 중요한지 잘 알고 있다. 또한 양국 모두 온실가스 배출량을 큰 폭으로 감축하지 않는다면 금세기 지구의 온도가

돌이킬 수 없이 위험한 수준으로 상승하리라는 점도 잘 알고 있다. 적어도 2030년까지는 두 나라가 세계에서 가장 많은 양의 온실가스를 배출할 것으로 예상되기에, 그들은 향후 기후위기에 맞서 협력해나갈 수밖에 없다. 기후 문제에 있어 중국과의 양자 간 참여를 극대화하여 중국 내 온실가스 배출량과 해외 석탄 지원을 줄이고, UN 기후변화협약을 통해 중국과 협력하여 다른 주요 배출국(인도 등)이 더 적극적으로 온실가스를 감축하도록 압력을 가하는 일은 미국의 이익에 부합할 것이다. 관리된 전략적 경쟁 구조는 이러한 협력을 가능하게 한다.

따라서 금융시장 안정과 결합한 기후변화 공동 대응은 양국이 전략적으로 지속해서 협력해나갈 두 가지 주요 영역이다. 이러한 협력은 미국과 중국의 이익은 물론, 더 넓은 국제 사회의 공동 이익도 증진시킨다. 여기에는 양국 간 핵무기 통제, 핵 비확산, 전쟁에서의 인공지능 시스템 투입, 대테러, 마약, 미래 팬데믹 관리, 검역, 통상법의 일상적 요소, 민간 항공 등이 해당하며, 만약 이러한 분야에서 중국과 협력하지 못한다면 미국은 국익에 치명타를 입을 수 있다. 따라서 여러 핵심 영역에서의 지속적인 협력을 통해 미국이 얻을 수 있는 잠재적 이점을 고려하지 않은 채 중국과 미래의 전략적 틀을 논하는 것은 어리석은 일이 될 것이다. 또한 서로 다른 지정학적 상황에 놓인 양국이 여러 정의된 영역에서 협력 체제를 유지하기 위해 내리는 결정은 향후 양국의 정치와 외교 자본을 재건하는 데 필요한 디딤돌이 될 수 있다.

결론

이렇게 상호 합의된 구조가 중국과 미국에 각자의 목표를 달성할 기회를 제공한다는 점에서, 관리된 전략적 경쟁 개념의 기본 논리는 모순적으로 보일 수 있다. 하지만 바로 이것이 핵심이다. 양국 간의 치열한 전략적 경쟁 속에서 효과적으로 무력 충돌의 위험을 줄이기 위해서는 이러한 틀이 양국 정부에게 받아들여지거나 최소한 인정받을 가능성이 어느 정도 있어야 한다. 그렇지 않으면 반쪽짜리 전략에 불과하며, 전반적인 관계를 안정시키는 데 있어 온전히 활용되지 못할 것이다. 따라서 관리된 전략적 경쟁은 그 중심 목적을 달성하기 위해 균형 잡힌 규범을 제공해야 한다. 한 방향 또는 다른 방향으로 치우쳐서는 안 된다. 만약 그러지 못한다면, 일반적인 접근법으로 채택되거나 인정받을 가능성은 전혀 없을 것이다. 관계가 재앙으로 치달으면서 또 하나의 케케묵은 일방적인 공식으로 남게 될 것이다.

여기에 제시된 특정 공동 규칙에 대해, 중국 비평가들은 그것이 여전히 미국의 이익, 특히 타이완에 대한 현상 유지에 너무 치우쳐 있다고 주장할 것이다. 그것은 사실 근본적인 중국의 이익에 반하는 것이다. 하지만 타이완의 안정을 유지하는 것 말고는 미국과 타이완의 반대를 막을 방법은 없다는 것이 전략적 현실이다. 반면에 미국의 많은 비평가는 중국이 일단 합의하면 자동으로 규칙을 준수할 것이라고 가정하는 관리된 전략적 경쟁의 공식이 너무나 순진하다고 공격할 것이다. 1949년 이후 중국의 국제 관계의 역사를 들여다보면 중국공산당은 여태껏 서방과의 합의를 구속력 있는 것으로 여기지 않았기 때문이다. 그러나 관리된 전략적 경쟁 체계에서는 쉽게 모니터링되지 않거나 검증할 수 없는 것은 거의 제시되지 않는다. 따라서 관리된 전략적 경쟁 체계에서 신뢰는 전제 조건이 아니다.

관리된 전략적 경쟁의 핵심 논리는 위기와 갈등, 전쟁의 위험을 최소화하는 확고한 정치적 가드레일을 지키면서도, 외교 정책과 경제 및 안보 관계 전반에서 최대한의 경쟁을 허용하는 것이다. 따라서 이러한 조건을 서로 수용하며 그 실행에 있어 강제력이 발휘되려면 양측 모두가 그러한 틀 안에서 효과적으로 경쟁하고 번영할 수 있다고 어느 정도는 확신해야 한다. 물론 이러한 경쟁을 통해 국익을 증진시킬 수 있는 각국의 역량은 경제적 성공, 정치적 회복력, 외교적 기술, 기술 발전, 각국이 내세우는 경쟁적인 이데올로기 체계의 견고성과 국제 사회에서의 매력 등 합의된 범위 내의 다양한 요인에 의해 좌우될 것이다.

이 접근법은 절대 완벽하지 않다. 하지만 이 방법에 동의하지 않는 사람들을 향해 나는 다시 도전장을 내민다. 비판에는 신뢰할 수 있는 대안을 제시할 책임이 따른다. 미래에 대한 일방적인 옵션, 즉 한쪽이 다른 쪽을 군사적으로 이기는 방법에 대한 조언을 제시하기는 쉽다. 그러나 서로의 핵심 국익을 훼손하지 않으면서도 평화를 유지하는 미래를 위한 공동의 규칙을 생각해내는 것은 그보다 훨씬 더 어렵다. 중국과 미국이 새로운 전략적 경쟁의 시대를 여는 현실에서 대안은 논리적으로 오로지 두 가지밖에 없다. 일정한 규칙과 평화를 유지할 수 있는 관리된 경쟁으로 나아가거나, 또는 모든 전략적 가드레일이 사라진 채 위기와 갈등 또는 전쟁의 위험이 증가하는 관리되지 않는 경쟁으로 나아가는 것이다.

나가며

이 책을 쓴 이유는 당장은 그럴 리 없지만 향후 10년 내 중국과 미국이 군사적으로 충돌할 가능성이 점점 가시화되고 있기 때문이다. 상황이 이렇게 된 데는 양국 간의 경제력, 군사력, 기술력의 균형이 급격하게 변화한 까닭도 있지만, 2014년 시진핑이 그동안 방어적인 태도를 보였던 중국의 대전략을 전환하여 지역과 국제 사회에서 자국의 이익과 가치를 추구하는 더욱 활동적인 정책을 세웠기 때문이기도 하다. 또한 2017년 이후로 미국의 트럼프와 바이든 행정부는 이러한 중국의 새로운 국력과 정책적 공세에 대응하고자 전략적 경쟁의 새로운 시대라고 일컫는 완전히 새로운 대중국 전략을 채택했다. 이 세 가지 요인이 합쳐져 미국과 중국을 충돌 위기로 몰아넣고 있는 것이다. 물론 양국의 관계에 영향을 미치는 요인으로는 역사와 인종, 문화와 정체성, 그리고 축적된 이데올로기적 갈등 등 다른 많은 요인도 들 수 있다. 이러한 복잡한 요인에 더하여, 전 중국 외교부 차관은 내게 미국과 중국 사이에는 오랫동안 깊숙이 자리 잡은 상호 오해의 전통이 있다고 말해주었다.

이러한 모든 요인과 힘을 종합해볼 때 현재 우리는 미중 관계의 오랜 역사적 진화의 한 시점에 와 있다. 양국에서는 어떠한 형태로든 위기와 갈등, 심지어 전쟁이 불가피하다는 분석과 논평이 점점 더 많아지고 있다. 하지만 이러한 생각은 위험하다. 외교사를 진지하게 연구하다 보면 스스로를 위기로 몰아넣어버릴 위험이 실제로 존재한다는 것을 알 수 있다. 필연성에 대한 담론이 자리 잡고, 상호 악마화가 심해지며, 공공 정책의 방향이 전쟁 예방에서 전쟁 준비로 미묘하게 변하고 있다. 우리는 1914년 유럽 국가들이 단체로 몽유병에 걸려 전쟁으로 치달았던 경험을 뼈아픈 교훈으로 삼아야 한다.

이러한 이유로 나는 이 책의 제목을 『피할 수 있는 전쟁』이라고 정했다. 책의 목적은 다음 세 가지다. 주로 미국 독자들을 대상으로 현재 중국과 미국을 지배하는 세계관이 어떻게 두 나라를 전쟁으로 몰아가고 있는지를 설명하는 것. 그러한 전쟁이 어떻게 촉발될 수 있는지, 실제로 어떤 모습일 수 있는지, 그리고 그로 인해 의도치 않게 발생할 세계 변화의 결과가 무엇인지를 개략적으로 설명하는 것. 그리고 전쟁을 예방하기 위해서는 현실적으로 무엇을 할 수 있는지를 고려하는 것.

그저 책상에 앉아서 다가올 미중 분쟁에 대해 논평하는 전략가들은 중국과 미국, 타이완에서 얼마나 많은 군인과 민간인이 목숨을 잃게 될지 생각해본 적이 있을까. 그들은 중국공산당이 그러한 전쟁을 사활이 걸린 투쟁으로 여긴다는 것을 상상하지 못했을 수도 있고, 중국군이 패배하기 시작하면 재래식 전쟁이 대량 살상 무기 전쟁으로 얼마나 쉽게 확대될 수 있는지 이해하지 못했을 수도 있다. 따라서 두 나라는 모두 소위 전쟁의 불가피성에 대해 공개적으로 이야기할 때 이러한 현실적인 사항들을 고려해야 한다. 실제로 최근에 나는 미국의 한 퇴역 3성 장군으로부터 미소 냉전 긴장이 최고조에 달했을 당시 중요한 결정을 내리는 연합군 현장 지휘관에게 핵 아마겟돈을 묘사한 호주의 소설(그리고 나중에 영화화된)이 얼마나 큰 영향을 미쳤는지를 전해 들었다. 오늘날에도 그러한 책이나 영화가 필요할지는 모르겠지만, 이번에는 중국과의 갈등이 고조되는 현실을 대비한 책이나 영화가 필요할 것 같다. 전쟁의 불가피성에 익숙해져서는 안 된다. 그건 집단적으로 학습된 일종의 무력감이다.

어떠한 전쟁도 제한된 범위 안에서만 치러질 수 있다는 보장은 없다. 실제 위기 상황에서는 선제공격이나 급속한 확전을 불러올 수 있는 정치적, 군사적 행위에 대한 유혹이 걷잡을 수 없을 정도로 커질 수 있다. 이러한 분쟁의 지리적 범위와 역학의 강도, 지속 시간은 모두 전형적이지 않다. 하지만 그 어느 쪽도 패배할 정치적 여유는 없다. 만약 중국이 군사적으로 승리하지 못한다면, 위기를 몰고 온 사람에게 책임을 물어야 한다는 중국공산당의 압도적인 정치적 심리를 고려할 때 시진핑은 몰락할 가능성이 크다. 특히 10년 넘게 중국의 군사력 증강을 이끈 민족주의 선전으로 승리를 기대했던 대중이 냉혹한 전장의 현실에서 느낄 괴리감을 고려한다면, 군사적 완패는 정치적 정당성을 무너뜨리면서 공산당 정권 자체에 대한 대중의 거센 반발을 일으킬 것이다. 그리고 만약 정권이 몰락한다면, 더 좋든 나쁘든 간에 무엇이 그 정권을 대체할 수 있을지 예측하는 것도 불가능하다. 반대로 미국이 중국에 군사적으로 패배한다면 지난 75년가량에 걸친 미국의 역내 군사적 지배가 종식될 가능성이 크다. 그렇게 되면 동아시아는 중국의 전략적 궤도 안으로 확실하게 편입될 것이다. 또한 인도태평양 바깥 지역에서는 기껏해야 중국, 러시아, 유럽, 인도, 그리고 심각하게 쇠퇴한 미국 간의 힘겨루기가 벌어지다가 결국엔 중국이 새로운 글로벌 리더로 부상할 것이다.

다시 말해 중국과 미국 간의 지역 전쟁은 전 세계에 지각 변동을 일으킬 지정학적 요인이 될 수 있다. 그 결과에 대한 불확실성 때문에 모든 정치 지도자는 『손자병법』 첫 줄에 나오는 "전쟁의 기술은 국가에 매우 중요하다. 전쟁은 삶과 죽음의 문제이며 안전 혹은 파멸로 가는 길이다"라는 가르침에 대해 다시 생각해볼 필요가 있다.

따라서 우리는 모두 애초에 전쟁을 피할 방법을 신중하게 찾아내야 한다. 관련된 변수들의 복잡성을 고려할 때, 어찌 보면 이는 답을 얻기가 불가능한 질문처럼 보일 수 있다. 하지만 다른 측면에서 보면 앞으로 나아가는 가장 좋은 방법은 비교적 간단할 수 있다. 그러자면 원칙적으로 평화를 유지하고 전쟁을 피하는, 상호 합의된 전략적 틀이 필요하다. 이 틀은 향후 10년간 각국의 정치 및 군사 지도부 모두에 명확한 전략적 지침을 제공할 만큼 확고해야 한다. 그러면서도 여러 우발적 상황에 대처할 만큼 매우 유연해야 할 것이다. 이것이 바로 관리된 전략적 경쟁 개념의 핵심적인 근거다.

이미 주장한 바와 같이, 이 접근법은 매우 현실적이다. 이것은 전략적 현실을 부정하는 것이 아니라 있는 그대로 받아들인다. 사람들이 선한 마음을 가지고, 더 나은 전략적 커뮤니케이션을 실천하고, 서로의 전략적 의도를 완벽히 이해한다고 해서 전략적 행동이 마법처럼 개선될 것이라고 기대하지는 않는다. 따라서 내가 관리된 전략적 경쟁이라고 부르는 것은 어떤 수준의 전략적 신뢰도 필요로 하지 않는다. 대신 명확한 지침과 지속적인 모니터링, 보고, 검증 프로세스로 최소한의 규칙을 세운 구조에 의해 작동한다.

그럼에도 관리된 전략적 경쟁은 또 다른 가능성을 열어두고 있다. 만약 앞으로 전략적 안정성이 찾아온다면 새로운 수준의 신뢰가 실제 경험을 통해 쌓일 수 있으며, 이윽고 서로에 대한 새로운 사고방식이 형성될 수도 있다. 향후에는 고전적인 형태의 국가 간 경쟁이 전반적인 정치적 우선순위에서 밀려나고, 이러한 사고방식에 익숙한 네트워크화된 새로운 세대의 정치 지도자들이 2020년대의 가장 위험한 10년을 넘어 수십 년간 리더십을 발휘하게 되면서, 세계 모든 정부에서 기후변화 대응과 같은 공통의 글로벌 과제가 더 중요해지게 될 것이다. 하지만 그러기 위해서는 먼저 이 시기를 잘 극복해야 한다.

감사의 말

이 책은 반평생에 걸쳐 오갔던 수많은 대화의 결과물이다. 1971년 10월 어느 날 열네 살 먹은 호주 시골 소년이었던 내게 어머니가 신문 하나를 건네주셨는데, 헤드라인에는 "중화인민공화국, UN에 가입하다"라고 적혀 있었다. 이 책은 바로 그 문구에서 비롯되었다. 그때 어머니가 해주신 격려는 내가 중국, 특히 미중 관계에 평생토록 관심을 가진 계기가 되었다. 미국 또한 그곳에서 수년간 거주하고 일해오면서 알게 된 수많은 결점에도 불구하고 내가 존경하게 된 나라이기도 하다.

사실 이 책의 아이디어가 제대로 뿌리내리기 시작한 것은 내가 호주 총리로 두 번째 임기를 마친 직후인 2014년, 하버드대학에 재학 중일 때였다. 당시에 나는 베이징 주재 호주 외교관으로서, 그리고 호주 총리 겸 외무장관으로서 수십 년간 실무 현장에서 얻은 교훈을 되돌아보던 중, 『예정된 전쟁』을 한창 집필 중이었던 그레이엄 앨리슨을 포함해 여러 동료 및 친구와 함께 이 책을 쓰기 시작했다. 이 책은 내가 이듬 해에 발표한 「미-중 21: 시진핑 치하 미중 관계의 미래—공동의 목적 을 위한 건설적 현실주의의 새로운 프레임워크를 향해」라는 하버드대 학 논문을 기반으로 하고 있다.

그레이엄 외에도 이 책에 관해 아이디어와 조언을 주고 때로는 논쟁 을 벌였던 토니 세이치, 조 나이, 닉 번스, 이언 존스턴, 밥 졸릭, 래리 서머스, 마크 엘리엇 등 여러 전, 현직 하버드 동료와 지금은 우리 곁을 떠난 두 명의 위대한 하버드 중국학자 에즈라 보걸과 로드 맥파커에게 도 감사를 표하고 싶다.

미중 관계의 세계에서 헨리 키신저의 존재감은 여전히 막강하다. 지 난 반세기 동안 미중 관계에 헨리보다 더 큰 영향을 미친 인물은, 비록 매우 다른 이유이긴 하지만, 마오쩌둥과 덩샤오핑 그리고 시진핑을 제 외하고는 아무도 없었다. 나는 헨리와 수년에 걸쳐 정기적으로 대화를 나눴다. 특히 그가 미래의 두 거대한 강대국 사이 관계를 더 잘 관리하 기 위해 무엇을 할 수 있는지에 대한 나의 창의적 사고를 격려해준 것 에 감사한다.

또한 지난 몇 년간 이 책과 동시에 집필했던, 시진핑의 세계관에 관 한 나의 옥스퍼드 박사학위 논문을 지도해준 라나 미터와 폴 어윈크룩 스에게도 특별한 감사를 표한다. 비록 시진핑 임기 동안의 저술과 연설, 결정들을 연구하느라 한동안 고생하긴 했지만, 그 결과물로 나온 내 옥 스퍼드 논문은 이 책에 학문적 도움을 주었다. 앞으로의 미중 관계에 관리된 전략적 경쟁이라는 개념을 제시하는 나의 결론이 이 책으로 인 해 더욱 탄탄히 뒷받침되었길 바란다.

초판을 검토해준 제러미 바메, 린다 자이빈, 바클레이 슈메이커, 아시아소사이어티 동료 오빌 셸 등 다른 친구들에게도 깊은 감사를 표한다. 또한 레이 달리오, 스티브 슈바르츠만, 조 차이, 짐 스태브리디스, 릭 니우 등과 같은 몇몇 분의 지지에도 감사를 보내며, 호주국립대학 학부 시절 중국어를 가르쳐주신 위대한 중국학자 피에르 릭먼스, 전 호주 외교관 딕 울콧, 데니스 리처드슨, 데이비드 어바인 등 초반에 많은 격려와 조언을 보내주신 분들께도 특별한 감사를 보낸다.

이 책에는 아시아소사이어티 직원들의 수년간에 걸친 엄청난 노고도 담겨 있다. 특히 지칠 줄 모르는 중국 자문위원 네이선 러빈과 첸 징(하버드대학 시절부터 이 여정을 함께해온), 그리고 내 비서실장 톰 우드루프와 호주 사무소의 재러드 오언스가 함께 애써주었다. 또한 이 책 프로젝트 관리에 도움을 준 데브라 아이젠먼과 나의 아시아소사이어티 정책연구소 선배이자 지적 엄격함을 잃지 않은 대니 러셀 그리고 웬디 커틀러(전 미국 1급 고위 관리)에게도 특별한 감사를 표한다. 또한 이 프로젝트에 여러모로 이바지하며 아시아소사이어티 정책연구소가 미국 기반의 외교 정책 싱크탱크 중 하나로 자리 잡고 특히 중국에 관해서는 세계를 선도할 수 있도록 노력해준 수많은 연구 보좌관에게도 감사의 말을 전한다. 아울러 이 책을 뒷받침하는 연구 논문을 제공해준 대니 리, 베티 왕, 마이크 필거, 조슈아 고테스먼, 버질리오 비시오, 크리스 바살로, 칼슨 엠그렌, 해리슨 왕, 첸 왕, 벤 구겐하임, 조슈아 박에게도 감사를 표한다.

일류 출판팀 없이는 어떤 책도 성공할 수 없다. 잉크웰매니지먼트의 문학 에이전트 마이클 칼라일, 제프리 샨들러, 토머스 던, 퍼블릭어페어스 출판사의 클라이브 프리들, 그리고 편집 및 디자인팀 전체에 감사를 표한다. 주제만큼 도전적인 프로젝트였다. 나는 이분들의 헌신과 통찰력에 여전히 감사하고 있다.

마지막으로 가족, 특히 40년간 나와 함께한 아내 테레즈와 우리의 세 자녀 제시카, 닉, 마커스, 그리고 세 손주 조시, 맥키, 스칼렛에게 고마음을 전하고 싶다. 공직자의 삶에서 가족은 빼놓을 수 없는 존재다. 중국과 미국으로 자주 오가고 체류하는 등 모든 여정에서 함께해준 가족에게 나는 많은 빚을 졌다. 이 책이 21세기라는 복잡한 시대를 평화롭게 헤쳐나가는 데 조금이나마 도움이 되기를 바라며, 나의 손주들이 내 소중한 친구가 된 수많은 중국과 미국 동료의 손주들과 더불어 조화롭게 살아갈 수 있기를 기도한다.

케빈 러드, AC

옮긴이 김아영

한동대학교를 졸업하고 삼성전자에서 디자이너로 근무하다 스웨덴 예테보리대학에서
디자인 석사를 마쳤다. 해외 문화 콘텐츠를 발굴하고 소개하는 일에 관심이 있으며,
이미지와 텍스트를 넘나들며 세상에 메시지를 던지는 글 쓰는 디자이너가 되고자 한다.
현재 건축 잡지사에서 해외 건축을 소개하는 글을 번역하는 프리랜서로 활동 중이며,
출판 번역 에이전시 유엔제이에서 도서 검토자이자 번역가로도 활동하고 있다.
옮긴 책으로 『한국 스페인 베스트 50 건축』(공역), 『마인크래프트 좀비 1』 등이 있다.

피할 수 있는 전쟁

초판인쇄 2023년 11월 2일
초판발행 2023년 11월 21일

지은이 케빈 러드
옮긴이 김아영
펴낸이 강성민
편집장 이은혜
책임편집 진상원
마케팅 정민호 박치우 한민아 이민경 박진희 정경주 정유선 김수인
브랜딩 함유지 함근아 박민재 김희숙 고보미 정승민 배진성
제작 강신은 김동욱 이순호

펴낸곳 (주)글항아리 출판등록 2009년 1월 19일 제406-2009-000002호

주소 10881 경기도 파주시 심학산로 10 3층
전자우편 bookpot@hanmail.net
전화번호 031-955-8869(마케팅) 031-941-5159(편집부)
팩스 031-941-5163

ISBN 979-11-6909-149-7 03340

잘못된 책은 구입하신 서점에서 교환해드립니다.
기타 교환 문의 031-955-2661, 3580

www.geulhangari.com